世界テロ事典

World Terrorism Data Book

日本大学教授
浦野起央
編著

Terror/Ancient/Greece/Roman Republic/Medieval Warfare/Terror Cult/Categories/Arab States
Palestinian Intifada/Islamic Fundamentalism/Jewish/Lebanon/Kurdish/Arab World/Libyan
Sponsorship/Iraqi/Saudi Truck Bomb/Revolution in Lran
Hizb'allah/Hamas/Argentina/Brazil/Chile/Colombia/El Salvador/Mexico
Nicaragua/Peru/Uruguay/Venezuela/Somalia/Eritrea/Africa/Philippines/Lanka/Kashmir/Soviet

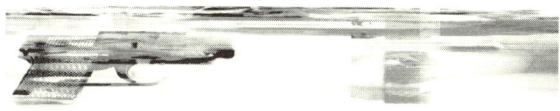

三和書籍

はしがき

　2001年9月11日米国で同時多発テロが発生した。それは世界秩序に対するイスラム原理主義者の驚くべき挑戦であった。その指導者オサマ・ビンラディンの挑戦は1979年、ソ連のアフガニスタン侵攻におけるイスラム義勇兵の戦いで大きな成果をみせ、1988年にそのテロ組織〈アル・カイダ（基地）〉が生まれていた。その覇権中枢の米国に対する挑戦は、アメリカの支配者を狙ったものであり、米エスタブリシュメントを標的としていた。それは1995年11月イスラムの聖地があるサウジアラビのリヤドにおける米軍施設テロ、翌1996年6月ダーランにおける米軍事施設テロを経て、1996年8月対米ジハード（聖戦）宣言、そして1998年8月ケニアとタンザニアの米大使館爆破テロ、2000年10月イエメンのアデン港における米駆逐艦の決行に始まっていた。そのテロはフィリピンの〈アブ・サヤフ〉、1999年キルギスで日本人鉱山技師が拉致されたウズベキスタンの〈ウズベキスタン・イスラム運動〉、あるいは1981年のサダト・エジプト大統領の暗殺を決行した〈ジバード団〉、さらに中国の新疆ウィグル自治区での〈東トルキスタン・イスラム党〉やカザフスタンに本拠を置くその中核組織〈民族統一革命戦線〉などと、イスラム・ネットワークを形成し、イスラム過激派はオサマ・ビンラディンを世界の盟主米国と戦える唯一のヒーローとみ、そう彼を信じ、パレスチナでもビンラディン支持のデモが起きた。

　この米国同時多発テロに対する国際制裁で、世界的な反テロ体制が形成され、アフガニスタンの〈タリバン〉政権に本拠をおくオサマ・ビンラディン

に対する制裁封じ込めとなった。しかし、テロ戦略は新たなテロを誘発するところに特質があり、炭疽菌による細菌テロを生んだ。〈オウム〉のサリン・テロがあった。要人テロとともに、無差別テロがそれである。これはハイテクを駆使した新型戦争の到来であった。

　すでに、世界では、対テロ特殊部隊も訓練されている。日本でも、そのた対策組織として、公安調査庁、公共政策調査会などが活動している。テロにどう取り組むか、それにはテロとはどういうものであって、実際に何が起きたかを知る必要がある。

　以上が『世界テロ事典』を編むことになった理由である。早急に執筆されたために一部補充の必要があるかもしれない。いずれ補正したい。本書によってテロの現実と脅威を少しでも理解して頂ければ幸いである。

　　　2001年10月

　　　　　　　　　　　　　　　　　　　　　　　　　浦野起央

World Terrorism Data Book
世界テロ事典目次

西半球

カナダ 2
　誘拐テロ 2
　無差別テロ 2

アメリカ 2
　キューバ国連代表部爆破テロ 2
　ユーゴ国連代表部爆破テロ 2
　台湾行政院長蔣経国狙撃テロ 2
　人民党首ハンプトン射殺 3
　右派テロ 3
　アラバマ州知事暗殺未遂 3
　アメリカ航空機ハイジャック 3
　メイヤー・イスラエル首相暗殺未遂
　.. 3
　駐米イスラエル大使館武官補暗殺
　.. 4
　新聞王ハーストの孫娘誘拐テロ .. 4
　ニクソン米大統領の暗殺計画 4
　企業爆破テロ 4
　駐米フィリピン大使館籠城 4
　〈赤いゲリラ〉テロ 4
　〈キューバ行動コマンド〉爆破テロ
　.. 4
　フォード米大統領暗殺未遂 4
　レテリエル元チリ外相暗殺テロ .. 5
　〈ブラック・ムスリム〉襲撃テロ
　.. 5
　ユーゴ国連代表部占拠 5
　プエルトリコ自決テロ 5
　ユナボマー事件 5
　ロシア語新聞社爆破テロ 6
　シカゴ西ドイツ領事館襲撃 6
　ケネディ空港爆発テロ 6
　グリーンズボロ発砲事件 6
　トルコ国連代表部爆破テロ 6
　レーガン米大統領暗殺未遂 6
　リビアの要人暗殺計画 6
　タイラノール事件 6
　〈アル・フラク〉放火テロ 7
　テロ対決宣言 7
　議会テロ 7
　ジャクソン師暗殺計画 7
　ブッシュ米大統領暗殺未遂 7
　ユダヤ右翼指導者暗殺 7
　銃乱射テロ 8
　キッシンジャー誘拐計画 8
　世界貿易センター・テロ 8
　〈ブランチ・デビディアン〉事件 8
　国連本部テロ未遂 8
　オクラホマシティ爆破テロ 8
　右翼列車テロ 9
　フランス航空機爆破テロ 9
　トランス・ワールド航空機爆破テロ

i

.... 9
アトランタ・オリンピック無差別テロ 9
中絶病院爆発テロ 9
ウィルス・テロ 9
コロラド銃乱射テロ 9
環境テロ 9
ネット取引乱射テロ 10
マイクロソフト社のハッカー攻撃 10
米国同時多発テロ 10
細菌テロ 10
クロアチア人テロ 11
アメリカ国務省のテロ組織指定措置 11

メキシコ 12
〈人民革命軍〉テロ 12
駐メキシコ・キューバ大使乗用車銃撃テロ 12
駐メキシコ・ソ連大使館爆破テロ 12
共産テロ 12
司教暗殺テロ 12
実業家誘拐 12
コロシオ大統領候補暗殺 12
政治家暗殺 12
日本人テロ 12
日本人誘拐テロ 13
先住民虐殺テロ 13

グアテマラ 13
反米人民テロ闘争 13
駐グアテマラ・米大使殺害 14
駐グアテマラ・西ドイツ大使暗殺 14
駐グアテマラ・エルサルバドル大使誘拐 14
共産テロ 14
駐グアテマラ・スペイン大使館占拠 15
駐グアテマラ・ブラジル大使館占拠 15
誘拐テロ 15
メヒア大統領襲撃未遂 15
要人テロ 15
石油企業襲撃テロ 16
右派テロ 16
ゴンザレス憲法裁判所長官暗殺 16
アルス大統領暗殺未遂 16
司教暗殺 16

ホンジュラス 16
米軍基地攻撃 16
〈シンチョネロス人民解放運動〉テロ 16
〈ロレンソ・セラヤ人民革命軍〉の対外公館テロ 17
ホンジュラス航空機ハイジャック 18
国連軍本部ロケット発射 18
レイナ大統領暗殺未遂 18
右翼〈中米連帯運動〉テロ 18

ニカラグア 18
〈サンディニスタ民族解放戦線〉の誘拐テロ 18
ニカラグア国家宮殿占拠 18
無差別テロ 18
ニカラグア軍将校誘拐 18

エルサルバドル 19
左翼テロ闘争 19
駐カルチュアパ・グアテマラ領事殺

害 20
　日系企業家殺害 20
　外国人誘拐テロ 20
　外国公館占拠 20
　駐グアテマラ・スイス大使殺害 20
　駐エルサルバドル・米大使館襲撃
　　.. 20
　ロメロ大司教暗殺 21
　〈クララ・エリザベス・ラミレズ戦
　線〉の反米テロ 21
　パレスチナ・ゲリラの無差別テロ
　　.. 21
　サンミゲル空港爆破 21
　右派テロ 21
　復員兵士の国会占拠 22
　ガリ国連事務総長暗殺未遂 22
　外国人誘拐テロ 22

コスタリカ 22
　ニカラグア航空機ハイジャック 22
　コスタリカ航空機ハイジャック 22
　ホンジュラス航空事務所爆破テロ
　　.. 22
　日本人誘拐テロ 22
　駐コスタリカ・ニカラグア大使館占
　拠 23
　コロンビア人のコスタリカ最高裁判
　所襲撃テロ 23

パナマ 23
　スバダフォラ保健相暗殺 23
　米軍車輌攻撃テロ 23
　パナマ上空航空機爆破テロ ... 23
　大統領官邸占拠 23
　パナマのヘリコプター・ジャック
　　.. 24

プエルトリコ 24
　ソ連船爆破テロ 24
　民族自決テロ 24
　ロケット発射 24

ハイチ 25
　アメリカン航空機ハイジャック 25
　政治テロ 25
　マイヤー将軍狙撃テロ 25

キューバ 25
　キューバ向け航空機ハイジャック
　　.. 25
　〈アルファ66〉のキューバ侵攻 27
　米国のキューバ細菌工作 ... 28
　駐キューバ・ベルギー大使誘拐 28
　米デルタ航空機ハイジャック 28
　要人処刑テロ 28
　キューバ航空機ハイジャック 28
　カストロ議長暗殺未遂 29
　無差別テロ 29

ジャマイカ 29
　キューバ施設爆破テロ 29
　政党対立テロ 29

バルバドス 29
　亡命者のキューバ機バルバドス上空
　爆破テロ 29

バーミューダ 30
　シャープルズ英総督暗殺 ... 30

グアドループ 30
　警告テロ 30
　独立テロ 30

iii

ベネズエラ 30
- 実業家誘拐テロ 30
- 〈バンデラ・ローヤ〉テロ 31
- ベタンクール元大統領暗殺未遂 31
- ベネズエラ航空機ハイジャック 31
- コロンビア革命勢力テロ 31

コロンビア 31
- 政治家誘拐テロ 32
- コロンビア航空機ハイジャック 32
- 駐コロンビア・レバノン領事暗殺 32
- アメリカ人誘拐テロ 32
- 革命テロ 32
- 駐コロンビア・ドミニカ共和国大使館占拠 37
- アメリカ人農園主拉致 37
- 暗殺団テロ 37
- 法相暗殺テロ 37
- 〈リカルド・フランコ戦線〉テロ 37
- 最高裁判所占拠 38
- 駐メデジン・ホンジュラス領事館爆破 38
- コロンビア航空ヘリコプター機ハイジャック 38
- ゴメス元大統領候補誘拐 38
- ガラン大統領候補暗殺 38
- 無差別テロ 38
- 麻薬テロ 39
- オスマ財政相暗殺未遂 39
- 政治家暗殺 39
- 外国人誘拐テロ 39
- 英外交官誘拐テロ 40
- サンブラノ元経済相殺害 41
- コロンビア放送テロ 41
- ヘリコプター撃墜 41
- 日本人農場主誘拐テロ 41
- ベネズエラ人農場主誘拐テロ ... 41
- 武装集団衝突テロ 41
- ミサイル暴発テロ 41
- 日本人企業家誘拐 41
- 〈IRA〉テロ工作 41

エクアドル 42
- 軍人誘拐 42
- エクアドル航空機ハイジャック 42
- ロルドス大統領暗殺 42
- 革命勢力テロ 42
- 駐エクアドル・米大使館爆破テロ 42
- 駐エクアドル・コスタリカ大使館占拠 42
- 駐エクアドル・メキシコ大使館占拠 42
- フェブレス大統領拘禁テロ 43
- 駐エクアドル・英大使館占拠 43
- 送電線鉄塔爆破テロ 43
- コロンビア革命武装軍誘拐 43
- エクアドルのヘリコプター・ハイジャック 43

ペルー 43
- 駐ペルー・米大使公邸・ボリビア大使公邸攻撃テロ 43
- 〈センデロ・ルミノソ〉テロ 43
- 誘拐テロ 46
- 〈トゥパク・アマル革命運動〉テロ 46
- 駐ペルー・米大使館迫撃砲発射 48
- 駐ペルー・ソ連大使館爆破テロ 48
- 米文化センター向けロケット発射テロ 48
- 無差別テロ 49

ボリビア元企画相メディナ誘拐 49
   駐ペルー日桝蝎g館占拠 49
   アマゾン日本人殺害テロ 49

パラグアイ 49
   駐パラグアイ・ウルグアイ大使銃撃テロ 49
   ニカラグア元大統領ソモサ暗殺 49

チリ 50
   要人テロ 50
   CIAによるカストロ・キューバ議長暗殺未遂 50
   ペレス内相狙撃テロ 50
   ペルー航空機ハイジャック 50
   左翼テロ 50
   労働運動指導者ヒメネス暗殺 ... 50
   〈マヌエル・ロドリゲス愛国戦線〉の反ピノチェトテロ 50
   アメリカ文化センター爆破テロ 51
    52
   ピノチェト大統領暗殺未遂 52
   〈左翼革命運動〉テロ 52
   左翼テロ 52
   駐チリ・コロンビア大使館テロ 52

アルゼンチン 52
   要人テロ 52
   アランブル元臨時大統領暗殺 52
   反政府テロ 53
   ウルグアイ人亡命者暗殺テロ 53
   前ボリビア大統領ゴンザレス暗殺 53
   駐クロリンダ・パラグアイ領事館爆破テロ 53
   米使節団員誘拐テロ 54
   内紛テロ 54
   駐アルゼンチン・駐米大使公邸爆弾テロ 54
   アルフォンシン大統領暗殺未遂 54
   駐アルゼンチン・イスラエル大使館爆破テロ 54
   ユダヤ教会テロ 55

ウルグアイ 55
   〈トゥパマロス〉の爆破テロ 55
   駐ウルグアイ英大使誘拐 55
   駐ウルグアイ・チリ大使館乱入 56
   駐ウルグアイ・ベネズエラ大使館乱入 56

ブラジル 56
   外国高官誘拐テロ 56
   聖職者テロ 56
   環境運動家メンデスの殺害 56
   ヤノマミ族虐殺 57
   農民占拠 57
   日本人企業家誘拐テロ 57

ガイアナ 57
   人民寺院事件 57
    57
   労働者同盟党首暗殺 57

スリナム 57
   〈スリナム解放戦線〉のテロ 57

欧　州

フランス 60
   パレスチナ系書店爆破テロ 60
   駐フランス・サウジアラビア大使館占拠 60

オルリー空港攻撃テロ 60
アレリアのワイン貯蔵所占拠 .. 60
カルゲーゼ休息地攻撃テロ 60
駐フランス・ボリビア大使暗殺 60
駐フランス・モーリタニア大使暗殺未遂 60
駐パリ・ギニア領事襲撃テロ 61
ブルターニュのテロ 61
アンパン男爵誘拐テロ 61
公共施設爆破テロ 61
オルリー空港攻撃テロ 61
パリ連続爆破テロ 61
〈アクシオン・ディレクト〉のテロ 61
駐フランス・ソ連大使館テロ 62
バクチアル・イラン元首相暗殺 62
ビタル・シリア元首相暗殺 62
パリのシャネル本店攻撃テロ 62
ジスカールデスタン大統領暗殺未遂 63
駐フランス・米代理大使暗殺未遂 63
シリア関与無差別テロ 63
〈コルシカ〉解放派爆弾テロ 63
〈コルシカ〉民族解放派テロ 63
フランス航空機ハイジャック 63
フランス新幹線爆破テロ 64
無差別テロ 64
アルジェリア反政府指導者暗殺テロ 64
アルジェリア人イスラム指導者サラウイ殺害 64
アルジェリア過激派の爆弾テロ 64
ユダヤ人学校爆弾テロ 65
〈クルド民主党〉代表殺害 65
バスクの爆破テロ 65
スリランカのタミル要人殺害 65

西ドイツ 65
カセム・アルジェリア元国務相暗殺 65
ボリビア元秘密警察長官暗殺 65
ミュンヘン・オリンピック・テロ 65
西ベルリンの銀行テロ 66
駐マインツ・スペイン領事館爆破テロ 66
アエロ運輸事務所爆破テロ 66
ユーゴ副領事暗殺テロ 66
〈革命細胞〉の爆破テロ 66
〈ドイツ赤軍〉のテロ 67
西ドイツ航空機ハイジャック(モガディシオ事件) 68
西ベルリン刑務所襲撃テロ 68
ユダヤセンター襲撃テロ 68
ミュンヘン・ビール祭りの爆弾テロ 68
米空軍司令部爆破テロ 68
西ドイツ銀行家の娘誘拐テロ 68
〈ネオ・ナチ〉の米軍車爆弾テロ 69
アメリカ文化センター爆破テロ 69
駐西ドイツ・フランス大使館爆破テロ 69
米外交・軍事施設爆破テロ 69
駐西ドイツ・米大使館爆破テロ 69
米軍人用ディスコの爆弾テロ 69
英軍基地人爆破テロ 69
難民迫害 69
ラフォンテーヌ副党首刺傷テロ 70
〈IRA〉のロケット発射 70

東ドイツ 70

駐東ドイツ・ポーランド大使館占拠 70
韓国人拉致 70

ドイツ 70
イラン関与のミコノス事件 71
シナゴーグ放火テロ 71
核物質の持ち込みテロ 71
英軍基地向け迫撃砲発射 71
ドイツ社会民主党施設占拠 71
極右テロ 71

イタリア 71
イスラエル航空機攻撃テロ 71
パン・アメリカン航空機攻撃テロ 72
検察官ミラノ・ロッシの拉致 ... 72
〈赤い旅団〉の殺害テロ 72
駐ミラノ・西ドイツ領事館爆破テロ 73
連続誘拐テロ 73
イタリア・モロ元首殺害 73
〈カモッラ〉の暗殺テロ 73
アリタリア航空機ハイジャック 73
イスラエル航空ローマ支店爆弾テロ 74
右翼のボローニャ駅爆破テロ ... 74
第2次マフィア戦争 74
米・英公館攻撃テロ 74
シチリアのマフィア報復テロ ... 74
イラン反政府指導者テロ 74
〈赤い旅団-戦闘的共産主義者連合〉テロ 75
連続誘拐テロ 75
反グローバル派テロ 75

南チロル 75

南チロルの鉄道爆破テロ 75

バチカン 75
駐教皇庁・中華民国大使館爆破テロ 75
教皇ヨハネス・パウルス2世暗殺未遂 76
衛兵隊長殺害 76

スイス 76
スイス航空機空中爆破 76
トルコ施設爆破テロ 76
イラン航空事務所爆破テロ 76
駐スイス・ポーランド大使館占拠 76
ツーク銃乱射 76

ベルギー 76
イスラエル航空機攻撃テロ 76
ヘイグNATO軍司令官暗殺未遂 77
駐アントワープ・英総領事館爆破テロ 77
イスラエル通商代表暗殺テロ ... 77
ユダヤ地区の自動車爆破テロ ... 77
〈戦闘共産主義細胞〉のテロ ... 77
ボイナンツ元首相誘拐テロ ... 77
〈IRA〉の英軍人殺害 77
連続テロ 78
コソボ指導者暗殺テロ 78
少女誘拐テロ 78
環境テロ 78

オランダ 78
マルク人の自決テロ 78
ロッテルダム石油施設爆破テロ 78
〈日本赤軍〉の日本機ハイジャック

	78
オランダ航空機ハイジャック	79
駐オランダ・フランス大使館占拠	79
駐オランダ・英大使暗殺	79
ハイネケン社長の誘拐テロ	79
反核闘争テロ	79
〈IRA〉の英軍人殺害	79

スペイン 79

ブランコ首相暗殺	79
治安警察本部隣接爆破テロ	80
駐スペイン・エジプト大使館占拠	80
キューバ施設爆破テロ	80
オリオール王室評議会議長誘拐テロ	80
カナリーの抗議テロ	80
最高軍事法廷主席拉致テロ	80
弁護士事務所襲撃テロ	80
アメリカ文化センター爆破テロ	81
前バルセロナ市長暗殺	81
原子力発電所爆破テロ	81
カフェ爆破テロ	81
観光客拒否戦争	81
マドリード空港爆破テロ	81
首相官邸ロケット攻撃	81
〈ETA〉の誘拐テロ	81
極右のスペイン中央銀行支店占拠	82
高速ミサイル艇シージャック	82
駐スペイン・クウェート外交官暗殺	82
銀行連続爆破テロ	82
ラーゴ将軍暗殺テロ	82
米系企業連続爆破テロ	82
サウジアラビア皇太子襲撃未遂	83
軍用パイプライン爆破テロ	83
英国航空・ヨルダン・マドリード支店爆破テロ	83
国防省ロケット攻撃テロ	83
ビルバオのアメリカ文化センター爆破テロ	83
反仏テロ	83
〈ETA〉のフランス資産爆破テロ	83
〈ETA〉テロ	84
駐スペイン・米大使館ロケット攻撃	85
ガリシアの銀行爆破テロ	85
政治家テロ	85
エア・インター航空機ハイジャック	86
スペイン・カルロス国王暗殺未遂	86
最高裁判所判事射殺	86
駐南セビリア・ペルー領事館占拠	86
要人殺害テロ	86
手紙爆弾テロ	86
〈ETA〉の爆破テロ	87
ビンラディンのテロ工作	87

ポルトガル 87

アゾレス民族自決テロ	87
マディラ民族自決テロ	87
〈PLO〉代表暗殺	87
〈4月25日人民軍〉の連続テロ	88
駐ポルトガル・米大使館ミサイル攻撃テロ	88
NATO施設攻撃	88

イギリス 88

北アイルランドのテロ暴動	88

駐英・ヨルダン大使暗殺未遂 90
ヨルダン国王ロンドン別邸攻撃未遂
　.. 90
血の金曜日事件 90
駐英・イスラエル大使館あて小包爆発テロ 90
英国会議員の暗殺 90
英国海外空機ハイジャック 90
ロンドン塔爆破テロ 91
〈IRA〉のベルファスト・テロ 91
イエメン元首相ガリ暗殺 91
イエメン元首相ハジャリ暗殺 .. 91
〈英ファシスト〉テロ 91
〈パレスチナ解放機構〉代表暗殺
　.. 91
駐英・イラク大使暗殺未遂 92
ロンドン空港イスラエル機攻撃 92
英北アイルランド担当相ニーブ暗殺
　.. 92
トルコ航空ロンドン支店爆破テロ
　.. 92
駐英・イラン大使館占拠 92
〈IRA〉・〈PIRA〉のロンドン・テロ
　.. 92
駐英・イスラエル大使館員暗殺未遂
　.. 92
〈INLRA〉の北アイルランド爆破テロ
　.. 93
英国・サッチャー首相暗殺未遂 93
マウンテロッジ礼拝堂放火テロ 93
〈PIRA〉の英国・サッチャー首相暗殺未遂 93
英国・エリザベス女王暗殺計画 93
セーシェル反政府指導者暗殺 .. 93
アラブ首長国富豪誘拐テロ 93
ベルファストテロ 93
〈IRA〉の英軍基地爆破テロ 93

アメリカ航空機爆破テロ（ロッカビリー事件）................................ 94
〈IRA〉の鉄道爆破テロ 94
ギルモア元英国防相暗殺 94
〈IRA〉の再開テロ 94
ロンドンデリー銃乱射テロ 95
駐英・イスラエル大使館・ユダヤ施設爆破テロ 95
〈IRA〉のロケット発射 95
英軍司令部爆弾テロ 95
〈真のIRA〉爆弾テロ 95
〈IRA〉の報復テロ 95
環境テロ 95
人種テロ 96
ベルファスト通学テロ 96
記者殺害テロ 96

アイルランド 96
駐アイルランド・英大使館焼き打ち
　.. 96
〈IRA〉テロ 96
駐アイルランド・英大使暗殺 .. 96
反英闘争指導者コステロ暗殺 .. 96
マウントバッテン伯暗殺 97
アイルランド沖のインド航空機爆破テロ 97

マルタ 97
エジプト航空機ハイジャック .. 97
イスラム聖戦機構指導者暗殺 .. 97

オーストリア 97
ユダヤ人列車攻撃テロ 97
石油輸出国機構本部襲撃テロ .. 97
〈クルド民主党〉代表暗殺 98
〈ババリア解放軍〉手紙爆弾テロ
　.. 98

右翼の手榴弾テロ 98
〈革命細胞〉の爆破テロ 98

デンマーク 98
日本人留学生拉致 98
駐デンマーク・ペルー総領事館占拠
.... 98

スウェーデン 99
駐スウェーデン・ユーゴスラビア大使殺害 99
スカンジナビア航空機ハイジャック
.... 99
駐スウェーデン・西ドイツ大使館占拠 99
パルメ・スウェーデン首相暗殺 99
英国在住者爆弾テロ未遂 99
ストックホルム・スタジアム爆破テロ 99

ノルウェー 100
韓国人拉致 100
駐ノルウェー・イラン大使館占拠
.... 100

ソ 連 100
ソ連航空機ハイジャック 100
ソ連移住ユダヤ人テロ 101
駐ソ連・エチオピア大使館占拠
.... 101

ロシア 102
ロシア航空機ハイジャク 102
駐ロシア・米大使館迫砲発射 .. 102
国際赤十字委員会爆破テロ 102
イングーシ難民バステロ 102
ピョートル大帝像爆弾テロ 102
ロシア中央銀行総裁邸銃撃テロ 102

駐ロシア・スウェーデン大使館テロ
103
スウェーデン使節団誘拐テロ ... 103
タゲスタンの誘拐テロ 103
無差別テロ 103
ハバロフスク無差別テロ 103
カフカス人暴行テロ 103
バス・ジャック 103
アストハニ無差別テロ 103

チェチェン 103
チェチェン解放勢力テロ 103
サフガエフ首相暗殺未遂 105
外国人誘拐テロ 105

ウクライナ 105
ラザレンコ首相暗殺未遂 105
殺人部隊のテロ 105

ベラルーシ 105
国会議員暗殺 105
駐ベラルーシ・ロシア大使館テロ
.... 106

アゼルバイジャン 106
ムタリボフ次期大統領暗殺未遂 106
無差別テロ 106
プーチン・ロシア大統領暗殺未遂
.... 106

アルメニア 106
議会乱射 106

グルジア 106
アブハジア首相暗殺 106
駐グルジア・ロシア大使館・軍施設

襲撃テロ 107
　　シェワルナゼ最高会議議長暗殺未遂
　　　... 107
　　バス放火テロ 107
　　国際機関誘拐テロ 107

キルギス 107
　　イブラインモフ主席暗殺 107
　　誘拐テロ 107
　　日本人地質学者誘拐テロ 108
　　アメリカ人誘拐テロ 108

タジキスタン 108
　　タジキスタン機ハイジャック未遂
　　　... 108
　　ロシア軍人テロ 108
　　国連タジキスタン監視団テロ .. 108
　　ラフモノフ大統領暗殺未遂 109
　　爆弾テロ 109
　　政治家暗殺 109
　　教会爆破テロ 109
　　内務次官暗殺 109
　　ラヒモフ文相暗殺 109

ウズベキスタン 109
　　カリモフ大統領暗殺未遂 109
　　アメリカ人登山家誘拐テロ 110

ラトビア 110
　　ロシア向け送電線爆破テロ 110

ユーゴスラビア 110
　　韓国人拉致未遂 110
　　ユーゴスラビア航空機ハイジャック
　　　... 110
　　駐ユーゴスラビア・米大使館テロ
　　　... 110
　　国際機関爆弾テロ 110
　　アメリカ文化センター焼失テロ 110

ボスニア・ヘルツェゴビナ .. 111
　　クロアチア人政府要人暗殺 .. 111
　　トライリッチ副首相暗殺 111
　　ローマ教皇ヨハネ・パウロ２世暗殺
　　未遂 111
　　国際機関爆破テロ 111

マケドニア 111
　　駐マケドニア米大使館占拠 .. 111
　　グリゴロフ大統領暗殺未遂 111
　　迫撃砲発射 111
　　アルバニア系武装組織テロ 112

ブルガリア 112
　　ブルガリア航空機ハイジャック 112

ハンガリー 112
　　ユダヤ人帰還者テロ 112

ルーマニア 112
　　ルーマニア航空機ハイジャック 112
　　駐ルーマニア・ベルギー大使誘拐未
　　遂 113
　　　... 113
　　駐ルーマニア・ヨルダン外交官暗殺
　　　... 113

ポーランド 113
　　ポーランド航空機ハイジャック 113
　　国営貯蓄銀行支店ビル爆弾テロ 113
　　〈黒い九月〉創始者暗殺 113
　　ポピエウシコ神父殺害 114
　　ワルシャワ空港バス・ジャック 114

xi

外国企業テロ 114

チェコスロバキア 114
　　チェコスロバキア航空機ハイジャック 114

スロバキア 114
　　ウラン持ち込みテロ 115

アルバニア 115
　　民主党アゼム・ハイダリ暗殺 .. 115

ヨーロッパ全体 115
　　イラン総領事館占拠 115
　　 115
　　駐オーストリア・イラン大使館乱入 115
　　アルジェリア大使館連続爆破 .. 115
　　リビア大使館占拠 115
　　反ユダヤ爆弾テロ 115
　　パリ・ローマ爆破反ユダヤテロ 116
　　西ヨーロッパ6カ国同時テロ ... 116
　　ヨーロッパ各国大使館同時占拠 116
　　駐英・駐ドイツ・イラン大使館乱入 116

アフリカ

モロッコ 118
　　ハッサン・モロッコ国王搭乗機襲撃未遂 118
　　マラケシの外国人テロ 118
　　イスラム武装勢力テロ 118

スーダン 118
　　駐スーダン・サウジアラビア大使館攻撃テロ 118
　　国連援助機関職員の誘拐テロ .. 118
　　駐スーダン・米大使館襲撃テロ 119
　　ホテル爆弾テロ 119
　　オムダーマンのモスクテロ 119
　　スーダン航空機ハイジャック .. 119
　　〈スーダン人民解放軍〉の外国人誘拐テロ 119

リビア 120
　　カダフィ元首暗殺未遂 120
　　リビア航空機ハイジャック 120

アルジェリア 120
　　アルジェリア航空機ハイジャック 120
　　イスラム過激派指導者殺害 121
　　〈武装イスラム集団〉テロ 121
　　ブディアフ国家評議会議長暗殺 122
　　ネザル国防相暗殺未遂 122
　　メルバ元首相暗殺 122
　　外国人殺害テロ 122
　　フランス航空機ハイジャック .. 122
　　ベンハディド大統領候補者暗殺 122
　　労働組合指導者ベン・ハムーダ暗殺 123
　　ベルベル人射殺 123
　　〈武装イスラム集団〉のテロ ... 123

チュニジア 123
　　ブルギバ・チュニジア大統領・ヌイラ首相誘拐未遂 123
　　〈PLO〉幹部襲撃事件 123
　　過激派テロ 124
　　オランダ航空機ハイジャック .. 124

西サハラ 124

フランス人誘拐テロ 124

ニジェール 124
　フランスのユーティーエー航空機爆破テロ 124

コートジボワール 125
　ブルキナファソ・サンカラ国家元首暗殺未遂 125

ブルキナファソ 125
　反政府テロ 125

ベナン 125
　分離派テロ 125

ギニア 125
　トゥレ大統領暗殺未遂 125
　〈革命統一戦線〉誘拐テロ 126

赤道ギニア 126
　赤道ギニアの攻撃テロ 126

ギニアビサウ 126
　独立指導者カブラル暗殺 126

リベリア 126
　タブマン大統領暗殺計画 126
　ドエ国家元首暗殺 126
　難民虐殺 127
　反政府勢力の誘拐テロ 127

トーゴ 127
　エヤデマ大統領暗殺未遂 127

シエラレオネ 127
　反政府勢力の誘拐テロ 127

ガーナ 128
　駐ガーナ米大使館脅迫テロ 128

ナイジェリア 128
　バレワ首相殺害 128
　イロンシ大統領殺害 128
　モハメド国家元首暗殺 129
　ナイジェリア航空機ハイジャック
　.. 129
　アビオラ前大統領夫人殺害 129
　爆弾テロ 129
　石油施設テロ 129
　米船・他のシージャック 130

コンゴ民主共和国 130
　カビラ大統領暗殺 130
　国際機関襲撃テロ 130
　難民キャンプ襲撃テロ 130

コンゴ 130
　エングアビ国家元首暗殺 130
　エール・アフリク機ハイジャック
　.. 130

中央アフリカ 131
　ボカサ大統領暗殺未遂 131

チャド 131
　トンバルバエ大統領暗殺 131
　反政府派の誘拐 131

ルワンダ 131
　ルワンダとブルンジ大統領の殺害
　.. 131

ユウィリンジイマナ首相暗殺..132
カナダ人神父射殺テロ............132

ブルンジ 132
前国王暗殺 132
フツ人弾圧テロ 132
カブジェメイエ天然資源・領土管理相暗殺 132
ブジュンブラ前市長誘拐・虐殺133
国際機関襲撃テロ 133
ベルギー航空機襲撃テロ 133

カメルーン 133
カメルーン航空機爆破テロ 133
駐カメルーン・米大使銃撃テロ133

エチオピア 133
エチオピア航空機ハイジャック133
血の土曜日事件 134
反政府テロ 134
メンギスツ議長暗殺未遂 135
ベンティ議長暗殺 135
サウジアラビア航空機ハイジャック 135
ムバラク・エジプト大統領暗殺未遂 135
ソマリア人無差別テロ 135
外国人誘拐テロ 135
列車テロ 135

エリトリア 136
アスマラのテロ 136
駐エリトリア・イタリア副領事誘拐テロ 136

ソマリア 136

シェルマルケ大統領暗殺政変 ..136
ヨーロッパ連合関者誘拐テロ ...136
国際機関誘拐テロ 136
ソマリア航空機ハイジャック ..136

アファール・イッサ 137
独立テロ 137

ケニア 137
ケニヤッタ大統領暗殺未遂 137
ナイロビ空港襲撃未遂 137
アミン・ウガンダ大統領暗殺未遂 137
ホテル爆破テロ 137
オウコ外相暗殺 138
人類学者リーキー襲撃テロ 138
駐ケニア・駐タンザニア米大使館爆破テロ 138
〈クルド労働者党〉指導者オジャラン逮捕 138

ウガンダ 138
オボテ大統領狙撃テロ 138
部族対立テロ 139
アミン大統領暗殺未遂 139
イスラエル軍のエンテベ作戦 ..139
英国国教会大主教らの粛清テロ139
ウガンダ航空機ハイジャック ...139
カイイラ元エネルギー相暗殺テロ 139
反リビア・テロ 139
〈神の抵抗軍〉テロ 140
反政府勢力テロ 140
フツ反政府勢力の襲撃テロ 140
カルト教団の集団自殺 140

タンザニア 140
カルメ副大統領暗殺テロ 140

タンザニア航空機ハイジャック141

マダガスカル 141
ラチマンドラバ国家元首暗殺テロ 141

コモロ 141
アブダラ大統領暗殺 141
ジョハル大統領暗殺未遂 141

南アフリカ 142
駐南アフリカ・イスラエル総領事館襲撃テロ 142
スミット前IMF専務理事暗殺 142
南アフリカ軍施設爆破テロ 142
反アパルトヘイト闘争白人活動家抗議自殺 142
核施設破壊テロ 142
南アフリカ空軍本部爆破テロ 142
〈アフリカ人民族会議〉のテロ闘争 142
白人右翼テロ 143
アフリカ人過激派テロ 143
共産党書記長殺害 143
ズールー王襲撃テロ 143
〈パガド〉無差別テロ 143
日本人拉致テロ 144

ナミビア 144
〈SWAPO〉無差別テロ 144
〈SWAPO〉米外交官テロ 144

ボツワナ 144
ジンバブエ・アフリカ人民族評議会本部爆破テロ 144

スワジランド 145
ドラミニ首相暗殺未遂 145
反政府テロ 145

レソト 145
首相官邸襲撃テロ 145
旧ジョナサン政権の閣僚殺害テロ 145
バス・ジャック 145
バホロ副首相暗殺 145

ローデシア 146
アフリカ人の無差別テロ 146
急進派のローデシア航空機撃墜 146
反政府分子テロ 146
白人誘拐テロ 146

ジンバブエ 147
マラウイ閣僚暗殺 147
白人農場占拠 147

ザンビア 147
ジンバブエ民族主義者暗殺 147
新聞社爆破テロ 147
アンゴラの無差別テロ 147

モザンビーク 148
反アパルトヘイト闘争家の小包爆弾テロ 148
スワジ航空機ハイジャック 148

アンゴラ 148
〈カビンダ飛地解放戦線〉テロ 148
〈UNITA〉外国人誘拐テロ 148
カビンダ石油パイプライン爆破テロ 149

ファンボ・テロ 149
ソ連機ハイジャック未遂 149
国連機ハイジャック未遂 149
ザイール人襲撃テロ 149
〈カビンダ飛地解放戦線〉誘拐テロ
.... 149
〈UNITA〉のテロ 150
国際機関機撃墜 150
〈UNITA〉のミサイル発射 150

中　東

シリア 152
アサド大統領暗殺未遂 152
バース党亡命幹部暗殺 152
イスラム同胞団テロ 152
イラク関与爆破テロ 152
シリア・ハダム副大統領暗殺未遂
.... 153
米国のテロ国家シリア対決（ヒンダ
ウィ事件） 153

レバノン 153
中東航空機ハイジャック 153
サウジアラビアパイプライン爆破テ
ロ 154
世界教会委員会ベイルート本部爆破
テロ 154
米軍人誘拐テロ 154
外交官誘拐テロ 154
駐レバノン・米大使暗殺 154
.... 154
ドルーズ指導者暗殺 154
クウェート航空機ハイジャック 154
駐レバノン・フランス大使館爆破テ
ロ 155

国連軍将兵誘拐テロ 155
アラファト〈PLO〉議長暗殺未遂
155
〈黒い九月〉指導者サラメ暗殺 155
イタリア航空機ハイジャック .. 155
駐レバノン・ヨルダン代理大使誘拐
テロ 155
ジェマイル次期大統領暗殺 155
パレスチナ難民キャンプ大量虐殺
.... 156
ドルーズ派指導者テロ 156
米施設，他テロ 156
駐レバノン・リビア代表部爆破テロ
.... 156
バールベック・テロ 157
〈ヒズボラ〉テロ 157
国連監視団攻撃テロ 157
イスラエル駐留軍司令部爆破テロ
.... 157
駐レバノン・ソ連大使館ロケット攻
撃 157
カラミ首相暗殺 157
無差別テロ 158
CIA 責任者暗殺テロ 158
駐レバノン・ソ連外交官誘拐テロ
.... 158
〈サイカ〉自爆テロ 158
駐レバノン・イタリア大使館官車テ
ロ 158
北朝鮮のレバノン人誘拐 158
ベイルート空港攻撃 159
駐レバノン・フランス大使館攻撃テ
ロ 159
駐レバノン・サウジアラビア大使館
員射殺 159
レバノン・ムアワド次期大統領暗殺
.... 159

レバノン・シャムーン元大統領暗殺 159
マロン派施設テロ 159
駐レバノン・ヨルダン大使館員殺害 160
ローマ教皇暗殺未遂 160
反シリア・テロ 160

ヨルダン 160
ヨルダン航空機ハイジャック .. 160
〈黒い九月〉テロ 161
過激派テロ 161
フセイン国王暗殺計画 161
駐ヨルダン・フランス大使館員テロ 161
イスラエル女生徒殺害 161
駐ヨルダン・イスラエル外交官テロ 161

イラク 162
クルド誘拐テロ 162
フセイン大統領暗殺未遂 162
シーア派反政府テロ 162
爆弾無差別テロ 162
外国人誘拐 163
イラク航空機ハイジャック 163
駐イラク・イラン外交官殺害 .. 163
国連軍兵士殺害テロ 163
人道団体テロ 163
クルド・テロ 163
ウダイ暗殺未遂 163
シーア派幹部暗殺未遂 163
イラン反政府派テロ 164
ズバイディ副首相暗殺未遂 164
FAO事務所襲撃 164
反政府テロ 164

エジプト 164
サダト大統領暗殺未遂 164
リビア関与テロ 164
エジプト航空機ハイジャック未遂 164
サダト大統領暗殺 165
ムバラク大統領暗殺未遂 165
反イスラエル・テロ 165
リビア暗殺団事件 165
トランスワールド航空機(米国)ハイジャック 166
アキレ・ラウロ号事件 166
元内相ら連続襲撃テロ 166
駐エジプト米外交官襲撃テロ .. 166
イスラム原理主義者テロ 166
バドル内相暗殺未遂 167
シャリフ情報相暗殺 168
シドキ首相自動車爆破テロ 168
キヒア・リビア元外相誘拐 168
コプト正統教徒連続殺害テロ .. 168
エジプト航空機ハイジャック .. 168
〈イスラム集団〉テロ計画 168

パレスチナ 168
パレスチナ人のゲリラ闘争 168
連続ハイジャック 169
イスラエル機ハイジャック未遂 169
ヨルダン航空機ハイジャック .. 169
西ドイツ航空機ハイジャック .. 169
ベルギー航空機ハイジャック .. 170
ナブルス市長暗殺 170
〈ハマス〉の爆弾テロ 170
アラファト〈パレスチナ解放機構〉議長暗殺計画 170
ヘブロン事件 170
〈イスラム聖戦〉のテロ 171

.... 171
〈ハマス〉幹部暗殺 171
自爆テロ 171
パレスチナ自治区テロ 171
.... 172
イスラエルの反テロ作戦 172
過激派の迫撃砲発射 172
自爆テロ 172
〈パレスチナ解放人民戦線〉議長タファ殺害 172

イスラエル 173
〈日本赤軍〉のロッド空港テロ173
マーロット村殺戮テロ 173
テルアビブ爆破テロ 173
イスラエル上陸事件 173
イスラエル航空機空中爆破未遂174
定期バス・テロ 174
イスラエル国境警備隊司令部の自爆テロ 174
イスラエル海軍の海上テロ掃討作戦 174
〈アブ・ムーサ派〉テロ 175
ペレス首相暗殺未遂 175
〈ハマス〉テロ 175
駐イスラエル・フランス大使館爆破テロ 176
イスラエル・ラビン首相暗殺 ..176
過激派テロ 176
〈ハマス〉・〈イスラム聖戦〉の自爆テロ 177
〈パレスチナゲリラ〉の武器密輸 177
レバノン機抗議侵入事件 177

エルサレム 178
自爆テロ 178
エルサレム衝突 178
過激派テロ 178
ゼエビ観光相暗殺 178

南イエメン 178
南アラビア連邦の解放闘争指導者暗殺テロ 178
南イエメン航空機ハイジャック178
対外分子破壊テロ 179

イエメン 179
イエメン航空機ハイジャック ..179
ハマディ議長暗殺 179
ガシュミ議長暗殺未遂 179
ガシュミ大統領暗殺 179
外国公館テロ 180
駐イエメン・サウジアラビア大使館侵入テロ 180
過激派テロ 180
駐イエメン・フランス外交官誘拐テロ 180
外国人誘拐テロ 180
モスク・テロ 181
駐イエメン・ドイツ大使館テロ181
駐イエメン・ポーランド大使誘拐テロ 181
アデンの米艦爆破テロ 181
駐イエメン・英大使館テロ 181

サウジアラビア 181
サウジアラビア航空機ハイジャック 181
ファイサル国王殺害 182
リヤド・テロ 182
聖地メッカ事件 182
エチオピア航空機ハイジャック183
国家警護隊リヤド施設爆破テロ183

イスラム原理主義者暴動 183
外国軍隊駐留反対テロ 183
ビンラディンのテロ関与未遂 183
反外国人テロ 184

クウェート 184
タクリチ・イラク元副大統領暗殺
.... 184
在クウェート日本大使館占拠 184
駐クウェート・アラブ首長国連邦外
交官テロ 184
同時爆破テロ 184
クウェート航空機ハイジャック 184
ジャビル首長暗殺未遂 185
石油基地爆破テロ 185
ブッシュ元米大統領暗殺未遂 185
反外国人テロ 185

バーレーン 185
爆弾テロ 186
〈バハレーン・ヒズボラ〉テロ 186

オマーン 186
英官吏殺害テロ 186

アラブ首長国連邦 186
アブダビ首長暗殺未遂 186
西ドイツ航空機ハイジャック 186
イギリス航空機ハイジャック 186
シリア外相暗殺未遂 187

イラン 187
イラン航空機ハイジャック 187
駐イラン・米大使館爆破テロ 188
駐シラーズ・米総領事館襲撃テロ
.... 188
イスラム革命防衛隊テロ 188

米国のイラン・テロ対決 188
駐イラン・米大使館占拠・人質事件
.... 188
モジャーディン・ハルク暗殺テロ
.... 189
フランス航空機ハイジャック .. 189
前皇帝支持派テロ 189
イラン・ハタミ大統領暗殺未遂 190
駐イラン・サウジアラビア大使館乱
入事件 190
駐イラン・クウェート蝪g館占拠
.... 190
駐イラン・フランス大使館爆破テロ
.... 190
聖地マジャド・テロ 190
外国人誘拐 190
失踪テロ 190

トルコ 190
エル・アル航空支店襲撃テロ .. 190
〈人民解阜R〉事件 191
駐トルコ・エジプト大使館襲撃テロ
.... 191
イスタンブール軍事基地要員射殺テ
ロ 191
トルコ・政治家暗殺テロ 191
エリム元首相暗殺 191
トルコ航空機ハイジャック 192
イスタンブール・テロ 192
駐トルコ・ヨルダン大使館員射殺
.... 192
イスタンブール・シナゴーグ襲撃テ
ロ 192
ルフトハンザ航空機爆破 192
オザール首相暗殺未遂 192
〈デブ・ソル〉テロ 192
反イスラエル・テロ 193

バタム石油施設テロ 193
新聞記者暗殺テロ 193
〈クルド労働党〉無差別テロ .. 193
イラン政治家殺害テロ 193
イスタンブール無差別テロ 193
クルド自爆テロ 193
チェチェンのトルコ船シージャック
.... 194
デミレル大統領暗殺未遂 194
クルド人実業家殺害テロ 194
イスタンブールの左派爆発テロ 194
チェチェン人の航空機ハイジャック
.... 194
チェチェンの抗議テロ 194
自爆テロ 194

ギリシャ 194

エル・アル航空のアテネ支店攻撃テ
ロ 195
アテネ空港攻撃テロ 195
米施設攻撃テロ 195
CIA責任者暗殺テロ 195
米空軍士官クラブ爆弾テロ 195
ソ連劇団公演爆弾テロ 195
〈11月17日革命組織〉テロ 195
〈革命大衆闘争組織〉テロ 196
モロッコ航空機ハイジャック .. 196
駐ギリシャ・英外交官暗殺 196
キプロス支持派の米兵テロ 196
トランスワールド航空機ハイジャック
.... 196
米走7長官訪問抗議テロ 196
〈アルメニア解放軍〉指導者暗殺
.... 196
エーゲ海観光船襲撃テロ 197
左翼爆弾テロ 197
駐ギリシャ・トルコ大使館員爆弾テ

ロ 197
極左派ロケット発射 197
最高裁判所判事暗殺 197
米系企業テロ 197
ギリシャ人海運王暗殺 197
反米テロ 197
駐モティニ・トルコ領事館テロ 198
駐ギリシャ・英大使館占拠 198
バス・ジャック 198
イスラエル航空機ハイジャック未遂
.... 198
駐ギリシャ・イタリア大使館テロ
.... 198
抗議テロ 198

キプロス 198

駐キプロス・米大使ャ 198
オランダ航空機ハイジャック .. 198
キプリアノウ大統領長男誘拐テロ
.... 199
セバイ事件 199
駐キプロス・イスラエル大使館テロ
.... 199
イスラエル人テロ 199
平和の箱船爆破事件 199

北キプロス 199

トルコ航空機ハイジャック 199

アジア

日 本 202

よど号事件 202
〈連合赤軍〉浅間山荘事件 202
アイヌ支援者テロ 202
宮本日本共産党委員長暗殺未遂 203

金大中事件 203
　　〈東アジア反日武装戦線〉テロ 203
　　Y・P体制・〈赤報隊〉抗議テロ ...
　　... 203
　　北朝鮮の日本人拉致 204
　　新左翼の新東京国際空港テロ 204
　　〈中核派〉ロケット攻撃テロ ... 205
　　新東京国際空港爆破テロ 205
　　国鉄同時多発テロ 205
　　オウム事件 205
　　警察庁長官狙撃テロ 205
　　ハッカー・テロ 206

韓　国 206
　　北朝鮮の韓国人拉致 206
　　駐韓日本大使館襲撃テロ 206
　　韓国航空機ハイジャック 206
　　文世光事件 206
　　韓国・朴正煕大統領暗殺 206
　　アメリカ文化センター襲撃・放火テロ
　　... 207
　　大学生の抗議自爆テロ・韓国 .. 207
　　駐釜山・日本総領事館に自動車突入
　　... 207

北朝鮮 207
　　北朝鮮の全大統領暗殺計画 207
　　金日成父子暗殺未遂 208
　　金日成銅像破壊テロ 208
　　金正日暗殺未遂 208
　　北朝鮮の韓国大学総長暗殺工作 208

中　国 208
　　毛沢東暗殺未遂 208
　　爆弾テロ 209
　　中国民航航空機ハイジャック .. 209
　　マカオの警察幹部暗殺未遂 ... 210

　　連続爆破テロ 210
　　法輪功自爆テロ 210
　　無差別テロ 210

ウイグル自治区 211
　　爆弾テロ 211
　　ホテル爆破事件 211

台　湾 211
　　中華航空機ハイジャック 211
　　反原発抗議自爆テロ 211

フィリピン 212
　　〈フィリピン共産党〉総書記タルク暗殺
　　... 212
　　選挙集会爆弾テロ 212
　　マルコス大統領暗殺未遂 212
　　エンリレ国防長官襲撃テロ 212
　　イメルダ大統領夫人暗殺未遂 .. 212
　　米軍人殺害テロ 212
　　日本船シージャック 212
　　要人殺害テロ 213
　　フィリピン航空機ハイジャック 213
　　マニラ無差別テロ 213
　　アリンガル神父殺害テロ 214
　　アキノ暗殺テロ 214
　　原発反対テロ 214
　　バヤン指導者ら暗殺テロ 214
　　三井物産マニラ支店長若王子信行誘拐テロ
　　... 215
　　モロ・イスラム指導者テロ ... 215
　　アキノ大統領暗殺未遂 215
　　自治長官暗殺未遂 215
　　〈アブ・サヤフ〉テロ 215
　　都市ゲリラ・テロ 216
　　財界人誘拐テロ 216
　　ローマ教皇暗殺未遂 216

xxi

石油関係施設襲撃テロ 216
　　連続爆破テロ 216

インドネシア 217
　　ファフミ事件 217
　　コマンド・ジハード事件 217
　　バンドン警察署襲撃テロ 217
　　駐インドネシア・日本大使館・米大使館同時テロ 217
　　駐インドネシア・米大使館テロ 217
　　〈パプア自由運動〉指導者暗殺テロ 217
　　ガルーダ航空機ハイジャック .. 218
　　〈自由パプア運動〉誘拐・殺害テロ 218
　　日本船シージャック 218
　　西ティモール・テロ 218
　　ジャカルタの無差別テロ 219
　　鉱山会社テロ 219
　　教会爆破テロ 219
　　ダヤク人テロ 219
　　アチェ暗殺テロ 219
　　トミー殺害テロ 220
　　駐マッカサル・日本総領事館テロ 220

東ティモール 220
　　ベロ司教暗殺未遂 220
　　反政府テロ 220

マレーシア 220
　　マレーシア航空機ハイジャック 220
　　〈モロ解放戦線〉のシージャック 221
　　〈アブ・サヤフ〉誘拐テロ 221
　　イスラム過激派テロ 221

シンガポール 221
　　〈日本赤軍〉のシンガポール製油所テロ 221
　　シンガポール航空機ハイジャック 221

マラッカ海峡 221
　　日本タンカー・シージャック .. 222

ベトナム 222
　　ベトナム航空機ハイジャック .. 222

カンボジア 222
　　〈ポル・ポト派〉のベトナム人虐殺 222
　　シアヌーク国家元首暗殺未遂 .. 222
　　カンボジア共産党幹部暗殺未遂 223
　　カンボジア指導者シアヌーク誘拐未遂 223
　　〈ポル・ポト派〉列車テロ 223
　　ベトナム人入植者テロ 223
　　〈ポル・ポト派〉誘拐 223
　　カンボジア・ソン・セン元首相殺害 223
　　無差別テロ 223

ラオス 224
　　銀行爆破テロ 224
　　駐ラオス・日本臨時代理大使殺害 224
　　モンのバス襲撃テロ 224
　　ソ連文化センター爆破テロ 224
　　三井物産事務所長浅尾吉昭誘拐テロ 225
　　右派テロ 225
　　反タイ・テロ 225

タイ 225
ビラ航空機ハイジャック 225
タイ・チェンライ県知事殺害テロ
....225
駐タイ・イスラエル大使館占拠225
タイ社会党書記長暗殺 225
国王テロ 226
イスラム分離派テロ 226
プレム首相暗殺未遂 226
タイ人民党党首サマック邸爆破テロ
....226
駐タイ・サウジアラビア大使館員殺害 227
駐タイ・北朝鮮大使館員拉致 ...227
駐タイ・ミヤンマー大使館襲撃テロ
....227
〈神の軍〉テロ 227
駐タイ・ベトナム大使館爆破テロ
....227

ミャンマー 227
北朝鮮・全斗煥韓国大統領爆殺テロ
....227
フランス人技師誘拐テロ 228
アンダマン海域の大韓航空機爆破テロ
....228
タイ航空機ハイジャック 228
寺院爆弾テロ 228
外国小包送付テロ 229

ネパール 229
〈ネパール共産党の毛沢東派〉テロ
....229
ネパール王室テロ 229

インド 229
インド航空機ハイジャック 229
鉄道相殺害テロ 230
〈アナンダ・マルグ〉事件 231
駐ボンベイ・アラブ首長国連邦外交官テロ 231
シク過激派テロ 231
駐インド・ヨルダン大使暗殺未遂
....232
インディラ・ガンジー首相暗殺232
駐インド・英高等弁務官暗殺
....232
青果市場爆破テロ 232
インド軍元参謀総長暗殺 232
ラジブ・ガンジー首相の暗殺未遂
....232
急行列車爆破テロ 232
クマール将軍暗殺 233
ラジブ・ガンジー元首相暗殺 ..233
ボド過激派テロ 233
同時続爆破無差別テロ 233
スリナガル公共施設テロ 233
ジャム・カシミールのイスラム過激派テロ 233
ナガ・テロ 235
ジャム・カシミールの外国人誘拐テロ 235
パンジャブ州首相爆殺テロ 235
ニューデリー爆弾テロ 235
〈ナクサライト〉テロ 235
イスラム過激派の鉄道テロ 235
アッサム・テロ 235
インドの極左テロ 235
ビンラディンのテロ工作 236

パキスタン 236
ラーマン・アワミ連盟委員長暗殺未遂 236
ブット・パキスタン人民党党首暗殺

未遂 236
ギリシャ船シージャック 236
パキスタン航空機ハイジャック236
ラホール空港爆破テロ 237
シーア派武装指導者射殺テロ ..237
無差別テロ 237
ムハジール民族運動書記長暗殺 ..237
バス・ジャック 237
ラホールのイスラム原理主義者テロ
237
カラチの反米テロ 238
ペシャワルの爆弾テロ 238
駐パキスタン・エジプト大使館テロ
238
アメリカ文化センター爆破テロ238
バス爆破テロ 238
ブット首相実弟殺害テロ 238
イラン文化センター放火・爆発テロ
238
パキスタン・前首相ブット夫人暗殺未遂 238
過激派のアフガニスタン人殺害239
外国公館ロケット発射 239
アフガニスタン州知事殺害テロ239
モスク爆破テロ 239
スンナ派テロ 239
反政府テロ 239

バングラデシュ 239
駐バングラデシュ・インド高等弁務官襲撃テロ 239
日本航空機ハイジャック（ダッカ事件） 240
バングラデシュ航空機ハイジャック
240
ジア首相暗殺未遂 240
過激派・テロ 240

ビンラディンのバングラデシュ工作
240
自爆テロ・バングラデシュ 240

スリランカ 240
スリランカ・ジャフナ市長暗殺241
コロンボ刑務所襲撃テロ 241
タミルの誘拐テロ 241
エア・ランカ航空機爆破テロ ..241
シンハラ左派テロ計画 241
タミルのテロ 241
ジャワルデネ大統領暗殺未遂 ..241
統一国民党書記長暗殺 242
インド軍人殺害 242
ドバイ船シージャック 242
シンハラ左派指導者殺害 242
ウィジェトンガ首相暗殺未遂 ..242
タミル指導者暗殺 243
ウィジェラトネ産業相兼国防次官殺害 243
イスラム教徒襲撃 243
アトラトムダリ元国家治安相暗殺
243
プレマダサ大統領暗殺 243
ディサナヤケ大統領候補暗殺 ..244
自爆テロ 244
クマトラトゥンガ大統領暗殺未遂
244
中国貨物船ジャック 244
タミル・テロ 245
グーネラトナ産業開発相暗殺 ..245
タミルの空港襲撃テロ 245

アフガニスタン 245
ダウド大統領殺害 245
タラキ大統領暗殺 245
アミン大統領暗殺 246

無差別テロ 246
駐アフガニスタン・パキスタン大使館焼き打ちテロ 146
ナジブラ前大統領処刑 246
タリバンの駐アフガニスタン・イラン外交官殺害 246
駐アフガニスタン・パキスタン大使館爆破テロ 246
〈タリバン〉虐殺テロ 246
マスード将軍暗殺テロ 247

オーストラリア 247
駐オーストラリア・フランス領事館爆破テロ 247
フセイン・マレーシア首相誘拐未遂 247
政治家暗殺 247
外国人移民爆弾テロ 247
日本人殺害 247

ニュージーランド 247
グリーンピース船爆破 248

フィジー 248
ニュージーランド航空機ハイジャック 248
議会占拠 248
要人テロ 248

パプアニューギニア 248
閣僚暗殺 249

ソロモン諸島 249
日本漁船シージャック 249

パラオ（ベラウ） 249

大統領府テロ 249
レメリク大統領暗殺 249
サリー大統領暗殺 249

ポリネシア 249
パペーテ・テロ 249
フランス海外領土相スチルン暗殺 250

ニューカレドニア 250
カナカ人テロ 250
ベベア島テロ 250
〈カナカ〉指導者暗殺 250

ソロモン 250
ガナルカルの武装叛乱 250

全世界

〈ウェザー・アンダーグラウンド〉爆破テロ 252
アルメニア人の対トルコ・テロ闘争 252
イスラエル在外施設爆破テロ ..253
〈カリブ革命同盟（ARC）〉独立テロ 253
駐イタリア・インド，ヨルダン大使暗殺未遂 253
ヨルダンのアリア航空支店同時攻撃テロ 254
『悪魔の詩』訳者襲撃テロ 254
太陽寺院事件 254

テロ組織

ア行

アイマル秘密行動委員会 256
アイルランド共和国軍(IRA) ...256
アイルランド民族解放軍(INLA).
....256
アイルランド人民解放機構(IPLO)
....256
赤い旅団(BK) 256
赤い手の防衛者(RHD) 256
アレッウス・ポンカヤオ旅団ＡＢＢ
....257
アクション・ディレクト(AD) 257
アッサム統一解放戦線(ULFA) 257
アブ・サヤフ 257
アブ・ニダル組織(ANO) 257
アフリカーナー抵抗運動(AWB) ..
....257
アラシュ・オダ 258
アル・カイダ 258
アル・フラク 258
アルゲティの娘 258
アルスター防衛協会(UDA) 258
アルスター自由戦士(UFF) 258
アルメニア解放秘密軍(ASALA).
....258
アレックス・ポンカヤオ旅団ABB
....259
アンゴラ全面独立民族連盟(UNITA) 259
イスラムの覚醒 259
イスラム集団 259
イスラム集団(IG) 259
イスラム復興運動 259
イスラム復興党 260
イスラム変革戦線 260
イスラム変革党 260
イティハード・イスラミ(イスラム連合) 260
ウズベキスタン・イスラム運動(IMU) 260
選ばれし導師 261
選ばれし導師(サウジアラビア) 261
オウム 261
オレンジ義勇兵ＯＶ 261

カ行

革命的細胞(RZ) 261
革命人民闘争(ELA) 261
革命的人民解放戦線(DHKP-C) 261
革命連合戦線(RUF) 262
カッサム旅団 262
神の抵抗軍(LRA) 262
カハ 262
カビンダ飛地解放戦線—カビンダ武装軍(FLEC-FAC) 262
カモッラ 262
カレン民族同盟(LNU) 262
ギブラとギャングと麻薬に反対する市民 263
クケドリオニ 263
クメール・ルージュ(KR) 263
クルド愛国同盟(PUK) 263
クルド民主党(KDP) 263
クルド労働者党(PKK) 264
継続アイルランド共和国軍CIRA.
....264
ゲリラス(ムジャヒディン) 264
コーザ・ノストラ 264
コルシカ民族解放戦線(FLNC) 264
コロンビア自警軍連合ＡＵＣ ..265
コロンビア民族解放軍(ELN) ..265
コロンビア革命武装軍(FARC) 265

xxvi　もくじ

サ行

サウジ・ヒズボラ 265
サイカ 265
三合会 265
11月17日革命機構 266
シク組織 266
シバ・イ・シャハバ 266
ジハード 266
ジハード・フォーラム 266
自由アチェ運動(GAM) 267
自由パプア機構(OPM) 267
ジャム・カシミール・イスラム戦線(JKIF) 267
シャンティ・バヒニ 267
助言改革委員会 267
新パタニ統一解放戦線(NPULF) 267
真のIRA(RIRA) 268
人民解放戦線(JVP) 268
人民革命軍(EOR) 268
新人民軍(NPA) 268
世界イスラム革命運動機構 268
センデロ・ルミノソ(輝く道) ..268
ソディロフ兄弟部隊 268

タ行

ダコイト 269
タミル・イーラムのトラ(LTTE) 269
タリバン 269
ダル・カルサ 269
ビンドランワラ・タイガー部隊 269
ババール・カルサ 269
ツパマロス民族解放運動(MLNT) 270
ドイツ赤軍(RAF) 270
トゥパク・アマル革命運動 MRTA 270
トゥパク・カタリ戦闘軍(EGTK) 270
統一民族解放戦線(UNLF) 270
トリプラ民族義勇軍 270
東トルキスタン・イスラム党 ..271

ナ行

ナイジェリア過激派 271
ナイル川西戦線(WNBP) 271
ナガ民族評議会 271
ナクサライト人民戦争集団 271
日本赤軍 271
ネーション・オブ・イスラム ..272

ハ行

バスク祖国と自由(ETA) 272
ババリア解放軍 272
ハマス(イスラム抵抗運動) 272
ハラカト・ウル・アンサル 273
ハラカト・ウル・ムジャヒデン 273
パレスチナ・イスラム・ジハード(イスラム聖戦) 273
パレスチナ解放機構(PLO) 273
パレスチナ解放戦線(PLF) 274
パレスチナ解放人民戦線(PFLP) 274
パレスチナ解放人民戦線総司令部派(PFLP-GC) 274
パレスチナ民主解放戦線(GFLP) 274
東チモール独立革命戦線(FRETILIN) 275
ヒズブル・ムジャヒディン 275
ヒズボラ 275
ファタハ蜂起派 275
武装イスラム集団(GIA) 275

フツ残党 276
フラームス・ミリタンデ・オルテ(VMO) 276
法的権利擁護委員会(CDLR) 276
ボドランド民族民主戦線 NDFB 276

マ行

マヌエル・ロドリゲス愛国戦線(EPMR) 276
ミシガン・ミシリア 276
ミゾ民族戦線(MNF) 277
ミリシア 277
民主同盟軍(ADF) 277
民族統一革命戦線(UNRF) 277
ムジャヒディン・ハルク(イスラム戦士機構)(MKO) 277
ムジャヒディン党 277
ムハマドの兵隊 278
モハマッドの軍JEM 278
モロ・イスラム解放戦線(MILF) 278
モロ民族解放戦線 MNLF 278

ヤ行

ヤーディ 279

ラ行

ラーマン・サンギノフ部隊 279
ラウタロ青年運動(MJL) 279
ラシュカレ・トイバ 279
ラスカルーエータイバLT 279
リビア救国民族戦線(NFSL) 279
リビア民主運動(LDM) 280
リビア民族同盟(LNA) 280
リビア・バース党(LBP) 280
イスラム解放機構(ILO) 280
ジハード 280
ヒズボラ 280
ルワンダ解放軍ALIR 280
ロイヤリスト義勇軍LVF 280

ワ行

われらスウェーデン建国者 280

索引 281

凡　例

1．本書の対象は1970年以降、2001年10月初めまでの事件を採りあげている。

2．テロ事件を対象とするが、非正常の暴力行為を視点におくので、その対象は限定されない。それは国内秩序への反体制的局面に限定されないし、自らの領土を越えてなされる対外的目標に向かう場合もあり、自らの政府または党派以外の連繋もあり、それが地域支配ではなく地球的行動パターンをみせることもある。その手段も個人抵抗といった個人的次元での行為から集団的、組織的、ネットワーク的なものまで多様である。本書では、これらをできるだけ包括的に扱うようにした。

3．事件は地域別で西半球、欧州、アフリカ、中東、アジアの順にそれぞれ各国別にとりあげ、2カ国以上にわたる場合は一番関係が深い国家で採りあげた。1国でもその内部において域内的ないし地方的に注目される地域がある場合は、当該国家に続いて項目を立てて採りあげた。そのあとに、複数の地域にわたる事例を世界全体として採りあげた。欧州では欧州全体も設けた。

4．終わりに、テロ組織の主要なものについて、［特長］と［活動地域と支援］に関して説明してある。余り活動していない組織は省略してある。

5．テロ組織の内外の連携と遂行手段は注目されるところで、テロ組織全体のリストと関係項目のリストを掲出してあるので、活用されたい。

6．データは、浦野起央『20世紀世界紛争事典』（三省堂、2000年）その他に依拠し、1998年以降のデータは、米国務省テロ白書などの関係情報によった。説明の不足部分は、前掲『20世紀世界紛争事典』を参照されたい。

西半球

カナダ/アメリカ/メキシコ/グアテマラ/ホンジュラス/ニカラグア/エルサルバドル/コスタリカ/パナマ/プエルトリコ/ハイチ/キューバ/ジャマイカ/バルバドス/バーミューダ/グアドループ/ベネズエラ/コロンビア/エクアドル/ペルー/パラグアイ/チ リ/アルゼンチン/ウルグアイ/ブラジル/ガイアナ/スリナム

カナダ

誘拐テロ

(1970.10) ケベック

　1963年設立の革命組織〈ケベック解放戦線（FLQ）〉は，1970年を通じてテロを激化させ，10月5日にはモントリオール駐在英商務官ジェームズ・クロスを誘拐し，誘拐支持の学制デモがあった。10日にもケベック州労働相ピエール・ラポルトが誘拐され，ケベック州の要請で16日トルドー首相は戦時措置法を発動し，ケベック州に軍隊を導入し，現地警察は486人を拘束した。ラポルトの死体が発見され，誘拐犯は先に誘拐したクロス解放を交換条件に国外に脱出した。この戦時特別措置法の発動は議論を呼んだが，数週間後のギャラップ調査では国民の87パーセントがその発動を支持した。

無差別テロ

(1984.9) モントリオール

　1984年9月3日，モントリオール駅で爆発テロが起き，44人が死傷した。〈ケベック解放戦線（FLQ）〉の仕業と解された。

アメリカ

キューバ国連代表部爆破テロ

(1967.4～1978.9) ニューヨーク

　1967年4月3日，ニューヨークのキューバ国連代表部で爆破テロが起こり，代表代理が爆死した。

　1968年7月9日，キューバ派テロ組織〈キューバ権力（LPC）〉がユーゴスラビア国連代表部爆破とともに，キューバ国連代表部の爆破テロを実行した。

　1978年9月9日，ニューヨークのキューバ国連代表部で爆破テロが起き，キューバ人亡命者グループ〈オメガ・7〉が犯行声明を出した。

ユーゴ国連代表部爆破テロ

(1968.7) ニューヨーク

　1968年7月9日，キューバ派テロ組織〈キューバ権力（LPC）〉がユーゴスラビア国連代表部を爆破した。同時に，キューバ国連代表部の爆破を実行した。

台湾行政院長蒋経国狙撃テロ

(1970.4) ニューヨーク

　1970年4月20日台湾行政院長蒋経国が訪米し，24日ニューヨークで反蒋デモに直面したが，その際，台湾独立連盟の黄文雄によって狙撃された。

人民党首ハンプトン射殺

(1970.7) ヒューストン

　1970年7月27日、テキサス州ヒューストンで市警察当局が黒人過激派〈人民党〉のカール・ハンプトン党首を射殺し、党員50人を逮捕した。

右派テロ

(1970.8) ネブラスカ州, ウィスコンシン州

　1970年8月17日、米国ネブラスカ州オマハで時限爆弾による警官の殺害事件が起こり、警官1人が死亡した。24日、ウィスコンシン州マディソンのウィスコンシン大学数学科の6階建てビルが過激派により爆破され、1人死亡、2人が負傷した。この数学科は米国政府との契約で陸軍数学研究所の役割を担っており、これらの事件は、いずれも〈ブラック・パンサー〉、〈民主社会のための学生連合(SDS)〉、〈ウェザーマン・アンダーグラウンド〉など過激派が関与しているとみられ、ファシズム抵抗人民委員会と称する黒人15人が逮捕された。

アラバマ州知事暗殺未遂

(1972.5) ローレル

　1972年5月15日、アラバマ州知事ジョージ・コーリー・ウォーレスが民主党予備選の選挙運動中、メリーランド州ローレルのショッピング・センターの屋外集会で演説中、青年ハーマン・プレマーによって狙撃された。

アメリカ航空機ハイジャック

(1972.6～1988.10)

　1970年8月、黒人運動の女性闘士アンジェラ・デービス元カリフォルニア大学ロサンゼルス分校講師は、サンフランシスコで起きた黒人被告による裁判官人質・殺害事件に連座して殺人・共謀・誘拐容疑で送検された。1972年6月2日に〈ブラック・パンサー〉の黒人党員がデービスの無罪釈放を要求して、米ウェスタン機をハイジャックし、サンフランシスコで金を受け取り、B-720機でアルジェに亡命した。6月4日、米地方裁判所はデービスに無罪の判決を下した。

　1976年9月10日、クロアチアの独立を要求する〈クロアチア解放運動〉の5人(うち女1人)によってニューヨーク発シカゴ行きのトランスワールド航空(TWA)機がハイジャックされ、カナダのモントリオールにいったん着陸、アイスランド・英国を経由して11日、フランスのパリに到着し、13日には乗客49人を解放し、降伏した。

　1979年6月20日、ニューヨークを離陸したパン・アメリカン航空機が〈クロアチア解放運動〉の2人にハイジャックされ、シカゴに着陸した。犯人はユーゴ領事邸爆破で刑務所にいる同志の神父の釈放と南アフリカ行きを要求したが、21日アイルランドに着陸し降伏し、送還された。

　1983年1月20日、シアトル発オレゴン州ポートランド行きのノースウェスト航空機が犯人1人にハイジャックされ、アフガニスタン行きを要求された。ポートランドに着陸後に乗客全員が解放され、米連邦捜査局(FBI)が突入し、犯人を射殺した。

メイヤー・イスラエル首相暗殺未遂

(1973.3) ニューヨーク

　パレスチナ・ゲリラ〈黒い九月〉の幹部バイス・アル・クバイシ教授が1956年にファイサル・イラク国王暗殺を企

てたが、失敗に終わった。1973年3月16日、彼はニューヨークを訪問中のメイヤー・イスラエル首相の暗殺を狙って自動車など3カ所に爆弾を仕掛けたが、2カ所は不発となり、ケネディ空港のエル・アル支店前に仕掛けた爆弾は起爆装置が発見され、事なきを得た。

駐米イスラエル大使館武官補暗殺
(1973.7) ワシントン

1973年7月1日、ワシントンのイスラエル大使館武官補ヨセフ・アロン大佐が自宅で射殺され、パレスチナ人殺害の報復であると報道された。

新聞王ハーストの孫娘誘拐テロ
(1974.1)

1974年1月、新聞王ウィリアム・ランドルフ・ハーストの孫娘パトリシア・ハーストが〈シンビオニーズ解放軍(SLA)〉と名乗る人種融合を提唱する黒人過激派グループによって誘拐された。パトリシアはその後、SLAに加わり、サンフランシスコの銀行を襲撃した。5月ロサンゼルスの隠れ家で、SLAはロサンゼルス警察特別狙撃隊(SWAT)と銃撃戦となり〈SLA〉幹部6人が死亡した。

ニクソン米大統領の暗殺計画
(1974.2)

1974年2月、リチャード・M.ニクソン大統領の暗殺が計画されたが、未遂に終わった。

企業爆破テロ
(1974.8) カリフォルニア

1974年8月5日〈新世界解放戦線(NWLF)〉がカリフォルニアの保険会社に対し爆破テロを行った。

駐米フィリピン大使館籠城
(1974.11) ワシントン

1974年11月18日、ワシントンの駐米フィリピン大使館に、フィリピンのマルコス体制の強権政治に抗議して〈フィリピン人反政府組織フィリピン行動委員会〉(委員長ナポレオン・レチェコ)が武装侵入し、人質をとって籠城した。11月19日に人質は釈放された。

〈赤いゲリラ〉テロ
(1975.3) サンフランシスコ

1975年3月26日、サンフランシスコの変電所とFBIビルの爆破事件が起こった。〈赤いゲリラ〉による犯行で、ファシストの脅威から守るためとの声明が出された。それは、フィデル・カストロ支持派の犯行であった。

〈キューバ行動コマンド〉爆破テロ
(1975.3) ロサンゼルス

1975年3月27日、ロサンゼルスのビルでカストロ派非合法組織〈キューバ行動コマンド〉による爆破テロがあった。このビルにはコスタリカ領事が居住していた。この行動はキューバの米州機構の(OAS)に対するフィデル・カストロ挑戦であると通報があった。

フォード米大統領暗殺未遂
(1975.9) カリフォルニア州

1975年9月5日、カリフォルニア州サクラメントを訪問していたフォード大統領がホテルから州議会堂へ向かう途中、若い女性にピストルを突き付けら

れた。犯人リネット・フロムは映画女優シャロン・テート殺害事件を起こしたチャールズ・マンソンの信奉者の1人だった。フォードは身をかわし難を逃れた。22日にもサンフランシスコを遊説中, 10メートルの距離から狙撃されたが, 無事であった。犯人の女性セーラ・ジェイン・ムーアはサンフランシスコの左翼信奉者であった。

レテリエル元チリ外相暗殺テロ

(1976.9) ワシントン

チリのアジェンデ政権の元外相オルランド・レテリエルが, 1976年9月21日, ワシントンで車に仕掛けられた爆弾で死亡した。1978年4月19日, 容疑者マイケル・タウンリーが逮捕され, 背後で糸を引いたチリ国家情報局(DINA)幹部が起訴された。チリ国家情報局長マヌエル・コントレラスは1993年11月, 最高裁判所で懲役7年の刑が確定した。

〈ブラック・ムスリム〉襲撃テロ

(1977.3) ワシントン

〈ブラック・ムスリム〉は米国の貧しい黒人の間に組織されたイスラムの信仰に基づく秘密結社で, 1930年代に黒い祖国の建設を目標として発足した。一時, 組織者は1万5000人を数え, その信徒は10万人を超えた。1977年3月9日,〈ブラック・ムスリム〉は, ワシントン市庁舎など3カ所を同時襲撃し, 134人を人質とした。人質は11日に全員解放され, 犯人12人は38時間で投降した。

ユーゴ国連代表部占拠

(1977.6) ニューヨーク

1977年6月14日, クロアチアの独立を要求する〈クロアチア解放運動〉メンバーがニューヨークのユーゴスラビア国連代表部を占拠した。

プエルトリコ自決テロ

(1977.8〜1982.7)

1967年7月の国民投票でプエルトリコは自治領へ移行した。以後も, 自決要求が根強く, 1977年1月, ジェラルド・フォード政権はプエルトリコの州昇格法案を議会に送付した。こうしたなか, プエルトリコの独立を訴えて, 8月3日にマンハッタンで爆弾テロ, 10月25日に〈プエルトリコ民族解放戦線(NALN)〉のデモ隊による自由の女神占拠事件, 1978年5月22日にニューヨークのケネディ空港, プエルトリコのラガーディア空港, ニュージャージー州のニューヨーク空港, 米司法省の4カ所で〈プエルトリコ民族解放軍(FALN)〉による爆破テロが起きた。この州昇格法案は1982年1月の住民投票で支持されたが, 依然, テロ闘争は続いた。同年2月ニューヨークでプエルトリコ・ゲリラ組織による爆弾テロ, 7月1日〈プエルトリコ人民軍(EPB, マチェテロス)〉らのゲリラテロがあった。

ユナボマー事件

(1978〜1995.4)

1978年, イリノイ州ノースウェスタン大学に送られてきた小包爆弾が爆発し, 負傷者が出たのに始まり, 連続小包爆弾事件で大学関係者に被害が集中した。犯人は, 大学(university)や空港 (airport) をねらう爆弾犯(bomber) という意味でユナボマー(Unabomber) と呼ばれるようになった。最初の事件から, 1995年4月のカ

リフォルニア州サクラメントの林業協会ロビイストが死亡した事件までの17年間で、同一犯によると見られる爆弾事件が16件発生し（うち2件は未遂）、死者3人、重軽傷者23人を出した。また、犯人は科学文明を批判する長大な論文「産業社会とその将来」掲載をニューヨーク・タイムズ紙とワシントン・ポスト紙に強要し、同年9月19日付でワシントン・ポスト紙に掲載された。米連邦捜査局（FBI）150人以上の捜査員で犯人を追い、1996年4月3日、元カリフォルニア大学教授セオドア・カジンスキーを逮捕した。新しいテロとして注目される。

ロシア語新聞社爆破テロ

(1978.5) ニューヨーク

1978年5月、ニューヨークのロシア語新聞社ノーボエ・ルスコエ・スロボで爆破事件が起きた。〈ユダヤ人武装抵抗組織戦線〉が犯行声明を出した。

シカゴ西ドイツ領事館襲撃

(1978.8) シカゴ

1978年8月17日、クロアチアの独立を要求する〈クロアチア解放運動〉がシカゴの西ドイツ領事館を襲撃、8人を人質に西ドイツに拘留中のクロアチア解放運動ゲリラの釈放を要求した。

ケネディ空港爆発テロ

(1979.3) ニューヨーク

1979年3月25日、ニューヨークのケネディ空港で旅客機に積み込まれたスーツケースが爆発し、4人が負傷した。カストロ政権の転覆を狙うキューバ人亡命者グループの犯行と断定された。

グリーンズボロ発砲事件

(1979.11) グリーンズボロ

1979年11月3日、アメリカ黒人の権利獲得に反対してきた白人団体〈クー・クラックス・クラン（KKK）〉が、ノースカロライナ州グリーンズボロで発砲事件を起こした（グリーンズボロ事件）。その指導者は元グリーン・ベレーのアメリカ・ナチ党員グレン・ミラーで、彼はのち〈白人愛国党〉を結成した。

トルコ国連代表部爆破テロ

(1980.10) ニューヨーク

1980年10月〈アルメニア解放アルメニア秘密軍（ASALA）〉がニューヨークの国連トルコ代表部近くで自動車爆破テロを起こし、5人が負傷した。

レーガン米大統領暗殺未遂

(1981.3) ワシントン

1981年3月30日ワシントンD.C.で、ロナルド・W.レーガン大統領が3〜4メートルの至近距離から狙撃された。犯人ジョン・ヒンクリーは25歳の白人学生だった。

リビアの要人暗殺計画

(1981.12)

1981年12月4日、ニューヨーク・タイムズ紙は、リビア人工作員5人（のち10人と訂正）が入国したと報じた。当然に米国は追跡をしたが、以後の経過は発表されていない。

タイラノール事件

(1982.10〜1986.6) シカゴ

1982年10月、シカゴで青酸入りの鎮痛剤タイラノールのカプセルを飲んだ

7人が死亡した。製造会社のジョンソン・エンド・ジョンソンは1万1000の小売店から全在庫を引き揚げた。同社は新製品を発売し、1984年までに以前のシェア90パーセントを回復したが、1986年2月、再びタイラノールのカプセルで犠牲者がでた。同社は再び製品を回収した。1986年5月には模倣犯人によって青酸入りのアナシンのカプセル服用で犠牲者がでた。6月にも青酸入りのエキセドリンのカプセル服用で犠牲者がでた。犯人は不明のままに終わった。

〈アル・フラク〉放火テロ

(1983.7) オレゴン州

1983年7月オレゴン州のインド系新興宗教の教祖バグワン・シュリ・ラジニーンが所有するホテルを〈アル・フラク〉が放火した。1989年にコロラド警察は〈アル・フラク〉のアジトを摘発した。

テロ対決宣言

(1985.7)

1985年7月、米国は「全世界のテロ活動家と戦う」と宣言し、アフガニスタン、リビア、イラン、シリア、スーダン、キューバ、北朝鮮などの諸国を「テロ支援国」と指定した。

一方、1986年4月、リビアは米国に対するテロ活動を宣言し、4月5日、西ベルリンのディスコで爆破テロが起きた。

議会テロ

(1983.11)ワシントン

1983年11月7日、ロバート・C・バード上院議員民主党院内総務の執務室付近で爆破テロがあり、武装抵抗団がグレナダへの米軍の侵攻、レバノンの海兵隊駐留に抗議する犯行声明を出した。

ジャクソン師暗殺計画

(1988.7)

マーティン・ルーサー・キング牧師の下で1971年にシカゴで黒人貧困救済運動〈人間を救うための民衆連合(PUSH)〉を担ったジェシー・ジャクソン師は米民主党大統領候補となったが、1988年5月、ジャクソン師に対する7月4日の暗殺計画が発覚し、奴隷解放に反対の白人至上主義団体である〈アメリカ南部連合(CSA)〉の関係者が逮捕された。

ブッシュ米大統領暗殺未遂

(1989.4) デトロイト

1989年4月、ジョージ・ブッシュ大統領がデトロイトで演説中、狙撃されたが、無事であった。犯人は精神障害者で個人的犯行であった。

ユダヤ右翼指導者暗殺

(1990.11) ニューヨーク

ニューヨーク在住のラビ(ユダヤ教聖職者)メイア・カハネは、ユダヤ武装組織〈ユダヤ防衛連盟〉を組織して注目された。1971年にイスラエルに移住し、反アラブ組織〈カハ〉を組織を結成し、国会議員も務め、パレスチナのアラブ・パレスチナ人250万人の追放を要求した。1990年11月5日、ニューヨークで演説していたところ彼は、イスラム過激派によって殺害された。カハネの支持者はイスラム系商店を襲撃し、イスラム教徒に危害を加えた

(1994年2月ヘブロンの虐殺)。犯人らはその報復として、1993年2月に世界貿易センタービル爆破事件を起こした。

銃乱射テロ

(1991.10) テキサス州

1991年10月16日テキサス州キリーンで近くの住民がカフェテリアに車を突っ込み、昼食のために並んでいた客の列に自動小銃を乱射し、22人が死亡し、約20人が負傷した。犯人は自殺した。この事件は1987年7月カフィフォルニア州サンディエゴ郊外で起きた21人射殺事件を上回った。

キッシンジャー誘拐計画

(1993.2)

1993年2月の世界貿易センタービル爆破事件の捜査とシェイク、アブデル・オマル・ラーマンの逮捕を通じて、その犯行グループがイスラム教徒囚人解放のため元国務長官ヘンリー・キッシンジャーを誘拐するという計画を企てていることが判明した。彼らは国連本部を「悪魔の家」と呼んでいた。

世界貿易センター・テロ

(1993.2) ニューヨーク

1993年2月26日、ニューヨークの世界貿易センタービルで爆弾テロが起こり、容疑者としてニュージャージー州在住のエジプト人イスラム原理主義者アブデル・ラーマン師が黒幕として浮上した。彼は不法入国容疑で逮捕された。この事件でエジプト人元運転手ら過激派20人以上が逮捕された。そして、米国政府は1993年5月スーダン国連代表部の外交官の関与を告発した。その後、オマル・ビンラディンの関与が判明した。

〈ブランチ・デビディアン〉事件

(1993.2〜1997.3)

再臨派説教師ビクター・ホーテフが1929年にテキサス州ウェーコで興した安息的再臨派〈ブランチ・デビディアン〉が、1990年に"世界最終戦争"に備え武装化に入った。1993年2月28日、米財務省は〈ブランチ・デビディアン〉の武器取り締まりに入り、連邦取締官が銃の押収に乗り込んだところ、テキサス州ダラス郊外で銃撃戦となり、籠城したが2人が死亡し、16人が負傷した。4月19日、〈ブランチ・デビディアン〉は籠城事件51日目にFBIの突入を受け、指導者デービッド・コレシュら72人が集団自殺を図り、計190人が死亡し、ここに事件は解決した。1994年10月も集団死事件がスイスとフランス、次いで1997年3月にカナダで起こり(太陽寺院事件)、これらは1978年11月にガイアナで起きた人民寺院事件の再現といえる。

国連本部テロ未遂

(1993.6) ニューヨーク

1993年6月24日、米連邦捜査局(FBI)は、ニューヨークの国連本部の爆破テロを計画していたイスラム原理主義者のグループ8人を逮捕した、と発表した。

オクラホマシティ爆破テロ

(1995.4) オクラホマシティ

1995年4月19日、オクラホマ州のオクラホマシティで連邦政府ビルが爆破され、168人が死亡した。このテロ事

件で，緊急事態が宣言され，21日容疑者として白人右翼武装組織〈ミシガン・ミリシャ（民兵）〉の構成員2人が逮捕された。

右翼列車テロ

(1995.10)

1995年10月9日，マイアミ発／ロサンゼルス行きのアムトラック旅客列車が反政府右翼団体のテロで転覆し，乗員1人が死亡し，100人以上が負傷した。

フランス航空機爆破テロ

(1996.5) ニューヨーク

1996年5月，ニューヨークのニューアーク空港でエール・フランス航空747便がスーツケースの爆発により被害を受けた。犯行声明はなかったが，続く7月のイスラム過激派の米旅客機爆破テロと共通要素があった。

トランス・ワールド航空機爆破テロ

(1996.7) ニューヨーク

1996年7月17日，ニューヨークのケネディ空港を離陸直後のトランス・ワールド航空（TWA）機（227人乗り）が爆発炎上した。1995年2月にヨルダンでフランス大使館員を襲撃した〈イスラム変革運動〉が犯行文書を新聞社に送付した。

アトランタ・オリンピック無差別テロ

(1996.7) アトランタ

1996年7月27日，アトランタで第26回夏季オリンピックの開催中，爆弾テロが起こり，2人が死亡，110人が負傷した。犯行声明はなかった。

中絶病院爆発テロ

(1998.1〜10) バーミング，バッファロー

1998年1月29日，アラバマ州バーミングで人工妊娠中絶を行っている病院で爆発があり，1人が死亡した。捜査当局はエリック・ルドルフの犯行と断定し，指名手配した。彼は別の人工中絶クリニック爆破にも関係しており，アトランダ・オリンピック爆弾テロの容疑があった。10月24日，ニューヨーク州バッファローでも中絶手術を行っている医師の殺害事件も起きた。

ウィルス・テロ

(1999.3) ニュージャージー

1999年3月下旬に，ウィルス「マリッサ」により米ハイテク企業に多数の電子メールが送られ，メール受信用のサーバーが停止を余儀なくされた。ニュージャージー州司法当局は，4月2日同州に住む元プログラマーをウィルスの作者として企業に100万台以上のパソコン感染で8億ドルの被害を与えたとして起訴した。彼は12月10日有罪となった。

以後も，「ワーム・エクスプローラーシップ」，「ミニ・ジップ」「バブルボーイ」などのウィールスが出現した。

コロラド銃乱射テロ

(1999.4) リトルトン

1999年4月20日，コロラド州リトルトンのコロンバイン高校で在校生の少年2人が生徒や教師に対して銃を乱射した。死者は31人に達した。

環境テロ

(1998.10〜200.12) コロラド州，ニューヨーク州

1998年10月コロラド州のスキー場が動物愛護や環境保護を理由に過激派環境団体〈地球解放戦線〉によって破壊された。こうした環境テロは、この他に〈クロパティア〉、〈いちご解放戦線〉、〈種を取り戻せ〉などがバイオテクノロジーを利用する作物栽培に抗議し、実験農場を荒廃させるテロを行った。

2000年12月末、ニューヨーク州サフォーク郡で新築中の高級住宅3軒が〈地球解放戦線〉によって爆破された。〈地球環境戦線〉は住宅建設による環境破壊の抗議声明を出した。

ネット取引乱射テロ

(1999.7) ジョージア

1999年7月29日、ジョージア州アトランタのオフィス街で、株取引仲介会社に元顧客が侵入して銃を乱射し、9人を殺害した。彼は脱走したしたが、途中で自殺した。彼は「デートレーディング」と呼ばれるインターネットを通じて瞬時に株を売買する取引で大きな損害を出していた。

マイクロソフト社のハッカー攻撃

(2000.10)

2000年10月14日から25日にかけ、マイクロソフト社のコンピューターネットワークにハッカー攻撃があった。同社はそれを監視しており、ユーザーに影響はでないと声明した。

米国同時多発テロ

(2001. 9) ニューヨーク

2001年9月11日午後9時45分、ハイジャックされたアメリカン航空機が世界貿易センター第一ビルに突入、10時3分ハイジャックされたユナイテッド航空機が第二ビルに突入、10時43分ワシントンの国防総省（ペンタゴン）ビルにハイジャックされたアメリカン航空機が突入、11時10分ペンシルバニア州ピッバーグ近郊のハイジャックされたユナイテッド航空機は墜落した。この同時テロでブッシュ米大統領は「これは戦争だ」と発言し、米大統領の暗殺も狙った〈アル・カイダ〉指導者オサマ・ビンラディンの世界イスラム・ネットワーク網の関与と周到な事前工作による集団自爆テロと判明した（10月9日〈アル・カイダ〉のスポークスマンはカタール・テレビを通じて事実上犯行を認めた）。NATO諸国の他、アラブ諸国、ロシア、中国、日本を含む国際的テロ包囲網が形成され、アフガニスタン〈タリバン〉政権がビンラディンの米国引き渡しを拒否したことで、14日米上院は武力行使を決議し、19日米軍機に対する展開命令が出され、10月7日タリバンの拠点に対する空爆が始まった。同日ビンラディンはテロ続行と聖戦を宣言した。

細菌テロ

(2001.10)

2001年9月23日米国の同時多発テロの調査で毒物の空中散布計画があったことが判明した。24日ブルントラントWTO事務局長は生物兵器への備えを強調した。10月7日の米軍のアフガニスタンのタリバン拠点攻撃開始に先立ち、5日米国フロリダ州で炭疽菌感染者が出た。ニューヨークのNBCとABCのテレビ本社、ネバダ州のマイクロソフト関連会社、アイランド州の下院議員の事務所、ワシントンの民主党院内総務の事務所など、さらにケニアの

ナイロビ，アルゼンチンなどに送られた封書の郵便物にも炭疽菌が入っていることが判明した。炭疽菌による発病で死者も出た。

クロアチア人テロ

(2001.10) テネシー州

2001年10月3日テネシー州でグレイハウンド社の長距離バスで，乗客が運転手を切り付け，車が横転し6人が死亡した。犯人はクロアチア人で，米当局はテロの可能性を否定した。

アメリカ国務省のテロ組織指定措置

(2001.10) ワシントン

米国は1985年7月テロ対決宣言を発し，海外テロ指定組織のリストを公表してきたが，2001年10月5日国務省は28の組織を確認した。その新リストは以下の通りである。

1. 〈アブ・ニダル機構 ANO〉（中東，西欧など）
2. 〈アブ・サヤフ〉（フィリピン）
3. 〈武装イスラム集団 GIA〉（アルジェリア）
4. 〈オウム真理教〉（日本）
5. 〈バスク祖国と自由 ETA〉（スペイン）
6. 〈イスラム集団〉（エジプト）
7. 〈ハマス（イスラム抵抗運動）〉（パレスチナ）
8. 〈ハラカト・ムジャヒディン HUM〉（パキスタン）
9. 〈ヒズボラ（神の党）〉（レバノン）
10. 〈ウズベキスタン・イスラム運動 IMU〉（ウズベキスタン）
11. 〈ジハード団〉（エジプト）
12. 〈カハネ・ハイ Kach〉（イスラエルなど）
13. 〈クルド労働党 PKK〉（トルコなど）
14. 〈タミル・イーラムのトラ LTTE〉（スリランカ）
15. 〈ムジャヒディン・ハルク MEK〉（イラン，イラク）
16. 〈民族解放軍 ELN〉（コロンビア）
17. 〈パレスチナ・イスラム聖戦 PIJ〉（パレスチナ）
18. 〈パレスチナ解放戦線 PLF〉（パレスチナ）
19. 〈パレスチナ解放人民戦線 PFLP〉（パレスチ）
20. 〈パレスチナ解放人民戦線総司令部派 PFLPGC〉（パレスチナ）
21. 〈アル・カイダ〉（中東，アジアなど）
22. 〈真の IRA〉（英国，北アイルランド）
23. 〈コロンビア革命武装勢力 FARC〉（コロンビア）
24. 〈革命中軸〉（旧〈革命人民闘争〉）（ギリシャ）
25. 〈11月17日革命機構〉（ギリシャ）
26. 〈革命人民解放党戦線 DHKP－C〉（トルコ）
27. 〈センデロ・ルミノソ（輝く道）〉（ペルー）
28. 〈コロンビア自警軍連合 AUC〉（コロンビア）

このリストされた組織は，米国内での資金調達，運用などの禁止，査証発給の拒否がなされる。

メキシコ

〈人民革命軍〉テロ

(1973.5) グアダラハ

1973年5月5日,〈人民革命軍(ERA)〉がグアダラハ駐在米領事を誘拐し,政治犯のキューバ亡命を要求した交渉の結果,7日に領事は解放された。

駐メキシコ・キューバ大使乗用車銃撃テロ

(1975.11) メキシコシティ

1975年11月28日,メキシコシティで駐メキシコ・キューバ大使の乗用車が反カストロ亡命者組織によって銃撃された。大使は乗車していなかった。

駐メキシコ・ソ連大使館爆破テロ

(1975.11) メキシコシティ

1975年11月29日メキシコシティで駐メキシコ・ソ連大使館が反カストロ亡命者組織によって爆破された。

共産テロ

(1976.11) メキシコシティ

1976年11月30日,メキシコシティで〈9月共産主義者連盟〉の23人がホセ・ロペス・ポルティーヨ・イ・パチェコ大統領の就任式の夜明けに爆破テロを起こした。

司教暗殺テロ

(1993.5) グアダラハ

1993年5月グアダラハ空港付近でファン・ヘス・ポサダス・オカンポ司教が殺害された。犯人はシナオア州の麻薬カルテルの首領ホアキン・グスマンで,同年グアテマラで逮捕された。

実業家誘拐

(1994.3) メキシコシティ

1994年3月14日,メキシコ最大の銀行バナメックスの持株会社バナメックス・アクシバルの社長アルフレッド・ハルプがメキシコシティで誘拐され,4月25日には大手スーパー経営者が誘拐された。いずれも身代金目的の犯行であった。1988年から1994年8月までに3000件の誘拐事件が発生した。

コロシオ大統領候補暗殺

(1994.3) ティファナ

1994年3月23日,大統領選挙の遊説中にティファナで制度革命党(PRI)大統領候補ルイス・ドナルド・コロシオが暗殺された。これには,麻薬の〈ゴルフォ・カルテル〉が関与していた。PRIのコロシオの当選を嫌った保守派による暗殺の見方が強かったが,この事件で,10月に連邦検察庁は下院議長が暗殺命令を下したと発表した。

政治家暗殺

(1994.9) メキシコシティ

1994年9月,1987~93年にゲレロ州知事を務めた制度革命党(PRI)書記長ホセ・フランシスコ・ルイス・マシューが暗殺された。

日本人テロ

(1999.5) ティファナ

1999年5月4日，ティファナで日本のスピーカー部品メーカーの現地法人社員笹山次郎が射殺された。警察は犯人2人を逮捕した。

日本人誘拐テロ

(1996.8) ティファナ

1996年8月10日，米国との国境ティファナで三洋電機の米子会社サンヨー・ビデオ・コーポレーションの金野衛社長が誘拐され，19日に解放された。同社長は米国カリフォルニア州サンディエゴに居住し，ティファナ工場に通勤していた。

先住民虐殺テロ

(1997.12) チアパス

1997年12月22日，チアパス州チェロナで〈サパティスタ民族解放軍(EZLN)〉支持の農民が武装集団に襲撃され，女性・子供36人を含む計45人が殺害された。EZLNは政府と与党，制度革命党(PRI)によるEZLN壊滅作戦を非難した。政府は地方の同志打ちと主張したが，1998年1月に連邦検察庁は虐殺犯グループに武器を渡した疑いで州警察高官を逮捕し，その自白から上層部の命令とわかった。このため1月3日エミリオ・チュアイフェット内相が辞任し，7日チアパス州知事フリオ・セサル・ルイスも辞任した。

グアテマラ

反米人民テロ闘争

(1968.1〜1986.5)

1968年1月に米陸軍代表部長と米海軍武官を機関銃で射殺，陸軍代表部員2人を負傷させ，米大使館武官2人を射殺することで始まり，8月の米大使の射殺が起こり，1970年4月非常事態が宣言された。1979年3月に米企業の社員・地主の暗殺が続いた。この〈武装革命軍(FAR)〉のテロ闘争は1982年に〈グアテマラ国民解放連合(URGN)〉による闘争として成長し，それには〈FAR〉，〈貧民ゲリラ軍(EGP)〉，〈武装人民革命軍(ORPA)〉が参加した。ORPAは西南部で，EGPは北西高地で，〈FAR〉は北部でそれぞれ活動した。政治団体としては，愛国連合グアテマラ委員会(CGUP)の名で活動している。人民革命戦争を目指し，この目標のためにゲリラと革命戦線の各組織を広範に結合させており，1985年2月〈URGN〉は武力闘争の新段階への移行を言明しているが，テロ闘争の域を出ていない。キューバの支援が大きく，迫撃砲，グレネード・ランチャー，中国製56式RPG-ロケット砲などの武器・弾薬がキューバから提供された。

●主な事件

1968.1 〈FAR〉，グアテマラシティで米陸軍代表部長と米海軍武官を射殺，陸軍代表部員2人負傷。

1968.1 グアテマラ駐在米大使館武官2人射殺，〈FAR〉が犯行声明。

1968.8 グアテマラシティの道路上で〈FAR〉がジョン・ゴードン・メイン米大使の拉致に失敗，射殺。

1970.3 〈FAR〉，西ドイツ大使誘拐，4月5日死体発見。

1970.4 非常事態宣言

1970.9 〈FAR〉，グアテマラシティの駐グアテマラ・ウルグアイ大使館銃撃テロ。

1972.6 〈FAR〉，フィアット社重役を誘拐。

1972.6 国民解放運動会議国会議員サリベオ・カスタネダスの暗殺。

1979.3 〈FAR〉，グアテマラシティで米企業2社の社員兼地主を暗殺。

1981.2 貧民ゲリラ軍〈EGP〉8人，米系企業マグナ・グループ会長レオン・ドン・リチャードソン誘拐。

1983.12 〈URGN〉，グアテマラシティでエルサルバドル大使館に手榴弾攻撃，建物に被害。

1984.1 〈URGN〉，オスカメジア・ビクトレス将軍の公邸に機関銃，手榴弾攻撃。

1985.1 〈URGN〉，エル・ペタン地方の4つの町を3日間占拠，道路修理資材運搬中の政府車両1両を撃破。

1985.2 〈FAR〉，エル・ペタン地方の7つの村を占拠，米石油会社の宿舎を攻撃。

1985.7 〈FAR〉，エル・ペタン北部で外国石油企業の宿舎，国道など2カ所を占拠，陸軍部隊と衝突。

1985.10 〈URGN〉，スチテクペズ地方の飛行場滑走路に地雷を敷設，ノルウェー領事を殺害

1986.2 〈FAR〉，エル・ペタンでイスパノ石油のドリル作業宿舎を占拠，サボタージュ実行を要求。

1986.3 〈FAR〉，アルタ・ベラパ地方でチナジア油井を占拠，サボタージュ実行を要求。

1986.5 〈FAR〉，エル・ペタン地方で数カ所の町を占拠，パイプラインでサボタージュ，陸軍の中隊を攻撃。

駐グアテマラ・米大使殺害

(1968.1～8)グアテマラシティ

1968年1月31日のグアテマラ駐在米大使館武官2人が〈武装革命軍（FAR）〉による拉致に抵抗して殺害された。続いて8月28日グアテマラシティの路上でジョン・ゴードン・メイン駐グアテマラ・米大使が〈FAR〉によって射殺された。

駐グアテマラ・西ドイツ大使暗殺

(1970.3)グアテマラシティ

1970年3月31日〈武装革命軍（FAR）〉が駐グアテマラ・西ドイツ大使カール・フォン・シュプレティ伯を大使公邸で誘拐し，政府に対し政治犯17人の釈放を要求した。グアテマラ大統領フリオ・セサル・メンデス・モンテネグロはこれを拒否した。他方，西ドイツ政府は身代金の提供を申し入れ，グアテマラ駐在外交団がその事件の善処を要望したが，4月5日にシュプレティ伯は死体で発見された。

駐グアテマラ・エルサルバドル大使誘拐

(1977.5)グアテマラシティ

1977年5月29日，グアテマラシティで駐グアテマラ・エルサルバドル大使エドアルド・カサノバ・サンドバルが〈貧民ゲリラ軍（EGP）〉に誘拐された。誘拐者は米州開発銀行を仲介者として政府との交渉を求めた。しかし，グアテマラ大統領ケル・エウゲニオ・ラウヘルド・ガルシアはこれを拒否した。大使は5月31日に無事解放された。

共産テロ

(1979.1)グアテマラシティ

1979年1月に民主社会党(PSD)のファンテス・モール元外相の暗殺, 3月に〈革命統一戦線(FURA)〉のコロム・アルゲーダ議員の暗殺, 6月に〈民主制度党(PID)〉のカンシノス将軍の暗殺事件が続いたが, 3月に結成された〈弾圧反対民主戦線(FDCR)〉の反政府活動も目立った。これは, 1979年ニカラグアのサンディニスタ革命の左派派勢力への影響でテロ活動が高まったことに関連があった。

駐グアテマラ・スペイン大使館占拠

(1980.1)グアテマラシティ

1980年1月, 先住民農民グループがスペイン大使館を占拠し, これに対し警官隊が突入, 農民・政府元高官・スペイン外交官ら38人が死亡した。その後〈革命統一戦線(FURA)〉幹部アベル・ペレス, 国立サンカルロス大学教授アルフォンソ・フィゲロア夫妻ら進歩派や自由主義者の知識人・政治家・弁護士・労働者・学生・農民ら多数が極右勢力によって殺害され, これに対抗して極左勢力が兵士・警官・軍幹部を殺害した。2月, スペインはグアテマラと断交した。1984年9月22日スペインは国交を回復した。

駐グアテマラ・ブラジル大使館占拠

(1982.5)グアテマラシティ

1982年5月〈農民団結委員会〉と称した農民ゲリラ20人が政府軍の農民虐殺に抗議してグアテマラシティのブラジル大使館を占拠し, 大使を人質にとった。

誘拐テロ

(1981.2〜1983.9)グアテマラシティ

1981年2月10日, グアテマラシティで米系企業マグナ・グループ会長レオン・ドン・リチャードソンが武装左派ゲリラ〈貧民ゲリラ軍(EGP)〉8人によって誘拐され, 100万ドルを要求されたうえ, 100日間監禁された。犯人はメキシコ警察に逮捕され, 4月リチャードソンは解放された。

1983年6月26日, グアテマラシティでエフライム・リオス・モント大統領の姉マルタ・エレナ・リオス・リバス夫人が小学校での勤務を終えて帰宅途中, カストロ派の〈武装革命軍(FAR)〉に誘拐され, 〈FAR〉の声明を公表するよう要求した。8月8日リオス大統領はクーデタによって追放された。9月10日に新大統領の妹が誘拐され, 〈FAR〉の声明を公表し, リバス夫人は9月25日に解放された。

メヒア大統領襲撃未遂

(1984.1)グアテマラシティ

1984年1月28日, 軍部によるクーデタ計画でオスカル・メヒア・ビクトレス大統領の襲撃未遂事件が起きた。続いて2月10日グアテマラ社会民主党(PDS)党首ホルヘ・ガルベスが射殺死体で発見された。22日, 警察は過去48時間以内に要人最低20人が行方不明となったと発表した。

要人テロ

(1984.2〜10)グアテマラシティ

1984年2月10日, グアテマラ社会民主党(PDS)党首ホルヘ・ガルベスの射殺死体が発見された。このテロ行為に対し, 9月29日の憲法改正審議会は, 拉致・拷問・暗殺の即時停止と国民の人権擁護を訴えた。10月3日メサテナンゴ県でバス襲撃事件が起こり, 農民14人が死亡した。10月26日にサ

ントス・エルナンデス議員が，翌27日にサン・カルロス大学経済学部長ピタリノ・ヒロン・コロナドがグアテマラシティでそれぞれ暗殺された。1985年4月，グアテマラ人権擁護委員会は，世界に対しグアテマラの現状を訴え，支援を求めた。

石油企業襲撃テロ
(1985.7)

1985年7月20日，ゲリラによるスペイン資本の石油会社イスパノイルの襲撃事件が起きた。

右派テロ
(1989.9)グアテマラシティ

1986年1月14日に就任したビニシオ・セレソ・アレバロ大統領は，2月に軍を動員して人権抑圧の秘密警察の技術捜査局（DIT）を解体し，1989年4月に公然と右派国会議員を非難する声明を発した。グアテマラ人権擁護委員会は右派によるテロ事件が頻発しており，1989年前半には64人がテロで殺害され，57人が誘拐され，95人が行方不明になったと，発表した。9月には極右秘密結社〈マノブランカ（白い手）〉が，野党国会議員・外交官ら109人に対し名指しの殺害予告をした。

ゴンザレス憲法裁判所長官暗殺
(1994.4)グアテマラシティ

1994年4月1日，ゴンザレス憲法裁判所長官が暗殺され，以後，殺人・誘拐事件が跡を断たず，外国人排斥も続いた。

アルス大統領暗殺未遂
(1996.2)グアテマラシティ

1996年2月4日，アルバロ・アルス大統領に対する暗殺未遂事件が起きた。

司教暗殺
(1998.4)グアテマラシティ

1998年4月26日，グアテマラ市で内戦中の人権侵害を調査したフアン・ヘラルディ司教が暗殺された。内戦では殺人・拷問など5万5000件の人権侵害が起き，そのほとんどは軍によるものであった。司教の死はその調査の発表2日後のことであった。捜査当局は同じ宿舎の司教を容疑者として逮捕し，10月起訴した。人権団体は軍の関与を指摘した。

ホンジュラス

米軍基地攻撃
(1979～1990.5)

1979年に〈ホンジュラス解放モラザニスタ戦線（FMLH）〉が米軍基地を攻撃した。そのFMLHの武装闘争は1990年5月まで続いた。

〈シンチョネロス人民解放運動〉テロ
(1980.4～1984.3)

1980年に〈シンチョネロス人民解放運動（CPLM）〉が誕生し，〈シンチョネロス〉は1865年にローマ・カトリック

教会が課した納税義務を拒否して処刑された農民の指導者の名セラピオ・シンチョネロ・ロメロからその名をとった。〈CPLM〉のテロ活動は、サンペドロスラとテグシガルパの両市街地での爆破テロに集中しており、ホンジュラス共産党の分派として、自らを反帝国主義・反体制で大衆のための民主的グループとみなしてアメリカ帝国主義と独占資本の手先となったと〈CPLM〉がみなすホンジュラス政権と対決した。1980年4月テキサコ副社長の拉致、8月米州機構（OAS）事務所の占拠、1982年9月サンペドロスラの経済会議場の襲撃、1984年3月テグシガルパとサンペドロスラの爆破などの事件を起こした。1984年1月～7月にホンジュラス治安当局は、〈CPLM〉の主要分子多数を逮捕し、多数の武器・弾薬・爆破装置などを押収した。

〈ロレンソ・セラヤ人民革命軍〉の対外公館テロ

(1980.10～1991.10)

1978年にホンジュラスで結成した〈ロレンソ・セラヤ人民革命軍（FPR-LZ）〉は、別名〈フロイラン・トーショス部隊〉あるいは〈バヤルド・バグアーダ運動〉といい、ニカラグアとキューバの支援を受けエルサルバドルの〈ファラブンド多国籍民族解放戦線（FMLN）〉と連携して、米大使館・平和部隊・米軍要員・米系企業を目標にテロ闘争を行った。

1980年10月にはテグシガルパの米大使館別館の機銃掃射、チリ大使館の爆破、1981年9月の米軍待ち伏せ攻撃、1982年4月のテグシガルパの米大使館への機銃掃射、チリ・ペルー・アルゼンチン大使館の爆破、1月ゲリラ統一国民司令部の幹部がニカラグアの亡命から帰国し、1982年8月の米企業の爆破などの事件を起こした。

1991年10月〈ロレンソ・セラヤ人民革命軍〉は政府との交渉で武装解除を受け入れた。

●**主なテロ事件**

1980.10 〈FRP-LZ〉、テグシガルパの米大使館別館を機銃掃射、チリ大使館も爆破。

1981.9 〈FRP-LZ〉、米軍移動訓練班の5人を自動火器で伏撃、国会の2階を時限爆弾で撃破。

1982.4 〈FRP-LZ〉、テグシガルパの米大使館2階にある大使専用室を短機関銃で掃射、チリ・ペルー・アルゼンチン各大使館前で爆弾を投てき、ホンジュラスの旅客機をハイジャックしキューバへ逃亡。

1982.8 〈FRP-LZ〉、米企業2社、エルサルバドル企業1社の各事務所及び英大使館を時限爆弾で爆破。

1982.11 〈FRP-LZ〉、米キャッスル・クックの子会社を時限爆弾で爆破。

1983.3 〈FRP-LZ〉、テグシガルパのグアテマラ領事館を攻撃し、グアテマラ当局によるホンジュラスのテロリスト処刑に抗議。

1987.3 〈FRP-LZ〉、テグシガルパのニカラグア抵抗組織の有力者住居を爆破（容疑）、〈フロイラン・トーショス部隊〉の名で犯行表明。

1987.4 〈FRP-LZ〉、テグシガルパのデパートを時限爆弾で爆破し、通行人1人を負傷。

1989.4 〈FRP-LZ〉、米大使館倉庫の爆破。

1991.10 〈FRP-LZ〉、武装解除受諾。

ホンジュラス航空機ハイジャック

(1981.3) テグシガルパ

　1981年3月27日、テグシガルパ離陸直後のニューオリンズ行きホンジュラスの航空会社SAHSAのB-737型機を〈シンチョネロス人民解放運動(CPLM)〉のグループがハイジャックし、ニカラグアのアナグアに到着、婦女子36人を解放し、ホンジュラスに拘禁中のエルサルバドルの活動家16人の釈放を要求、28日パナマシティでそれと引き換えに犯人は投降した。1982年4月、ホンジュラスのキューバ支援のテロ組織〈ロレンソ・セラヤ人民革命軍(FPR-LZ)〉はホンジュラス航空機をハイジャックし、キューバへ逃亡した。

国連軍本部ロケット発射

(1991.6) テグシガルパ

　1991年6月23日、テグシガルパの国連ホンジュラス監視団(ONUH)本部に対し、〈モラザニスタ愛国戦線(FPM)〉がロケット攻撃を行った。

レイナ大統領暗殺未遂

(1995.1)

　1995年1月28日、北西部でカルロス・ロベルト・レイナ大統領の暗殺未遂が起きた。

右翼〈中米連帯運動〉テロ

(1995.3) テグシガルパ

　1995年3月8日、首都テグシガルパなど2都市4カ所で、非合法右翼組織〈中米連帯運動〉による爆弾テロが起きた。

ニカラグア

〈サンディニスタ民族解放戦線〉の誘拐テロ

(1974.12) マナグア

　サンディニスタの解放闘争を通じて〈サンディニスタ民族解放戦線(FSLN)〉ゲリラ8人が、1974年12月27日マナグアで元ニカラグア国立銀行総裁宅を攻撃し、アレハンドロ・モンティル・アルグエジョ外相ら30人を人質にゲリラ26人の釈放を要求した。政府はこれに応じ、政治犯14人を釈放し、彼らは翌75年1月30日ハバナに逃亡した。

ニカラグア国家宮殿占拠

(1978.8) マナグア

　〈サンディニスタ民族解放戦線(FSLN)〉ゲリラ208人は、1978年8月17日マナグアの国家宮殿を襲撃、占拠し、身代金100万ドルと政治犯の釈放を要求、22日に釈放の政治犯とともにキューバへ亡命した。

無差別テロ

(1995.9) マナグア

　1995年9月16日、カトリック教会で爆弾テロが起きた。5月以降、14件目のテロであった。

ニカラグア軍将校誘拐

(1999.9) ボナンザ

1999年9月23日〈アンドレス・カストロ統一戦線（FUAC）〉がボナンザ市でカナダ人1人，ニカラグア軍将校1人を誘拐し，100万ドルと1997年に〈FUAC〉とニカラグア政府とが締結した合意の再交渉を要求した。

エルサルバドル

左翼テロ闘争
(1977.1～1987.11)

1977年1月〈人民革命軍（ERP）〉のエルサルバドル企業家の拉致，殺害と身代金100万ドルの強奪，1978年5月〈ERP〉と〈人民解放軍（EPL）〉による実業家の拘束と身代金480万ドルの強奪，ワシントン駐在エルサルバドル大使の従兄弟ルイス・メザス・ノーバと飲料水メーカーのエルサルバドル支社長エルネスト・ソル・メサの誘拐，それぞれ800万ドルと400万ドルの身代金を支払う。1979年5月〈ファラブンド人民解放戦線（FPL）〉のスイス代理大使の殺害，1981年3月，〈EPL〉による米大使館のロケット弾襲撃，1982年11月の〈中米労働者革命党（PRTC）〉の日本人商社員の拉致失敗で殺害，1984年1月サンミゲル空港での民間機の爆破，1985年6月〈PRTC〉のサンサルバドルのカフェ銃撃と米海兵隊員4人と民間人8人の殺害，1987年11月サンサルバドルでの米海軍武官の車襲撃などの事件は，いずれも〈ファラブンド多国籍民族解放戦線（FMLN）〉が行った。マルクス・レーニン主義と親キューバ・親ソ傾向の〈ERP〉，〈EPL〉，〈民族抵抗武装軍（FARN）〉，〈PRTC〉，〈エルサルバドル解放軍共産党（FAL）〉の混成体が〈FMLN〉として，1980年にキューバの支援で誕生した。ニカラグア，エルサルバドル・ホンジュラスの国境地帯は〈FMLN〉の活動の聖域となっていて，僻地でのゲリラ闘争を基本としながら都市テロ戦術も展開した。

●主な事件

1977.1〈ERP〉，エルサルバドル人企業家1人拉致，ボディガード3人殺害，身代金100万ドルを強奪し，被害者を殺害。

1978.5 〈ERP〉と〈EPL〉，エルサルバドル人ビジネスマン2人拘束，身代金480万ドルを強奪。

1978.6 ルイス・メザス・ノーバとエルネスト・ソル・メサが解放。

1979.1 〈FARN〉がリエベス社長のイスラエル名誉領事エルネスト・リエベスを誘拐，身代金1000万ドルを要求，支払われず，1.31死体発見。

1979.5 〈人民革命ブロック（EPR）〉が，フランス，ベネズエラの両大使館を占拠，逮捕中の労働運動指導者5人の釈放を要求。

1980.11 〈FARN〉，国防省地方部長宅を襲撃，その妻及び子供2人殺害

1982.11 〈中米労働者革命党（PRTC）〉，コスタリカのサンジョゼで日本人商社員の拉致に失敗，殺害。

1984.8 〈FMLN〉6人が銀行を襲撃し行員12人人質。

1985.6 〈PRTC〉，サンサルバドルの

カフェを機銃掃射，米海兵隊員4人各国の民間人8人殺害。
1985.9 ナポリアン・ドアルト大統領の長女拉致。
1987.11 サンサルバドルで米海軍武官車を襲撃，運転手を殺害，大使館用無線機を強奪。

駐カルチュアパ・グアテマラ領事殺害

(1978.1)

1978年1月25日，カルチュアパのグアテマラ領事が爆弾テロで殺害された。

日系企業家殺害

(1978.5～12)

1978.5〈ファラブランド多国籍民族解放戦線（FMLN）〉傘下の〈国民抵抗武装軍（FARN）〉による日系企業インシカ社長松本不二雄の誘拐があり，身代金400万ドルと政治犯38人の釈放を要求し，エルサルバドル政府は拒否した。1978年6月松本不二雄は，死体で発見された。続いて12月，インシカ社取締役鈴木孝和の誘拐，身代金を支払い，140日後に釈放された。

外国人誘拐テロ

(1978.11) サンサルバドル

1978年11月30日，首都サンサルバドルでロイズ・バンク・インターナショナル保険協会エルサルバドル支店の支店長イアン・マシーと副支店長マイケル・チャタートンが〈ファラブンド多国籍民族解放戦線（FMLN）〉の〈国民抵抗武装軍（FARN）〉によって誘拐された。彼らは，囚人の釈放，声明の発表，及び身代金4000万ドルを要求した。同時に，日本，オランダ，スウェーデン，及び米国の多国籍企業の外国人を誘拐して企業同士を牽制した。解放交渉は7カ月間続き，組織はBBC放送に人質のビデオを送付してきた。囚人の釈放要求も取り下げられた。身代金はその一部を分割支払いとすることになり，1979年7月2日支払われ，2人は解放された。以後の誘拐は内戦の勃発でエルサルバドル人に限定された。

外国公館占拠

(1979.1) サンサルバドル

1979年1月，首都サンサルバドルで〈左翼人民行動統一戦線〉がメキシコ大使館・米州機構・赤十字ビルを占拠し，150人以上を人質に政治犯の釈放を要求したが，犯人は説得に応じて解散した。5月には，〈人民革命ブロック（EPR）〉がフランス大使館，コスタリカ大使館を相次いで攻撃し占拠する事件が起こり，〈EPR〉支持のデモ隊に治安部隊が発砲し，20人以上の死者を出した。占拠者は自発的に解散した。

駐グアテマラ・スイス大使殺害

(1979.5) グアテマラシティ

1979年5月〈民族解放軍（FPL）〉がスイス代理大使を拉致，殺害した。

駐エルサルバドル・米大使館襲撃

(1979.10～1984.12) サンサルバドル

1979年10月30日，左派ゲリラ300人が首都サンサルバドルの米大使館を襲撃した。米大使は不在であった。
12月12日，駐エルサルバドル米大使館に爆破予告があり，館員は一時引き揚げたが，未遂に終わった。
1981年3月〈EPL〉が米大使館を機銃とロケット弾で襲撃した。

1984年12月, サンサルバドルで〈クララ・エリザベス・ラミレズ戦線(FCER)〉が米大使館を襲撃した。

ロメロ大司教暗殺

(1980.3)サンサルバドル

1980年3月24日, エルサルバドルを代表する良識派のカトリック教会のオスカル・ロメロ大司教が右派に暗殺された。30日の葬儀には市民約8万人が参列したが, この葬列へ右派グループが攻撃をかけ, 死者40人以上を出す惨事となった。その後, 右派は各地で左派指導者へのテロを拡大し, 左派ゲリラも誘拐と武装闘争でこれに対抗した。1980年の犠牲者は5000人以上に及んだ。

〈クララ・エリザベス・ラミレズ戦線〉の反米テロ

(1983.5〜1987.1)サンサルバドル

1983年に首都サンサルバドルに本部をおく〈クララ・エリザベス・ラミレズ戦線(FCER)〉が結成され, 都市型のテロ活動を展開, エルサルバドルを支持する米国政府に反対してエルサルバドル駐在のアメリカ人を標的にし, 1983年5月以降, 一連の殺害テロを決行した。政府は, 1985年半ばに大規模な取り締まりを行い, そのテロ活動は後退した。

●主要な事件

1983.5 〈FCER〉, シャヘルバーガー米海軍大尉射殺, 〈ファラブンド人民解放戦線(FPL)〉の名で犯行声明。

1984.11 〈FCER〉, 米大使館警備員(メスチソのエルサルバドル人)を同施設の近くで殺害。

1984.11 〈FCER〉, 米大使館に向け小火器射撃。

1984.12 〈FCER〉, ホンジュラス米国大使館に機関銃射撃, ホンジュラスの米軍に抗議。

1985.3 〈FCER〉, 下町の体育クラブでエルサルバドル軍先任スポークスマン, シェンフエゴス大佐を射殺, 犯人らは大佐の頭に国旗を掛けて逃亡。

1985.3 〈FCER〉, 民兵ORDENの創始者メドラノ退役准将を射殺。

1987.1〜2 〈FCER〉, 学生前衛派, 米大使館にデモ反復。

パレスチナ・ゲリラの無差別テロ

(1983.12) サンサルバドル

1983年12月1日, 首都サンサルバドルで〈パレスチナ解放機構(PLO)〉反アラファト派の〈ファタハ〉・〈パレスチナ運動革命評議会〉がバス爆破テロを起こし, 50人が死亡した。

サンミゲル空港爆破

(1984.1) サンミゲル

1984年1月 サンミゲルの空港滑走路が地雷を敷設され, 民間軽飛行機が爆破された。

右派テロ

(1988.3〜1993.3)

1988年3月国家・地方議会選挙以後, テロが激化し, 1989年4月19日ロベルト・ガルシア検事総長の暗殺, 6月9日ホセ・ロドリゲス大統領府相の銃撃テロと続いた。1990年11月に国際連合はエルサルバドルでの人権無視を指摘した。1989年1月〜9月のテロ死者1648人, 1990年1月〜6月テロ死者695人と, エルサルバドル人権擁護委員会が発表した。1993年3月15日に国際連合はエルサルバドルでの政府軍によ

る虐殺事件を指摘し、人権抑圧事件の85パーセントに軍と治安部隊が関与し、10パーセントは警察と極右で構成される暗殺グループ〈死の部隊〉、5パーセントは〈ファラブンド多国籍民族解放戦線（FMLN）〉が関与している、と指摘した。これらの関与の指摘に対し、不公正として政府は受け入れを拒否した。アルフレド・クリスティアニ・ブルカルド大統領は、3月20日に内戦当時の政治犯罪を全面的に赦免する法案を議会に提出し、賛成多数で可決された。テロ激化の責任を問われたレオ・エミリオ・ポンセ国防相は3月12日に辞表を提出した。

復員兵士の国会占拠

(1994.9) サンサルバドル

1992年のエルサルバドル和平協定の実施をめぐり、難民の定住、左右ゲリラの融和、と並んで復員兵士の補償金の支払いがあったが、その支払いが遅れ、1994年9月26日に約500人の復員兵がその支払いを要求して国会を占拠した。

ガリ国連事務総長暗殺未遂

(1995.4) サンサルバドル

1995年4月1日〜2日、ブトロス・ガリ国連事務総長がエルサルバドルを訪問したが、その際、国際空港からサンサルバドル市内に向かう途中で暗殺未遂があった。政府は否定している。

外国人誘拐テロ

(2000.3) サンアントニオ・パジョナル

2000年3月10日サンアントニオ・パジョナルで正体不明の犯人がアメリカ人1人と甥のエルサルバドル人1人が乗車していた車を止めて誘拐した。21日3万4000ドルの身代金で解放された。

コスタリカ

ニカラグア航空機ハイジャック

(1979.3)

1979年3月8日、ニカラグアのパイパー・ナバホ航空機が左翼ゲリラ〈サンディニスタ民族解放戦線（FSLN）〉によってハイジャックされ、コスタリカのサンノゼに到着、政治亡命を求めた。

コスタリカ航空機ハイジャック

(1981.10)

1981年10月29日、コスタリカの航空会社SANSAのC-212型機がハイジャックされ、30日エルサルバドルのミグエルに到着した。

ホンジュラス航空事務所爆破テロ

(1982.5) サンホセ

1982年5月、サンホセのホンジュラス航空事務所が爆破され、この爆破に関与したとしてニカラグア大使館員が逮捕された。

日本人誘拐テロ

(1982.11) サンホセ

1982年11月9日には日系企業コスタリカ松下電気の日本人社長が誘拐され、12日死体で発見された。

駐コスタリカ・ニカラグア大使館占拠

(1993.3) サンホセ

1993年3月8日、武装グループがサンホセのニカラグア大使館を占拠し、大使らを人質に2週間立て籠もり、身代金とニカラグアのビオレタ・バリオス・デ・チャモロ政権の改革を要求した。

コロンビア人のコスタリカ最高裁判所襲撃テロ

(1993.4) サンホセ

1993年4月26日、コロンビア人がコスタリカの最高裁判所を襲撃し、判事を含む26人を人質にとり、麻薬密売の罪でコスタリカで服役中のコロンビア人の釈放を要求した。

パナマ

スバダフォラ保健相暗殺

(1985.7) パナマシティ

1985年7月、学生のデモ・労働組合組織のゼネストなど、政府の経済政策への不満が高まるなか、9月ニカラグアの反ソモサ活動へ参加したウゴ・スバダフォラ保健相が他殺死体で発見され、軍の関与が指摘された。1993年10月20日ダビド市地方裁判所は、スバダフォラ保健相の暗殺を国軍司令官アントニオ・ノリエガ将軍が命令したとして、ノリエガに懲役20年の判決を下した。

米軍車輌攻撃テロ

(1992.6) パナマシティ

1992年6月10日、パナマシティで米軍車輌が反米感情から民間人の攻撃を受け、運転手と通行人数人が死亡した。

パナマ上空航空機爆破テロ

(1994.7) パナマ

1993年7月以来のイスラエル軍によるイスラム原理主義組織〈ヒズボラ(神の党)〉の拠点への爆撃に対する報復として、1994年7月18日アルゼンチンのブエノスアイレスのユダヤ教会本部前で車が爆破され、翌19日に〈神の信奉者〉の犯行声明があったが同日パナマ上空で航空機が爆破され、レバノン南部で(〈ヒズボラ〉と関係があるとみられる)犯行声明が出された。同機に搭乗していた21人は死亡し、うち12人はユダヤ人であった。それから2週間後にロンドンでは2発の爆弾による爆破があった。

大統領官邸占拠

(1999.10) パナマ

1999年10月11日、パナマで先住民組織の代表が財産権の保障などを求めて大統領官邸を占拠した。ミゲル・アルヘル・ロドリゲス大統領は派調査を約

束した。先住民の大半が居住地の外で生活している。

パナマのヘリコプター・ジャック

(1999.11) パナマ

1999年11月3日、パナマのコロン付近で〈コロンビア革命武装軍（FARC）〉がコロンビア人4人、エクアドル人2人、パナマ人パイロット2人が搭乗したヘリコプター2機をハイジャックし、人質のみは解放された。

プエルトリコ

ソ連船爆破テロ

(1975.11) サンフアン

1975年11月1日、サンフアン港に係留のソ連船が爆破された。損害は少なかった。

民族自決テロ

(1978.8～1986.12)

1978年8月、プエルトリコの警官殺害事件で〈マチェテロス（剣の支配者）〉という組織が登場したが、それはアメリカ植民地主義に対するテロ闘争を通じてプエルトリコの分離独立のための大衆の支持獲得を目標としていた。〈マチェテロス〉は組織の別名を〈ポリキュア人民軍（BPB）〉といい、テロ活動以外にプエルトリコの全面独立はないとの方針を堅持した。

●**主要な事件**

1978.8 強盗事件で警官1人殺害

1979.12 米海軍のバス襲撃、水兵2人殺害

1980.3 プエルトリコ大学付近で大学予備士官訓練団（ROTC）の教官3人搭乗バス射撃

1981.1 プエルトリコ州兵空軍基地の連続爆破、航空機8機大破、2機損傷、損害は4000万ドル

1982.5 サンフアンのナイトクラブ付近で伏撃、米軍水兵1人殺害、3人負傷

1983.9 米コネティカット州ハートフォードのウェルスファーゴ装甲車工場で現金を窃盗、被害額720万ドル、アメリカの犯罪史上2番目の被害

1985.11 BPB、出勤途中の米陸軍募集担当官を狙撃

1986.10 BPB、プエルトリコ全島の軍施設10ヵ所に爆発物設置

1986.11 BPB、サンフアン旧市街の州兵用施設に爆弾設置

1986.12 BPB、ヤーコ州兵センターで車両1両爆破

ロケット発射

(1984.10) サンフアン

1984年10月〈マチェテロス〉の別組織〈ポリキュア人民軍（BPB）〉がサンフアンの連邦ビルに対戦車ロケット1発を射ち込み、グラナダ作戦に抗議した。翌85年1月サンフアン連邦裁判所に対戦車ロケット1発が射ち込まれた。

ハイチ

アメリカン航空機ハイジャック
(1988.10) ポルトープランス
　1988年10月1日ハイチ軍兵士3人が首都ポルトープランスでニューヨーク行きのアメリカン航空機をハイジャックし、ニューヨーク行きを命じたが、到着後に降伏し、逮捕された。

政治テロ
(1995.3) ポルトープランス
　1995年3月28日、首都ポルトープランスで女性弁護士ミリイユ・ジュロシェが前軍政支持者による政治テロで殺害された。

マイヤー将軍狙撃テロ
(1995.10) ポルトープランス
　1995年10月3日、首都ポルトープランスで反アリスティド大統領派のマイヤー元将軍の乗用車が銃撃され、同将軍は死亡した。1994年10月15日ジャン・ベルトラン・アリスティド大統領が復帰して以来、同派の警備要員20人が暗殺された。

キューバ

キューバ向け航空機ハイジャック
(1968.2～1984.3)
　1958～61年のハイジャックに続き、再び1968年以降もハイジャックが起こった（1968年16件、1969年37件、1970年22件、1971年5件、1972年6件、1973年1件、1974年22件）。1973年にキューバと米国はハイジャック防止協定を締結したが、以後もハイジャックは続いた。

●キューバ向け機のハイジャク事件
1968.2　米デルタ機→ハバナ着
1968.3　コロンビア機→ハバナ着
1968.3　米ナショナル機→ハバナ着
1968.3　ベネズエラ機→ハバナ着
1968.6　ベネズエラ機→ハバナ着
1968.6　米サウスイースト機→ハバナ着
1968.9　米イースタン機→ハバナ着
1968.9　コロンビア機→ハバナ着
1968.10　メキシコ機→ハバナ着
1968.11　米ナショナル機→ハバナ着
1968.11　メキシコ機→ハバナ着
1968.11　米パンナム機→ハバナ着
1968.11　米イースタン機→ハバナ着
1968.12　米ナショナル機→ハバナ着
1968.12　米トランスワールド機→ハバナ着
1968.12　米イースタン機→ハバナ着
1969.1　米イースタン機→ハバナ着
1969.1　コロンビア機→ハバナ着
1969.1　米ユナイテッド機→ハバナ着

1969.1　ペルー機→ハバナ着
1969.2　米イースタン機→ハバナ着
1969.2　ベネズエラ機→ハバナ着
1969.2　米イースタン機→ハバナ着
1969.3　米ナショナル機→ハバナ着
1969.3　コロンビア機→ハバナ着
1969.3　ペルー機→ハバナ着
1969.3　米デルタ機→ハバナ着
1969.4　エクアドル機→ハバナ着
1969.4　コロンビア機→ハバナ着
1969.5　米ナショナル機→ハバナ着
1969.5　コロンビア機→ハバナ着
1969.5　米ノースイースト機→ハバナ着
1969.6　米イースタン機→ハバナ着
1969.6　米ユナイテッド機→ハバナ着
1969.7　エクアドル機→ハバナ着
1969.7　メキシコ機→ハバナ着
1969.7　米トランスワールド機→ハバナ着
1969.8　コロンビア機→ハバナ着
1969.8　米ノースイースト機→ハバナ着
1969.8　コロンビア機→ハバナ着
1969.10　ブラジル機→ハバナ着
1969.10　アルゼンチン機→ハバナ着
1969.10　米ナショナル機→ハバナ着
1969.10　米パンナム機→ハバナ着
1969.11　ブラジルのバリーグ機→ハバナ着
1969.11　ブラジル機→ハバナ着
1969.11　コロンビア機→ハバナ着
1969.11　メキシコ機→ハバナ着
1969.11　ブラジルバリーグ機→ハバナ着
1969.12　米トランスワールド機→ハバナ着
1969.12　チリ機→ハバナ着
1969.12　コスタリカ機→ハバナ着
1969.12　米ユナイテッド機→ハバナ着
1970.1　ブラジル機→ハバナ着
1970.2　米イースタン機→ハバナ着
1970.3　コロンビアのアビアンカ機→ハバナ着
1970.3　米ナショナル機→ハバナ着
1970.3　ブラジルバリーグ機→ハバナ着
1970.3　アルゼンチン機→ハバナ着
1970.3　ホンジュラス機→ハバナ着
1970.5　メキシコ機→ハバナ着
1970.5　米デルタ機→ハバナ着
1970.5　米アメリカン機→ハバナ着
1970.6　コロンビア機→ハバナ着
1970.7　米ナショナル機→ハバナ着
1970.7　ブラジル機→ハバナ着
1970.7　メキシコ機→ハバナ着
1970.8　米パンナム機→ハバナ着
1970.8　トランス・カリブ機→ハバナ着
1970.8　米デルタ機→ハバナ着
1970.9　米アレガニ機→ハバナ着
1970.10　コスタリカのラクサ機→ハバナ着
1970.10　米ナショナル機→ハバナ着
1970.11　米ユナイテッド機→ハバナ着
1970.11　米イースタン機→ハバナ着
1971.1　米ナショナル機→ハバナ着
1971.1　米ノースウエスト機→ハバナ着
1971.2　米デルタ機→ハバナ着
1971.3　米イースタン機→ハバナ着
1971.5　米パンナム機→ハバナ着
1972.1　米パシフィック・サウスウェスト機→ハバナ着
1972.3　米チョーク機→ハバナ着
1972.3　ジャマイカ機→ハバナ着
1972.5　米ウェスタン機の→ハバナ着
1972.11　メキシコメヒカーナ機→ハバナ着
1972.11　米サウザーン機→ハバナ着
1973.2　キューバ，米国とハイジャック防止協定に調印
1973.5　ベネズエラ機→ハバナ着
1974.1　米イースタン機→ハバナ着
1974.1　コロンビア機→ハバナ着

1974.1　米ナショナル機→ハバナ着
1974.1　米ナショナル機→ハバナ着
1974.1　米イースタン機→ハバナ着
1974.1　米イースタン機→ハバナ着
1974.4　ブラジル機→ハバナ着
1974.5　西インド機→ハバナ着
1974.5　オランダ・アンチル機→ハバナ着
1974.5　ブラジル機→ハバナ着
1974.5　コロンビア機→ハバナ着
1974.7　アルゼンチン機→ハバナ着
1974.7　米ナショナル機→ハバナ着
1974.8　米ナショナル機→ハバナ着
1974.9　コロンビア機→ハバナ着
1974.9　米イースタン機→ハバナ着
1974.9　米イースタン機→ハバナ着
1974.9　米ナショナル機→ハバナ着
1974.10　ベネズエラ機→ハバナ着
1974.10　エクアドルのサエタ機→ハバナ着
1974.11　米トランスワールド機→ハバナ着
1974.12　カナダ機→ハバナ着
以後、一時、ハイジャクが中断した。
1980年4月9日、ロサンゼルス発シカゴ行きのアメリカン航空機がハイジャックされ、キューバのハバナに着陸し、以後もハイジャックが続いた。
1980.4　アメリカン航空機→ハバナ着
1980.7　米デルタ機→ハバナ着
1980.8　米フロリダ機→ハバナ着
1980.8　米イースタン機、リパブリック機、デルタ機→ハバナ着
1980.8　米イースタン機→ハバナ着
1980.9　米デルタ機→ハバナ着
1980.11　ベネズエラのアベンサ機→ハバナ着
1980.12　コロンビアのアビアンカ機→ハバナ着
1981.7　米イースタン機→ハバナ着
1983年6月14日マイアミ発ニューヨーク行きの米イースタン航空機がハイジャックされ、ハバナに着陸した。以後も、続いた（1983年6件。1984年2件）。
1983.6　米イースタン機→ハバナ着
1983.7　米パンナム機→ハバナ着
1983.7　米デルタ機→ハバナ着
1983.7　米デルタ機→ハバナ着
1983.8　米デルタ機→ハバナ着
1983.9　米アメリカン機→ハバナ着
1984.2　ブラジルのバリーグ機→ハバナ着
1984.3　米デルタ機→ハバナ着

〈アルファ66〉のキューバ侵攻

(1970.4〜1981.7)ユムリ、マタンザス

　米国の中央情報局（CIA）工作の一部としてキューバ人亡命者組織〈アルファ66〉が1961年の侵攻作戦の失敗以後も、キューバ内での小規模な破壊活動を続けていたが、1970年4月17日、その作戦9周年でキューバ東端のユムリに17人を侵攻させた。戦闘でキューバ兵4人が死亡し、侵攻兵も4人死亡した。残る侵攻兵13人は逮捕された。5月アルファ66は仲間9人を解放する目的で、キューバ領海でキューバ漁船2隻を沈没させ、キューバ人船員11人をバハマに連行した。この事件は、キューバの激しい抗議と国際世論で、米国政府は〈アルファ66〉の取り締まりを余儀なくされ、英国がバハマからキューバ人1人を救出したことにより解決した。

　1981年7月11日、〈アルファ66〉がキューバのマタンザス州に上陸し、フィデル・カストロ・キューバ国家評議会議長の暗殺を計画したが、失敗した。

米国のキューバ細菌工作

(1972〜1981)

1972年,キューバのサトウキビ畑の一部が枯れる現象が生じ,植物病理学専門家の調査で,その一帯の農場がサビ病菌に冒されていることが判明した。1973年にも再び突然にタバコの葉が青カビに冒されたことが判明した。いずれの産物も重要な輸出商品で,これは中央情報局(CIA)の細菌工作とされた。

1980年,グアンタナモ軍事基地近くの個人農場に始まって,近郊半径10キロメートル以内の豚がすべて発病した。このためすべての豚が焼き払われ処分された。結局,1万2000頭の豚が殺され,経済的損失は2100万ペソに達した。ウィルス学者と疫病専門家の調査で,CIAの細菌破壊工作と判明した。翌81年春,デング熱が突発的に発生し,3万4428人のキューバ人が発病,156人が死亡した。病気の媒介者は,フロリダの実験で航空機から散布された20万匹の蚊と同一種の蚊で,デング熱ウィルスを持っていた。それは米メリーランド大学支部の細菌培養器でウィルスに感染させたもので,CIAに雇われた生物学者がマラリア撃退研究に見せ掛けて撒布したものであった。これは致死性ウィルスにより人間を殺す有害な昆虫培養の一部を応用して実施された。

駐キューバ・ベルギー大使誘拐

(1973.10)ハバナ

1973年10月16日,反カストロ主義者のキューバ人がハバナのフランス大使館に侵入して,そこにいたキューバ駐在ベルギー大使を誘拐し,キューバ政府に自身の出国を要求した。フランス大使は責任者として犯人に人質であるベルギー大使の釈放を求めたが,キューバ政府が犯人の要求を拒否したことでベルギー大使は殺害された。

米デルタ航空機ハイジャック

(1979.6)

1979年6月11日,ニューヨークからフロリダへ向かった米デルタ航空機が元キューバ軍中尉によってハイジャックされ,キューバのハバナに到着した。彼は,1969年10月5日キューバ空軍のMig-17型機で米国に亡命した元軍人で,ハイジャックによる里帰りとなった。

要人処刑テロ

(1989.6)

1989年6月,アルナルド・オチョア将軍ら14人がコロンビアの国際麻薬カルテル,メデジン・カルテルの麻薬取引に関与したとして逮捕され,7月に銃殺刑となった。この事件は体制の引き締めと解され,フィデル・カストロ首相の暗殺計画の発覚に関係していたとの推測もあった。

キューバ航空機ハイジャック

(1992.1〜1996.7)

1992年1月3日,キューバのバラデロで,キューバ航空機の機長が家族とともに同機をハイジャックし,さらに平原で仲間34人を搭乗させ,レーダーを避けて低空で米国フロリダ空港に着陸し,亡命した。

12月29日にも,キューバ航空機のマイアミ亡命事件が起きた。

1993年9月キューバ軍空軍大尉がフロリダへミグ21機で亡命した。

1996年7月7日，キューバの軍人がキューバ航空機をハイジャックし，グアンタナモ米軍基地に着陸し，米国に亡命した。

カストロ議長暗殺未遂

(1994.2)ハバナ

1994年2月，ハバナでフィデル・カストロ国家評議会議長の暗殺未遂事件があった。

無差別テロ

(1997.7)

1997年7月12日，ハバナ中心部の高級ホテルで爆弾テロが続発した。8月4日ハバナのホテルで爆弾テロが起こり，3人が負傷した。

ジャマイカ

キューバ施設爆破テロ

(1976.6)

1976年6月9日，ジャマイカのキューバ・プラントで荷物の爆破テロがあった。

政党対立テロ

(1980.2〜2000.9)

1980年2月，マイケル・マンリー首相が年内総選挙実施を発表して以来，野党，ジャマイカ労働党（JLP）と1972年と1976年の総選挙で政権にある与党，人民民族党（PNP）の対立が激化し，10月の投票までにテロで500人が死亡した。

2000年9月にも財界人を狙った誘拐や殺人が多発し，620人が犠牲になった。このため，バジール・パターソン首相は犯罪組織の摘発に当たる特殊部隊の創設を命じた。

バルバドス

亡命者のキューバ機バルバドス上空爆破テロ

(1976.10)バルバドス

1976年10月6日，米系キューバ人亡命者がガイアナからキューバに向かうキューバ機を，バルバドス上空で爆破させ，キューバ人57人，ガイアナ人11人，北朝鮮人5人を含む73人が死亡した。この事件で，1980年9月ベネズエラ法廷は，容疑者に無罪の判決を下した。これに抗議して，キューバは，ベネズエラの大使館を閉鎖した。

バーミューダ

シャープルズ英総督暗殺

(1973.3) ハミルトン

1973年3月10日、英植民地バーミューダ諸島の首都ハミルトンで英総督・軍司令官イアン・シャープルズ卿が暗殺された。11日イアン・キニアーが総督代行に就任、非常事態を宣言した。

グアドループ

警告テロ

(1980.3〜1981.4) ポンチアピレ

1980年3月から12月にかけ、〈解放軍集団（GLA）〉がフランス人居住者に対し警告を発し、11件の騒擾事件を起こした。1981年1月パリのシャネル本店で〈GLA〉がグアドループからのフランス軍の撤退を要求して爆破テロを起こし、8日の声明でフランス資本主義・植民地主義の打倒を明らかにした。3月21〜22日に首都ポンチアピレで5000人のデモが組織され、4月7日〈GLA〉の暴動となった。1982年6月〈GLA〉活動分子は、〈独立グアドループ民衆運動（MPGL）〉を結成した。

独立テロ

(1988.7)

1988年7月、連続爆弾テロが起こり、〈武装革命軍（ORA）〉が犯行声明を出した。それは、1980年代以降における〈カリブ革命同盟（ARC）〉とともに、1958年に結成の〈グアドループ共産党（GC）〉の完全独立を求めた闘争の一環であった。

ベネズエラ

実業家誘拐テロ

(1972〜1976.2)

1969年に〈革命左翼運動（MIR）〉系で〈民族解放武装軍（FALN）〉から独立した〈バンデラ・ローヤ（赤旗）〉は〈MIR〉同様キューバからの支援を受けた。〈バンデラ・ローヤ〉は1972年に〈MIR〉と協力してカラカスで実業家カルロス・ドミンゲス・チャベスの誘拐事件を起こし、100万ドルの身代金を手に入れた。1973年に〈MIR〉指

導者カルロス・ベタンクールとガブリエル・プレタ・アポンテが逮捕されたが，彼らは1975年に脱走した。
1976年2月に米系企業オエランス・イリノイズ・デ・ベネズエラ社副社長ウィリアムズ・ニューハウスが誘拐され，警察は1966年12月に掃討されたゲリラ組織〈民族解放武装軍（FALN）〉の残党の仕業と判断した。事件との関連で取り調べ中のトロツキー主義者，ジェウ社会同盟党首ホルヘ・ロドリゲスが7月に秘密警察に殺され，8月に野党下院議員2人が軍情報局（DIM）に逮捕されたことで，野党・マスコミは政府批判を強めた。この事件に関連した逮捕者は8月までに400人に達した。

〈バンデラ・ローヤ〉テロ
(1976〜1981.11)

〈バンデラ・ローヤ（赤旗）〉は，1976年〜1977年に軍用車両の銃撃，小都市の占拠などの散発的テロを繰り返した後，1979年4月アラグァ州の役所襲撃，1980年9月に証券会社の強奪，1981年11月ガリコ州のサンタマリア・ド・イビーレ占拠などの事件を起こした。1982年4月に指導者プレタ・アポンテが逮捕され，その際，テロリスト25人が殺害され，以後1984年9月ガリコ州で〈バンデラ・ローヤ〉の集会が開催されたものの，ゲリラ活動は低迷した。

ベタンクール元大統領暗殺未遂
(1981.6)

1981年6月24日，ロムロ・ベタンクール元大統領の暗殺未遂が起きた。

ベネズエラ航空機ハイジャック
(1981.12〜1999.7)

1981年12月7日，〈バンデラ・ローヤ（赤旗）〉が国内旅客機アエロポスタル2機とアベンサ1機の同時ハイジャック事件を起こし，キューバのハバナに到着したが，政治犯の釈放要求は失敗した。〈バンデラ・ローヤ〉は，プエルトリコ，コロンビア，ベネズエラ，エルサルバドルの混成左翼で形成されていた。
1999年7月30日，バリナス郊外で〈コロンビア革命武装軍（FARC）〉がベネズエラ国内航空機をハイジャックした。人質は，8月10日コロンビア・ベネズエラ国境地帯で無事解放された。

コロンビア革命勢力テロ
(1996.2〜1999.3) カララオ

1996年2月26日，ベネズエラのカララオでコロンビアの〈民族解放軍（ELN）〉が〈コロンビア革命武装軍（FARC）〉とともに政府軍駐屯地を襲撃し，兵士8人を殺害した。1999年1月26日，ベネズエラのアロ・アプレ地区で〈ELN〉がベネズエラ石油会社の技術者5人を誘拐した。2月17日までに全員が解放された。3月9日，〈ELN〉が巡視隊を襲撃，3人を誘拐した。

コロンビア

政治家誘拐テロ

(1970.7)

1970年7月のロンドノ元外相誘拐や11月の国民大衆同盟の副党首誘拐など，〈コロンビア共産党〉系のペドロ・アントニオ・マルチン，オスカル・レイエスラの指導する〈民族解放軍(ELN)〉による事件が続いた。

コロンビア航空機ハイジャック

(1971.5～1982.1)

1971年5月8日，コロンビアのアビアンカ航空機がハイジャックされ，ベネズエラのマラカイボに着陸し，犯人は拘留された。

1982年1月27日，コロンビアのアエロタル航空機がサンタフェデボゴタ空港を離陸直後，ゲリラ組織〈4月19日運動(M-19)〉によってハイジャックされ，乗客はベネズエラのカリ空港で解放された。ゲリラは代替の飛行機でコロンビアのサンアンドレス島へ逃れた。

駐コロンビア・レバノン領事暗殺

(1976.3)

1976年3月30日，コロンビアの駐バランキラ・レバノン領事が暗殺された。犯人は不明。

アメリカ人誘拐テロ

(1977.2) ラマカレナ

1977年2月ラマカレナで〈コロンビア革命武装軍(FARC)〉によって米平和部隊員の生物学者リチャード・スターが拉致され，3年後にコラムニスト，ジャック・アンダーソンが25万ドルの身代金を支払い，解放された。

革命テロ

(1978.8～2000.2)

親ソ派の〈コロンビア革命武装軍(FARC)〉，キューバ派の〈民族解放軍(ELN)〉，民族主義左派の〈4月19日運動(M-19)〉(1970年4月19日の大統領選挙で敗北の民族主義左派グスタボ・ロハス・ピニーリャ将軍が結成)，毛沢東派の〈解放人民軍(EPL)〉など左翼ゲリラ4派は，1989年9月に他の2派を加えて〈シモン・ボリバル・ゲリラ連合(CGCB)〉を結成した。〈M-19〉が1978年8月28日に政府に対し戦争宣言を発し，1980年2月～4月サンタフェデボゴタのドミニカ大使館を占拠し，以来，特に9月以降，その活動が強化され政府は1984年4月戒厳令を布告した。8月ベリサリオ・ベタンクール・カルタス大統領は〈M-19〉と和平協定を成立させた。1985年に〈FARC〉は〈愛国連合(UP)〉を結成し，政治活動を強化した。

1985年11月6日〈M-19〉はサンタフェデボゴタの最高裁判所を襲撃し，最高裁判所長官らを人質に一時占拠したが，翌7日に政府軍がこれを解放した。〈M-19〉は1989年11月12日に政府と和平協定に調印し，1990年3月武装解除を行い，3月11日の総選挙に参加した。

1994年11月エルネスト・サンペル・ピサノ・コロンビア大統領は，左翼ゲリラの〈コロンビア革命武装軍〉・〈民族解放軍〉・〈解放人民軍〉に対し和平交渉の再開を呼び掛けた。

1994年11月コロンビア警察，政府庁舎の爆発容疑で左翼ゲリラ14人逮捕。

2001年6月28日コロンビア革命軍(FARC)は政府との捕虜交換協定で

242人を解放した。

● 〈4月19日運動〉の主なテロ事件

1974.2 〈M-19〉、コロンビア労働組合連盟議長を誘拐。

1979.1 治安当局、〈M-19〉の拠点25カ所を急襲、約150人逮捕。

1981.1〜3 〈M-19〉、米サマー語学学院のコロンビアからの撤退を要求。

1982.1 〈M-19〉ゲリラ7人、コロンビアのアエロタル航空機をサンタフェデボゴタ空港離陸後にハイジャック、乗客はカリ空港で解放、ゲリラは代替機でサンドレス島へ。

1983.4 〈M-19〉、サンタフェデボゴタのホンジュラス大使館住宅区を爆破、ホンジュラス領事が重傷。

1984.3 〈M-19〉、フロレンチアで軍施設、警察署・銀行を同時攻撃。

1984.3 〈M-19〉、刑務所攻撃、ゲリラ26人を含む30人死亡。

1984.8 〈M-19〉の最高指導者カルロス・トレード・プラタ元国会議員を狙撃、死亡。

1985.8 〈M-19〉、エクアドルのテロ組織〈エロイ・アルフェロ人民武装勢力FVC〉（1970年代に結成、1984年に武装化）の協力のもと、エクアドルのグアヤキル近郊でエクアドルの銀行家ナヒム・イサイアスを自宅より拉致警察の救援は失敗、人質は殺害。

1985.10 〈M-19〉、サンタフェデボゴタで陸軍司令官ラファエル・サムディオ・モリナ将軍の乗用車を襲撃、警備兵と銃撃戦後に逃亡。

1985.12 〈M-19〉、国家警察次官ギレルモ・メディーノ・サンチェス将軍の乗用車を伏撃し暗殺未遂。

1986.3 〈M-19〉、サン・ベルナディノ基地を24時間占拠、ジュアンチート保養地の警察署を襲撃未遂。

1986.6 〈M-19〉、ジャイム・カストロ内務相の暗殺未遂。

1986.6 〈M-19〉、サンタフェデボゴタで銀行強盗、160万ペソを奪取、民間人2人負傷。

1986.9 〈M-19〉、ブカラマンガニでビジネスマンの拉致未遂、軍が被害者を救出しテロリスト全員を逮捕。

1986.10 〈M-19〉、メデリンの宝石店を襲撃、69万ドル相当の宝石を強奪、店主を殺害。

1986.11 〈M-19〉、サンチュアリオ・コルドバ博物館を襲撃し美術品多数を強奪、警察が追跡し、盗品は奪回、ゲリラ1人射殺、2人逮捕。

1987.9 〈M-19〉、サンタフェデボゴタの新聞社「ティアリオ5p.m」を占拠し闘争声明を強制発行。

● 〈コロンビア革命武装軍〉の主なテロ事件

1985.2 〈FARC〉、深夜、メデリンでIBMなど外国企業7カ所を爆破。

1985.8 〈FARC〉、フィラ地方にて農業技術者4人と労働者30人を拉致、会社に8万ドルを要求するも未遂のため報復。

1985.10 〈FARC〉、東部平野で聖職者4人を拉致し、政府平和委員と会見後釈放。

1985.12 〈FARC〉、ベネズエラの牧場主を拉致し、1986.2 アラウカ川流域で警察当局が実力で救出、テロリスト6人を射殺。

1986.1 〈FARC〉、中部メガ峡谷で操業継続の条件としてシェル石油に1億ドルを要求、企業側が要求を拒み操業停止。

1986.2 〈FARC〉、チョコ地方北部のリオ・スシオの町を攻撃、警官1人を殺害、数人を負傷、建物3件を大破。

1986.8 〈FARC〉、ネンクーンで仕掛け爆弾、警察の処理隊員が作業中に事故

死。

1986.11〈FARC〉,トルプオの集団墓地で男女・子供合わせ計100人の遺体発見,〈FARC〉による殺害と推定。

1987.4〈FARC〉,サンタフェデボゴタにて牧場従業員7人を拉致し,1人を殺害。

1987.6〈FARC〉,カクアタにて停戦協定に違反して軍の道路建設隊を伏撃,27人殺害,ビルヒリオ・バルコ大統領は〈FARC〉が攻撃中の地域に限り停戦協定破棄と宣言。

1987.12〈FARC〉約50人ガイタニアを攻撃し,警官2人殺害,5人負傷,自動火器,対戦車ロケット,手榴弾,火炎ビンを使用。

1993.8〈FARC〉,ゴゴタ郊外カチパイ付近実業家夫妻を誘拐,8月23日妻のみ解放。

1993.9〈FARC〉,アンティオキア州で政府軍車両を攻撃,兵士17人殺害。

1993.12〈FARC〉,アンティオキア州でバナナ農園のトラックを襲撃,農民10人殺害,11人負傷。

1994.1〈FARC〉,アンティオキア州で上院議員候補者集会を襲撃,35人殺害,17人死亡。

1994.7〈FARC〉,プトゥマヨ州の国営石油会社エコペトルの石油施設を襲撃,治安部隊と激戦,兵士24人殺害,7人負傷。

1994.7〈FARC〉,ラノシオリエンタルズ地方で陸軍第4師団長の車両を銃撃,師団長を殺害。

1995.3〈FARC〉,アンティオキア州イトゥアンゴの町を襲撃,町役場・警察署・銀行2ヵ所を破壊,警官1人と市民6人殺害,町長を拉致。

1995.9〈FARC〉,ウラバ地区アパルタドのバナナ農園のバスを襲撃,労働者26人を殺害。

1995.10〈FARC〉,メタ州で政府軍部隊を襲撃,兵士6人を殺害,60人負傷

1996.2 〈FARC〉,ウラバ地方カレパで元ゲリラ組織〈希望と平和と自由(EPL)〉の党員・シンパ11人殺害。

1996.4〈FARC〉,ナリニュ州プエレスで石油パイプライン警備の政府軍宿舎を襲撃,兵士31人殺害,8人負傷,パイプライン撃破。

1996.8〈FARC〉がプトゥマヨ州で政府軍基地を襲撃,兵士34人殺害,20人負傷,〈ELN〉が警察署襲撃,97人死亡。

1997.2〈FARC〉,アンティオキア州アパルタドでトラック爆弾を爆発,10人殺害。

1997.9〈FARC〉,プトゥマヨ州サンミゲルで警察署襲撃,プエルトコロンで石油公社エコペトルの石油施設を襲撃,警官5人殺害。

1997.10〈FARC〉,アンティオキア州カイセドの町を襲撃,警官8人殺害

1997.12〈FARC〉,ナリノ州パタスコイ軍事基地を襲撃,兵士22人殺害,7人拉致。

1998.3〈FARC〉,アンティオキア,ノルテデサンタンデル,カサレ,カケタ,アラウカ,プトゥナヨ,メタ,ナリノ各州でRLNと選挙妨害テロ,6人殺害。

1998.3〈FARC〉,ボゴタ近郊で3人殺害,27人誘拐,4.2,52人解放。

1998.8 FARC,ガバアレ州ミラフロレの麻薬基地を襲撃,兵士・警官30人殺害。

1998.11〈FARC〉,バウスベ州ミトゥで警察隊駐屯地・銀行・町役場・空港を襲撃,警官約80人,住民10殺害,警官約40人を人質にして占拠。

1998.12〈FARC〉,アンティオキア州ココルナとサンフランシスコでELN

と政府庁舎・警察宿舎・民家を襲撃，市民5人殺害。
1999.2〈FARC〉，ネスの子会社コロンビア・デリー会社で爆発テロ。
1999.3〈FARC〉，カウカ州サンタンデルキリチャオの町を襲撃，銀行5カ所破壊，刑務所の受刑者50人の脱獄を支援。
1999.7〈FARC〉，カサナレ，アラウカ，ニルテデサンタンデル，クンディナマルカ，トリマの各州で警察施設・政府施設・銀行を襲撃，13日までにゲリラ287人，兵士40人，警官24人死亡。
1999.7〈FARC〉，アンティオキア州メデシンの陸軍第4旅団司令部付近で爆弾テロ。
1999.8〈FARC〉，ブエナベントゥラ近郊の水力発電所を襲撃。
1999.11〈FARC〉，アンティオキア州メデシン北東部の陸軍司令部で爆弾テロ。
2000.1〈FARC〉，畝，ケエタメ，グアタベタルの村落を襲撃，住民3人，兵士5人，警官1人殺害，カウカ州ブエノスアイレスの警察署襲撃。
2000.2〈FARC〉，カウカ州スアレスの町を襲撃，警察署・銀行・民家を破壊，住民1人殺害。

● 〈民族解放軍〉の主なテロ事件

1980.1〈ELN〉，セザール地方の農場からイギリス人女性と子供拉致，30万ドルの身代金を要求。
1982.1〈ELN〉，サンタフェデボゴタでホンジュラス大使館員拉致，ニカラグア・エルサルバドルの外交問題に対するホンジュラスの干渉に抗議。
1982.12〈ELN〉，東北部の資産家拉致，身代金200万ドルを要求。
1983.7〈ELN〉，「自由中米作戦」と称し，メデシンのエルサルバドル領事館とアランフェス郊外の警察分駐所2カ所に連続ダイナマイト攻撃。
1983.9〈ELN〉，イタキで給料輸送車を襲撃，12万ドルを強奪。
1983.11〈ELN〉，コロンビア大統領の弟を拉致，キューバ首相フィデロ・カストロの介入により15日後釈放。
1984.5〈ELN〉，セゴビア北西の金鉱をテロリスト6人が襲撃し9万ドルを奪取。
1984.1〈ELN〉，アンティオキア地方のサバナ・ラルガを攻撃，警官6人殺害，市庁舎に放火，アグラリア・クレジットの資金を略奪。
1984.3〈ELN〉，北西部の町で警察署長を殺害，農民8人を軍への情報提供者とみて処刑。
1984.6〈ELN〉，メデシンの下町で警察署攻撃，警官1人殺害，4人負傷，警察署も爆破。
1985.11〈ELN〉，東北部の小都市を攻撃，一般人4人を殺害，コロンビア政府との停戦協定違反。
1985.12〈ELN〉，ベチュテル社のアメリカ人従業員2人拉致，1985年5月，他1人は釈放，1人は拘禁中に死亡。
1986.6〈ELN〉，メデシンのコロンビア・ソ連友好協会に爆弾攻撃，コロンビア革命武装軍（FARC）と対決。
1986.11〈ELN〉，ネチ川の鉱山作業所を爆破，一時，産金能力が麻痺，北西部にてパトロール中の陸軍軍曹を殺害，同じく石油作業宿舎を攻撃し2人を拉致。
1986.12〈ELN〉，米国と提携する石油企業の子会社を反復攻撃し，機械を破壊，爆薬を強奪。
1987.1～6〈ELN〉，石油パイプライン従業員施設を攻撃。
1987.2〈ELN〉，サンタフェデボゴタの商工会議所近くを爆破テロ，通行人1

人重傷。

1987.5 〈ELN〉，カラメロで国家選挙登録担当官拉致。

1987.10 〈ELN〉，サンタフェデボゴタ放送局を占拠，反政府スローガンを放送。

1987.4～9 〈ELN〉，米コロンビア石油関連施設を爆破。

1987.6 〈ELN〉，コロンビア国境近くで対麻薬作戦遂行中のベネズエラ国境警備隊員を殺害。

1987.9 〈ELN〉，ベネズエラ軍の武器を襲撃し強奪。

1987.10 〈ELN〉，ボヤカのモルモン教会3カ所とバランカベルメル海軍施設を爆破。

1993.7 〈ELN〉，アラウカ州サラベナ，アンティオキア州レメディオスで石油施設5カ所を爆破。

1993.9 〈ELN〉，アンティオキア州で〈コロンビア革命武装軍（FARC）〉とともに政府車両を襲撃，兵士17人殺害。

1993.12 〈ELN〉，ボヤカ州で政府軍巡視隊と衝突，兵士13人死亡，ゲリラ5人死亡。

1994.11 〈ELN〉，カウカ州プラセ地区で警察車両とスクール・バスを襲撃，警官11人，学生1人死亡。

1995.1 〈ELN〉，ノルテデサンタンデル州コンボシオンの石油パイプラインを爆破。

1995.6 〈ELN〉，サンタフェダボゴタの国会議事堂で爆弾テロ。

1996.8 〈ELN〉，ノルテデサンタンデル州エルターラで政府軍兵士を銃撃，10人殺害，アルカ州の石油パイプラインを警備中の政府軍兵士を襲撃，兵士6人，市民1人負傷。

1996.8 〈ELN〉，カウカ州でインディオ指導者の尊重を殺害。

1996.9 〈ELN〉，アンティオキア州とセザル州でFARCとともに道路にバリケードを建設，48台車両に放火。

1997.6 〈ELN〉，サンタフェデボゴタ郊外フォンティボンの警察署で自動車爆弾てろ，警官8人殺害，15人負傷。

1997.8 〈ELN〉，ボリバル州シミティの町で地方統一選挙のボイコットを訴えて町職員12人拉致，サンパブロの町でも町議12人拉致。

1998.3 〈ELN〉，アンタティオキアなどの各州で占拠妨害テロ，6人殺害。

1998.3 〈ELN〉，クピアグアの英石油施設を爆破。

1998.5 〈ELN〉，サンタ・マルタで米系会社を襲撃。

1998.8 〈ELN〉，アンティオキア州など17州46カ所で政府軍施設・警察署などで爆弾テロ。

1998.9 〈ELN〉，ダベイバの町で〈FARC〉，〈EPL〉とともに襲撃，8人殺害，10人誘拐。

1998.10 〈ELN〉，アンティオキア州セゴビア混淆の石油パイプラインを爆破，48人死亡。

1998.10 〈ELN〉，オセアナパイプラインを爆破，71人を殺害。

1998.12 〈ELN〉，アンティオキア州コルナの町を〈FARC〉と襲撃，市民5人殺害。

1999.5 〈ELN〉，カリのミサ会場を襲撃，ミサに参列の信徒100人以上を連行，3人死亡。

1999.12 〈ELN〉，カリのコロンビア米両国民センターで爆破，コロンビア愛国レジスタンスが犯行声明。

2000.1 〈ELN〉，アンティオキア州メデジンで送電塔22基を爆破。

2000.2 〈ELN〉，アンティオキア州メデジンで送電塔18基を爆破。

2000.3 〈ELN〉，アンティオキア州メデ

ジンで送電塔17基を爆破。

駐コロンビア・ドミニカ共和国大使館占拠

(1980.2) サンタフェデボゴタ

〈4月19日運動（M-19）〉は，1974年1月，コロンビアのカリを本部に結成され，1978年8月28日に政府に対し戦争宣言を発した。1980年2月27日M-19とペドロ・レオン・アルボレダ集団がコロンビア大使館を襲撃，米国・ドミニカ・ブラジル大使を人質に占拠，すべての政治犯28人の釈放と身代金100万ドルを要求し，4月27日に米大使ら52人を人質にキューバへ出国した。

アメリカ人農園主拉致

(1980.8)

〈コロンビア革命武装軍〉は1980年8月アメリカ人バナナ農園主らを拉致し，3カ月後に身代金25万ドルを入手してドエウにおいて解放した。1983年4月南メタ地方でアメリカ人女性農場経営者を拉致し，多大の身代金を要求した。8月メタ地方でアメリカ人牧場主を拉致し，翌1984年1月18日に多額の身代金を入手して人質を解放した。

暗殺団テロ

(1982～1983.2)

1980年以降，〈左翼ゲリラ容疑者を狙う誘拐犯処刑隊（MSA）〉などの暗殺団が出現し，1982年を通じて327人が殺害された。1983年2月に検察庁は現役・退役軍人75人を含む163人を容疑者として告発した。

法相暗殺テロ

(1984.4)

1984年4月，ロドリゴ・ララ・ボニヤ法相が麻薬組織〈メデジン・カルテル〉によって暗殺された。

〈リカルド・フランコ戦線〉テロ

(1984.5～1985.9)

1984年3月，〈コロンビア革命武装軍（FARC）〉が政府と妥協したのに反発して〈リカルド・フランコ戦線（RFF）〉が分離し，〈FARC〉の選挙重視の路線に対決してテロ活動を活発化させた。さらに，〈4月19日運動（M-19）〉との共同闘争もみられた。1984年5月ホンジュラス航空支店の爆破，1985年2月メデジンでの米系企業の爆破，引き続くメデジンの高級住宅の占拠未遂，1985年6月コロンビア共産党出身国会議員の狙撃，州石油会社役員の拉致と身代金10万5000ドルの要求，9月に米国など各国大使館と多国籍企業への襲撃，11月に最高裁判所の襲撃などの事件を起こした。

●主な事件

1984.5 〈RFF〉，ホンジュラス航空支店を爆破，2人殺害，11人負傷，米外交施設も爆破，犯行の表明。

1985.1 〈RFF〉，ボリバル地方の村を攻撃，住民7人拉致，警官1人殺害，1人負傷。

1985.1 〈RFF〉，コロンビア労働省施設を爆破。

1985.2 〈RFF〉，メデジンでアメリカ企業各社に爆弾8発を仕掛け，1人殺害，1人負傷。

1985.4 サンタフェデボゴタの高級住宅地を〈RFF〉ゲリラ150人で占拠未遂，当局は重要地域の橋と警察署から爆弾26発を発見し除去。

1985.5〈RFF〉，橋1カ所，官公庁数カ所，警察大学を爆破。
1985.6 〈RFF〉，コロンビア共産党上級幹部出身の国会議員（人権擁護委員）を狙撃し重傷。州石油会社役員を拉致，身代金10万5000ドルを要求
1985.9〈RFF〉，〈M-19〉とともに10日間の戦闘，その後，〈RFF〉と〈M-19〉の両ゲリラはコロンビア中部・南部からトリマ地方に撤退。アメリカなど各国大使館と多国籍企業に数多くの攻撃を敢行。

最高裁判所占拠

(1985.11)サンタフェデボゴタ

1985年11月6日，〈4月19日運動（M-19)〉のゲリラ35人が長官を含む25人の判事と国会議員ら200人を人質に籠城した。警察・軍の強行突破によって，16時間後に解放されたが，ゲリラ全員と人質11人が死亡し，死亡者は90人以上になった。13日，再び最高裁判所を襲撃したが，14日に政府軍により撃退された。

駐メデジン・ホンジュラス領事館爆破

(1986.6) メデジン

1986年6月〈解放人民軍（ELP)〉が駐メデジン・ホンジュラス領事館を爆破した。

コロンビア航空ヘリコプター機ハイジャック

(1988.1) サンタフェデボゴタ

1988年1月，左翼ゲリラが，サンタフェデボゴタ西南200マイルの西側石油会社がチャーターしたコロンビア航空のヘリコプター1機をハイジャックした。

ゴメス元大統領候補誘拐

(1988.5) サンタフェデボゴタ

保守社会党（1987年，保守党を改称）指導者で1986年大統領選挙に出馬したアルバロ・ゴメスはゲリラ問題で軍事的解決を主張していたが，1988年5月29日，首都サンタフェデボゴタで誘拐された。与党自由党と〈4月19日運動（M-19)〉がカトリック教会の仲介で交渉を重ねた結果，7月20日にゴメスは解放された。これが契機で〈M-19〉は8月にゲリラ活動を停止し，政府は和平交渉に応じた。

ガラン大統領候補暗殺

(1989.8)サンタフェデボゴタ

1990年5月の大統領選挙で麻薬取締まりを訴えていた与党自由党のルイス・ガラン上院議員が，1989年8月18日，首都サンタフェデボゴタ近郊のソチャで行われた1万人政治集会で演説中，麻薬組織〈メデジン・カルテル〉のテロリストに暗殺された。ビルヒリオ・バルコ政権は，1984年4月布告の戒厳令に基づく超法規的措置で，米国で起訴されている〈メデジン・カルテル〉の成員の引き渡しと同カルテルの資産接収の方針をとった。これに対し，〈メデジン・カルテル〉は1989年8月24日，裁判官・政治家・報道機関に対する全面戦争を宣言し，1990年1月末までに260件以上の爆弾テロが発生し，209人が死亡した。

無差別テロ

(1993.1～10)サンタフェデボゴタ

1993年を通じ麻薬密売組織と結びついた左翼ゲリラによるテロが続いた。セサル・ガビリア・トルヒジョ政権は1992年11月に公布が期限切れになる

非常事態宣言を、1993年2月7日に議会の承認をへて90日間延長した。2月からの3カ月間に爆弾テロが180件発生し、市民121人、兵士・警官97人など計221人が犠牲となった。8月5日に同宣言は解除されたが、以後もテロは続いた。8月28日に首都サンタフェデボゴタ近郊で警察車両が爆破される事件が起こり、警官13人が死亡した。9月を「黒い9月」と位置づけ、政府は全面攻勢に出た。

● **主な事件**

1993.1 首都サンタフェデボゴタでテロ、20人死亡。

1993.2 政府、非常事態宣言延長。

1993.2 サンタフェデボゴタでテロ、26人死亡。

1993.3 治安部隊とゲリラの衝突。

1993.4 サンタフェデボゴタのショッピング・センターで爆発テロ、11人死亡。

1993.8 非常事態宣言終了。

1993.8 サンタフェデボゴタで〈コロンビア革命武装軍（FARC）〉の爆弾テロ。

1993.9 サンタフェデボゴタで〈シモン・ボリバル・ゲリラ連合（CGCB）〉がバス11台焼き打ち。

1993.10 サンタフェデボゴタで〈CGCB〉のテロ、警官38人死傷。

麻薬テロ

(1993.12〜1995.8)

1993年12月2日、メデジンで麻薬密売組織が摘発され、銃撃戦となった。1995年3月3日、政府は麻薬組織〈カリ・カルテル〉の最高幹部1人を逮捕し、6月11日にはメデジンで爆弾テロが起きた。8月6日その中心人物ミゲル・ロドリゲスを逮捕した。8月12日に北部の4カ所で銃乱射事件が起こ

り、16日全土に3カ月間の非常事態宣言が布告された。1997年1月30日、左翼ゲリラの麻薬工場が摘発された。

オスマ財政相暗殺未遂

(1994.1)サンフェデボゴタ

1994年1月17日、〈民族解放軍（ELN）〉がサンフェデボゴタでルドルフ・オスマ財政相の乗用車を爆発させたが、同相は無事であった。

政治家暗殺

(1994.9)アンティオキア州・セザル州・ノルテデタンデル州

1994年9月19日、〈民族解放軍（ELN）〉がアンティオキア州メデジンで自由党国会議員の乗用車を爆発させ、同議員、護衛、運転手の3人が死亡した。10月7日セザル州で同州元知事アルマンド・マエストレの乗用車を銃撃し、同元知事を殺害した。

1997年8月8日、ノルテデタンデル州ククタで自由党所属の上院議員ホルヘ・クリストと護衛が事務所前で射殺された。

外国人誘拐テロ

(1994.12〜1999.12)

1994年12月以降、〈コロンビア革命武装軍（FARC）〉、〈民族解放軍（ELN）〉、〈人民解放軍（ERL）〉の誘拐が続いた。

● **主な事件**

1994.12〈FARC〉、コルドバ州エティラルダム建設現場でスウェーデン人2人、コロンビア人3人の技術者のを誘拐、コロンビア人はほどなく解放。

1995.3〈FARC〉、北西部イトアンゴで交響施設を襲撃、イトアンゴ市長を誘拐、警察・市民13人以上を殺害。

1996.1 〈FARC〉，アメリカ人1人を誘拐，身代金100万ドルを要求、5.22解放。

1996.2 〈ELN〉，サンルイスでイギリス人，デンマーク人，ドイツ人，コロンビア人の技術者を誘拐。

1996.2 〈ELN〉，ラグジラでアメリカ人1人を誘拐，11.15解放。

1996.3 〈EPL〉，コロンビア・ベネズエラ国境で牧場主を誘拐，警官の発砲で4人死亡。

1996.10 〈ELN〉，ベネズエラ人牛飼い4人を誘拐，遺体で発見。

1998.3 〈FARC〉，フランス人実業家2人誘拐。

1998.5 メデリン近郊でイタリア人技術者1人を射殺。

1998.6 〈FARC〉，カナダ人1人，ボリビア人1人，コロンビア人1人を誘拐。

1998.7 〈FARC〉，メデリンでエクアドル人1人を誘拐。

1998.10 〈EPL〉，北東ハイウェーで20人を誘拐。

1998.10 〈ELN〉，サンファンでオランダ人1人とコロンビア人2人を誘拐。

1998.12 〈FARC〉，スペイン人1人とコロンビア人3人を誘拐。

1999.1 〈EKN〉，イタリア人2人とコロンビア人の誘拐，3月9日イタリア人1人の解放。

1999.2 〈FARC〉，スペイン人2人，アルジェリア人1人，コロンビア人2人を誘拐，11月2日スペイン人とアルジェリア人を解放。

1999.2 〈FARC〉，スペイン人2人，コロンビア人7人を誘拐，2月28日スペイン人を解放。

1999.2 〈FARC〉，アメリカ人3人を誘拐，3月4日ベネズエラで遺体発見。

1999.3 アルゼンチン人1人，スイス人1人，コロンビア人7人を誘拐。

1999.3 〈ELN〉，アメリカ人1人を誘拐，40万ドルの身代金を要求，4万8000ドルの支払いで人質解放。

1999.3 〈FARC〉，ドイツ人1人とスイス人の技術者を誘拐。

1999.4 〈ELN〉，スイス人2人，イスラエル人1人，イギリス人1人を誘拐，5月イギリス人が脱出，5月スイス人，イスラエル人を解放。

1999.5 アメリカ人・ヘリコプター技術者を誘拐。

1999.6 〈ELN〉，アメリカ人1人を含む9人を誘拐，9月アメリカ人のみ解放。

1999.6 〈FARC〉，アメリカ人1人を自宅から誘拐，6万ドルの身代金を要求，7.25解放，身代金の支払いはなかった。

1999.9 〈FARC〉，カナダ人8人，アメリカ人1人の石油技術者，スペイン人3人，ベルギー人1ノ人の観光客を誘拐。

1999.11 〈ELN〉，フランス人1人を誘拐。

1999.11 〈FARC〉，イギリス人1人を誘拐，11月解放。

1999.12 〈ELM〉，ベネズエラ企業のスペイン人1人を自宅で誘拐。

2000.4 〈ELN〉，カリでメキシコ人1人誘拐，500万ドルの身代金を要求。4.16警察が犯人3人を逮捕，人質を解放

2000.7 〈ELN〉の分派〈ゲバリスト革命軍（ARG）〉，国境なき医師団のフランス人1人誘拐。

2000.9 〈ELN〉，アンティオキアの偽装の検問所でロシア人技術者2人誘拐。9.21人質解放。

英外交官誘拐テロ

(1995.8)

1995年8月，〈ハイメ・バテマン戦線〉

によって英外交官が誘拐されたが，のち釈放された。〈ハイメ・バテマン戦線〉は，1970年4月19日に大統領選挙で敗北した民族系左派のグスタボ・ロハス将軍が結成した都市ゲリラ〈4月19日運動〉(M-19)の後身で，1989年の合法化を拒否して武闘派が結成した。

サンブラノ元経済相殺害

(1995.10) クンディマルカ

1995年10月1日，〈コロンビア革命武装軍(FARC)〉がクンディマルカ州でソホ・サンブラノ元経済相，コロンビア牧畜組合会長を射殺した。

コロンビア放送テロ

(1997.4)

日本大使館に1996年12月17日乱入したキューバ系カストロ派テロ組織〈トゥパク・アマル革命運動(MRTA)〉が，1997年4月30日コロンビアの首都サンフェデボゴタのケーブル・テレビ局に乱入し，在ペルー日本大使館占拠事件に関する抗議のビデオを収録し，放映させた。

ヘリコプター撃墜

(1997.7) アラウァ

1997年7月6日，アラウァ州サラベナで石油公社エコペトロルがチャーターしたヘリコプターを〈民族解放軍(ELN)〉が撃墜させ，政府軍兵士20人，民間人1人を殺害した。

日本人農場主誘拐テロ

(1998.9～2001.9) サンタフェデボゴタ

1998年9月22日，サンタフェデボゴタ近郊のクンディマルカ州パスカで日本人農場の主志村昭郎元山梨県会議員が〈コロンビア革命軍(FARC)〉に誘拐された。彼は1999年2月25日教会関係者の仲介で解放された。

2001年10月1日農場主志村昭郎が再び〈コロンビア革命軍(FARC)〉に誘拐された。

ベネズエラ人農場主誘拐テロ

(1999.4)

1999年4月12日，〈コロンビア革命武装軍(FARC)〉によってベネズエラの牧場主が誘拐され，彼は4月18日解放された。

武装集団衝突

(1999.10) ボリバル

1999年10月8日，ボリバル地区で右派武装集団〈コロンビア統一自衛軍〉とコロンビアの〈民族解放軍(ELN)〉が衝突し，16人が死亡した。

ミサイル暴発テロ

(2000.3) アンティキオア

2000年3月14日〈コロンビア革命武装軍(FARC)〉がアンティキオア州メデジンの陸軍第4旅団司令部基地に向けてミサイル発射で暴発，住民2人が死亡した。

日本人企業家誘拐

(2001.3) ボゴタ

2001年3月9日ボゴタ近郊で矢崎総業の現地企業矢崎シーメルの副社長村松治夫が帰宅途中，コロンビア革命軍(FAR)に誘拐された。

〈IRA〉テロ工作

(2001.8)

2001年8月21日コロンビア政府は，〈アイルランド共和国軍（IRA）〉3人を〈コロンビア革命軍（FARC）〉の軍事訓練を行っていた廉で起訴した。

エクアドル

軍人誘拐
(1970.10)
　1970年10月，独裁政変のもとで空軍司令官の誘拐事件が起きた。

エクアドル航空機ハイジャック
(1978.1) キト
　1978年1月18日，首都キトを離陸したサエタ航空機がハイジャックされ，グアヤキルとパナマを経由してキューバに着陸し，19日に降伏した。

ロルドス大統領暗殺
(1981.5)
　1981年5月24日，ハイメ・ロルドス・アグイレラ大統領の専用機が空中爆発し，大統領らは死亡し，コロンビアの左翼ゲリラ〈4月19日運動（M-19）〉が犯行声明を出した。

革命勢力テロ
(1983.8～1987.4)キト
　1983年3月に〈アルファロ万歳，戦おう！（AVC！）〉が結成され，1912年に処刑された革命指導者エロイ・アルファロの剣をグアヤキル博物館から強奪し，国民にアピールした。〈AVC！〉は，少数独裁制と帝国主義に反対し社会改革の実施を目的として地方の貧民を基盤に組織され，米国をはじめとする外国資本・外国権益の排除を企図したテロ活動を連続して行った。続いて1984年5月キトの米大使館での爆発，10月コスタリカ大使館の占拠，1985年9月の銀行家の拘禁・殺害，10月メキシコ大使館占拠，1986年2月の無線局の占拠，1986年5月の憲法裁判所判事の拉致，1987年4月キト警察署の爆破などの事件を起こした。

駐エクアドル・米大使館爆破テロ
(1984.5) キト
　1984年5月〈アルファロ万歳，戦おう！（AVC！）〉がキトの米大使館で爆破テロを起こした。

駐エクアドル・コスタリカ大使館占拠
(1985.10) キト
　1985年10月〈アルファロ万歳，戦おう！（AVC！）〉がキトの駐エクアドル・コスタリカ大使館を占拠し，女性指導者ローザ・カルデナスの本国送還に抗議した。

駐エクアドル・メキシコ大使館占拠
(1985.10) キト
　1985年10月〈アルファロ万歳，戦おう！（AVC！）〉がキトの駐エクアドル・メキシコ大使館を占拠し，テレックスでラテンアメリカ各国にエクアドル・ニカラグア外交破綻に抗議した。

フェブレス大統領拘禁テロ

(1987.1) グアヤキル

　1987年1月16日空軍降下部隊が，1986年3月の軍反乱事件で逮捕されたフランク・バルガス前空軍司令官の釈放を要求して，グアヤキル空軍基地を訪問したレオン・フェブレス・コルデロ・リバデイネラ大統領，メダルド・サラサル・ナバス国防相を監禁した。フェブレス大統領は，要求を受け入れ，バルガス前空軍司令官は同日釈放された。野党が過半数を占める国会は1月20日この事件の対応を不満として大統領辞任要求決議を採択したが，大統領はこれを拒否した。国防省はこの件で3月の反乱部隊85人を逮捕し，軍法会議に付した。

駐エクアドル・英大使館占拠

(1991.9) キト

　1991年9月4日，エクアドルの首都キトで左翼ゲリラ〈アルファロ万歳，戦おう！（AVC！）〉の8人が英国大使館を占拠し，彼らの指導者パトリコ・バケルゾの釈放を要求したが，5日に事件は解決し，彼らの目的は達せられなかった。

送電線鉄塔爆破テロ

(1994.5)

　1994年5月，送電線鉄塔が爆破され，左翼ゲリラ，〈赤い太陽〉が犯行声明を出した。

コロンビア革命武装軍誘拐

(1999.9)

　1999年9月11日，〈コロンビア革命武装軍（FARC）〉がアメリカ人1人，カナダ人7人の石油会社の従業員とスペイン人3人，ベルギー人1人の旅行者を誘拐した。同日エクアドル警察はカナダ人1人を救出した。〈FARC〉は関与を否定した。

エクアドルのヘリコプター・ハイジャック

(2000.10)

　2000年10月12日ナポで〈コロンビア革命武装軍（FARC）〉がエクアドル人所有のヘリコプターをハイジャックし，アメリカ人5人，フランス人2人，アルジェリア人1人，チリ人1人，エクアドル人1人の航空会社従業員及び石油労働者を人質にした。フランス人2人は16日に脱出した。

ペルー

駐ペルー・米大使公邸・ボリビア大使公邸攻撃テロ

(1974.10) リマ

　1974年10月8日，リマの米大使公邸およびボリビア大使公邸がテロリストに攻撃された。

〈センデロ・ルミノソ〉テロ

(1980.5～2000.3)

　1964年に〈ペルー共産党〉から分離して南部アンデスの貧困農村を拠点に

〈紅軍（PCP-BRI）〉の活動が始まり，1970年にはアヤクチョ・ワマンガ大学哲学教授アビマエル・グスマンによって革命ゲリラ〈センデロ・ルミノソ（SL／輝く道）〉が結成され，1980年5月の民政移管とともに，毛沢東主義による極左的ゲリラ活動が展開された。1982年3月アンデス山岳地帯アヤクチョの刑務所攻撃，囚人の脱走事件に始まり，8月にはリマでもテロが続いた。1984年7月に政府軍はゲリラ掃討作戦に着手し，投降期限の10月31日までに5500人が投降，1985年10月〈SL〉指導者グスマンは獄中で降伏声明を発した。1987年2月全土に非常事態宣言が布告され1992年4月に緊急国家再建政府の樹立で非常措置が導入され，〈センデロ・ルミノソ〉は弾圧され，指導者グスマンは9月4日に政府に逮捕された。〈センデロ・ルミノソ〉に代わって，1985年後半以降，キューバ系〈トゥパク・アマル革命運動（MRTA）〉のテロが続いた。1980年5月以来，1992年9月までの死者は5万人以上を数えた。1993年1月大統領に特別緊急措置権が付与された。1998年4月組織のナンバー2，ペドロ・キンテロ逮捕された。

●**主な事件**

1981.8 〈SL〉，リマで米大使館，バンク・オブ・アメリカ，コカコーラ・ボトラーズ，カーネーション合弁の酪農場を爆破。

1982.3 〈SL〉，アンデス山岳地帯のアヤクチョ刑務所を攻撃，囚人255人脱走。

1982.7 〈SL〉，米大使館にダイナマイト爆弾2発投げ込み，企業3社を爆破，3人負傷。

1982.7 〈SL〉，3州で暴動。

1982.8 〈SL〉，リマ市とその周辺で同時多発爆弾テロ。

1982.8 〈SL〉，首都リマ周辺に非常事態令。

1983.5 〈SL〉，高圧線10本を同時攻撃し，リマ全域が停電，夜陰の混乱に乗じて爆弾30発の爆破。

1983.10 〈SL〉，リマで警察官の車輌を爆破。

1983.12 〈SL〉，バビエル・アルバ・オルランディン副大統領の中国訪問でペルー中国大使館爆破。

1984.3 〈SL〉，政府，ゲリラ拠点の南部諸州に非常事態宣言。

1984.3 〈SL〉，農民100万人が全国高速道路を実力封鎖。

1984.5 〈SL〉，リマで発電所，橋，工場を爆破。

1984.5 〈SL〉，西ドイツ大使館外側で勤務中の警官2人を機関銃射撃，1人射殺，1人負傷。

1984.7 〈SL〉，インカ遺跡カヤンカ宮殿，ソ連国営航空アエロフロート事務所爆破。

1984.8 〈SL〉，南東部アヤクチョ地方でアメリカ人牧師管理のエバンジェリ教会を放火。

1984.9 〈SL〉，国軍部隊と戦闘，ゲリラ42人死亡。

1985.1 〈SL〉，リマのIBM本部爆破。

1985.4 〈SL〉，国家選挙裁判長（元最高裁官）を狙撃し，重傷。

1985.6 〈SL〉，大統領官邸に自動車爆弾。

1985.7 〈SL〉，テロで13人死亡。

1985.8 〈SL〉，リマ商工会議所のバスを爆破。

1985.9 〈SL〉，アヤクチョで農民14人を殺害。

1986.2 〈SL〉，チュパク村のパラデス村長を射殺，教会で司祭を脅迫し，貯蔵食糧を強奪。

1987.2 〈SL〉，リマで検事総長を爆弾テロ。
1987.3 〈SL〉，チャクラ・パンパンス地方の町村長3人暗殺。
1987.4 〈SL〉，リマのレストランで乱射，陸軍大佐ら将校4人を含む17人死傷。
1987.4 〈SL〉，ウアンカベリカで陸軍トラックを襲撃，兵士10人，民間人4人死亡。
1987.6 〈SL〉，クスコ・マチュ・ピチュ観光列車を爆破，アメリカ人1人を含む8人殺害。
1987.6 〈SL〉，刑務所に拘禁中のセンデロ・ルミノソ幹部の暴動，当局は武力で鎮圧し250人死亡。
1987.11 〈SL〉，リマで日産自動車工場・米大使館・ホテルなど15カ所が爆破。
1988.10 〈SL〉，ウアンカベリカ州で政府軍兵舎を攻撃。
1988.5 〈SL〉，アヤクチョ州農村地域に拠点を移して活動。
1991.7 〈SL〉，日本人技術者を殺害。
1992.5 〈SL〉，緊急国家再建政府樹立で非常措置，センデロ・ルミノソを弾圧。
1992.9 〈SL〉，創設者アビマエル・グスマン逮捕。
1993.3 〈SL〉，アンデス地方のケンゴルデルクスコ刑務所を襲撃，トゥパク・アマル革命運動（MRTA）活動家の服役囚32人の脱獄を支援。
1993.6 〈SL〉，アンデス山岳地帯で与党カンビオ90所属の農場主と町助役を殺害。
1993.7 〈SL〉，ワンタ州マツカナアルタで農村自警団員13人殺害。
1993.12 〈SL〉，リマの日刊紙エル・ペルノア本部前で自動車爆弾テロ。
1994.1 〈SL〉，ワンカベリカ州アコリアで警察署爆破，1人殺害。
1994.2 〈SL〉，空軍司令部付近で爆弾テロ，2人死亡。
1994.6 〈SL〉，サンマルティン州コルパ付近で政府軍車両を襲撃，兵士4人殺害。
1994.11 〈SL〉，アヤクチョ州プカルバで政府軍部隊を襲撃，兵士3人，ゲリラ30人死亡。
1994.12 〈SL〉，ウリヤカ州プカルバで政府軍部隊を襲撃，兵士14人，市民6人，ゲリラ11人死亡。
1995.3 〈SL〉，アッパーワラガで政府軍部隊を襲撃，兵士5人，ゲリラ15人死亡。
1995.5 〈SL〉，ワヌコ州アウタカクの高速道路で政府軍部隊を襲撃，兵士5人，ゲリラ15人死亡。
1995.5 〈SL〉，リマ・ミラフロレス地区で自動車爆弾テロ，5人死亡。
1995.7 〈SL〉，リマ・ラモリナ地区で自動車爆弾テロ。
1995.7 〈SL〉，アヤクチョ州で運輸関連施設を襲撃，撃，兵士14人，市民6人，ゲリラ11人。
1995.12 〈SL〉，サンマルティインで政府軍部隊を襲撃，兵士7人，ゲリラ19人死亡。
1996.5 〈SL〉，リマのロイヤル・ダッチ・シェルのリマ本部前で自動車爆弾テロ。
1996.6 〈SL〉，サンマルティン州ヤナバンカで政府軍・警察合同パトロール隊を襲撃，兵士1人，市民6人死亡。
1996.7 〈SL〉，リマで警察署前で自動車爆弾テロ。
1997.5 〈SL〉，リマ郊外アテビタルの警察署前で自動車爆弾テロ。
1997.11 〈SL〉，サンマルティン地トカチエで政府軍部隊を襲撃，兵士6人殺害。

1998.3 〈SL〉，タルフィルカ州カワク特で判事を殺害。
1998.4 〈SL〉，リマ地区軍事責任者アルベルト・ラミレス逮捕，5月2日アヤクチョ州の密林地帯で政府軍部隊を襲撃，兵士2人死亡。
1998.7 〈SL〉，ワヌコ州ベナアルタの密林地帯で村長と村職員2人を誘拐，16日殺害。
1998.8 〈SL〉，アマゾン地域サポソアで選挙集会を襲撃，町長を人民裁判で殺害，警察署を襲撃、住民2人殺害。
1998.12 〈SL〉，パンパオーロラ地区で警察のヘリコプターに発砲，2人殺害。
1999.5 〈SL〉，ワンカベリカ州ヤナンヤクで農民自衛団を襲撃，4人を殺害。
1999.5 〈SL〉，サンマルティン州ウチサを襲撃，警察と戦闘，5人死亡。
1999.6 〈SL〉，ワヌコ州リオフリオでトラック3台を止めて市民6人殺害。
1999.10 〈SL〉，フニン州サティポ近くで政府軍部隊を襲撃，兵士3人，ゲリラ2人死亡。
2000.2 〈SL〉，アヤクチョ州ナランヤルで農民自警団を襲撃，1人殺害。
2000.3 〈SL〉，アヤクチョ州トレスニガレスで政府軍部隊を襲撃。
2001.5 〈SL〉，首都リマの全国選挙審判所近くで爆破テロ，7人負傷。

誘拐テロ

(1983.11) リマ

1983年11月7日，首都リマでエル・パシフィコ保険会社社長ホセ・アントニオ・ウルビアが武装分子5人によって誘拐された。犯人は運転手を殺害し，6日後に1000万ドルの要求が出された。分割で支払うことで合意し，ウルビアは154日後に解放された。

〈トゥパク・アマル革命運動〉テロ
(1984.3〜1995.12)

〈センデロ・ルミノソ（SL/輝く道）〉のテロ闘争が激化した1983年に，キューバのカストロ派テロ組織〈トゥパク・アマル革命運動（MRTA）〉が結成され，1984年3月の武装闘争でその名が知られるようになった。〈MRTA〉は同じ反体制でも〈センデロ・ルミノソ〉とは対照的にプロパカンダ闘争によってペルーの現体制に揺さぶりをかけ，米国をペルーから追放することを戦略とした。〈MRTA〉は大学生過激派分子を母体に〈4月19日運動（M-19）〉とも連携して，麻薬資金で活動を維持し，米大使館への迫撃砲の発射など，手製の近代兵器も導入した。1986年11月9日の地方選挙で〈アメリカ革命人民同盟（APRA/アプラ）〉が首都リマをはじめ各地に進出したことで，APRAの指導者が標的とされた。

● 主な事件

1984.3 〈MRTA〉，元経済相宅を機関銃で射撃。
1984.9 〈MRTA〉，リマ海軍病院の哨所で下士官を射殺。
1985.3 〈MRTA〉，ケンタッキー・フライドチキン2店に放火，3店目の放火は未遂。
1985.7 〈MRTA〉，リマ警察署6カ所に狙撃と爆破，市民3人が負傷。
1985.11 〈MRTA〉，テキサコ石油リマ支社を爆破。
1986.1 〈MRTA〉，放送局2カ所を占拠，米ケネディ上院議員来訪に抗議の放送。

1986.4〈MRTA〉,米関連の企業・銀行数カ所を爆破(容疑)。

1986.7〈MRTA〉,ソ連大使館を爆破。

1986.8〈MRTA〉,ガルシア政権との一方的休戦解除宣言の5日後,政府ビル2カ所に仕掛け爆弾,犯行表明。

1986.9〈MRTA〉,反ピノチェ派の左翼と連帯してチリ大使館を攻撃,犯行表明。

1986.10〈MRTA〉,元海軍相カフェラッタ提督を射殺。

1986.12 〈MRTA〉,米関連施設各所にダイナマイト爆弾攻撃。

1987.1〈MRTA〉,ファンカヨで陸軍の募兵担当官を射殺。

1987.1〈MRTA〉,アメリカの航空会社,国際連合施設,オーストリア大使館の各施設を爆破,犯行声明。

1987.1〈MRTA〉,アメリカ革命人民同盟(APRA/アプラ)上級司令部のカルロス・シルバを射殺。

1987.2〈MRTA〉,リマ放送局6カ所を占拠,政府非難の放送。

1987.2 〈MRTA〉,ペルー法務相を暗殺未遂,ガルシア大統領演説会の近くで自動車爆弾2発爆発。

1987.2〜3〈MRTA〉,ペルーの大手銀行支店を連続爆破。

1987.3〈MRTA〉,放送局と企業各1カ所を占拠,教会に侵入して革命のアジ演説と大衆の武装闘争参加を煽動。

1987.3〈MRTA〉,東京銀行総支配人の暗殺未遂。

1987.3〈MRTA〉,ペルー軍士官を自宅近くで暗殺。

1987.3〈MRTA〉,コンテナ会社をダイナマイトで爆破,テロリスト1人を追跡中の管理人射殺。

1987.4〈MRTA〉,タクナ放送局を占拠,ガルシア政府に対する武装闘争呼び掛けの声明を15分間のテープで放送。

1987.4〈MRTA〉,ペルー陸軍司令部近くのレストランを攻撃,軍人・民間人客を多数射殺。

1987.4 〈MRTA〉,クスコでファンチャコ駅を警備中の警官2人殺害。

1987.4〈MRTA〉,ファナカベリカで軍人・民間人が乗ったバスを攻撃,13人殺害。

1987.4〈MRTA〉,リマで北朝鮮通商代表部を攻撃,3人以上負傷。

1987.5〈MRTA〉,農業省,労働省,運輸・商務省など各所爆破,リマ市の大半が停電。

1987.5〈MRTA〉,バス4両を爆破,犯行声明。

1987.5〈MRTA〉,リマ放送局を占拠,〈MRTA〉の宣伝放送。

1987.6〈MRTA〉,リマ放送局2カ所に侵入,テープによる放送を係員に強要,フェルナンド・ベラウンデ・テリー大統領時代の〈MRTA〉弾圧2周年記念声明。

1987.6〈MRTA〉,リマのモンテリコ区でレストラン攻撃,警備員1人とテロリスト2人が負傷。

1987.6〈MRTA〉,ペルー系銀行リマ支店の近くで自動車爆弾が爆発,MRTAの宣伝文を表示。

1987.7〜11〈MRTA〉,フェラガ峡谷上流で麻薬撲滅作戦中の治安部隊と交戦。

1987.8〈MRTA〉,ロドリゴ・フランコAPRA指導者を殺害。

1987.8 〈MRTA〉,大統領官邸に手榴弾攻撃(容疑)。

1987.9〜11〈MRTA〉,チェ地方の町2カ所を攻撃,民間人40人以上殺害。

1987.9〈MRTA〉,銀行施設39カ所の他,官公庁・大学・アメリカ系企業を

連続爆破。
1987.10 〈MRTA〉，ネルソン・ポゾAPRA指導者暗殺（容疑）。
1987.10 〈MRTA〉，ボリビア大使館と米領事館の別館に爆弾を仕掛け，未爆発。
1987.11 〈MRTA〉，サンマルタン地方のジュアンティを80人以上の部隊で占領，治安部隊に先立ち逃亡。
1987.11 〈MRTA〉，ペルー日産工場と給電設備を同時攻撃，保健省・法務省にダイナマイト爆弾，米大使館を攻撃，ホテルなどを爆弾攻撃。
1988.2 〈MRTA〉，リマのシェル石油事務所，製薬工場，家具店，アラムコ・ペルー・プラントを連続爆破，物的被害甚大。
1988.3 〈MRTA〉，シェル石油リマ支店を爆破，2人負傷，物的被害も甚大。
1988.4 〈MRTA〉，米情報サービスセンター2カ所を同時爆破，正面玄関を破壊，2人負傷。
1988年6月 〈MRTA〉が米大使邸に60ミリ迫撃砲3発射した。
1988.6 〈MRTA〉，センデロ・ルミノソの支配地域ファンカヨ近くを旅行中のアメリカ人（国際開発契約局員）2人殺害。
1988.9 〈MRTA〉，リマで爆弾事件
1991年1月〈MRTA〉が米大使館を爆破した。
1992.6 〈MRTA〉，最高首脳ビクトル・ボライ逮捕。
1993.1 〈MRTA〉，リマの日系ペルー人所有の自動車販売店と製粉所を爆破。
1993.7 〈MRTA〉，リマの輸入家具センターの日系人息子を誘拐。
1993.11 〈MRTA〉，リマの日系人家具販売店前で自動車爆弾テロ。
1994.1 〈MRTA〉，リマの日系人の電気店前で爆弾テロ。
1994.1 〈MRTA〉，リマのサンフェリペ地区のペルー日本文化協会付近で爆弾テロ。
1994.4 〈MRTA〉，パスコ州オクサンパン近くでトラックを襲撃，兵士3人，市民9人殺害。
1994.12 〈MRTA〉，フニン州で政府軍車両を襲撃，兵士2人殺害。
1995.3 〈MRTA〉，パスコ州ビラリカで政府軍兵舎を襲撃，兵士3人殺害。
1995.5 〈MRTA〉，ワンジュイ付近でバスを停止させ，元知事を連行。
1995.12 〈MRTA〉，リマ・スルコ地区で幹部銀行員を誘拐，身代金25万ドルを受け取り解放。

駐ペルー・米大使館迫撃砲発射

(1984.10〜1991) リマ

1984年10月 〈トゥパク・アマル革命運動（MRTA）〉が米大使館の外側に放火。

1985年11月〈MRTA〉が米大使館用地に強行侵入したが，外側の歩道での爆発に終わった。

1986年4月〈MRTA〉が米大使邸に自動車爆弾を仕掛けた。

駐ペルー・ソ連大使館爆破テロ

(1986.7) リマ

1986年7月の駐ペルー・ソ連大使館を爆破した。

米文化センター向けロケット発射テロ

(1993.1)

1993年1月14日カストロ派テロ組織〈トゥパク・アマル革命運動（MRTA）〉が1993年1月14日ペルーのリマ米文化センターのロケット弾2発を打ち込んだ。

無差別テロ

(1993.1～3) リマ

　1993年1月28日以降，首都リマで無差別爆弾テロが発生し，31日までに約50人が死亡した。3月にリマのラスパルマ空軍基地で車が爆破され，2人が死亡し，50人以上が負傷した。

ボリビア元企画相メディナ誘拐

(1995.11) ラパス

　1995年11月2日，ボリビアのラパスで帰宅途中のサミュエル・ドリア・メディナ元企画相，日刊紙ホイ社主を誘拐し，ペルーの反政府組織〈トゥパク・カタリ・ゲリラ軍（FGTK）〉と〈ネルスト・バス・サモラ委員会（CNPZ）〉が犯行声明を出した。

駐ペルー日本大使館占拠

(1996.12) リマ

　1996年12月17日，首都リマの日本大使公邸で祝宴中，反政府ゲリラ組織〈トゥパク・アマル革命運動（MRTA）〉の襲撃により600人が人質となった。1997年4月22日ペルー陸海軍特殊部隊140人が地下に掘ったトンネルから突入し，犯人14人全員を射殺，人質を解放した。未解放であった71人のうち人質1人と特殊部隊員2人が死亡した。

アマゾン日本人殺害テロ

(1997.12) アマゾン

　1997年12月，ペルー側でアマゾン河下りをしていた日本人，早稲田大学探検部員2人がペルーの国境警備所兵士に殺害されたことが発覚した。国家警察は29日，監視所の兵士ら16人を殺人・強盗容疑で送検した。1998年6月13日イエトス特別刑事法廷は主犯兵士に終身刑，共犯兵士6人に禁固20年などを言い渡した。

パラグアイ

駐パラグアイ・ウルグアイ大使銃撃テロ

(1976.6) アスンシオン

　1976年6月7日首都アスンシオンで，クロアチア人がユーゴスラビア大使を狙って撃ったつもりが間違ってウルグアイ大使を撃ち，大使は死亡した。

ニカラグア元大統領ソモサ暗殺

(1980.9)

　ニカラグアのアナスタシオ・ソモサ・デバイレは，1957年2月のニカラグア大統領選挙に当選して以来権力の座にあったが，1979年6月16日の〈サンディニスタ民族解放戦線（FSLN）〉の臨時革命政府の樹立で，7月17日に退陣し，米国へ亡命した。その後さらにパラグアイに亡命していたが，1980年9月17日に暗殺された。

チリ

要人テロ

(1970.10)

1970年10月22日、ルネ・シュナイダー陸軍司令官が、自宅前で銃撃され、10月25日に死亡した。これは、米中央情報局（CIA）の工作で国内を混乱させるための策謀であった。

CIAによるカストロ・キューバ議長暗殺未遂

(1971.6) サンティアゴ

フィデル・カストロ・キューバ議長の暗殺を企画していた米中央情報局（CIA）は、1971年6月カストロのチリ訪問で暗殺を企てたが、未遂に終わった。この事件は、1975年7月に米上院外交委員会のCIA不法調査委員会の調査で判明した。

ペレス内相狙撃テロ

(1971.6) サンティアゴ

1971年6月8日、人民連合政権内相エドムンド・ペレス・スホムクが〈人民革命的前衛（VOP）〉によって銃撃され死亡した。

ペルー航空機ハイジャック

(1977.7)

1977年7月5日アリカ発サンティアゴ行きのチリのラジコ航空国内便がハイジャックされ、ペルーのリマに到着し、ベネズエラに政治亡命を求めたが、ペルーに投降した。彼らはキューバに追放された。

左翼テロ

(1978.8～1979.4) サンティアゴ

1973年9月12日に発足した軍事政権は、その発足とともに布告した戒厳令を1978年3月11日に解除し、4月14日に軍人主導の政治を文民に移した。4月19日には〈チリ共産党（PCC）〉、〈チリ社会党（PSC）〉、〈革命左翼運動（MIR）〉の3書記長を除く約1万8000人の政治犯に恩赦を与えた。しかし、1978年8月に首都サンティアゴで左翼ゲリラの銃撃戦が〈MIR〉書記長アンドレス・パスカル・アジェンデの指導で展開された。1979年3月～4月にもMIRによる爆弾テロが続発した。

労働運動指導者ヒメネス暗殺

(1982.3) サンティアゴ

1982年3月、公共企業労働組合の指導者ヒメネスが、反政府集会を呼び掛けていたところを暗殺された。

〈マヌエル・ロドリゲス愛国戦線〉の反ピノチェト・テロ

(1984.3～1987.9)

1983年に、チリのアウグスト・ピノチェト・ウガルテ政権の打倒を闘争方針として〈マヌエル・ロドリゲス愛国戦線（FPMR）〉が発足した（名称は19世紀にスペイン当局によって処刑された革命家マヌエル・ロドリゲスの名に発する）。〈FPMR〉は都市テロを闘争手段とした。〈FPMR〉は、1984年3月のサンティアゴ、バルパライソ、コン

セプシオン，サンアントニオの同時攻撃に始まり，4月サンティアゴの地下鉄爆破，8月バルパライソのアメリカ文化センターの爆破，1985年3月の米系銀行支店の同時爆破など，1987年9月サンティアゴでの軍人カルロス・カシノ中佐誘拐まで続いた。

●**主な事件**

1984.3〈FPMR〉，サンティアゴ，バルパライソ，コンセプシオン，サンアントニオに同時爆破攻撃，7人負傷，物的被害も甚大，その後に暴動を起こし，当局は数十人を逮捕。

1984.4〈FPMR〉，サンティアゴの地下鉄を爆破，負傷20人。

1984.8〈FPMR〉，バルパライソ米文化センターとサンティアゴの米企業2社を爆破。

1984.12〈FPMR〉，政府寄り新聞社の編集部長を拉致。

1985.3〈FPMR〉，米系銀行のシティバンクとリパブリック・ナショナルの各支店を爆破し，同時にサンティアゴ他，各市のチリ関係施設も多数爆破。

1986.1〈FPMR〉，ビナディマールのアメリカ・チリ文化学院爆破。

1986.4〈FPMR〉，発電所を攻撃，チリ中部の主要地域が停電。

1986.4〈FPMR〉，サンティアゴで米大使館の壁を爆破。

1986.8〈FPMR〉，チリ陸軍の大佐を拉致し3日後に釈放，1973年のクーデター以来，初めての高級士官，拉致。

1986.9〈FPMR〉，ピノチェト大統領暗殺未遂。

1986.11〈FPMR〉，送電線を反復攻撃しチリ中部・南部の主要都市が停電。

1987.2〜3月〈FPMR〉，国営高圧線の鉄塔を連続爆破，サンティアゴ，バルパライソ，ビナディマールが停電。

1987.3〈FPMR〉，ピノチェト大統領のテレビ・ラジオ演説を中断。

1987.4〈FPMR〉，検事局(FPMR要員14人を裁くため5カ月拘禁中)に仕掛けた爆弾をサンティアゴ警察が発見。

1987.4〈FPMR〉，都市の放送局8カ所を占拠し，謀略放送，テロリストの脱走を阻んだ非番のガードマン1人を殺害。

1987.5〈FPMR〉，高圧線用鉄塔4本を爆破，コピアポとバルデビアへの送電が一時停止。

1987.6〈FPMR〉，サンティアゴの印刷会社を機関銃と爆弾で攻撃，3人が負傷，国家情報センターの施設2カ所を攻撃。

1987.6〈FPMR〉，サンティアゴの2カ所でパトロールカーを機関銃と火炎ビンで待ち伏せ攻撃，警官2人と通行人多数が負傷。

1987.6〈FPMR〉，サンティアゴとタルカで治安機関，官公庁，政府寄りマスコミの各施設に機関銃・爆弾・火炎ビン攻撃，負傷者5人，物的被害甚大(ロケット射撃3件は未遂，リモート装置故障2件，不発1件だったが，これは6月16日の治安当局工作員による〈FPMR〉要員12人殺害への報復と推定)。

1987.7〈FPMR〉，サンティアゴの市内でバスを待っていた警官1人射殺(FPMRの犯行と推定)。

1987.9〈FPMR〉，サンティアゴでチリ陸軍のカルロス・カシノ中佐を拉致，12月ブラジルのサンパウロで釈放。

アメリカ文化センター爆破テロ

(1984.8) バルパライソ

1984年8月，バルパライソのアメリカ文化センターが左翼ゲリラ〈マヌエル・ロドリゲス愛国戦線（FPMR）〉に

より爆破された。

ピノチェト大統領暗殺未遂

(1986.9)サンティアゴ

1986年9月7日，左翼ゲリラ〈マヌエル・ロドリゲス愛国戦線（FPMR）〉がアウグスト・ピノチェト・ウガルテ大統領の暗殺未遂事件を起こした。このために，全土に戒厳令が布告されたが，1987年1月7日に解除された。

〈左翼革命運動〉テロ

(1986.10〜1988.6)

1965年に極左学生によって誕生した親キューバ派の〈革命左翼運動（MIR）〉は，キューバの支援でサルバドル・アジェンデ・ゴセンス政権のもとで革命闘争を行い，民兵組織を固めた。1973年の軍事政権成立で指導者ミゲル・エンリケは国外に亡命したが，〈MTR〉は1983年以降，テロ活動を開始し，1986年10月にリマチェ警察署の襲撃，1988年6月サンティアゴ周辺の銀行襲撃事件を起こした。

左翼爆弾テロ

(1993.5〜9)サンティアゴ

1993年5月13日，サンティアゴのモルモン教会へ3人のテロリストが乱入し，教会を破壊した。〈マプ・ラウタロ集団〉の〈統一人民運動〉が犯行声明を出した。

9月9日サンティアゴの2カ所で爆弾テロが起こり，〈革命左翼運動（MIR）〉が犯行声明を出した。

駐チリ・コロンビア大使館テロ

(2000. 11)サンティアゴ

2000年11月27日サンチャゴの駐チリ・コロンビア大使館前で仕掛けられた爆弾が爆発した。負傷者はいなかった。犯行声明はなかった。

アルゼンチン

要人テロ

(1969.6〜1973.5)

1966年のフアン・カルロス・オンガニアの政変以来，労働組合，学生の弾圧を続ける軍部の強権支配への不満が根強く，地下組織による要人テロが続いた。

1969年6月20日ペロン派の労働組合指導者バンドールの暗殺，1970年5月ゲリラ組織〈フアン・ホセ・バリエ〉による元臨時大統領ペドロ・エウヘニオ・アランブルの誘拐（6月1日殺害），11月15日の連邦警察局長の暗殺，1971年5月23日の〈人民革命軍（ERP）〉によるスタンリー・シルベスター駐アルゼンチン・ロザリオ英名誉領事の誘拐（5月30日殺害），1972年3月15日〈ERP〉によるフィアット自動車社長ベルタン・サルストロの誘拐（4月10日殺害），8月22日〈ERP〉によるトレリュー海軍基地の襲撃，1973年5月10日ERPによるフォード自動車役員3人の殺害事件などが起きた。

アランブル元臨時大統領暗殺

(1970.5)ブエノスアイレス

1970年5月29日，ペドロ・エウヘニオ・アランブル元臨時大統領が陸軍士官の制服を着用した2人によって誘拐された。アランブルは1955年の民衆蜂起でフアン・ドミンゴ・ペロン大統領の追放に主役を演じたが，ペロン派組織〈バレ・モントネーロス・コマンド〉による処刑声明が6月1日に出された。7月16日ブエノスアイレス近郊ディモーテで死体が発見された。犯人として青年フェルナンド・アバル・メディナが手配されたが，行方不明であった。

反政府テロ

(1972.3～1977.10)

反政府ゲリラ〈人民革命軍（ERP，別称モントネーロス，藪のなかの戦士)〉は，ペロン派の流れにあって「祖国か死か」のスローガンのもと1970年に創設され，銀行強盗などによって軍資金を獲得し，コダック支店長，アルコウ・スチール，ファイア・ストン，フィアット，エクソン石油の各社重役を次々と誘拐して身代金を奪った。政府は，1974年11月から1978年10月に掃討作戦を実施し9000人以上を殺害したが，なお1万2000～3000人の組織員がいるとみられた。

1972年3月ERPがフィアット社長オベルダン・サルストロ博士を誘拐し，政府が身代金の支払いを拒否して彼は殺害された。

1973年10月フアン・ドミンゴ・ペロン大統領が再任され，テロリスト500人が釈放されたことで企業は政府への不信を募らせた。1973年5月フォード自動車の役員1人が〈ERP〉によって殺害されたことで，ペロン大統領はフォード工場の警備のために軍を出動させた。12月にはエクソン石油の総支配人が誘拐されたが，会社は1420万ドルを支払い，彼は解放された。

1974年9月16日ブエノスアイレス郊外の自宅で〈ERP〉30人によってブンヘ・ボルニ社長の息子2人が誘拐され，9カ月後の1975年6月に交渉の末6000万ドルを支払い解放された。1977年10月～11月にはゲリラ活動が激しくなった。

ウルグアイ人亡命者暗殺テロ

(1976.5) ブエノスアイレス

ウルグアイで1976年2月～4月軍部政権が，強権政治を堅持し，ペルー型の経済社会改革を主張する民族派将校約100人を逮捕した。5月労働組合指導者の暗殺に続き，前記民族派とこれと同調する政治家集団で，ブエノスアイレスに亡命中のコロラド党・ブランコ党の元上院議員2人が暗殺された。

前ボリビア大統領ゴンザレス暗殺

(1976.6) ブエノスアイレス

ブエノスアイレスに亡命していたフアン・トレス・ゴンザレス前ボリビア大統領（1970年10月～71年8月在任）が，1976年6月1日〈チェ・ゲバラ国際旅団〉と称し，ウルグアイの過激派に属するベネズエラ人テロリストのカルロスによって殺害された。

駐クロリンダ・パラグアイ領事館爆破テロ

(1976.6) パラグアイ

1976年6月25日，パラグアイのアスンシオンの対岸近くにあるクロリンダのパラグアイ領事館で爆破テロが起きた。

米使節団員誘拐テロ

(1976.6) 1976年6月

1976年6月26日, 国境近くのコルリエンテスで米使節団員2人が〈パラグアイ政治軍事機構(PMOP)〉によって誘拐されたが, 30日に解放された。

内紛テロ

(1978.6〜1983.12)

1976年3月24日軍のクーデタ, 政党非合法化以降, 左右両派のゲリラ・テロが, 日常化し, 1976年のテロ犠牲者は1480人以上, 1977年は700人以上であった。政府は1976年3月〜11月に掃討作戦を実施し, 死者は1300人に達した。1976年5月ウルグアイ元上院議員2人の暗殺, 6月フアン・トレス・ゴンザレス前ボリビア大統領の暗殺で, アルゼンチンに対する米国・西欧諸国・ラテンアメリカ諸国の批判が高まり, ローマ教皇も懸念を表明した。11月に民間人権擁護団体アムネスティ・インターナショナルが調査団を派遣した。しかし, 1978年6月左派ペロン主義者の〈正統ペロン党〉と統一労働組合組織〈モントネーロス・ペロン運動〉が大統領官邸銃撃し, 8月海軍参謀長官宅で爆発テロが起こり, 翌79年11月の新労働組合法でデモ・政治活動が禁止され, 人権弾圧が続いた。これに抵抗したブエノスアイレス・ヘラルドのロバート・コックス主筆はその人権記事で12月英国への亡命を余儀なくされたが, 1980年8月には政治家・宗教人数百人が連名で行方不明者の名簿を公表した。1983年12月10日ラウル・リカルド・アルフォンシン政権が発足し, 翌84年9月行方不明者委員会が8960人の行方不明を指摘, 280ヵ所の秘密収容所の存在を公表した。1986年12月に終止符法が制定され, 人権裁判での免責措置がとられた。12月30日最高裁判所は, 1976年3月〜82年6月にわたる3代軍政首班のうち, 初代大統領のホルヘ・ラファエル・ビデラに無期, 2代目大統領のロベルト・エドアルド・ビオラ(94年9月死去)を16年6ヵ月の懲役の判決を下した。

駐アルゼンチン・駐米大使公邸爆弾テロ

(1978.9) ブエノスアイレス

1978年9月18日, ブエノスアイレスの駐アルゼンチン米大使公邸で爆弾テロ事件が起きた。この事件は左派のゲリラ組織, 〈モントネーロス〉の犯行とみられた。

アルフォンシン大統領暗殺未遂

(1987.5) ブエノスアイレス

人権裁判で人心が動揺するなか, 1986年12月に終止符法が制定され, それを機に多くの将校が告訴された。翌87年の5月に極右によるラウル・リカルド・アルフォンシン大統領暗殺計画が発覚した。

駐アルゼンチン・イスラエル大使館爆破テロ

(1994.3) ブエノスアイレス

1994年3月17日, ブエノスアイレスの駐アルゼンチン・イスラエル大使館が爆破され, 周辺の建物も被害を受け, 28人が死亡し, 負傷者250人を出した。翌18日, シーア派過激組織〈イスラム聖戦機構〉がイスラム原理主義者組織〈ヒズボラ〉指導者ムサウィ師暗殺の報復であると認めた犯行声明を

出した。
7月、ユダヤ教会で爆弾テロが起きた。ギド・ディテラ・アルゼンチン外相は、湾岸戦争へのアルゼンチン艦隊の派遣が中東のテロをラテンアメリカまで飛び火させたとする一部の報道を否定した。しかし、8月アルゼンチン政府はイランの関与に抗議した。

ユダヤ教会テロ

(1994.7) ブエノスアイレス

1994年3月の駐イスラエル大使館爆破事件に続き、7月18日、ブエノスアイレスのユダヤ教会本部前で車に仕掛けられた爆弾が爆発、教会本部は大破し、約100人が死亡した。この事件は、翌19日にイスラム原理主義者組織ヒズボラと関係がある〈神の信奉者〉と称するグループが犯行声明を出した。同日、パナマ上空で航空機爆破テロも起きた。

ウルグアイ

〈トゥパマロス〉の爆破テロ

(1965.7) モンテビデオ

ウルグアイ社会党のラウル・センディックが1963年頃、都市ゲリラ〈トゥパマロス人民解放運動（略称トゥパマロス）〉を組織した。その名は18世紀にスペイン支配に反抗したインカ最後の皇帝トゥパック・アマルにちなんでつけられ、当初は農村での活動に力を入れていた。次第に都市へゲリラ活動の中心を移し、1965年7月10日、モンテビデオの駐ウルグアイ・ブラジル大使館で〈トゥパマロス〉の爆破テロが起き、1967年1月以後、政府要人、外交官、実業家などの誘拐を行うところとなり、一部の中産階級の支持を背景にかなり強大な勢力となり、軍と厳しい対決を続けた。1970年11月13日共和国銀行を襲撃した。1972年4月14日テロが激化し退職役人の殺害をみ、4月15日政府は内戦状態を宣言して7月2日まで憲法を停止した。だが、同年7月指導者センディックの死で、その活動も衰退に向かった。1985年9月4日武装闘争放棄の宣言があり、12月20日〜22日にモンテビデオで文書が作成され、〈トゥパマロス〉は政党へ移行し、社会党系の〈3月26日運動〉と合体した。

駐ウルグアイ英大使誘拐

(1971.1) モンテビデオ

1971年1月8日、駐ウルグアイ英大使ジェフリー・ジャクソン卿がゲリラ組織〈トゥパマロス〉の4人組に誘拐され、8カ月間監禁された。ジャクソン卿は誘拐の対象とされていることに気づいていて、事前にその可能性を英外務省当局に通報しており、英国はウルグアイ政府への圧力を行使しない点も確認していた。〈トゥパマロス〉は仲間の釈放を要求したが、ジャクソン卿を誘拐しても仲間の釈放という圧力がかけられないことが判明し、彼は解放された。総選挙で左派が後退し、〈トゥパマロス〉は弾圧され、衰退の運命を辿った。

駐ウルグアイ・チリ大使館乱入

(1976.7) モンテビデオ

1976年7月，モンテビデオの駐ウルグアイ・チリ大使館にウルグアイ人反政府分子が亡命する事件が起きた。これに対し，ウルグアイ官憲が侵入し，亡命者を連行した。これに抗議して，チリはウルグアイと断交した。

駐ウルグアイ・ベネズエラ大使館乱入

(1976.7) モンテビデオ

1976年7月，モンテビデオの駐ウルグアイ・ベネズエラ大使館にウルグアイ官憲が乱入し，大使館に逃れたウルグアイ人亡命者を連行した。これに抗議して，ベネズエラはウルグアイと断交した。

ブラジル

外国高官誘拐テロ

(1969.9～1970.12)

1969年9月4日，駐ブラジル米大使チャールス・バーク・エルブリックがリオデジャネイロ市内で左翼ゲリラ〈人民革命組織（VPR）〉に誘拐された。ブラジル政府はゲリラ側の要求に応じて政治犯15人を釈放し，同大使は9月7日，78時間ぶりに釈放された。1969年にゲリラ指導者マリゲーラはサンパウロで射殺された。

1970年3月11日サンパウロで日本総領事大口信夫が帰宅途中，誘拐された。ブラジル政府は犯人が要求した囚人5人を釈放して，4日後に同領事は解放された。

4月4日ポルト・アレグレ駐在米総領事カーティス・カッターが誘拐に直面し負傷したが，誘拐を免れた。〈VPR〉首領ラマルカは1971年9月18日に射殺された。

6月11日〈VPR〉が西ドイツ大使エーレン・フォン・ホレベン誘拐し，殺害した。

12月7日スイス大使ギオバンニ・ビュッヒャーが誘拐され，翌71年1月16日解放された。

聖職者テロ

(1975～) アマゾン

アマゾン奥地の開発が進むとともに，大規模農場主と先住民インディオとの対立が起こり，1970年代にキリスト教徒共同体が設立され，ゴム採取労働者への教育が始まり，1975年に土地司教委員会が設立されたが，以来，先住民の救済活動に当たっている聖職者に対するテロが激しくなった。こうした事態に直面して，1976年10月ブラジル全国司教会議（CNBB）は実態報告をまとめ，人権尊重を求めてミナスジェライス州大司教がエルネスト・ガイゼル大統領と会談して，対策を要望した。

環境運動家メンデスの殺害

(1988.12) アマゾン

1988年12月22日，アマゾンの町シャプリで環境保護運動家のシコ・メンデスが殺害された。メンデスは，1987年

3月マイアミで開催の米州開発銀行総会にブラジルの自然保護のため陳情し、7月に環境保護運動家としてグローバル500賞を受けた人物だが、アクレ地方では1980年以来、その活動に対し牧場主やゴム採取業者から圧力がかかっていた。

ヤノマミ族虐殺

(1993.8) アマゾン

1991年にアマゾンのヤノマミ族保護区が認定されたが、1993年8月に同保護区ホシム村でガリンペイロ(鉱物採掘業者)によりヤノマミ族73人以上が殺害された。

農民占拠

(2000.4)

2000年4月22日ポルトガル人到達500年の記念行事が行われたが、これに合わせて〈土地なし農民運動(MST)〉の農民グループや先住民が激しい抗議テロを繰り返し、5月には12州都の政府機関が占拠された。

日本人企業家誘拐テロ

(2001.5) サンパウロ

2001年5月27日現地法人スズキ自動車の石井清繁がサンパウロ郊外バルエリで誘拐された。28日解放された。

ガイアナ

人民寺院事件

(1978.11) ジョージタウン

1953年に米国のインディアナポリスでジェームズ・ジョーンズ師が人民寺院を開設した。1965年のカリフォルニア州ユキアの移転を経て、1971年にサンフランシスコへ本部が移った。1977年8月、信者1000人はガイアナのジャングル奥地に入った。

1978年11月15日レオ・S.ライアン米国会議員がジョージタウンを訪問し、18日ライアンの帰国の際、帰国希望の信者がライアンに暴行する事件を起こし、報道陣4人を射殺して混乱し、虐殺が生じた。20日にジョーンズ師の死亡が確認され、約900人の遺体が発見された。

労働者同盟党首暗殺

(1980.6)ジョージタウン

1980年6月、野党労働者同盟党(WPA)党首ウォルター・ロドニーが暗殺された。この事件は政府によるものであることが判明した。これに抗議して、1981年6月に首都ジョージタウンで追悼集会が開催された。

スリナム

〈スリナム解放戦線〉のテロ

(1994.3) パラマリボ

1982年12月7日、資本家階級がクーデタを図ったとして反政府指導者20人余を逮捕、銃殺刑とした。この処刑

事件でヘンリー・ネイホースト政権は総辞職した。これを機にヘンク・チンアセン前大統領ら閣僚経験者・軍高官が相次いで亡命し，翌83年1月アムステルダムに〈スリナム解放委員会〉が結成された。

1994年3月21日，反政府組織〈スリナム解放戦線 (SLF)〉が首都パラマリボ南方の水力発電所を占拠し，技術者26人を人質に大統領の退陣を求めたが，24日に政府軍部隊が突入し，人質を解放した。

欧州

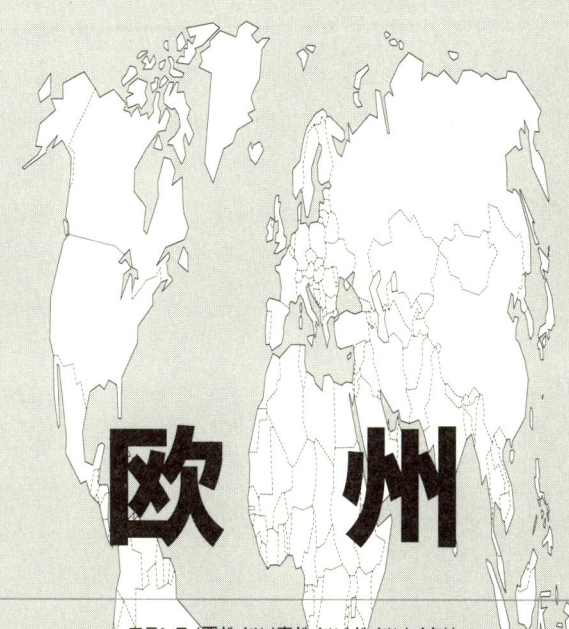

フランス／西ドイツ／東ドイツ／ドイツ／イタリア／南チロル／バチカン／スイス／ベルギー／オランダ／スペイン／ポルトガル／イギリス／アイルランド／マルタ／オーストリア／デンマーク／スウェーデン／ノルウェー／ソ連／ロシア／ウクライナ／ベラルーシ／アゼルバイジャン／チェチェン／アルメニア／グルジア／キルギス／タジキスタン／ウズベキスタン／ラトビア／ユーゴスラビア／ボスニア・ヘルツェゴビナ／マケドニア／ブルガリア／ハンガリー／ルーマニア／ポーランド／チェコスロバキア／スロバキア／アルバニア／ヨーロッパ全体

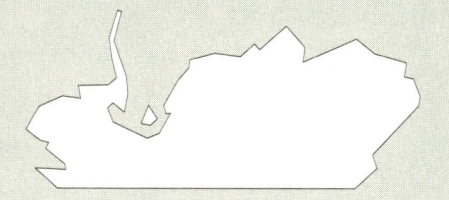

フランス

パレスチナ系書店爆破テロ

(1972.10) パリ

1972年10月2日パリのパレスチナ系書店で爆発事件が起きた。このテロで，〈マサダ行動・防衛同盟〉が反ユダヤ・テロに対するユダヤの報復テロの声明を出した。

駐フランス・サウジアラビア大使館占拠

(1973.9) パリ

1973年9月5日パレスチナ・ゲリラ5人がパリの駐フランス・サウジアラビア大使館を襲撃し，人質15人をとって占拠した。犯人は，クウェートを経てリビアに亡命した。犯行組織は不明。

オルリー空港攻撃テロ

(1975.1) パリ

1975年1月19日パレスチナ・ゲリラ2人がパリのオルリー空港でエル・アル（EL AL/イスラエル航空）機を攻撃し，警官隊と銃撃戦を展開，20人が負傷した。ゲリラは投降し，イラクに引き渡された。

アレリアのワイン貯蔵所占拠

(1975.8) アレリア

1975年8月コルシカ民族主義者エドモン・シメオーニらがコルシカでの砂糖の過剰混入によるワインの不正を糾弾すべく，アレリアのワイン貯蔵所を占拠したが，治安部隊の導入で失敗した。このアレリア事件を契機に翌76年5月〈コルシカ民族解放戦線（FLNC）〉が結成され，人民民主主義，土地改革，自決権をその課題とした。さらに1977年7月に〈コルシカ人民連合（UPC）〉が結成された。政治部門はクンコルタ党である。

1982年8月24日〈FLNC〉は武装闘争の再開を宣言，1983年1月5日非合法化された。

カルゲーゼ休息地攻撃テロ

(1986.5) カルゲーゼ

1986年5月1日カルゲーゼ休息地の攻撃テロを起こした。他に1983年6月から7月にかけ〈コルシカ民族解放戦線（FLNC）〉軍の暴動テロが続発した。10月に〈コルシカ自治運動（MCA）〉も生まれたが，MCAは1987年1月27日に非合法化された。

駐フランス・ボリビア大使暗殺

(1976.5) パリ

1976年5月パリ駐在の駐フランス・ボリビア大使ホアキン・センテノ・アナヤが大使館付近で襲撃暗殺された。ボリビアでのゲリラ活動を行った革命家チェ・ゲバラの名からとった組織〈国際チェ・ゲバラ集団〉が犯行声明を出した。

駐フランス・モーリタニア大使暗殺未遂

(1977.7) パリ

1977年7月5日パリの駐フランス・モーリタニア大使アーメッド・ガナハラが狙撃された。西サハラ解放運動組織〈モハメド・エル・ワリ・サエド国際旅団〉が犯行声明を出した。

駐パリ・ギニア領事襲撃テロ

(1977.6) パリ

1977年6月10日パリ駐在ギニア領事アブドラエ・ヌドーが反政府分子によって襲撃された。ギニアは，政治犯80人を釈放し，7月18日亡命者の帰国を認めた。8月首都コナクリで学生デモから暴動となり，地方都市にも波及した。

ブルターニュのテロ

(1977.10) ブルターニュ

1977年10月22日〈ブルターニュ民族抵抗運動〉がフランスのブルターニュ地方のプレ・アン・パイユのテレビ中継局を爆破した。

アンパン男爵誘拐テロ

(1978.1) パリ

1978年1月23日パリ在住のベルギー人富豪アンパン男爵が武装分子3人に誘拐され，150万ドルの身代金を請求された。男爵は誘拐による身代金の支払いに応じてはならないと妻に指示していたが，犯人が男爵の小指を切断して送付してきたことで，2カ月間の交渉後800万ドルの支払いに応じた。受け渡し時に警察は犯人1人を射殺し，1人を逮捕した。犯人逮捕の連絡で男爵は解放され，身代金の支払いはされなかった。のち8人が逮捕された。

公共施設爆破テロ

(1978.5) パリ

1978年5月2日パリの財政省・銀行など7カ所で爆破テロが起こり，〈革命行動共同体（CAR）〉がファシズム・人種差別・性差別に対する闘争声明を出した。

オルリー空港攻撃テロ

(1978.5) パリ

1978年5月20日〈レバノン南部の息子たち〉を名乗るパレスチナ・ゲリラが，パリのオルリー空港でエル・アル航空機に搭乗しようとしていた乗客に発砲し，乗客2人が死亡，2人が負傷し，ゲリラ3人は射殺された。ゲリラ組織はレバノン南部へのイスラエル侵攻に報復するため，イスラエル高官を狙ったと表明した。

パリ連続爆破テロ

(1979.3) パリ

1979年3月パレスチナ・ゲリラ組織〈サイカ〉がパリで2度にわたる連続爆破事件を起こし，ユダヤ人学生20人が負傷した。

〈アクシオン・ディレクト〉のテロ

(1979.5) パリ

1979年フランスの左翼過激派〈革命国際行動組織（GARI）〉，〈民衆自治武装中核（NAPAP）〉などを母体に〈アクシオン・ディレクト（直接行動/AD）〉が誕生し，1979年5月パリのフランス雇用協会ビルへの銃撃テロを起こした。以来，一連の爆弾テロを起こしたが，1987年2月フランス当局によるAD国際派指導部の検挙でその行動は止まった。

● 主な事件

1979.5　パリでフランス雇用協会ビル銃撃テロ。

1980.3 トゥールーズ警察署爆破テロ。
1980.5 オルリー空港爆破テロ。
1981.4 パリ銀行襲撃テロ。
1981.12 ロールスロイス販売店爆破テロ。
1982. ユダヤ系銀行・商店襲撃テロ。
1983.9 マルセイユ見本市爆破テロ。
1983.11 パリの教会爆破テロ。
1984.7 フランス国務省で爆破テロ。
1984.7 フランス内務省で爆破テロ。
1984.7 産業省爆破テロ。
1984.8 欧州宇宙局爆破テロ。
1985.9 パリの自動車メーカー，ルノー公団など4企業で爆破テロ，南アフリカのアパルトヘイト中止を要求
1985.10 国営ラジオ・フランス本社と国営テレビA2本社の前で同時爆破テロ。
1986.1 フランス軍ルネ・オードラン将軍の殺害。
1986.5 パリ郊外の国際刑事警察機構（ICPO）本部ビルを武装ループが同時爆破テロ。
1986.5 ICPO本部爆破テロ。
1986.6 軍監理総監アンリ・ブランダン将軍の暗殺未遂。
1986.6 軍監理総監アンリ・ブランダン将軍の暗殺未遂。
1986.9 パリ警視庁本部で爆破テロ，51人が重傷。
1986.11 パリとその近郊のフランス企業で同時爆破テロ。
1986.11 ルノー会長ジョルジュ・ベリセ射殺。
1986.11 国家移民事務所爆破テロ。
1986.12 パリ南東のプロバンスで元法相ペールフィットが自動車爆弾テロで死亡。

駐フランス・ソ連大使館テロ

(1979.11) パリ

1979年11月29日パリで駐フランス・ソ連大使館公用車がウクライナ人民族主義者によって爆破された。

バクチアル・イラン元首相暗殺

(1980.7～1991.8) パリ

1980年7月18日パリで反政府派組織〈イラン国民抵抗運動（NRM）〉の指導者，元首相シャプール・バクチアルの暗殺未遂事件が起こり，〈イスラム革命防衛隊〉が犯行声明を出した。
1991年4月18日NRMのアブグル・ラーマン・ブルーマンがパリで射殺され，8月6日にはシャプール・バクチアルもパリで殺害されたが，イラン政府はその関与を否定した。21日容疑者2人はスイスで逮捕され，さらに，容疑者がパリ，イスタンブールで逮捕された。

ビタル・シリア元首相暗殺

(1980.7) パリ

1980年7月21日パリでバース党創設者のシリア元首相サラ・エディン・ビタルが暗殺された。彼は1966年1月首相に就任したが，2月23日のクーデタで逮捕され，レバノンに亡命し，フランスに移っていた。

パリのシャネル本店攻撃テロ

(1981.1) パリ

グアドループでは1980年3月～12月にフランス人に対する〈グアドループ解放軍団（GLA）〉のテロがあったが，1981年1月4日にはパリで〈GLA〉分子がシャネル本店を攻撃し，フランス軍の撤退を要求した。1月8日グアド

ループで〈GLA〉の反フランスデモが起きた。

ジスカールデスタン大統領暗殺未遂
(1981.4) コルシカ

1981年4月16日フランス大統領バレリー・ジスカールデスタンがコルシカ島を訪問した際、アジャクジオ空港ロビーでテロ事件が起きたが、大統領は無事であった。〈コルシカ遊撃パルチザン〉の犯行声明が出された。

駐フランス・米代理大使暗殺未遂
(1981.11) パリ

1981年11月12日パリの駐フランス米代理大使クリスチャン・A.チプマンが狙撃された。〈レバノン武装改革分派（LARF）〉によるものと判明し、リビアの関与が明らかとなった。

シリア関与無差別テロ
(1982.4) パリ

1982年4月22日パリの繁栄街で自動車爆破テロが起こり、1人死亡、63人が重軽傷を負った。フランス外務省は、23日この事件にシリア外交官が関与していたとして、大使館武官2人を国外追放とした。

〈コルシカ民族解放派〉爆弾テロ
(1982.8～1984.10)
コルシカ, パリ, リヨン

1982年8月20日〈コルシカ民族解放戦線（FLNC）〉が、コルシカ70カ所で爆弾テロを起こした。

1983年4月29日パリを中心にして各地で15件のテロ爆破が起き、〈FLNC〉が犯行声明を出した。

1984年10月4日リヨンで4件の爆発テロが起き、〈FLNC〉が犯行声明を出した。〈FLNC〉は1987年5月の武装闘争宣言以来、テロ活動を激化させた。1988年5月の停戦宣言で歴史派と抵抗派に分裂し、1995年に内部抗争が激化した。7月に各地で起きた爆弾テロでは、〈FLNC-歴史派〉が犯行声明を出した。

〈コルシカ民族解放派〉テロ
(1995.1～1996.10) コルシカ

1995年1月2日カバロでの爆弾テロに続き14日コルシカ島北部の4カ所で同時爆破テロが起こり、3人が負傷した。

1996年7月1日バスティアで自動車爆弾テロがあり、1人が死亡し15人が負傷した。10月8日ボルドーで市庁舎爆弾テロが起こり、〈コルシカ民族解放戦線〉が9日犯行声明を出した。10月16日南部ニームで公共施設の爆弾テロが起きたが、犯行者は判明しなかった。

フランス航空機ハイジャック
(1983.8～1989.8)

1983年8月27日ウィーン発パリ行きのフランス航空機がイラク反体制派4人によってハイジャックされ、ジュネーブに着陸した。彼らは、レバノンに対するフランスの武器援助停止を要求した。ジュネーブで、乗客111人中36人を解放し、カタルーニャ、シチリア、ダマスカスを経て、テヘランで投降した。

1984年7月31日イラン反政府分子の〈エルサレム解放イスラム機構〉の3人がフランクフルト発パリ行きのフランス航空のB-737型機をハイジャックした。彼らは、フランスに亡命中のシャ

プール・バクチアル元イラン首相の1980年7月暗殺未遂事件でフランス官憲に逮捕されているアラブ人3人とイラン人1人の釈放を要求した。同機はベイルート，キプロスを経て，8月2日テヘランに着陸，人質は解放され，犯人は投降した。

1989年8月23日，オルリー空港からアルジェリアの首都アルジェに向かったフランス航空機がアルジェリア人によってハイジャックされ，アルジェに着陸した。犯人は「レバノン問題の国際会議のパリ開催」を要求したが，1時間後に犯人は降伏した。

フランス新幹線爆破テロ

(1983.12〜1986.3)

1983年12月フランス新幹線を爆破，さらにマルセイユ駅でも爆破事件を起こした。

1986年3月17日，イエル―ブリューノワ間を走行中のフランス新幹線爆破事件が起こり，〈中東・アラブと連帯する会（CSPPA）〉が犯行声明を出した。

無差別テロ

(1986.3) パリ

3月20日，パリのシャンゼリゼ通りで爆破テロが起こり，〈ヨーロッパ・中東政治犯と連帯する委員会〉が犯行声明を出した。9月12日パリのカフェテリアで爆破テロがあり，〈権利と自由の支配者（PDL）〉が犯行声明を発した。さらに14日シャンゼリゼ通りの地下駐車場で爆破テロが起こり，警官4人が死傷し，〈中東・アラブの政治犯と連帯する委員会（CSPPA）〉が犯行声明を出した。

アルジェリア反政府指導者暗殺テロ

(1987.4) パリ

パリで活動するベンベラ派の反政府運動〈アルジェリア民主運動（MDA）〉指導者，弁護士アリ・メシリが暗殺された。

アルジェリア人イスラム指導者サラウイ殺害

(1995.7) パリ

パリのモスクで祈祷中のイスラム導師アブデルバキ・サラウイが殺害された。彼はイスラム救国戦線（FIS）の設立者の1人であった。

アルジェリア過激派の爆弾テロ

(1995.7〜1996.12) パリ

1995年7月25日パリ地下鉄（RER）サン・ミッシェル駅で爆弾テロが起こり，7人死亡，60人負傷した。8月17日には凱旋門近くのエトワール広場で，9月にもパリで2件，10月にもパリで3件と相次いで起きた爆弾テロはいずれも，アルジェリアのイスラム過激派〈武装イスラム集団（GIA）〉の犯行とみられた。〈GIA〉は10月17日にも，パリで列車爆破テロを起こしたが，その目的はフランスに対するジャック・シラク・フランス大統領とラミン・ゼルーアル・アルジェリア大統領との首脳会談中止の要求にあった。

●主な事件

1995.7 サン・ミッシェル駅で爆弾テロ，7人死亡，60人負傷。

1995.8 パリのエトワール広場で爆弾テロ，17人負傷。

1995.8 パリ―リヨン間でTGV爆弾発見。

1995.9　パリ11区で爆弾テロ，4人負傷。
1995.9　パリの15区の有料トイレで爆弾発見。
1995.10　パリの8区の地下鉄メゾン・ブランシュ駅付近で爆弾テロ，13人負傷。
1995.10　パリ近郊のイブレンのマルリー・ル・ロワとルブシエンヌで爆弾テロ。
1995.10　パリのRERオルセー美術館駅とサン・ミッシェル駅で爆弾テロ，重軽傷24人。
1996.12　パリ地下鉄のポール・ロワイヤル駅付近で爆弾テロ，フランス人2人，モロッコ人1人，カナダ人1人死亡，86人負傷。

ユダヤ人学校爆弾テロ

(1995.9) リヨン

1995年9月7日リヨンの郊外のユダヤ人学校に対する爆弾テロがあり，7人が重傷を負った。

〈クルド民主党〉代表殺害

(1996.8) パリ

1996年8月5日パリ駐在〈クルド民主党〉代表が殺害された。犯人は不明。

バスクの爆破テロ

(1996.8) パリ

パリのマクドナルド・レストランで爆破テロがあり，バスク分離主義者の犯行と判明した。

スリランカのタミル要人殺害

(1996.10) パリ

パリ駐在〈タミル・イーラム解放のトラ（LTTE）〉国際書記が殺害された。背景は不明。

西ドイツ

カセム・アルジェリア元国務相暗殺

(1970.10) フランクフルト

ブーメディエン政権の独裁化とそれへの反発が強まるなかで，1958年〜60年アルジェリア革命臨時政府（GPRA）国防相・外相を務めたベル・カセム・クリムが，1970年10月20日フランクフルトで死体で発見された。それはアルジェリア諜報機関の仕業とされ，モロッコ人2人，アルジェリア人1人が手配された。

ボリビア元秘密警察長官暗殺

(1971.4) ハンブルグ

1971年4月1日，ハンブルクのボリビア領事館で駐西ドイツ・元秘密警察長官ロベルト・クィンタニリャが暗殺された。ボリビアの反政府分子によるものと見られたが，犯行声明は出されなかった。

ミュンヘン・オリンピック・テロ

(1972.9) ミュンヘン

1972年9月5日第20回オリンピックの11日目ミュンヘンのイスラエル選手村へパレスチナ・ゲリラ〈黒い九月〉が侵入し，人質となったイスラエル選手を処刑した。イスラエル政府は

7日, 報復行動をとり, レバノンとの国境を超えてゲリラ追跡を決行し, 8日にはイスラエル空軍機がレバノンとシリアの10カ所のゲリラ基地と海軍基地を攻撃した。

西ベルリンの銀行テロ

(1975.8) 西ベルリン

1975年8月30日左派組織〈6月2日運動〉(1973年結成) が西ベルリンの銀行2カ所を襲撃し, 20万マルクを奪取した。

駐マインツ・スペイン領事館爆破テロ

(1975.10) マインツ

1975年10月8日マインツの駐西ドイツ・スペイン領事館で爆破テロが起きた。

アエロ運輸事務所爆破テロ

(1975.12) シュツットガルト

1975年12月24日, シュツットガルトのユーゴスラビア・アエロ運輸事務所で爆破テロが起きた。

ユーゴ副領事暗殺テロ

(1976.2) フランクフルト

1976日2月7日, フランクフルトの西ドイツ・ユーゴスラビア副領事エドウィン・ゾベが自宅から領事館へ向かう途中, 暗殺された。クロアチア人青年の犯行と報じられた。

〈革命細胞〉の爆破テロ

(1976.6〜1987.11)

1973年に結成された西ドイツの〈革命細胞 (RZ)〉は, 反ファシズム・反帝国主義・反軍国主義を掲げた都市ゲリラ・テロを展開し, 西ドイツ体制の崩壊のみならず西ドイツ駐留米軍をもその標的として, 1976年6月フランクフルトでの米第5軍司令部の爆破に始まり, 以後連続して米施設へテロを行った。

● 〈革命細胞〉の主なテロ事件

1976.12 米空軍ラインマイン基地士官クラブを爆破, 7人負傷。

1977.5 ケルンで拘禁中のテロリスト解放を狙ったローマ・カトリック大司教の暗殺未遂, 警察が事前摘発。

1978.5 法廷指名のテロ容疑者弁護人を狙撃し負傷, 別の弁護人の車に仕掛け爆弾 (爆発前に処理)。

1979.12 ニューヨーク・モルガン信託銀行フランクフルト支店を爆破, 建物に被害。

1980.11 西ドイツ徴兵局ミュンヘン支所に火炎ビン投擲。

1981.5 ヘッセン州経済相ハインツ・カリー暗殺の犯行声明。

1981.10 フランクフルトの建設会社事務所爆破。

1982.6 フランクフルトの米陸軍通信センター外側で自転車に仕掛けられた爆弾テロ。

1983.1〜11 政府施設と企業に対し爆弾, 火炎瓶攻撃, 19件。

1983.5 ハンブルクの米軍士官クラブ爆破。

1984.2 ケルンのトルコ領事館爆破の犯行声明。

1984.6 バーデン・ビュルテンベルクのロルヒでNATOパイプライン爆破。

1984.12 デュッセルドルフの米軍用ビル爆破。

1985.3 ボッヘム・エッセン・ハンブルクの各鉱業施設爆破の犯行を表明

1986.1〜11 公共機関と民間企業に対し爆弾, 火炎瓶攻撃。

1984.10 西ベルリン外人登録所長を狙

撃，ケルンのルフトハンザ事務所爆破。
1987.2 西ベルリン亡命希望者中央福祉事務所爆破。
1987.3 西ベルリン外人福祉事務所爆破。
1987.4 アウグスブルクの政府事務所を発火装置で爆破。
1987.6 ケルスターバッハのライン・ウェストファーレン電力会社化学プラントに放火。
1987.8 ヘデムルンデン近くで米軍用列車爆破未遂，運行時間の変更により貨物列車爆破。
1987.8 アドラー衣料社の事務所，9カ所放火。
1987.11 コンビニエンス車両置き場の放火，トラック15台大破。

〈ドイツ赤軍〉のテロ

(1968.5〜1991.4) フランクフルト

1968年6月結成された〈ドイツ赤軍(RAF)〉は，1972年5月30日，フランクフルトの米軍士官クラブを爆破し，1人が死亡，ローテンブルクでは最高裁判所判事の自動車を爆破し，判事の妻が重傷を負った。さらにハイデルベルクの在ヨーロッパ米陸軍司令部を爆破し，3人が殺害された。続いて，連続テロ事件を起こした。そして〈RAF〉は1985年1月15日にフランスの〈アクシオン・ディレクト（直接行動/AD）〉と統一都市政治軍事戦略を策定して，新たな活動を展開した。

● 主な事件

・1970年代

1974.11 西ベルリンで高等裁判所長官ギュンター・フォン・ドレクマンがRAFにより暗殺された。
1977.4 西ドイツ連邦検事総長ジークフリート・ブバックが自宅から裁判所へ向かう途中，〈RAF〉のバーダー・マインホーフ・グループにより運転手，護衛警官ともども殺害された。
1977.7 ドレスデン銀行頭取ユルゲン・ポンドが同じく射殺された。
1977.9 西ドイツ経営者連盟会長・鉱業連盟会長ハンス・マルティン・シュライヤーの乗用車が襲撃され，シュライヤーは拉致され，運転手と護衛警官3人は射殺された。

〈RAF〉のこれら一連のテロ活動を支援する名目で，〈パレスチナ人民解放戦線(PFLP)〉がハイジャック事件を起こしたが，西ドイツの対テロ部隊がこのハイジャックの弾圧に成功したことで，〈RAF〉がシュライヤーを射殺し，その死体は10月19日発見された。この事件後，10月18日RAFの指導者グドラン・エンスリン，ヤーン・カール・ラスら3人は収容中の刑務所で自殺し，これに抗議して〈RAF〉グループは，10月19日イタリアとフランスで西ドイツ企業を襲撃した。

・1980年代

1985.2 ミュンヘン郊外で移動目標(MT)兵器メーカーのツィンマーマン社長を殺害した。
1986.3 西ドイツが戦略防衛構想(SDI)計画に参加したことで，7月9日にはそれに関わるジーメンスの技術担当重役を殺害し，10月10日にはドイツ外務省政治局長ブラウンミュールを暗殺した。
1989.11 ドイツ銀行総裁アルフレート・ヘールハウゼンが出勤途上，〈RAF〉の爆弾テロにより暗殺された。

・1990年代

1990.7 ボンでハンス・ナイゼル内務次官の乗用車が爆破され〈RAF〉の犯行

声明が出された。

1990.10 ウォルフガング・ショイブレ内相がフライブルク市内でピストルを乱射されて重傷を負った。

1991.4 ドイツの信託公社総裁ローウェーダーが〈RAF〉のテロで射殺された。

西ドイツ航空機ハイジャック（モガディシオ事件）

(1977.10) モガディシオ

1977年を通じて極左過激派〈ドイツ赤軍（RAF，別名〈バーダー・マインホフ・グループ〉〉のテロ事件が続いた。〈RAF〉はそのテロを通じて，獄中の仲間11人の釈放を要求したが，政府はこれを拒否した。この過程で，10月13日〈RAF〉分子によるルフトハンザ航空機のハイジャックを起こし，ハイジャック機の受け入れはモガディシオ空港と決まった。政府は18日に特殊部隊をモガディシオ空港に派遣し，救出作戦に成功，犯人はその場で射殺された。同18日，シュツットガルトの刑務所で作戦指揮に当たっていたバーダーら〈RAF〉幹部は謎の集団自殺を遂げた。連邦議会および参議院はこれに先立つ9月29日と30日，テロ事件未・既決囚の外部との接触を禁じたテロ防止法案を可決し，同法は10月1日に施行された。ここに〈ドイツ赤軍〉のテロは終息した。

西ベルリン刑務所襲撃テロ

(1978.5) 西ベルリン

西ドイツ左派組織〈6月2日運動〉の武装女性5人が西ベルリンの刑務所を襲撃し，仲間のディル・マイヤーを救出した。

ユダヤセンター襲撃テロ

(1978.10) 西ベルリン

1972年のミュンヘン・オリンピック事件後，西ドイツは〈パレスチナ解放機構（PLO）〉との協調関係を維持し，ミュンヘン殺戮の再発を防止してきた。この合意は1978年後半，西ドイツ内務相ゲルハルト・ハドルフ・バウムとテロリストの保護者たるリビア元首カダフィ大佐の会談で再確認された。1979年4月まで，この合意は遵守されてきたが，1978年10月15日西ベルリンのユダヤ・センターとユダヤ人経営の商店がゲリラの襲撃を受けた。この事件に関連して，1979年4月26日高性能の爆薬数百ポンドと自動小銃を保持していたパレスチナ人青年4人が西ベルリンで重武装の市犯罪捜査隊警官に逮捕された。

ミュンヘン・ビール祭りの爆弾テロ

(1980.9) ミュンヘン

1980年9月ビール祭りで爆弾テロが起こり，12人が死亡，215人が重軽傷を負った。ネオ・ナチのメンバー6人が逮捕された。

米空軍司令部爆破テロ

(1981.8〜9) ラムシュタイン

1981年8月ラムシュタインの米空軍司令部で〈ドイツ赤軍（RAF）〉による爆破テロが起こり，アメリカ人18人，ドイツ人2人が死亡した。続いて9月，在ヨーロッパ米陸軍司令官の車にRPG-7対戦車ロケット2発が発射され，司令官に軽傷を負わせた。

西ドイツ銀行家の娘誘拐テロ

(1981.12〜1982.9) ケルン

1981年12月ケルンで銀行家の娘が誘拐され，120万ドイツ・マルクを要求された。3回の引き渡し交渉はすべて警察の介入で失敗し，家族は一方的に列車から身代金を投げた。その4日後に娘は解放されたが，彼女は139日間監禁されていた。

1982年9月6日にはミュンヘンの会社員の息子が自転車で走っているところを誘拐され，170万マルクとポルシェ1台を要求された。引き渡しの際，犯人は警察に逮捕された。これらの誘拐事件は企業への脅迫の失敗に起因していた。

〈ネオ・ナチ〉の米軍車爆弾テロ

(1982.12)

1982年12月西ドイツの〈ネオ・ナチ〉のテロ組織が米兵の車を狙った爆弾テロを起こした。しかし本来の目標は反ユダヤ主義に基づいており，ウィーン，アムステルダム，ジュネーブでのイスラエル人へのテロに移行した。

アメリカ文化センター爆破テロ

(1983.12) 西ベルリン

1983年12月パレスチナ・ゲリラが西ベルリンのフランス文化センターを爆破した。

駐西ドイツ・フランス大使館爆破テロ

(1984.12) ボン

1984年12月〈ドイツ赤軍（RAF）〉が，ボンの駐西ドイツ・フランス大使館攻撃テロとともに，北大西洋条約機構（NATO）軍事学校爆破未遂を引き起こし，その都市テロ戦略の力を発揮した。

米外交・軍事施設爆破テロ

(1985.1) フランクフルト

1985年1月〈ドイツ赤軍（RAF）〉はフランクフルトの米総領事館，米空軍ハイデルベルク基地，さらに西ドイツ各地の政府施設に火炎弾攻撃をかけた。8月，ラインマン航空基地で自動車爆弾が爆発して2人が殺害され，17人が負傷した。また，この前夜にはアメリカ軍人の射殺事件を起こしていた。

駐西ドイツ・米大使館爆破テロ

(1991.2) ボン

1991年2月〈ドイツ赤軍（RAF）〉がボンの駐西ドイツ・米大使館に爆破テロを仕掛けた。米大使館は1985年以来，初めて攻撃目標となった。

米軍人用ディスコの爆弾テロ

(1986.1) 西ベルリン

米国のリビアへの軍事介入に抗議し，1986年4月5日西ベルリンの米軍人利用のディスコで爆弾テロが起こり，米兵3人が死亡し，155人が重軽傷を負った。〈反米アラブ解放戦線〉の名で犯行声明が出されたが，米国当局はリビア関与のテロと判断し，リビアとの対決色を強めた。

英軍基地人爆破テロ

(1987.3)

1987年3月西ドイツの英軍基地でアイルランド共和国軍（IRA）による爆破テロが起こり，31人が負傷した。

難民迫害

(1992.8〜11) ロストック，ケルン

インゴ・ハッセウバッハは1988年にネ

オ・ナチ活動に入り，右派組織〈1月30日運動〉を結成し，1990年1月30日には〈民族アルタナティーフェ（NR）〉をベルリンに設立した。5月，彼はファシズム宣伝の罪でベルリン・ルメスブルク拘置所に6週間拘留された。1991年3月～7月，そして10月には極左との抗争に突入し，1992年8月，ロストックで難民迫害事件，1992年11月ケルンでトルコ人殺人事件を起こした。

ラフォンテーヌ副党首刺傷テロ

(1990.4) ケルン

1990年4月西ドイツの社会民主党副党首オスカー・ラフォンテーヌがケルン近郊で右翼女性に刺され重傷を負った。

IRAのロケット発射

(1996.6) オスナビュック

1996年6月28日〈アイルランド共和国軍（IRA）〉は，ドイツ・オスナビュック郊外の英軍兵舎近くに迫撃砲を発射した。続いて，1997年1月6日ベルファーストの裁判所に向けロケットを発射した。

東ドイツ

駐東ドイツ・ポーランド大使館占拠

(1982.9) 東ベルリン

1982年9月6日，ポーランドの反体制組織〈愛国者革命軍〉が東ベルリンの駐東ドイツ・ポーランド大使館を占拠し，ポーランドの戒厳令の解除・政治犯の釈放などを要求した。警官隊が突入し，犯人4人を逮捕して，占拠事件は解決した。

韓国人拉致

(1985.11) 東ベルリン

1985年11月29日にベルリンで北朝鮮による韓国人呉吉男一家4人の拉致事件が起きた。呉吉男は1970年に西ドイツに留学し，85年7月，ブレーメン大学で経済学博士を授与された。同年8月，彼は北朝鮮大使館員と会い，北朝鮮への訪問を求められ，11月29日に家族4人で東ベルリンに入ったところを拉致された。12月13日空路，北朝鮮に入国して以来，彼は朝鮮労働党対南工作組織の対外連絡部の指揮下に入った。1986年10月26日，コペンハーゲンでの誘拐命令を受けて，11月13日ピョンヤンを出発し，21日コペンハーゲンに到着。同日呉吉男は出国の際，デンマーク政府に救援を要請して保護された。呉は1992年11月になって，北朝鮮からの亡命者によって北朝鮮に残った家族が1987年～89年強制収容所に入れられたことを知らされた。

ドイツ

イラン関与のミコノス事件

(1992.9) ベルリン

　1992年9月ギリシャ系レストランで亡命中のクルド人政治家4人が暗殺された（ミコノス事件）。1997年4月10日、ベルリン高等裁判所はイランの関与とそのテロ工作を認定した。このために、ドイツ、イラン双方で駐在大使を召喚させる事態となった。

シナゴーグ放火テロ

(1994.3) リューベック

　1994年3月北部のリューベックのシナゴーグ（ユダヤ教徒の礼拝所）が放火され、95年4月7日にも放火された。極右青年による犯行であった。

核物質の持ち込みテロ

(1994.5～8) ミュンヘン

　1994年5月ロシアのモスクワからドイツのミュンヘンへ12オンスのプルトニウムの核物質は密輸され、8月16日の摘発までに4回持ち込まれた。12オンスは核爆弾製造の必要量の10分の1にあたる。

英軍基地向け迫撃砲発射

(1996.6) オスナブリュック

　1996年6月28日、北部オスナブリュック郊外の英軍基地に迫撃砲が打ち込まれた。

ドイツ社会民主党施設占拠

(1996.7) フランクフルト

　1996年7月24日ドイツ社会民主党（SPD）の建物をトルコ左派分子が数時間にわたって占拠した。党員4人を人質にし、トルコ政府とSPDに対し政治犯の釈放を要求した。警察隊の急襲により、犯人は逮捕され人質は解放された。

極右テロ

(2000.1～7) デュッセルドルフ

　2000年1月から7月まで、極右主義を動機とする犯罪は1012件に達した。7月27日西部のデュッセルドルフで起きた爆弾テロで、ユダヤ人6人を含む旧ソ連からの移民10人が負傷した。政府は、2001年1月31日、極右政党のドイツ国家民主党（NPD）の非合法化を連邦憲法裁判所に申請した。

イタリア

イスラエル航空機攻撃テロ

(1973.4～9) ローマ

　1973年4月ローマ空港でパレスチナ・ゲリラ〈パレスチナ人民解放戦線（PFLP）〉が地対空ミサイルSAM7でイスラエルのエル・アル（EL AL/イスラエル航空）機の撃墜を図ったが、テロリスト5人が逮捕され、未遂に終わった。〈パレスチナ人民解放戦線〉はこの事件の捜査に抗議して、イタリア治安機関本部前でデモを行った。

　9月5日、アブ・ニダル派（ANO）所属のパレスチナ・ゲリラがソ連製ミサイルでローマ空港のエル・アル（EL

AL/イスラエル航空）機を攻撃した。

パン・アメリカン航空機攻撃テロ
(1973.12) ローマ

1973年12月ローマ空港でアブ・ニダル派（ANO）のパレスチナ・ゲリラがパン・アメリカン航空（PANAM）機を攻撃し、31人死亡、同時にルフトハンザ事務所を占拠、人質のイタリア人を殺害した。

検察官ミラノ・ロッシの拉致
(1974.4)

〈赤い旅団（BR）〉は、北イタリアのトレント大学生レナート・クルチョとマルゲリータ・ラ・カゴルの2人によりミラノで共産主義社会の樹立を目指して1970年に結成された。このテロリスト集団は1974年4月検察官マリオ・ロッシの拉致、ボディーガード2人の殺害でその名を知られた。この事件で、ロッシは彼らの「人民監獄」に35日間拘束されたのち、釈放された。〈赤い旅団〉の勢力は幹部500人、シンパは10万人に達し、彼らはミラノやトリノなど北部の主要産業都市を中心に実業家・裁判官へのテロ、誘拐、工場・事務所の爆破、殺人・強盗などのテロを繰り返した。

〈赤い旅団〉の殺害テロ
(1974.4〜1993.9)

〈赤い旅団（BR）〉の事件は1500件を数えた。1974年9月に逮捕されたクルチョが1975年に妻ラ・カゴルの刑務所攻撃により脱走に成功、その後クルチョは再逮捕され、組織は一時壊滅したと伝えられたが、1988年4月ロベルト・ルフィンツ上院議員、5月には国営兵器メーカーのオト・メララ社の駐車場で爆破テロを起こした。

●主な事件

1974.4　検察官マリオ・ロッシを拉致、ボディーガード2人殺害。ロッシを「人民監獄」で35日間拘束後に釈放

1976.6　ジェノバで主任検察官フランチェスコ・ココと護衛警官2人殺害。

1977.4　トリノ法律家協会会長で弁護士のフルビオ・クローゼ殺害。

1978.3　キリスト教民主党アルド・モロ総裁を拉致、運転手、ボディーガード1人、警官3人を殺害、モロ総裁を2カ月拘束後に殺害。

1979.5　キリスト教民主党本部（DC）を爆破、2人を殺害、1人を負傷。

1980.1　シチリア地方知事の殺害を犯行表明。

1980.5　メステにて上級警察官僚1人を殺害。

1981.4　ナポリ市議会議員チロ・シリッロを拉致、ガードマン2人殺害、秘書1人負傷、シリッロを7月まで拘束、身代金120万ドルと引き替えに「革命当局の寛大な取り計らい」との名目で釈放。

1981.12　ベローナでNATO軍ジェームズ・ドジャー准将を拉致、42日間拘束、イタリアの対テロ部隊が救出。

1982.4　ローマの警察署襲撃、機関銃と手榴弾で警官3人が負傷。

1982.10　トリノで銀行強盗、非武装のガードマン2人殺害。

1983.1　ローマで女性看守を人民裁判後に殺害。

1984.2　国連監視軍米人総監リーマン・ハントを暗殺、犯行声明で〈レバノン武装革命分派〉との協同作戦と推定された。

1985.3　エンツィオ・タランテッリ、ローマ大学経済学教授と労組役員を殺

害，80万ドルを奪い逃走。
1986.2　ランド・コンティ元フィレンツェ市長を射殺。
1986.2　ベティノ・クラクシ首相経済顧問，アントニオ・ダ・エンポリ殺害未遂，ボディーガードがテロリスト1人射殺，別の1人を負傷（いずれも女性）させ，男性の襲撃者はオートバイで逃走。
1987.2　ローマで郵便用車と警察の警護車を襲撃，警官2人射殺，1人負傷。
1987.3　宇宙航空兵備総監ルチオ・ジョルジェッリ空軍大将の射殺，テロリスト2人はオートバイで逃走。
1988.4　ルフィンツ上院議員射殺。
1988.5　国営兵器メーカーのオト・メララ社で爆破テロ。

駐ミラノ・西ドイツ領事館爆破テロ

(1976.5) ミラノ

　ミラノの西ドイツ領事館で爆破テロが起き，市内のフォルクスワーゲン社とボシェ社でも同時爆破テロが起きた。

連続誘拐テロ

(1977.3～1984.10)

　1977年3月ビスケット製造会社社長パオロ・ラッザローニが誘拐されて500万ドルを要求され，4週間後に犯人34人が逮捕された。
　1979年8月21日にはサルデーニャでイギリス人実業家ロルフ・シールドが誘拐され，20万ポンドを支払った。
　1982年12月18日にはローマで宝石商ブルガッリの女相続人アンナ・ブルガッリ・カリッソーニが誘拐され，40億リラを支払い，12月24日解放された。
　1984年1月21日にはミラノの料理店主ピエトロ・カスターニョが誘拐され，2回にわたって14億リラを払って1985年3月解放された。1984年10月20日，ローマで労働者の娘が誘拐され，3億リラを支払って45日目に解放された。

イタリア・モロ元首相殺害

(1978.3)

　1978年3月16日〈赤い旅団（BR）〉がアルド・モロ元首相の誘拐・殺害事件を起こした。が4月15日モロの処刑を発表し，その遺体は5月に発見された。

〈カモッラ〉の暗殺テロ

(1978.10) ナポリ，ローマ

　10月11日，イタリアの犯罪組織〈カモッラ〉の一派〈プリマ・リネア〉がナポリ大学人類学研究所所長アルベルト・パオレッラを射殺し，さらに11月9日ローマ近郊のパトリカで地方検事フェデレ・カルサを射殺した。

アリタリア航空機ハイジャック

(1980.1～1982.9) ローマ

　1980年1月14日，ローマ発チュニス行きのアリタリア航空（イタリア航空）機が〈チュニジア再生運動〉のメンバー1人によってハイジャックされ，チュニジアの同志25人の釈放とリビアのトリポリ行きを要求したが，トリポリ空港は天候不良で着陸できずに，パレルモで降伏した。
　1982年9月25日，アルジェ発ローマ行きのアリタリア航空B-727型機がハイジャックされ，リビアのトリポリ行きを要求された。しかし，着陸許可が下りず，マルタにも着陸を拒否され，燃料不足でシシリー島に着陸し，乗員が警官と協力して，犯人1人を逮捕し

イスラエル航空ローマ支店爆弾テロ

(1980.2〜1982.3) ローマ

1980年2月18日、パレスチナ・ゲリラによりエル・アル（EL AL/イスラエル航空）のローマ支店で爆弾テロが起き、1981年5月15日にも同店で爆弾テロが起こった。1981年8月9日にも同様の爆弾事件で、従業員1人が死亡、さらに10月7日の爆弾事件では、負傷者8人が出た。1982年3月29日、〈ファタハ〉分子が同支店に攻撃をかけたが、警備員により撃退された。

右翼のボローニャ駅爆破テロ

(1980.8) ボローニャ

1980年8月2日、ネオ・ファシストの〈イタリア社会運動（MSI）〉から分離した右翼過激派がボローニャ駅で爆破事件を起こし、死者84人を数えた。ほどなく新右翼組織〈革命的武装中核（NARA）〉が犯行声明を発表した。右翼によるテロの続発で、イタリアではテロリストの無差別テロに対する死刑復活への世論が高まった。

第2次マフィア戦争

(1981.4〜1983.7) シチリア

1963年のシチリアでの第1次マフィア戦争に続き、1981年4月23日〈シチリア・マフィア〉のステファノ・ボンターテ殺害で第2次マフィア戦争が勃発した。続いて1982年4月30日イタリア共産党シチリア州書記長ピーオ・ラ・トッレが殺害され、9月3日にパレルモ県知事カルロ・アルベルト・ダッラ・キエーザが殺害された。そうしたなか、議会では9月13日反マフィア法のラ・トッレ法が成立した。1983年7月23日ロッコ・キンニチ判事が殺害された。以後も1987年〜88年にマフィアによるテロが続いた。

米・英公館攻撃テロ

(1987.6) ローマ

ベネチア・サミット開催中の1987年6月2日、ローマの駐イタリア・英大使館に対し〈日本赤軍〉がロケット弾2発を発射した。その30分後に米国大使館付近で自動車に仕掛けられた爆弾が爆発し、数分後には同大使館用地に向けロケット弾が発射された。この事件で、〈反帝国国際旅団（AIIB）〉の犯行声明が出された。

シチリアのマフィア報復テロ

(1987.12〜1992.7) パレルモ

1987年12月16日、パレルモ特別法廷で〈シチリア・マフィア〉幹部19人に終身刑、構成員ら319人に総計2665年の懲役刑の判決が下った。これに対し12月17日〜1988年1月16日に元パレルモ市長、検察側証人2人ら多数がマフィアによる連続報復殺害に遭った。この連続報復殺害テロに対して、パレルモ市長ら2000人が1988年1月16日マフィア抗議集会を開催した。マフィアの告発に対して、パレルモで1992年5月23日マフィア対策責任者ジョバンニ・ファルコーネに対する殺害テロが起きた。続いて、7月19日判事パオロ・ボルセリーノが殺害された。

イラン反政府指導者テロ

(1993.3) ローマ

1981年6月10日イランのアボルハサン・バニサドル元大統領がアヤトラ・

ホメイニ師との対立で解任され，7月バニサドルは，パリへ亡命し〈人民抵抗評議会（NRC）〉を組織した。この指導者モハメド・ナディキ師は1993年3月16日ローマでイラン政府の工作員により殺害された。

〈赤い旅団－戦闘的共産主義者連合〉テロ

(1993.9～1994.1) アピアーノ，ローマ

1993年9月〈赤い旅団（BR）〉の分派がアピアーノ北大西洋条約機構（NATO）軍事基地を襲撃。
1994年1月にはローマのNATO国防大学で爆弾テロを起こした。いずれも赤い旅団から1984年に分裂した〈赤い旅団－戦闘的共産主義者連合（BR-UCC）〉の犯行声明が出された。

連続誘拐テロ

(1995.5) サルデーニャ

1995年5月14日，イタリアの保養地サルデーニャ島で連続誘拐テロが起きた。

反グローバル派テロ

(2001.7) ジェノバ

2001年7月16日北部ジェノバで警察車両の事務所で小包爆弾が爆発した。犯行声明は出ていないが，反グローバル派の仕業とされ，急進派NGO〈白い作業服〉などが関与したとみられた。ジェノバは20日からの主要先進国サミットで警戒体制にあった。18日にはミラノのテレビ局レーテ4など各所に小包爆弾が送付された。21日には大規模な過激派デモとともに破壊テロが続いた。

南チロル

南チロルの鉄道爆破テロ

(1961.7～1988.5) チロル

オーストリアとイタリアは懸案の南チロル問題で1961年6月交渉を行ったが失敗し，7月には南チロルで鉄道爆破事件が起きた。1988年5月17日，ボルツァーノで国営テレビ・電話会社などの連続爆破事件が6件起こり，南チロルのオーストリアとの合併を求める組織〈南チロルに自由を〉が犯行声明を出した。18日にも，ボルツァーノの裁判所などで連続爆破テロがあった。

バチカン

駐教皇庁・中華民国大使館爆破テロ

(1981.2) バチカン

駐・教皇庁中華民国大使館で1981年2月6日爆破事件があった。レーニン・毛沢東派で反権力志向のフェミニスト分子が江青夫人の釈放を要求しての行

動であった。

教皇ヨハネス・パウルス2世暗殺未遂
(1978.10) バチカン

1978年10月，ポーランドのクラクフ大司教がヨハネ・パウロ2世としてイタリア人以外で初めてローマ教皇となった。新教皇は1981年5月13日，サン・ピエトロ広場での接見中，トルコ人テロリスト，アメフメト・アリ・アグカに襲撃され，重傷を負った。

衛兵隊長殺害
(1998.5) バチカン

1998年5月ヨハネス・パウロ2世から任命されたばかりのスイス人衛兵隊長とその妻がバチカンの自宅で射殺された。犯人は部下で自殺した。

スイス

スイス航空機空中爆破
(1970.2) チューリヒ

1970年2月21日，チューリヒ発テルアビブ行きのスイス航空機が，離陸直後に爆発し墜落，47人が死亡した。これは〈パレスチナ解放人民戦線(PFLP)〉による犯行であった。

トルコ施設爆破テロ
(1976.5) チューリヒ

1976年5月28日，チューリヒのトルコ銀行とトルコ領事館で爆破テロが起きた。犯行声明はなかった。

イラン航空事務所爆破テロ
(1977.7) チューリヒ

1977年7月11日チューリヒのイラン航空事務所で爆破テロがあった。

駐スイス・ポーランド大使館占拠
(1982.9) ベルン

1982年9月6日ベルンで4人の武装グループが駐スイス・ポーランド大使館を占拠し，1981年12月のポーランド戒厳令の解除を要求した。9日，警官が突入して人質を解放し，犯人は逮捕された。

ツーク銃乱射テロ
(2001.9) ツーク

2001年9月27日ツーク州議会に乱入した分子が銃を乱射し，14人が死亡した。犯人は〈ツーク・マフィア〉への怒りの文書を保持していた。犯人は自殺した。

ベルギー

イスラエル航空機攻撃テロ

(1979.4) ブリュッセル

1979年4月16日パレスチナ・ゲリラがブリュッセル空港でイスラエルのエル・アル（EL AL/イスラエル航空）機到着のラウンジに手投げ弾を投じ，12人が負傷した。ゲリラ1人は投降し，2人は逮捕された。

ヘイグNATO軍司令官暗殺未遂

(1979.6)

1979年6月北大西洋条約機構（NATO）軍司令官アレクサンダー・ヘイグ大将の暗殺のために〈ドイツ赤軍（RAF）〉がオブール橋に仕掛けた地雷が，ヘイグの車と護衛の車の中間で爆発し，護衛2人が負傷した。

駐アントワープ・英総領事館爆破テロ

(1979.11) アントワープ

1979年11月〈アイルランド国民解放軍（INLA），1975年結成，本部ダブリン）がアントワープの英総領事館を爆破した。

イスラエル通商代表暗殺テロ

(1980.7) ブリュッセル

1980年7月，ブリュッセルでパレスチナ・ゲリラ組織，〈アブ・ニダル派（ANO）〉がイスラエル通商代表を殺害した。

ユダヤ地区の自動車爆破テロ

(1981.10) アントワープ

1981年10月20日アントワープのユダヤ地区で自動車の爆破テロが起き，3人が死亡し，92人が負傷した。フランスに本拠をおく左翼の〈アクシオン・ディレクト（直接行動/AD）〉ベルギー派が犯行声明を出したが，〈黒い九月〉も犯行声明を出した。

〈戦闘共産主義細胞〉のテロ

(1984.10～1985.12) ブリュッセル

1984年10月ブリュッセルで戦闘的共産主義細胞（CCC）が一連の爆破事件をもってテロ活動に入った。1984年10月ブリュッセルのリットン社データーシステム本部の爆破，11月北大西洋条約機構（NATO）軍事基地・通信基地の爆破，12月NATOのパイプライン数カ所を同時爆破による送油機能麻痺，1985年1月ブリュッセル郊外のNATO補給施設爆破，5月ベルギー雇用者連盟ビル爆破，ベルギー警察本部爆破，10月ベルギー・ガス本社・ベルギー鉄鋼本社・陸軍広報室爆破，12月バンク・オブ・アメリカのアントワープ支店爆破，12月ベルサイユのNATOパイプライン施設ビル爆破，ヘント付近のNATOパイプラインのバルブステーション爆破とテロ事件が続いた。1985年12月指導者と成員3人が治安当局に逮捕された。

ボイナンツ元首相誘拐テロ

(1986.1) ブリュッセル

1986年1月，パウル・バンデン・ボイナンツ元首相が誘拐され，家族が身代金を支払い，1カ月後に解放された。数カ月後に犯人グループはブラジルで逮捕された。

〈IRA〉の英軍人殺害

(1988.8)

1988年8月，英軍基地で〈アイルランド共和国軍（IRA）〉による英兵士の射殺が起きた。

連続テロ

(1989.10〜1990.2) ブリュッセル

1989年10月，ウィブラン・ユダヤ組織協議会会長の暗殺，12月ブリュッセル自由大学のテロ，1990年2月16日ルーバン・カトリック大学の爆弾テロなどが起きた。

コソボ指導者暗殺テロ

(1990.2) ブリュッセル

1990年2月，ブリュッセルでコソボ人権擁護委員会指導者エンベルが殺害された。犯人は2人組でユーゴスラビアの諜報機関とされる。

少女誘拐テロ

(1996.8)

1996年8月少女誘拐連続テロが発覚した。その主犯で政界との関係も取りざたされたマルク・デュトルー被告は1998年4月23日裁判所から一時脱走した。

環境テロ

(1998.8) プールス

1998年8月29日，プールスのマクドナルド・レストランが焼失した。〈動物解放戦線（ALF）〉が犯行声明を出した。

オランダ

マルク人の自決テロ

(1970.8〜1978.3) ハーグ

〈南マルク共和国独立運動（RMS）〉は，1950年4月マッカサルで反乱を起こし，以後，指導者はオランダに亡命した。1970年8月，独立運動活動家によるハーグのインドネシア大使公邸占拠事件が起きた。オランダには，オランダに帰化したマルク人1万人，インドネシア国籍のマルク人8000人のほか，無国籍のマルク人1万5000人がいるが，無国籍マルク人のマルクス主義グループがこの闘争を指導した。これに続き，1975年4月1日オランダ王宮占拠未遂事件，11月25日北東部での列車襲撃，27日アムステルダムのインドネシア総領事館占拠事件，12月1日ベイレン近郊での列車乗っ取り事件を起こし，国際連合へインドネシアとの調停を持ち込み，インドネシア大統領スハルトと交渉を持った。

1977年5月列車ジャックを起こし5月23日〜6月12日小学校を襲撃した。1978年3月北部アーセン州政庁を占拠した。

ロッテルダム石油施設爆破テロ

(1971.3) ロッテルダム

1971年3月，パレスチナ・ゲリラ〈ファタハ〉のゲリラ5人がロッテルダムの貯油施設を攻撃し，石油タンクを爆破した。損害は約100万ドルであった。

〈日本赤軍〉の日本機ハイジャック

(1973.7) アムステルダム

1973年7月21日パリ発東京行きの日本航空（JAL）B-747型機を丸岡修ら〈日本赤軍〉の下部組織〈被占領地の息子たち〉とパレスチナ・ゲリラ4人がアムステルダム空港を離陸直後にハイ

ジャックした。ドバイ，ダマスカスなど3日間各地を転々としたあと，24日にベンガジ空港で人質141人を釈放し，機体を爆破した。その際，女性ゲリラ1人が死亡し，残りはリビアに逮捕され，後に釈放された。

オランダ航空機ハイジャック

(1973.11) アムステルダム

1973年11月25日アムステルダム発東京行きオランダ航空 (KLM) 機がベイルートを離陸後に，〈パレスチナ解放アラブ民族主義青年団〉と称する3人によってハイジャックされ，犯人はキプロス刑務所に収容中の同志の釈放を要求した。シリアのダマスカス，キプロスのニコシア，リビアのトリポリを回ってマルタで乗客247人を解放し，28日アラブ首長国連邦のドバイで安全を保障され降伏した。

駐オランダ・フランス大使館占拠

(1974.9) ハーグ

1974年9月13日〈日本赤軍〉の和光春生ら3人がハーグの駐オランダ・フランス大使館を占拠し，大使と館員8人を人質として，1974年2月パリで逮捕された〈日本赤軍〉のメンバー山田義昭の釈放を要求し，それに成功した。彼らはイラクへ亡命した。

駐オランダ・英大使暗殺

(1979.3) ハーグ

アイルランド共和国軍 (IRA) が1979年3月22日ハーグで駐オランダ・英大使リチャード・サイクス卿を，〈オランダ赤軍〉の支援を受け殺害した。

ハイネケン社長の誘拐テロ

(1983.11)

1983年11月9日ビール王フレディ・ハイネケン社長が誘拐された。会社は身代金3500万ギルダーの要求に応ずるべく11月11日と12日に新聞広告をし，11月28日身代金を支払い，11月30日警察は犯人の隠れ家を急襲，人質は解放され，犯人グループは逮捕された。

反核闘争テロ

(1985.11)

1985年11月に〈核戦争反対行動集団〉が3カ所の軍事基地を攻撃した。

〈IRA〉の英軍人殺害

(1988.5) ルーモンド

1988年5月〈アイルランド共和国軍 (IRA)〉がルーモンドで英軍人3人を狙撃し，1人が死亡，2人が負傷した。その直後，ノイエ・ベルゲンで自動車が爆破し，英軍人2人が殺害された。

スペイン

ブランコ首相暗殺

(1973.12)

1967年以降，フランコ体制は経済スキャンダル事件を機に国内の安定を欠いたが，1973年6月11日この危機解

決の期待を担って内戦後初めての首相にルイス・カレーロ・ブランコが就任した。しかし、ブランコ首相は、首相就任演説で〈バスク祖国と自由（ETA）〉の壊滅を約束したことにより、12月20日に〈ETA〉によって暗殺された。このブランコ暗殺に加わった活動家は逮捕され、1974年9月に処刑された。そして1974年9月13日の無差別テロを機に、〈ETA〉は10月、大衆闘争を求める政治闘争派（ETA-pm）と政治闘争排除の軍事闘争を求める軍事闘争派（ETA-m）とに分裂した。1975年11月20日フランシス・フランコ・バアモンデ総統はその生涯を閉じ、これまでの〈ETA〉とフランコとの闘争も終わった。

治安警察本部隣接爆破テロ

(1974.9) マドリード

1974年9月13日〈バスク祖国と自由（ETA）〉がマドリード治安警察本部の隣のカフェを爆破し、13人を殺害し、負傷者70人を出した。

駐スペイン・エジプト大使館占拠

(1975.9) マドリード

1975年9月15日パレスチナ・ゲリラの〈ファタハ（パレスチナ解放運動）〉がマドリードの駐スペイン・エジプト大使館を占拠し、外交官6人を拘禁して、エジプトがジュネーブ会談から手を引き、第2次シナイ半島兵力引き渡し協定を破棄することを要求した。人質6人はアルジェリアに連行され、釈放された。

キューバ施設爆破テロ

(1976年11) マドリード

1976年11月7日マドリードのキューバ施設で爆破テロが起きた。プエルトリコのAP通信社に反カストロ派組織〈国際秘密革命統一細胞（ISRUC）〉の犯行声明があった。

オリオール王室評議会議長誘拐テロ

(1976.12)

1976年12月15日の民主改革構想（9月10日発表、国会で11月28日支持さ）の是否を問う国民投票実施を前に、右派が反対キャンペーンを展開した。11日極左過激派の〈10月1日反ファシスト抵抗組織（GRAPO）〉がオリオール王室評議会議長を誘拐し、政治犯15人の釈放を要求した。国民投票は投票率78.8パーセントで、改革支持は95パーセント以上であった。

カナリーの抗議テロ

(1976.12) グランド・カナリー島

1976年12月8日カナリア諸島民族自決独立運動（MPAIAC）がグランド・カナリー島のスペイン人所有のホテルで放火事件を起こした。これは、原住民労働者65人が解雇され、スペイン人に代わったことへの反抗であった。

最高軍事法廷主席拉致事件

(1977.1)

1977年1月1日スペイン元参謀長・現最高軍事法廷主席が〈10月1日反ファシスト抵抗組織（GRAPO）〉によって拉致されたが、2月警官隊によって救出された。

弁護士事務所襲撃テロ

(1977.1)

1977年1月24日スペインの極右組織

〈コマンド〉が弁護士事務所を襲撃し，労働側の弁護士5人を暗殺した。

アメリカ文化センター爆破テロ

(1977.5) マドリード

1977年5月,〈10月1日反ファシスト抵抗組織〉(GRAPO)がウォルター・モンデール米副大統領のマドリード訪問にあわせてマドリードのアメリカ文化センターを爆破した。

前バルセロナ市長暗殺

(1978.1) バルセロナ

1978年1月25日フランコ派のホアキン・ビオラ・サウレス前バルセロナ市長が〈スペイン共産党国際派〉分子により暗殺された。

原子力発電所爆破テロ

(1978.3〜1981.2) レモニス

1978年3月17日〈バスク祖国と自由〉政治闘争派(ETA-pm)が，バスク地方のレモニスに建設中のビルバオ原子力発電所を爆破した。これにより2人が死亡，14人が負傷した。
1981年2月7日，過激派がレモニス原子力発電所粉砕を要求して電力会社の技術者を殺害した。

カフェ爆破テロ

(1979.5) マドリード

1979年5月11日〈10月1日反ファシスト抵抗組織(GRAPO)〉が右翼の出入りするマドリードのカフェを爆破し，8人を殺害した。

観光客拒否戦争

(1979.6)

1979年6月〜7月〈バスク祖国と自由〉政治闘争派(ETA-pm)が海岸保養地で観光客を拒否する「観光客戦争」を発動し，時限爆弾14発が爆発，2人が負傷し，スペインの資産に多大の損害が出た。

マドリード空港爆破テロ

(1979.7) マドリード

1979年7月29日〈バスク祖国と自由〉(ETA)によるマドリード空港爆破事件が起こり，死者5人，負傷者130人の犠牲者が出た。

首相官邸ロケット攻撃

(1980.2) マドリード

1980年2月マドリードの首相官邸に向けて,〈バスク祖国と自由〉政治闘争派(ETA-pm)が対戦車ロケットで攻撃をかけたが，命中せず失敗に終わった。

〈ETA〉の誘拐テロ

(1981.1〜1984.3)

1981年1月，スペインの富豪1人が〈バスク祖国自由〉政治闘争派(ETA-pm)により誘拐され，58日間拘禁のうえ329万ドルの身代金を払って解放された。1982年1月スペインの著名な実業家が(ETA-pm)に誘拐され，1カ月拘禁のうえ130万ドルの身代金で解放となった。
1983年1月10日，サン・セバスチャンで実業家が息子を自宅で武装した2人組によって誘拐され，1億6200万ペソを支払って，8日後に息子は解放された。〈バスク祖国と自由〉(ETA)は犯行を否定し，独自の調査をしたが，犯人は分からなかった。
3月25日銀行家ディエゴ・ブラドが，マドリードの自宅で武装した4人組に

誘拐され、ETAは6500万ペソを要求した。銀行家は74日後に解放された。1984年6月にブラド誘拐事件の犯人は誘拐罪で有罪となった。

極右のスペイン中央銀行支店占拠

(1981.5) バルセロナ

1981年5月23日、極右グループがスペイン中央銀行バルセロナ支店を占拠し、2月23日に起こしたクーデタ未遂事件の軍人4人の釈放を要求した。24日警官隊・軍特殊部隊が突入し、人質200人以上を解放し、グループの1人を射殺、他を逮捕して事件は解決した。

高速ミサイル艇シージャック

(1981.8) カディス沖

バニー・バニサドル元イラン大統領のフランスへの亡命に刺激されて、旧イラン王党派〈アザデガン（イラン解放軍)〉が1981年8月13日フランスからイラン海軍に引き渡された高速ミサイル艇3隻のうち1隻（タバルジン号）をスペインのカディス沖でシージャックした。乗っ取りを免れた2隻はスペインのハルヘシラス港に入港した。タバルジン号は18日マルセイユ沖に出現し、フランス当局に燃料の補給を要求したが、フランスは断った。フランスは、イランへの帰国を望む乗組員31人はフランス艦に収容し、他の者と艦艇の国外退去を要求した。

駐スペイン・クウェート外交官暗殺

(1982.9) マドリード

1982年9月マドリードの駐スペイン・クウェート外交官がパレスチナ・ゲリラ組織〈アブ・ニダル派（ANO)〉によって殺害された。

銀行連続爆破テロ

(1982.10) バスク

1982年10月バスクの銀行数カ所で〈バスク祖国と自由〉政治闘争派（ETA-pm）による24発の爆破テロに続き、1983年2月バスクの革命税の支払いを拒否したビルバオ銀行が爆破され、3人が負傷した。

ラーゴ将軍暗殺テロ

(1982.11)

1982年11月4日ブルネット陸軍師団長ビクトル・ラーゴ将軍が、〈バスク祖国と自由〉政治闘争派（ETA-pm）により殺害された。

米系企業連続爆破テロ

(1983.5～1987.3) ビルバオ

1983年2月、ビルバオのランク・ゼロックス社の爆破未遂、5月同社の爆破、6月ゼネラル・モーターズ関連会社の爆破事件が発生し、1982年結成のマルクス主義系バスク民族運動〈イラルザ（Iraultza/ バスク武装革命労働者組織)〉によるバスクへの米系資本投資の抗議とスペイン首相の訪米抗議の声明が出された。

11月〈イラルザ〉は米軍のグレナダ侵攻と米海兵隊のレバノン進駐に抗議してビルバオのランク・ゼロックス社の爆破テロを起こした。12月ビクトリアのIBM社、ビルバオの3MとNCRA、サン・セバスチャンのコカコーラ社を連続爆破した。

1983年12月、ビルバオのアメリカ文化センター爆破事件が起きた。

1984年1月ビルバオのフォード社爆破、11月IBM社の爆破があった。

1985年1月アメリカ映画を上映中のビルバオ映画館の爆破、2月ビルバオの

ファーストトーン社の爆破, 5月サン・セバスチャンのハーツ社とエービス社の爆破, 11月サン・セバスチャンのバネウェル・ブル社の爆破があった。
1986年1月ビルバオのランク・ゼロックス社の爆破, 2月シティ・バンクのビクトリア支店の爆破, 6月ビルバオの3Mの爆破があった。
1987年3月ビルバオのNCR社の爆破が続いた。

サウジアラビア皇太子襲撃未遂

(1984.7)

1984年7月24日スペインの保養地でサウジアラビア皇太子を狙った襲撃未遂事件が起き, イラン人数人がスペイン当局に逮捕された。1980年2月設立の〈イランの殉教者財団〉の関与があった。

軍用パイプライン爆破テロ

(1984.11) バルセロナ

1984年11月14日バルセロナ海岸近くのカンプサでロター-サラゴザ軍用天然ガスパイプラインが〈バスク祖国と自由〉政治闘争派（ETA-pm）によって爆破され, スペイン軍への挑戦声明が出された。

英国航空・ヨルダン・マドリード支店爆破テロ

(1985.7) マドリード

1985年7月, パレスチナ・ゲリラ組織〈アブ・ニダル派（ANO）〉による英国海外航空（BOAC）のマドリード支店の爆破事件があり, 死者1人を出した。その直後, ヨルダン航空（アリア）のマドリード支店の攻撃事件が発生し, 負傷者2人を出した。

国防省ロケット攻撃テロ

(1986.7) マドリード

1986年7月, マドリードで〈バスク祖国〉自由-軍事派（ETA-m）が国防省へ向けて手製の対戦車ロケットを発射し, 士官2人が死傷し, 民間人10人が負傷した。

ビルバオのアメリカ文化センター爆破テロ

(1983.12) ビルバオ

1983年12月ビルバオのアメリカ文化センター爆破テロが起きた。

反仏テロ

(1984.8)

1984年8月, フランスに亡命中のバスク・テロリストのスペインへの返還拒否に抗議して, スペインで反仏テロが続発した。フランス政府は, 9月スペイン政府から身柄引渡しを要求された〈バスク祖国と自由（ETA）〉のスペイン人3人を送還し, 残る4人を国外退去とした。

〈ETA〉のフランス資産爆破テロ

(1986.10〜1987.7)

1986年10月フランス系企業を狙った〈バスク祖国と自由（ETA）〉のテロが起こり, 11月, フランス当局にETA幹部が逮捕された。これに対し, 1987年3月, オレデンア, バルセロナ, パムプロナのフランス資産に対する〈ETA〉の一連の放火事件, 7月デュランゴとバンブロナでフランス資産に対する爆弾攻撃3回などが続いた。

●主な事件

1986.10 バルセロナでフランス系企業クロウセト社爆破。

1986.11　バスク地方のフランス側国境付近で〈ETA〉幹部をフランス警察が急襲。
1986.12　バルセロナでフランス系自動車シトロエン販売会社で車爆破テロ。
1986.12　フランス系企業リアードとルチェ・ボボイスで爆弾テロ。
1987.3　各地でフランス資産に連続放火。
1987.4　バルセロナのフランス系銀行ソシエテ・ジェネラル近くで自動車爆弾テロ，1人死亡。
1987.6　バルセロナのフランス系スーパー，イベルコルで車爆破テロ，21人死亡。
1987.7　デュランゴとパンプロナでフランス資産に対する爆弾攻撃。

〈ETA〉テロ

(1976.1～1997.2)

〈バスク祖国と自由〉軍事派（ETA-m）は，1976年1月の富豪の子息の誘拐事件に続き，7月マドリードなど5大都市で爆発事件を起こし，10月にはカルロス国王先任顧問らを暗殺した。そして一連のテロが続いた。

1996年5月～11月，政府は〈ETA〉制圧作戦に着手し，7月23日～24日にフランス治安当局との共同作戦でテロ実行部隊長マリア・ナゴレ・ムジカ，フランス細胞代表ダニエル・デルグイ，理論指導者ジュリアン・アシュラ・エグロア，爆弾物専門家フアン・マリア・インサウスティ，カルロス国王暗殺未遂犯フアン・アギーレ・レテらを続々と逮捕した。12月，フランス当局による一斉摘発が開始され，1997年までに140人が逮捕された。

●**主な事件**

1985.4　〈ETA〉，トレホン・デ・アルドスで米兵が立寄るレストラン，エル・デスカンソで爆弾が爆発。死者18人，負傷者82人の犠牲。

〈ETA〉，マドリードでが国防政策部長を射殺。運転手は重傷。

1986.2　〈ETA〉，マドリードでクリストルボル・コロン海軍中将と運転手を殺害。

1986.7　〈ETA〉，駐車中の車がリモコン操作で爆破。軍人10人が死亡。

1986.10　キブズコア地方知事ガリド将軍が殺害。

1986.9　〈ETA〉，バルセロナで治安警備隊マイクロバス襲撃，警官2人負傷。

1986.10　〈ETA〉，バルセロナで自動車爆弾テロ，警官1人死亡。

1986.12　〈ETA〉，パリドアリンのホテルで爆破テロ。

1987.1　〈ETA〉，バルゴザで自動車に仕掛けられた爆弾が爆発し，通行中のバスが破壊され，2人死亡。

1987.2　〈ETA〉，グラナダで自動車爆弾テロ。

1987.3　〈ETA〉，ビトリヤとバムプロナの軍事基地に攻撃をかけ，士官が数名負傷。

1987.3　〈ETA〉，バルセロナ港の治安警察署で自動車爆弾テロ，1人死亡。

1987.4　〈ETA〉，バルセロナ民間防衛隊兵舎の近くで自動車に仕掛けられた爆弾が爆発，1人が死亡，7人が負傷。

1987.4　〈ETA〉，バルセロナの大通りで車爆破テロ，1人死亡。

1987.5　〈ETA〉，マドリードの海軍，空軍，民間防衛隊の各司令部で，自動車に仕掛けられた爆弾が爆発した。

1987.6　タラゴナのスペイン石油公団エムペトルで爆弾爆発。

1987.6　バルセロナのスーパーマーケット地下駐車場で爆発事件，21人死

亡，32人負傷，バスクで〈ETA〉，が予告声明。
1987.6 サン・セバスチャン警察近くで自動車爆弾爆発。
1987.12 〈ETA〉，サラゴサの警備施設で爆破テロ。
1990.11 〈ETA〉，サント・カルレス・デ・ラ・ラビタの治安警察近くで自動車爆弾テロ，警官6人死亡。
1991.5 〈ETA〉，バルセロナの警備施設に爆弾テロ。
1993.6 〈ETA〉，マドリードで爆弾テロ。
1993.8 〈ETA〉，バルセロナのレストランで爆弾テロ。
1993.9 〈ETA〉，バスク地方ビスカヤ権ビルバオで爆弾テロ。
1994.1 〈ETA〉，マドリードで爆弾テロ。
1994.7 〈ETA〉，マドリードで爆弾テロ。
1994.9 〈ETA〉，バスク地方でフランス系銀行クレディ・リヨネ支店爆破。
1994.12 〈ETA〉，バスク地方サンセバスチャンで警察幹部射殺。
1995.4 〈ETA〉，マドリードで爆弾テロ。
1995.7 〈ETA〉，カタルーニャ地方タラゴナスでスーパーマーケットで爆弾テロ。
1995.8 〈ETA〉，アルドネの民間警備隊兵舎で爆弾テロ。
1995.11 〈ETA〉，ドイツ合弁企業放火テロ。
1995.12 〈ETA〉，マドリード郊外プエンテデバレンスでトララックの爆弾テロ。
1996.2 〈ETA〉，スペインのマドリード大学構内で元憲法裁判所議長でゴンザレス首相のブレーンであった法学教授が射殺。
1996.5 〈ETA〉，コルドバで爆弾テロ。
1996.6 〈ETA〉，バスク地方サンセバスチャンのバスク企業連合議長の自動車の爆弾テロ。
1996.7 〈ETA〉，アンダルシアで爆弾テロ。
1996.7 〈ETA〉，カタルーニャ地方レウスで爆弾テロ。
1996.7 〈ETA〉，バスクで報復テロ。
1997.2 〈ETA〉，グラナダで爆弾テロ。

駐スペイン・米大使館ロケット攻撃

(1988.7) マドリード

1988年7月，マドリードの駐スペイン・米大使館に向けて〈日本赤軍〉がロケット弾2発を発射した。この事件で〈日本赤軍〉の別名ともいわれる〈反帝国国際旅団（AIIB）〉の犯行声明が出された。

ガリシアの銀行爆破テロ

(1990.10) ポンテベドラ

1990年10月，ガリシア地方自治区のポンテベドラの銀行など5ヵ所で爆破テロが起こり，〈自由ガリシア人民軍〉の犯行声明が出された。

政治家テロ

(1995.1～2001.7) バスク

1995年1月バスクで〈バスク祖国と自由（ETA）〉により野党政治家が暗殺された。4月19日，右派の国民党党首が爆弾テロに遭遇したが，暗殺未遂に終わった。
1997年7月以降，国民党のバスク地方議員をテロの標的として，特に12月以降，バスクで〈ETA〉のテロが活発化した。

1998年1月バスクのサラウスで国民党のゴイエナ町議が自家用車に仕掛けられた爆弾で殺害された。5月6日，パンプロナで国民党のカバリエ市議が銃撃され死亡した。6月25日，レンテリアで国民党のザマレノ町議が爆弾で死亡した。

1998年9月〈ETA〉は一方的な無期限停戦を宣言した。10月5日北アイルランドのカトリック過激派，〈アイルランド共和国軍（IRA）〉の政治組織〈シン・フェイン党〉はスパイン政府に対して〈ETA〉との対話を求めた。

2001年5月6日サラゴザで与党国民党アラゴン地方上院議員マヌエル・ヒメネスが射撃され，死亡した。〈バスク祖国と自由（ETA）〉の犯行であった。7月14日北部ナバラ地方の村レイサで保守党系村議ヘハビエル・ムヒカが〈バスク祖国と自由（ETA）〉により殺害された。

エア・インター航空機ハイジャック

(1995.9) マヨルカ

1995年9月3日，マヨルカ島からパリに向かったスペインのエア・インター航空機がリモコン爆弾を所持している犯人1人にハイジャックされ，ジュネーブに着陸した。犯人はスイス・フランスの報道人とスペインの政府関係者との面会を要求したが，当局は拒否し，逮捕された。フランスの核実験への抗議が狙いであった。

スペイン・カルロス国王暗殺未遂

(1995) マヨルカ島

1995年に〈バスク祖国と自由（ETA）〉がマヨルカ島で国王フアン・カルロス1世暗殺を図ったが，失敗した。

最高裁判所判事射殺

(1997.2) マドリード

1997年2月10日マドリードで〈バスク祖国と自由（ETA）〉によって最高裁判所判事ラファエル・マルチネが射殺された。

駐南セビリア・ペルー領事館占拠

(1997.5) セビリア

1997年5月12日，南セビリアのペルー領事館をペルー・ゲリラ支持者の〈トゥパク・アマル革命運動（MRTA）〉メンバー50人が占拠した。

要人殺害テロ

(1999.8～2000.7) マドリード，バルセロナ

バスク地方の分離独立を求める〈祖国と自由（ETA）〉は，1998年9月に一方的な無制限全面停戦に入った。しかし，1999年8月，政府との対話中止をを通告し，12月1年2カ月間の停戦を破棄してテロ活動を再開した。2000年1月マドリードの爆弾テロで陸軍中佐を殺害，11月バルセロナでリュック元保険相が殺害された。このため，7月17日各地でETAに対する市民の抗議デモが展開された。

手紙爆弾テロ

(1999.6) ブルゴス，ザラゴザ

1999年6月7日，ブルゴスのイタリア領事に手紙爆弾が送付されたが，解体処理された。当局は，スペインの〈赤い旅団〉の犯行とみた。翌8日，同様の手紙爆弾がザラゴザのイタリア領事館にも送付された。

〈ETA〉の爆破テロ

(1999.12〜2000.3) マドリード，バスク

1999年以降，バスクの分離運動〈祖国と自由（ETA）〉のテロ工作が活発化し，12月20日バスク地方カラタユドで爆弾950キロを搭載してマドリードに向かうトラックが摘発され，続いて22日にも同地方アルハマデアラゴンで爆薬750キロを搭載した車両が摘発された。2000年1月21日にマドリードで爆発テロで，政府軍中佐1人が死亡した。2月22日バスク地方ビトリアで爆発テロ，社会労働党県書記長と護衛の警官1人死亡した。3月5日バスク地方サンセバスチャンで自動車爆弾テロがあり，7人が負傷した。

2001年1月26日バスク地方のサンセブチャンの軍住宅地区付近で車に仕掛けられた爆弾が爆発し，軍属1人が死亡した。2月22日サンセバスチャンで駐車中の自動車が爆発した。3月9日サンセバスチアンで駐車中の自動車爆弾テロで，警官1人が死亡した。10月12日マドリード中心部のコロン広場地下駐車場で車爆弾が爆発し，14人が負傷した。同日はコロンブスの新大陸発見を祝う軍事パレードが実施され，ファン・カルロス一世国王らが参観していた。いずれも〈バスク祖国と自由（ETA）〉の犯行であった。

ビンラディンのテロ工作

(2001.6)

2001年6月24日スペイン内務省は，イスラム過激派〈アル・カイダ〉指導者オサマ・ビンラディンの部下，アルジェリア人モハメド・ベンサクフリアをテロ未遂容疑で逮捕した。フランス東部ストスブールの世界遺産旧市街や市場の爆破計画など，複数の国際テロ計画に関与していた。

ポルトガル

アゾレス民族自決テロ

(1976.4) アゾレス

1975年に結成された〈アゾレス解放戦線（FLA）〉が8月，自治政府を樹立し，爆弾テロ闘争を行ったが，〈FLA〉の一部分子がこれを不満として9月アゾレス民主共和国を樹立した。しかし，ポルトガルからの分離独立は成功せず，その支配もサン・ミゲル島にとどまった。結局，分離独立，あるいは米国の1州化方針も放棄して，1976年4月25日憲法を制定して自治を確立した。

マディラ民族自決テロ

(1976.4) マディラ諸島

1975年にマディラ諸島に〈マディラ解放戦線（FLM）〉が結成され，アゾレス諸島およびカナリア諸島の統合を主張し，8月臨時政府を樹立した。その一方，爆弾テロ作戦を実施し，1976年4月25日憲法で自治を確立した。

パレスチナ解放機構代表暗殺

(1983.4) リスボン

1983年4月10日，リスボンで開催された第16回社会主義インターナショ

ナル総会に出席中の〈パレスチナ解放機構（PLO）〉代表イサム・サスタウィが、パレスチナ・ゲリラ組織〈アブ・ニダル派（ANO）〉によって殺害された。これは〈PLO〉内部の犯行であった。

〈4月25日人民軍〉の連続テロ

(1983.11〜12) リスボン

1983年11月〜12月、リスボン一帯で6週間以上にわたり極左組織〈4月25日人民軍（FP25）〉による爆破テロが続発し、負傷者が多数出た。これは、政府の労働政策への抗議であった。この組織は1974年4月における軍部独裁打倒のための攻撃からその名をとっており、現体制打倒のための革命的労働者軍の創設を目指している。1980年代初めに爆弾攻撃、銀行強盗、商社員やその施設への武装攻撃を重ねた。1986年2月がリスボンの国家刑務所長官を暗殺した。これは、85年9月リスボンの拘置所からの10人の脱走事件に端を発したものであった。

駐ポルトガル・米大使館ミサイル攻撃テロ

(1984.10〜1986.2) リスボン

1984年10月、極左組織〈4月25日人民軍（FP25）〉がリスボンの米大使館に向けて対戦車ロケット弾2発を発射したが、操作のミスで命中しなかった。11月米大使館用地に迫撃砲弾4発が打ち込まれた。1986年2月18日再び米大使館の爆破テロがあった。

NATO施設攻撃

(1984.12) リスボン

1984年12月、極左組織〈4月25日人民軍（FP25）〉が北大西洋条約機構（NATO）のイベリア大西洋軍司令部に迫撃砲弾4発を打ち込んだ。続いて、1985年1月にもリスボン港に停泊中のNATO艦船に迫撃砲弾3発を打ち込んだが、命中しなかった。1986年5月、リスボンのイベリア大西洋軍司令部に迫撃砲弾1発を打ち込んだが、被害はなかった。

イギリス

北アイルランドのテロ暴動

(1968.8〜1994.12)

北アイルランドの民族自決闘争は第一次世界大戦以前に、内戦寸前までに至った。1916年のイースター蜂起に対して、英国は政策を弾圧へと転換したため、北アイルランドは独立戦争の様相をみせた。その結果、アイルランドは分割され、1922年に南部にアイルランド自由国が成立した。北部のアルスターは英国に残り、カトリック教徒が二級市民として扱われつつも、北アイルランド自治議会が機能したことで、事態は収まったが、〈アイルランド共和国軍（IRA）〉のテロは続いた。しかし、プロテスタント優位の体制を維持しようとするユニオニスト強硬派の暴力に、カトリック強硬派が暴力で対抗したため、1968年、北アイルランド暴動が再発した。ユニオニストの武装勢力〈アルスター防衛協会（UDA）〉に

対し，アイルランド全島のイギリスからの分離を主張するナショナリストの武装勢力〈IRA〉がテロを繰り返し，1971年以降は英軍の〈ユニオニスト〉支援の批判が高まるなか，1972年の血の日曜日事件が起き，英軍のアイルランド駐留へのナショナリストによる批判が事態をさらに激化させた。

1972年3月，英国は北アイルランドの直接統治に踏み切り，このことがかえって〈IRA〉のヨーロッパ全域での反英テロを生み出すことになった。

1993年12月，英国政府とアイルランド共和国の共同宣言で，英国は北アイルランド問題で中立的立場をとるとの姿勢に転換し，1994年9月〈IRA〉は無条件・無期限の停戦に入った。しかし依然としてテロが続き，北アイルランド自治政府は2001年8月11日機能を停止した。

● 主な事件

1968.8　カトリック系住民の市民権運動が暴動化，英軍が出動。

1968.8　1913年結成のアイルランド義勇軍を母体とする〈アイルランド共和国軍（IRA）〉が和解派と武闘派の対立で，武闘派がテロ活動を本格化。

1968.12〜1969.1　ベルファーストの学生組織，人民民主主義（PP），ロンドンデリーへ公民権デモで英軍が進駐。

1969.4　市民権を要求する暴動の激化で英軍派遣。

1969.8　北アイルランドのカトリック教徒が警官隊と衝突（ロンドンデリー），アルスターへ英軍進駐。

1969.10　北アイルランドで紛争再燃，デモ隊と英軍衝突。

1969.12　〈IRA〉，分裂，武装闘争派誕生。

1970.6　北アイルランドのプロテスタントのデモ隊，ベルファストでIRAと銃撃戦。

1970.7　〈ダブリン〉で英軍とカトリック教徒が衝突。

1971.11　〈IRA〉，と英軍が銃撃戦。

1971.11　〈IRA〉，アイルランド議会の廃止など停戦5原則を提案。

1972.1　〈ロンドンデリー〉で英軍とカトリック系住民が衝突，住民13人死亡，16人負傷（血の日曜日事件）。

1972.2　〈ダブリン〉で民衆3万人が英大使館焼き打ち，2/6 2万人の無言抗議デモ。

1972.3　ヒース英首相，北アイルランド直接統治を発表（自治停止）。

1972.3　北アイルランド議会停止。

1972.4　〈IRA〉，2カ月以内に住民投票実施，カトリック政府樹立と発表。

1972.5　〈IRA〉，攻撃停止を発表，6/27休戦発効。

1972.10　〈アルスター防衛協会（UDA）〉，ゲリラ戦へ突入。

1973.3　北アイルランド白書。

1973.12　サニングデール協定成立。

1985.11　英国，アイルランド，北アイルランド紛争協定調印発効。

1989.8　北アイルランドへの英軍駐留20年目の日にテロ。

1990.6　〈IRA〉，テロの激化。

1990.7　イアン・ガウ元国防相，IRAテロで死亡。

1991.2　ロンドンのパディントンとビクトリア両駅でIRAテロ。

1991.2　〈IRA〉が首相官邸に向け迫撃砲発射。

1992.3　〈IRA〉の政治組織シン・フェイン党，初めて対話の方針打ち出す。

1992.4　〈IRA〉，ロンドン・シティでテロ。

1992.7　プロテスタント・カトリック両派，英・アイルランド両国代表の4

者会談。

1992.11　英政府，IRAに和平交渉開始を提案。

1993.12　英国，アイルランド共同宣言で英国が中立的立場に転換。

1994.8　シン・フェイン党首，IRAの武装闘争終結表明。

1994.8〈IRA〉，9.1停戦発効の宣言

1994.9〈プロテスタント過激派合同忠誠軍司令部（CLMC）〉，〈IRA〉に停戦4条件を提出

1994.9　英国政府，〈IRA〉の肉声放送解禁。

1994.10　北アイルランドのCLMC，10.14停戦と表明。

1994.10〈ダブリン〉で北アイルランド問題円卓会議平和と和解のためのフォーラム。

1994.12　英国政府，シン・フェイン党と第1回予備協議（22年ぶりの直接対話）。

1994.12　ジョン・ブルートン・アイルランド首相，〈ダブリン〉空港でシン・フェイン党首ジェリー・アダムスと初めて会談。

1994.12〈IRA〉とプロテスタント過激派，ベルファストの刑務所から350人が恩赦。

駐英・ヨルダン大使暗殺未遂

(1971.12) ロンドン

1971年12月ロンドンで，パレスチナ・ゲリラ組織〈ファタハ〉分子により駐英ヨルダン大使に対する暗殺が企図されたが，未遂に終わった。

ヨルダン国王ロンドン別邸攻撃未遂

(1972.3) ロンドン

1972年3月，パレスチナ・ゲリラ組織〈ファタハ〉分子がヨルダン国王のロンドン別邸に攻撃を仕掛けたが，失敗に終わった。

血の金曜日事件

(1972.7) ベルファスト

〈アイルランド共和国軍（IRA）〉から1962年，〈アイルランド共和国軍暫定派（PIRA）〉が分裂した。1972年7月，ベルファストで〈PIRA〉が19件の連続爆破事件を引き起こし，9人を殺害し，130人が負傷した。これは血の金曜日事件といわれる。

駐英・イスラエル大使館あて小包爆発テロ

(1972.9) ロンドン

1972年9月19日，ロンドンの駐英イスラエル大使館に送付された小包が爆発し，大使館員7人が死亡した。パレスチナ・ゲリラ組織〈黒い九月〉が犯行声明を出した。

英国会議員の暗殺

(1974.3) ロンドン

〈アイルランド共和国軍（IRA）〉はテロ闘争への転換とともに，1974年3月12日プロテスタントの国会議員ウィリアム・フォックスを暗殺した。続いて，〈IRA〉によるロンドン塔爆破事件が起きた。

英国海外空機ハイジャック

(1974.3)

1974年3月3日，ボンベイ発ロンドン行きの英国海外航空（BOAC）機がハイジャックされ，アムステルダムに強行着陸した。犯人2人は〈パレスチナ青年民族解放戦線〉と名乗り，イギリス帝国主義反対をアピールし，逮捕さ

れた。

ロンドン塔爆破テロ

(1974.7) ロンドン

〈アイルランド共和国軍（IRA）〉のテロ闘争への転換で，1974年3月の国会議員フォックスの暗殺に続き，7月17日にロンドン塔爆破事件が起き，40人が重軽傷を負った。

〈IRA〉は1974年11月，バーミンガムで連続爆破テロを起こし，英国政府は〈IRA〉を非合法化した。これにより1975年2月に〈IRA暫定派（PIRA）〉とウィルソン英国政府が休戦協定に合意したが，5月〈PIRA〉は闘争を再開し，休戦協定は流れた。

IRAのベルファースト・テロ

(1975.4〜1980.2) ベルファースト

1975年4月，ベルファーストのパブで〈アイルランド共和国軍（IRA）〉が爆破テロを行い，7人が死亡し，75人が負傷した。

1978年2月，ベルファーストのレストランで2件の爆破事件が起こり，12人が死亡し30人が負傷した。〈アイルランド共和国軍（IRA）〉の犯行とされた。

1980年2月，ベルファーストで〈アイルランド共和国軍（IRA）〉による爆破テロがあり，バス20台が炎上した。

イエメン元首相ガリ暗殺

(1977.4) ロンドン

1977年1月，イエメン内戦はサウジアラビアの意を受けた王党派のガリ・イエメン元首相が調停に入り，いったん合意をみたが，ガリは4月にロンドンで暗殺された。

イエメン元首相ハジャリ暗殺

(1977.4) ロンドン

1971年12月から74年2月まで内閣を組織したハジャリ元イエメン首相が，77年4月にロンドンのホテルで暗殺された。犯人は不明。

〈英ファシスト〉テロ

(1977.6〜1978.5)

英ファシスト運動は旧〈英ファシスト連合（BUF）〉分子が1954年に〈帝国忠誠連盟（LEL）〉を結成して始まったが，1960年2月から〈英国民党（BNP）〉として活動を活発化した。1967年6月〈右翼分子は国民戦線（NF）〉と糾合し，選挙闘争を続けた。1977年5月大ロンドンの選挙では〈NF〉が50パーセントの票を獲得した。6月ロンドンで〈NF〉分子が左翼分子を攻撃したことにより双方で50人が拘禁された。8月左翼による〈NF〉に対する抗議行動は暴動となり，214人が拘禁された。10月〈NF〉の行進は非合法化された。11月社会労働党と左派分子が〈反ナチ連盟〉を結成し，1978年2月予定されたNF行進も禁止された。4月〈NF〉分子によると思われる英共産党事務所あて郵便小包爆弾事件が起きた。

1978年5月の総選挙では〈NF〉候補者は1人も当選しなかった。

〈パレスチナ解放機構〉代表暗殺

(1978.1) ロンドン

1978年1月4日ロンドンでロンドン駐在〈パレスチナ解放機構（PLO）〉駐英代表サイド・ハマミがパレスチナ・ゲリラ組織〈パレスチナ革命の声〉分子に暗殺された。ハマミとユダヤ人との

接触が理由とされた。

駐英・イラク大使暗殺未遂

(1978.7) ロンドン

1978年7月28日ロンドンで駐英イラク大使アル・ダウドの暗殺未遂事件が起きた。犯行筋は明らかでない。

ロンドン空港イスラエル機攻撃

(1978.8) ロンドン

1978年8月26日，パレスチナ・ゲリラ組織〈ワディ・ハダト派〉分子5人がロンドン空港で搭乗中のイスラエルのエル・アル（EL AL）機乗務員を攻撃し，スチュワーデス1人が死亡，負傷者3人が出た。テロリスト1人は射殺された。

英北アイルランド担当相ニーブ暗殺

(1979.3) ロンドン

1975年結成の〈アイルランド民族解放軍（INLA，アイルランド共和国軍（IRA）トロツキー派）〉により，1979年3月英保守党北アイルランド担当相エアリー・ニーブがロンドンの国会議事堂中庭駐車場で自動車に仕掛けられた爆弾により殺害された。

トルコ航空ロンドン支店爆破テロ

(1979.12) ロンドン

1979年12月，〈アルメニア解放軍〉によるトルコ航空ロンドン支店の爆破テロが起こり，〈アイルランド共和国軍（IRA）〉と共同闘争との声明が出された。

駐英・イラン大使館占拠

(1980.4) ロンドン

1980年4月30日ロンドンのイラン大使館を数人のイラン人が襲撃し，館員を人質に立て籠った。5月5日，英軍特殊部隊（SAS）が突入して，人質を解放した。

〈IRA〉・〈PIRA〉のロンドン・テロ

(1981.10〜1996.3)

1981年10月〜11月〈アイルランド共和国軍暫定派（PIRA，1962年IRAから分裂）〉はロンドンで連続爆破テロを起こし，闘争を激化させた。一方，11月，ベルファスト出身の英議員ロバート・ブラッドフォード神父を〈PIRA〉が殺害する事件が起こった。1982年7月，〈PIRA〉がロンドンの下町で無線操作爆弾2発を同時爆発させた。1発は車のトランクに仕掛けられており，クィーンズ・ハウスホールド騎兵の行進中に爆発し，軍人4人が死亡した。もう1発はバンドスタンドで爆発，演奏中の楽団員7人が死亡した。1983年12月，ロンドンのデパート・ハロッズで〈アイルランド共和国軍（IRA）〉の爆破テロにより5人が死亡した。

1996年2月9日，ロンドンで爆弾テロが発生し，2人が死亡し，100人以上が負傷した。〈アイルランド共和国軍（IRA）〉は，停戦破棄の声明を発したが，2月19日，3月9日にも，〈IRA〉による爆弾テロが起きた。1996年3月8日に，ダブリンのネルソン広場で爆破事件を起こした。

駐英・イスラエル大使館員暗殺未遂

(1982.6) ロンドン

1982年6月3日ロンドンの駐英イスラエル大使ショロモ・アルゴフがパレスチナ・ゲリラ〈アブ・ニダル派（ANO）〉によって狙撃された。これに

対する報復として，イスラエル軍は4日～5日ベイルートと南レバノンの〈パレスチナ解放機構（PLO）〉の拠点を爆撃した。

〈INLRA〉の北アイルランド爆破テロ

（1982.12）

1982年12月，北アイルランドのディスコで，アイルランド民族解放軍〈IINLA，アイルランド共和国軍（IRA）〉トロッキー派の爆弾テロが起こり，英兵11名を含む17人が死亡した。

英国・サッチャー首相暗殺未遂

（1983.3）ロンドン

1983年3月15日マーガレット・サッチャー英首相あて書簡が爆発するテロ事件が起こり，アルゼンチン民族組織〈4月2日組織〉が犯行声明を出した。

マウンテロッジ礼拝堂放火テロ

（1983.11）ダードレイ

1983年11月〈アイルランド民族解放軍（INLA，アイルランド共和国軍〈IRA〉トロッキー派）〉がダードレイのマウンテロッジ礼拝堂に放火し，死者17人を出した。

〈PIRA〉の英国・サッチャー首相暗殺未遂

（1984.10）ブライトン

1984年10月〈アイルランド共和国軍暫定派（PIRA）〉がブライトンのグランド・ホテルでマーガレット・サッチャー英首相と閣僚を狙った爆弾テロ事件を起こし，閣僚1人を含む4人が死亡し，32人が負傷した。サッチャー首相は無事であった。

英国・エリザベス女王暗殺計画

（1985.7）

1985年7月〈アイルランド共和国軍（IRA）〉によるエリザベス女王暗殺計画が発覚し，事前に防止された。

セーシェル反政府指導者暗殺

（1985.12）ロンドン

1985年12月29日，セーシェル抵抗運動（MPR）の指導者ジェラール・オアローがロンドン北部の自宅で銃撃され，死亡した。

アラブ首長国富豪誘拐テロ

（1986.1）ロンドン

1986年1月6日，ロンドンで駐英アラブ首長国大使ムハマド・サディク・タジルの弟が誘拐され，翌7日，大富豪のタジル大使に5000万ポンドの身代金が要求された。大使はニューヨークで200万ポンドの銀行小切手の支払いに応じ，11日ぶりに弟は解放された。その後，電話交渉を傍受した警察によってニューヨークで犯人は逮捕された。

ベルファーストテロ

（1987.1～10）ベルファースト

1987年1月ベルファーストで〈アイルランド共和国軍暫定派（PIRA）〉の連続爆破テロが起こり，警官4人を含む11人が負傷した。8月，ベルファーストの商店街で，仕掛けられた爆弾6発のうち2発が爆発したが，負傷者は出なかった。10月にもベルファーストの裁判所裏口で爆破事件が起きたが，死傷者はなかった。

〈IRA〉の英軍基地爆破テロ

(1988.6) ベルファースト

1988年6月、ベルファースト英軍基地で〈アイルランド共和国軍（IRA）〉による爆破テロがあり、兵士6人が死亡した。

アメリカ航空機爆破テロ（ロッカビリー事件）

(1988.12) ロッカビリー

1988年12月21日、フランクフルト発ロンドン経由ニューヨーク行きのパンアメリカン航空機103便がスコットランド最南部のロッカビリー村上空で爆発炎上して墜落し、乗客・乗員259人が死亡した。この事件はパレスチナ過激派によるものと判明し、英国・米国は関与したリビアに対し容疑者のリビア元情報機関員アブデルバゼット・メグラヒ、アルアミン・フヒマの2人の引き渡しを要求し、1992年1月21日国連安全保障理事会は犯人引き渡しの決議を採択した。リビアは、これを拒否し、アラブ連盟の説得工作にも応じなかったため、3月31日リビア制裁国連決議が成立した。
この事件は1991年に英国、米国が早くからリビア人の関与と断定し、リビアに対し引き渡しを要求してきたが、一貫してリビアが拒否し、武器禁輸、在外資産凍結などの国連制裁でリビアは国際的に孤立した。1999年アラブ諸国の仲介でリビアが容疑者2人の引き渡しに応じ、2000年5月3日オランダの旧米軍基地キャンプ・ザイストに設けられた英スコットランド法廷で審理が始まり、リビアの関与が解明されないまま、2001年1月31日メグラヒ被告に終身刑、フヒマ被告に無罪が言い渡された。

〈IRA〉の鉄道爆破テロ

(1989.4) アーマ

1989年4月、南アーマで〈アイルランド共和国軍（IRA）〉による鉄道爆破テロが起きた。この鉄道爆破テロに抗議して、10月プロテスタントとカトリックの両市民800人が平和列車を仕立ててベルファーストからダブリンに入った。

ギルモア元英国防相暗殺

(1990.7)

1990年7月30日、イアン・ギルモア元国防相が〈アイルランド共和国軍（IRA）〉のテロで死亡した。彼は1974年1月から3月まで国防相を務めた。

〈IRA〉の再開テロ

(1995.11～1998.2)

アイルランド共和国軍（IRA）は、1994年9月1日停戦宣言を発したが、以後もテロは続いた。

1995.11　北アイルランドのニューデリーで〈IRA〉武装分子の暴行テロ。

1996.2　〈IRA〉、ロンドン東部ドックランドのオフィスビル地下駐車場で爆発テロ、2人粗暴、100人以上負傷。

1996.6　〈IRA〉、マンチェスターのショッピングセンターで自動車爆破テロ、205人負傷。

1997.2　〈IRA〉、ベルファーストの検問所で英軍兵士1人殺害、市民1人負傷。

1997.4　〈IRA〉、イングランドのリーズでとストクオンレントの鉄道駅で爆発テロ。

1997.7　〈IRA〉、ベルファーストの検問所を銃撃、警官2人と兵士3人が負傷。

1998.2　〈IRA〉、ベルファーストのレストランで自動車の鈍うとした男女2人を銃撃。

1998.2〈IRA〉，ベルファーストの繊維工場で射殺テロ。

ロンドンデリー銃乱射テロ

(1993.10) ロンドンデリー

1993年10月30日，北アイルランドのロンドンデリーで銃乱射事件が起こり，カトリック系市民7人が死亡し，11人が負傷した。

駐英・イスラエル大使館・ユダヤ施設爆破テロ

(1996.7) ロンドン

1996年5月のイスラエル軍のヒズボラ爆撃への報復として，7月18日ブエノスアイレスのアルゼンチン・イスラエル大使館が爆破された。翌19日，〈神のパルチザン〉による犯行声明が出された。19日にはパナマ上空で航空機爆破テロが起きており，これについても同組織がレバノン南部で犯行声明を出した。同機に搭乗の21人が死亡したが，そのうちの12人がユダヤ人であった。それから1週間後の7月31日，ロンドンでイスラエル大使館を狙った爆弾テロが起きた。1発はイスラエル大使館の外で，1発はユダヤ慈善団体の建物の前で爆発し，19人が負傷した。1995年1月17日，ヨルダン人4人，レバノン人1人が逮捕された。

〈IRA〉のロケット発射

(1997.1) ベルファースト

1997年1月6日〈アイルランド共和国軍（IRA）〉がベルファーストの裁判所に向けてロケットを発射した。

英軍司令部爆弾テロ

(1996.10) 北アイルランド

1996年10月7日，アイルランド共和国軍（IRA）が北アイルランドの英軍司令部に対し爆弾テロを決行し，1人が死亡した。

〈真のIRA〉爆弾テロ

(1998.4〜2001.4) オマ，ロンドン

1998年4月10日和平合意が成立した北アイルランドの西部オマで，8月15日爆弾が爆発し，28人が死亡した。カトリック系過激派アイルランド共和国軍（IRA）の造反組織〈真のIRA〉が犯行声明を出した。〈真のIRA〉は9月8日完全停戦を宣言した。

だが2000年9月ロンドンで〈真のIRA〉が対外情報機関（MI6)に対しロケット攻撃をかけた。2001年3月4日ロンドンのBBCテレビ放送センター前で爆弾テロが起きた。〈真のIRA〉の事前反抗声明があった。4月14日ロンドンの郵便集配センター前で〈真のIRA〉による爆弾テロが起こった。

〈IRA〉の報復テロ

(1999.3〜7) ベルファースト

1999年3月20日，ベルファーストの元IRA活動家宅に爆弾を仕掛けたが，失敗した。7月30日ベルファーストの元IRA活動家のタクシー運転手を殺害した。

環境テロ

(2000.12〜2001.1)

2000年12月中旬から翌01年1月12日にかけ，イギリスで動物を飼育する農家やペットショップ，狩猟愛好家などに釘や金属球などを封筒に入れた手紙爆弾が届き，受け取った人が顔に怪我をするななどの事件が多発した。動物愛護運動の過激派〈動物解放戦線

イギリス

〈ALF)〉の犯行であった。〈ALF〉は「動物を虐待する人間こそテロリスト」と主張して，動物実験をする研究所の爆破テロを起こした。

人種テロ

(2001.5) オールダム

2001年5月26日夜半，マンチェスター郊外のオールダムでパキスタン人，バングラデシュ人らアジア系住民約500人が飲食店を襲撃し，自動車に放火した。これは白人住民がアジア系住民の住居を26日の日中に襲撃した報復テロであった。

ベルファースト通学テロ

(2001.9) ベルファースト

2001年9月5日ベルファーストにあるカトリック系ホーリー・クロス小学校の通学路での小学生に対しプロテスタント系住民が物を投げ，爆弾の投擲も起きた。4人の警官が負傷した。学校は対立する両派の境界地区にあった。

記者殺害テロ

(2001.9) ベルファースト

2001年9月28日ベルファーストでサンデー・ワールド記者マーティン・オヘーカンが徒歩で帰宅途中，走行中の車から発砲され死亡した。

アイルランド

駐アイルランド・英大使館焼き打ち

(1972.2) ダブリン

1972年2月〈アイルランド共和国軍（IRA）〉はダブリンの駐アイルランド英大使館を焼き打ちした。

〈IRA〉テロ

(1973.10) ダブリン

1973年10月，ダブリンのモンジョイ刑務所から〈アイルランド共和国軍（IRA）〉幹部3人がヘリコプターで脱出した。これとともに，ベルファースト—ロンドンデリー間の鉄道爆破，さらにベルファースト英軍基地への爆弾攻撃が起こった。

1975年10月3日，オランダの製鉄工場所長ティデ・ヘレマが〈アイルランド共和国軍（IRA）〉に誘拐され，6週間拘禁された。最後の拘禁地ダブリンでその所在を警察が突き止め，彼の解放に成功した。

1976年2月12日，ダブリンの百貨店で〈アイルランド共和国軍（IRA）〉による爆破テロが起きた。

駐アイルランド・英大使暗殺

(1976.7) ダブリン

1976年7月21日，アイルランドに赴任した英大使クリストファー・ユーワート・ビッグスが31日アイルランド共和国外相に面会のため大使公邸を出たところを〈アイルランド共和国軍（IRA）〉分子が仕掛けた地雷で暗殺された。

反英闘争指導者コステロ暗殺

(1977.10) ダブリン

1977年10月5日〈アイルランド共和

国社会主義党（IRSP）〉指導者シーマス・コステロが〈アイルランド共和国軍（IRA）〉によってダブリンの駐車場で暗殺された。

マウントバッテン伯暗殺

(1979.8) スライゴー州

　第二次世界大戦の英雄ルイス・マウントバッテン伯が1979年8月27日、スライゴー州の別荘クラシーボーン城近くでヨット釣りの最中、乗船したシャドーV号の機関室に〈アイルランド共和国軍（IRA）〉過激派によって仕掛けられた遠隔操作の爆弾爆破で暗殺され、死者4人、負傷者3人を出した。

アイルランド沖のインド航空機爆破テロ

(1985.6) アイルランド沖

　1985年6月23日、アイルランド南方の海上でインド航空機が爆発し、乗客全員が死亡した。シク過激派の〈ダシュメーシュ連隊〉と〈カシミール解放戦線〉が犯行声明を出した。

マルタ

エジプト航空機ハイジャック

(1985.11) マルタ

　1985年11月23日アテネからカイロへ向かうエジプト航空機がマルタ空港でゲリラ組織〈エジプト解放組織（ELO）〉によりハイジャックされた。24日、エジプト軍特殊部隊が現地に急派され、マルタで救出作戦を行い事件は解決をみたが、60人が死者を出した。エジプトは、この事件でリビアの関与を主張し、両国間に緊張が高まった。

イスラム聖戦機構指導者暗殺

(1995.10) マルタ

　1995年10月29日、ヨルダン川西岸とガザ地区で反イスラエル闘争を展開しているイスラム原理主義者組織〈イスラム聖戦機構〉の創始者ファティ・シュカキがマルタで暗殺された。〈イスラム聖戦機構〉はイスラエルの情報機関モサドの犯行であるとして非難したが、イスラエル側は何も声明を出さなかった。

オーストリア

ユダヤ人列車攻撃テロ

(1971.9) オーストリア

　1971年9月、パレスチナ・ゲリラ〈サイカ〉がオーストリアでソ連系ユダヤ人移民が乗車した列車を攻撃した。

石油輸出国機構本部襲撃テロ

(1975.12) ウィーン

　エジプトは，第4次中東戦争後の新たな情勢のなか，アンワル・サダト大統領がソ連寄りから米国寄りへ路線の転換を進め，ヘンリー・キッシンジャー米国務長官のエジプト・イスラエル往復外交によりシナイの兵力引き離し協定を受け入れ，1975年9月エジプト・イスラエル第2次シナイ協定を成立させた。これは，事実上，エジプト・イスラエルの単独和平協定を意味したが，12月20日～21日ウィーンで石油輸出国機構（OPEC）本部での総会を開催中，パレスチナ・ゲリラ組織〈アラブ革命の腕〉が同本部を襲撃し，シナイ協定の破棄を要求した。23日，このパレスチナ・ゲリラはアルジェリア政府に投降し，31日釈放されてリビアへ入国した。

〈クルド民主党〉代表暗殺

(1989.7) ウィーン

　1989年7月〈クルド民主党〉代表アブドル・カセムルが亡命先のウィーンで射殺された。イラン政府に関係する組織による犯行とみられた。

〈ババリア解放軍〉手紙爆弾テロ

(1993～1997.10)

　1997年10月オーストリア警察は，1993年からオーストリア，ドイツ両国で数々の手紙爆弾テロを続けてきた男を逮捕した。この〈ババリア解放軍〉テロによりロマ（ジプシー）組織の4人が殺害され，15人が負傷した。

右翼の手榴弾テロ

(1993.10) ウィーン

　1993年10月3日～6日，ウィーンで難民支援者に手榴弾が投げつけられ爆発した。これは，難民への社会差別感情をみせた一部右翼の行動であった。

〈革命細胞〉の爆破テロ

(1995.9～12) ウィーン

　1995年9月，ウィーンで〈ドイツ赤軍（RAF）〉の極左組織〈革命細胞（RZ）〉がドイツ製薬会社事務所とアメリカン・スクールで爆破テロを起こした。12月にもザルツブルグのアメリカン・エクスプレス事務所爆破テロが起き，RZの別動隊とみられる国際主義細胞が犯行声明を出した。

デンマーク

日本人留学生拉致

(1983.10) コペンハーゲン

　1983年10月ロンドンに留学中の日本人学生有本桂子（当時23歳）がコペンハーゲンからの手紙を最後に，行方不明となった。他の拉致事件と同様，北朝鮮による誘拐として被害者家族連絡会が調査を要求したが，北朝鮮はこの疑惑を強く否定した。

駐デンマーク・ペルー総領事館占拠

(1997.4) コペンハーゲン

　1997年4月28日，コペンハーゲンの

ペルー総領事館がペルーの〈トゥパク・アマル革命運動（MRTA）〉を支持するデンマーク人極左グループ9人によって占拠された。1時間後、警察によって占拠は解除された。

スウェーデン

駐スウェーデン・ユーゴスラビア大使殺害
（1971.4）ストックホルム

1971年4月8日、ストックホルムの駐スウェーデン・ユーゴ大使ロロビッチがユーゴスラビアの反共組織〈ウスタシャ〉の一員によって殺害された。

スカンジナビア航空機ハイジャック
（1972.9）

1972年9月15日、ユーゴスラビアの反共組織〈ウスタシャ〉によるスカンジナビア航空（SAS）機ハイジャックが起こり、同機はスウェーデンのマルメ空港に到着し、スウェーデン政府に対し同志7人の釈放を要求した。結局、犯人は翌16日スペインで投降した。

駐スウェーデン・西ドイツ大使館占拠
（1975.4）ストックホルム

1975年4月24日〈ドイツ赤軍（RAF）〉の分派〈ホルガー・マインス・コマンド〉がストックホルムの駐スウェーデン西ドイツ大使館を占拠し、〈ドイツ赤軍〉のウルリケ・マインホーフら26人の釈放を要求した。西ドイツ大使館は爆破され、ゲリラは逮捕されたが、人質ら3人が死亡した。

パルメ・スウェーデン首相暗殺
（1986.2）ストックホルム

1986年2月28日、ストックホルムでスウェーデン首相オロフ・パルメが至近距離で狙撃され、死亡した。犯人も暗殺の動機も謎のままであるが、南アフリカの関与が報道された。

英国在住者爆弾テロ未遂
（1997.1）スウェーデン

1997年1月、デンマークのネオ・ナチ組織が、英国在住者を標的に爆弾テロを計画し、手紙爆弾をスウェーデンで投函したが、スウェーデン警官により発見され、犯行グループ3人がデンマーク警察に逮捕された。

ストックホルム・スタジアム爆破テロ
（1997.8）ストックホルム

1997年8月8日、ストックホルム・スタジアムで爆破事件があり、25日イェーテボリのウッレビ競技場でも爆破事件があった。2004年夏期オリンピックのスウェーデン招致に反対する過激派組織〈われらスウェーデン建

ノルウェー

韓国人拉致

(1979.4) オスロ

　1979年4月15日、オランダに留学中の韓国の女子高校教師高相文がオスロを旅行中、消息を絶った。韓国政府は、オランダ、ノルウェー、スウェーデン政府と国際刑事警察機構（ICPO）に捜査を依頼した。6月30日に北朝鮮のピョンヤン放送が高相文の北朝鮮への亡命を報じた。

駐ノルウェー・イラン大使館占拠

(1987.9) オスロ

　1987年9月19日、オスロのノルウェー・イラン大使館をイランの反体制左派〈イラン人民ゲリラ戦士機構（OGFPI）〉の11人が占拠した。しかし、3時間で人質を解放して投降した。

ソ　連

ソ連航空機ハイジャック

(1970.10～1991.2)

　1970年10月15日グルジアのバツーミからスフーミへ向かったアエロフロート機を犯人2人がハイジャックして、トルコのトラブソンに着陸した。スチュワーデスは犯人を阻止しようとして殺害され、パイロットも負傷した。

　10月27日ケルーチ発、セバストポール行きのアエロフロート機を学生2人がハイジャックして、トルコのシノープに着陸し、犯人は「自由が欲しかった」といったが、彼らはソ連に強制送還された。

　1973年5月18日モスクワ発チタ行きのアエロフロート機がハイジャックされ、機内で犯人との銃撃戦となり、シベリア南部に墜落した。

　1977年5月26日バルト海上でアエロフロート機が犯人1人にハイジャックされ、スウェーデンのストックホルムに着陸した。

　7月8日ペトロザボスクからレニングラード行きのアエロフロート機が犯人2人にハイジャックされ、フィンランドのヘルシンキに着陸した。犯人は12日に投降し、ソ連に強制送還された。

　1982年11月7日ノボロシク発オデッサ行きのアエロフロート航空機がロシア人1人、東ドイツ人学生2人にハイジャックされた。同機は北大西洋条約機構（NATO）通信基地との連絡により、トルコのサムソン空港を経てシノップ空港に着陸し、犯人はトルコに亡命を希望した。

　1985年12月19日ネルチンスキーザボード発イルクーツク行きのアエロフロート航空の国内便を副操縦士がハイジャックし、中国内蒙古自治区に不時着した。亡命希望の副操縦士を除い

て，乗客と機体は21日ソ連に返還された。

1986年9月20日バシキール自治共和国のウハ空港で2人の男が警備兵2人を殺害し，機体を占拠した。乗客76人を人質とし，さらに2人を殺害したが，治安部隊が突入し，犯人2人を殺害した。

1988年3月イルクーツク発レニングラード行きのアエロフロート航空機をロシア人音楽家の一家11人がハイジャックしてロンドン行きを命じたが，給油でレニングラード近郊の基地に着陸した際，ソ連特殊部隊が突入し，犯人5人は自殺した。

1989年1月30日アルハンゲリスクからオデッサ行きの国内便を犯人1人がハイジャックし，ブカレストもしくはイスラエル行きを命じたが，犯人は降伏した。

3月21日，アストラカンからバクー行きの国内便が犯人1人にハイジャックされ，犯人はパキスタン行きを要求したが，バクーに着陸し，特殊部隊が突入し，犯人を逮捕した。

1990年6月24日，エストニアのタリンからウクライナのリボフ行きのアエロフロート航空機がハイジャックされ，ストックホルム行きを命じられたが，燃料不足でヘルシンキに着陸した。犯人1人は亡命を求めたが，強制送還された。

6月30日，ウクライナのリボフ発ロシア共和国のレニングラード行きのアエロフロート機がハイジャックされ，ストックホルムに到着した。7月1日，犯人1人は降伏し，ソ連に送還された。

7月5日レニングラード発ウクライナ共和国のリボフ行きのアエロフロート機が1人の青年にハイジャックされ，ストックホルムに着陸し，犯人は亡命を求めた。

10月5日ノブゴロド発ペトロザボーツク行きのアエロフロート機がハイジャックされ，ヘルシンキに着陸した。犯人1人は強制送還された。

11月15日レニングラードからモスクワ行きのアエロフロート機がハイジャックされヘルシンキに着陸したが，犯人1人は送還された。

8月19日シベリアのネリユングからヤルツーク行きの囚人護送のアエロフロート機が囚人15人に強奪され，イエメンに着陸し，囚人が送還された。

1991年2月アルハンゲリスク発レニングラード行きのアエロフロート機がハイジャックされたが，レニングラードに着陸し，犯人は射殺された。

11月1日チェチェンの独立宣言で9日にロシア内務省部隊がチェチェンに導入されたことに抗議して，同9日，独立を要求するチェチェン人がトルコ発のアエロフロート機をハイジャックした。

ソ連移住ユダヤ人テロ

(1973.9) ウィーン

ユダヤ人のソ連からイスラエルへの移住が開始され，1973年9月28日その移住者を乗せたウィーン行急行列車に〈パレスチナ解放人民戦線(PFLP)〉のテロリストが攻撃をかけた。

駐ソ連・エチオピア大使館占拠

(1977.5) モスクワ

1977年5月6日，エチオピア人学生60人がエチオピア国家元首メンギスツ・ハイレ・メリアムの訪ソに抗議して，モスクワの駐ソ連・エチオピア大使館を4時間占拠した。

ロシア

ロシア航空機ハイジャク

(1993.9〜1997.12)

1993年9月15日,アゼルバイジャンのバクーからロシアのベルミ行きのアエロフロート航空機がカスピ海上でイスラム原理主義者3人によってハイジャックされた。犯人はノルウェー行きを要求した。同機はキエフで給油してオスロ空港に着陸し,犯人は降伏した。

1994年10月23日北カフカスのダゲスタン共和国マハチカラ発,ロストフナドヌ行きのアエロフロートのYaK-40型機が犯人1人によってハイジャックされ,イラン行きと200万ドルを要求された。出発地に戻り,27日特殊部隊が突入,犯人は自殺した。

11月23日,タジキスタンのドゥシャンベからロシア共和国南部のスタブロポリ行きのアエロフロート機がタジキスタン高官によってハイジャックされ,イラン行きを要求したが,11月未遂に終わった。25日タジキスタン高官の乗ったアエロフロート機のハイジャックがあったが,成功しなかった。

11月24日,ウラルのコミ共和国からサンクトペテルベルク経由,ミンスク行きのアエロフロート機が犯人3人によってハイジャックされ,デンマーク行きを命じられたが,エストニアのタリン空港に着陸し,犯人は投降した。1997年12月ロシア国内便がハイジャックされ,モスクワ・シェレメチェボ空港に着陸し,犯人は逮捕された。

駐ロシア・米大使館迫砲発射

(1995.9) モスクワ

1995年9月13日,モスクワの米大使館に迫撃砲が撃ち込まれたが,それはボスニア・ヘルツェゴビナのセルビア人勢力に対する北大西洋条約機構(NATO)の空爆に対する抗議であった。

国際赤十字委員会爆破テロ

(1996.12) モスクワ

1996年12月17日,モスクワの国際赤十字委員会(ICRC)の居住地域で爆弾テロがあり,ノルウェー人2人,オランダ人1人,カナダ人1人,ニュージーランド人1人,スペイン人1人,スイス人1人が死亡した。犯行声明はない。

イングーシ難民バステロ

(1997.7) 北オセチア

1997年7月17日,北オセチアでイングーシ難民バスが銃撃され,17人が負傷した。

ピョートル大帝像爆弾テロ

(1997.7) モスクワ

1997年7月,モスクワでピョートル大帝像に対する爆弾テロが起きた。

ロシア中央銀行総裁邸銃撃テロ

(1997.7) モスクワ

1997年7月，モスクワでロシア中央銀行総裁宅への銃撃テロが起きた。

駐ロシア・スウェーデン大使館テロ

(1997.12) モスクワ

1997年12月19日，モスクワの駐ロシア・スウェーデン大使館にテロリストが乱入し，大使館員を人質にした。ロシア特殊部隊が突入し，犯人を射殺した。

スウェーデン使節団誘拐テロ

(1998.1) マハカラ

1998年1月8日マハカラでスウェーデン使節団の2人が誘拐された。彼らはタゲスタンの投獄者の釈放を要求した。7月24日人質は解放された。

タゲスタンの誘拐テロ

(1999.8) タゲスタン

1999年8月16日タゲスタンでポーランド人2人，ロシア人2人が誘拐され2001年1月7日チェチェン議会は前年12月に身代金と引き換えにに人質は解放されたと明らかにした。

無差別テロ

(2000.8) モスクワ

2000年8月8日，モスクワ中心部の地下道で爆発が起こり，12人が死亡した。チェチェンとの関連も指摘されたが，不明。

ハバロフスク無差別テロ

(2001.4) ハバロフスク

2001年4月13日ハバロフスクで爆弾テロが起こり，犯人1人は死亡した。

カフカス人暴行テロ

(2001.4) モスクワ

2001年4月22日首都モスクワ西部のヤーセネヴォ市場で〈スキンヘッド集団〉など右翼がカスカス系商店を襲撃した。彼らは「外国人はロシアから出ていけ」と叫び，カフカス系商人に暴行を加えた。数十人が負傷した。20日はヒトラーの誕生日であった。

バス・ジャック

(2001.7) スタブロポリ州

2001年7月31日ロシア南部スタブロポリ州ニェビノノムィスク近郊で乗客35人が乗った路線バスがジャックされ，1994年バス・ジャック事件でのチェチェン人犯人の釈放が要求された。ミネタヌイエ・ボディ空港で人質10人が解放され，同日警官隊の突入で解決し，1人が死亡した。

アストハニ無差別テロ

(2001.8) アストハニ

2001年8月19日ロシア南部アストハニ中心部キーロフスキ市場で爆弾テロが起こり6人死亡，約50人が負傷した。犯行声明はない。

チェチェン

チェチェン解放勢力テロ

(1994.7〜2001.9) チェチェン

1994年7月29日，チェチェンの武装集団がロシアの介入に抵抗して人質をとりヘリコプターを爆破した。この事件で，ロシアは，「チェチェンは，麻薬・武器流出の源泉であり，犯罪者の避難場所である」と非難し，チェチェン弾圧を正当化した。

1995年6月チェチェンのドゥダエフ派の都市ゲリラがロシア南部ブジョノフスクの公共施設を占拠し，人質約1000人をとって立てこもった。17日ロシア部隊が波状攻撃をかけ，19日に占拠事件は解決した。

10月6日，チェチェン共和国の首都グロズヌイでアナトリー・ロマノフ・ロシア軍司令官（内務次官）の乗用車が爆弾テロにあい，ロマノフは死亡し，グロズヌイに非常事態宣言が発せられた。

1996年1月チェチェン・ゲリラがタゲスタン共和国の都市キズリャールを襲撃し，病院を占拠し2000人を人質とした。10日に人質は釈放され，18日までに制圧された。

6月11日，モスクワの地下鉄で爆発が起き，4人が死亡した。チェチェン紛争と関連したテロであった。7月11日，12日と連続して，モスクワのバス爆破テロが起こった。

1999年8月南部チェチェンから隣接のダゲスタンに武装勢力が侵入し，イスラム国家の樹立を宣言した。これに対するロシア軍の制圧作戦で内戦が激化し，これとともにテロが相次ぎ，テロが起きた。8月31日モスクワ中心部の地下ショッピングセンターで爆弾テロ，41人負傷。9月4日ダゲスタンのブナイスクでロシア軍の集合住宅の爆破，64人死亡。9月9日モスクワ南東部で9楷建集合住宅の爆破，180人死亡。9月13日モスクワ南部で8楷建集合住宅の爆破，120人死亡。9月16日南部ロストラ州ボルゴドンスクで爆弾テロ，17人死亡。9月13日ルシャイ内相は，これらテロはチェチェン武装勢力の犯行と断定した。

2000年1月23日チェチェンの首都グロズヌイで市街戦があり，激しい戦闘が続いた。

2001年3月24日北カフカスのチェチェンに近い3つの町で同時爆弾多発テロが起こり，23人が死亡，負傷者は131人で，うち8人重態であった。チェチェン解放勢力の仕業と解された。3月末，のチェチェン共和国隣接地域で連続爆破テロが続き，20人以上が死亡した。

4月12日チェチェン共和国で政府高官は爆弾テロで死亡した。25日第2の都市グデルメスで爆弾テロで警察庁舎が半壊し，警官6人が死亡した。4月23日チェンチェン共和国に隣接したスタブルポリ地方エセントキの墓地で数回の爆発が起き，女性2人が死亡した。チェチェン武装勢力の関与が指摘された。

5月1日〜2日チェチェン共和国キロフ・ユルト地区で爆弾テロが相次ぎ，住民7人が死亡した。近郊の村では移動中の村長が銃撃され死亡した。

6月19日チェチェン共和国首都グロズヌイ近郊のグデルメスで治安機関を狙った連続爆破テロがあり，3人が死亡し，36人が負傷した。

8月25日チェチェンの第2の都市グデルメスの中央市場で爆発テロがあり，3人が死亡，11人が負傷した。

9月23日チェチェン共和国に隣接したタゲスタン共和国北西部ハサブユルチで自動車爆弾が爆発し，2人が死亡した。

サフガエフ首相暗殺未遂

(1995.11～12) グロズヌイ

1995年11月20日，チェチェンの首都グロズヌイで親ロシア派のザフガエフ首相の暗殺を狙った爆弾テロが発生した。さらに，11月22日，12月4日にも爆弾テロが起きた。

外国人誘拐テロ

(1998.10～2001.1) チェチェン

1998年10月3日，チェチェン共和国のグロズヌイでイギリス人3人とニュージーランド人1人が誘拐された。人質は12月8日解放された。2001年1月10日チェチェン共和国でフランスの国際援助団体，国境なき医師団のアメリカ人要員1人がイスラム武装勢力により拉致された。

ウクライナ

ラザレンコ首相暗殺未遂

(1996.7) キエフ

1996年7月16日首都キエフでパーベル・ラザレンコ首相を狙った爆弾テロが起きたが，首相は無事だった。

殺人部隊のテロ

(1999.7～2000.11) キエフ

1997年に政府批判のドキュメンタリー番組制作で逮捕されたことがあるロシア公共テレビ（ORT）のカメラマン，ドミトリー・ザバドスキーが1997年7月ミンスクの空港へ友人を迎えに行ったまま行方不明となった。9月に元副首相で1996年の大統領弾劾運動に参画した野党，統一市民党の指導者ビクトル・ゴンチャルが，友人で資金提供の実業家アナトリー・クラフスキーとともに突然失踪した。同様に，元内務相で1995年に解任された統一市民党の活動家ユーリ・ザハレンコも，9月に行方不明となった。首都ミンスクでは，ルカシェンコ大統領の「殺人部隊」が政敵を相次いで殺害したとの疑惑が2001年9月表面化し，亡命した元捜査官は30人以上が行方不明と証言した。

2000年9月，インターネット上で厳しいレオニード・クチマ大統領批判を続けてきたゴンガゼ記者が失踪し，11月キエフ近郊で遺体が発見された。クチマ大統領の殺害関与の疑惑が浮上したが，クチマ大統領は否定した。

ベラルーシ

国会議員暗殺

(1997.10) ミンスク

1997年10月6日ベラルーシの下院議員が自宅前で爆弾テロにより暗殺され

た。犯人は特定できずに終わったが，背景には大統領派と民主派の対立があった。

駐ベラルーシ・ロシア大使館テロ

(2001.5) ミンスク

2001年5月30日首都ミンスクの駐ベラルーシ・ロシア大使館に手榴弾が投げ込まれた。6月1日ミンスクで独立国家共同体（CIS）首脳会議開催前の事件であった。

アゼルバイジャン

ムタリボフ次期大統領暗殺未遂

(1991.9) バクー

1991年9月6日，大統領就任を前にしたアヤズ・ムタリボフの暗殺未遂事件が起きた。〈アゼリ人民戦線（APF）〉が犯行声明を出した。

無差別テロ

(1994.3) バクー

1994年3月19日，バクーの地下鉄で爆破テロがあり，12人が死亡した。

プーチン・ロシア大統領暗殺未遂

(2001.1) バクー

2001年10月16日アゼルバイジャンのナミク・アバソフ国家保安相は，アフガニシタンのテロリスト・キャンプで訓練を受けていたイラク人男性が同01年1月プーチン・ロシア大統領の暗殺を企てていて逮捕した，と発表した。

アルメニア

議会乱射

(1999.10) エレバン

1999年10月27日，国民の窮状や政府の腐敗を訴える5人の武装集団が議会に突入して銃を乱射し，サルキシャン首相，デミルチャン国会議長ら8人が死亡した。乱入者は議員・閣僚ら数十人を人質にとって立てこもったが，ロベルト・コチャリャン大統領の説得で28日投降した。

グルジア

アブハジア首相暗殺

(1993.7) スフミ

1993年7月27日，ロシア大統領の仲介でアブハジア自治共和国とグルジア国軍が停戦協定に同意した。9月16日，アブハジア軍がスフミを攻撃し，26日占領した。その過程で，グルジアに妥協的と見做されていたアブハジア首相シャルタワが暗殺された。

駐グルジア・ロシア大使館・軍施設襲撃テロ

(1994.4) トビリシ

1994年4月チェチェン・ゲリラが首都トビリシのロシア大使館とロシア軍駐屯地に連続襲撃をかけた。〈アルゲティの娘〉の名で犯行声明が出された。

シェワルナゼ最高会議議長暗殺未遂

(1995.8～1998.2) トビリシ

1995年8月末，エドアルド・シェワルナゼ最高会議議長への暗殺未遂事件が起きた。それは旧グルジア体制派〈クケドリオニ〉のゲオルガゼ前国家保安局長によって計画され，ロシアの旧ソ連共産党支配勢力が関与していた。ゲオルガゼは，その事件直後，ロシアに逃亡した。再び1998年2月帰宅途中のシュワルナゼ大統領が襲撃され，護衛1人が死亡したが，シュワルナゼは無事であった。

バス放火テロ

(1998.9) スフミ

1998年9月21日，スフミでバスが放火され，バングラデシュ人2人とナイジェリア人1人の国連軍事オブザーバー3人と関係者1人が負傷した。犯人は不明。

国際機関誘拐テロ

(1999.10～2000.8) スフミ，コドリ渓谷

1999年10月13日，スフミでドイツ，チェコ，ギリシャ，スイス，スウェーデン，ウルグアイ各国の国連軍事監視要員6人とグルジア人通訳が誘拐され，犯人は25万ドルの身代金を要求した。15日までの全員が解放された。2000年6月1日コドリ渓谷で国連監視要員デンマーク人2人，英政府職員1人，アブハジア人2人が武装集団に誘拐され，50万ドルの身代金を要求された。6月3日アブハジア人1人が解放され，5日残りの人質も解放された。8月4日パンキシで少数派チェチェン人キシ人が赤十字国際委員会の職員と運転手を誘拐した。8月13日人質全員が解放された。

キルギス

イブラインモフ主席暗殺

(1981.12) ビシケク

1981年12月4日，キルギス共和国主席スルタン・イブラインモフが暗殺された。

誘拐テロ

(1999.8) バトケン地区

1999年8月6日，バトケン地区でタジ

キスタン武装勢力がキルギスタン政府当局者4人を誘拐した。13日武装勢力は身代金と引き替えに人質を釈放した。

日本人地質学者誘拐テロ

(1999.8)

1999年8月22日、ウズベキスタンの武装勢力、〈ウズベキスタン・イスラム運動（IMU）〉が、日本人地質学者4人、その通訳、キルギスタン兵士8人を誘拐した。10月13日キルギスタン兵士4人が解放され、18日さらにキルギスタン人2人が解放され、残りの人質は25日に解放された。

アメリカ人誘拐テロ

(2000.8) カラス渓谷

2000年8月12日カラス渓谷で〈ウズベキスタン・イスラム運動〉がアメリカ人4人、キルギス人兵士1人を誘拐した。アメリカ人4人は18日脱出した。

タジキスタン

タジキスタン機ハイジャック未遂

(1992.10) カーログ

1992年10月19日、カーログで武装ゲリラ4人によりタジク航空のヘリコプターが奪取されたが、民兵が包囲し、ロシア国境警備隊の介入を妨害した。武器はタジキスタン当局が押収した。

ロシア軍人テロ

(1995.2〜1996.12)

1995年2月ロシア国境警備隊の兵員輸送バス襲撃。1996年6月駐留ロシア兵の妻2人射殺。8月遠隔操作爆弾によるロシア軍車両を襲撃。11月首都ドゥシャンベの路上でロシア兵士2人の狙撃と、駐留ロシア軍に対するテロが続いたが、いずれも犯人は不明。

1996年6月4日、イスラム過激派により2人のロシア人への発砲事件が起き、8月15日には行進中のロシア軍部隊への遠隔操作による爆破事件が起きた。11月首都ドゥシャンベの路上でロシア兵士2人が狙撃された。12月8日、ダルベズの金鉱山に対するゲリラ攻撃があり、同鉱山は5日間ゲリラに占領された。いずれも〈ラーマン・サンギノフ部隊〉の犯行とみられる。

国連タジキスタン監視団テロ

(1994.9〜1998.7) タビルダラ地区

1994年9月、タジキスタン政府は反政府派と停戦に合意し、国連タジキスタン監視団（UNMOT）が派遣された。1997年2月4日、反政府ゲリラが国連タジキスタン監視団（UNMOT）要員やロシア人記者ら18人の人質をとり、アフガニスタンにいる仲間の入国を要求して、ドゥシャンベ東方に立てこもった。政府は交渉に応じなかったが、17日に人質は釈放された。

再び政府は反政府勢力〈タジク統一野党（UTO）〉などと対立し、1997年6月エモマリ・ラモフ大統領はUTOと和平合意に調印し、UTOも政権に参加

した。そうしたなか1998年7月20日タビルダラ地区で、ポーランド人とウルグアイ人の軍事オブザーバーと日本人文官秋野豊、ジタキスタン人通訳ら国連タジキスタン監視団4人がイスラム反政府勢力に殺害された。彼ら犯人は1999年3月26日銃殺刑の判決を受けた。

ラフモノフ大統領暗殺未遂

(1997.4)

1997年4月30日、北部で反政府分子がエモマリ・ラフモノフ大統領に手榴弾を投擲し大統領は負傷し、2人が死亡、計49人が負傷した。

爆弾テロ

(1998.7) ドゥシャンベ

1998年7月30日、ドゥシャンベの大統領府付近で公用車に仕掛けられた爆弾の爆発でモヌナザロフ税関副委員長が死亡した。

政治家暗殺

(1998.9) ドゥシャンベ

1998年9月22日、ラフモノフ政権との和平合意を目指す国民和解委員会の統一野党代表オタホン・ラティフがドゥシャンベで射殺された。25日統一野党は和解委員会への参加を一時停止した。

教会爆破テロ

(2000.10) ドゥシャンベ

2000年10月1日首都ドゥシャンベのキリスト教会で2個の爆弾が爆発し、7人が死亡した。同教会は韓国生まれのアメリカ人が建設したもので、死傷者は韓国人であった。犯行声明はなかった。

内務次官暗殺

(2001.4) ドゥシャンベ

2001年4月11日首都ドゥシャンベでサンギノラ内務次官が車で出勤途中、3人組のグループに護衛、運転手とともに銃撃され、死亡した。

ラヒモフ文相暗殺

(2001.9) ドゥシャンベ

2001年9月8日首都ドゥシャンベの路上でアブドラヒム・ラヒモフ文化相が暗殺された。犯人は不明。

ウズベキスタン

カリモフ大統領暗殺未遂

(1999.2) タシュケント

ウズベキスタンの反政府組織〈ウズベキスタン・イスラム運動(IMU)〉は、聖戦を掲げイスラム教国の樹立を目指して1996年に結成された。アフガニスタンの〈タリバン〉との関係が深い。1999年2月16日〈IMU〉はタシュケントで連続爆弾テロを決行し、イスラム・A・カリモフ大統領暗殺を企て、16人が死亡した。ウズベキスタン最高裁判所は2000年11月〈IMU〉のメンバーに死刑判決を下した。

アメリカ人登山家誘拐テロ

(2000.8)

2000年8月アメリカ人登山家4人がウズベキスタンの反政府組織〈ウズベキスタン・イスラム運動（IMU）〉によって拉致された。このため、9月米国は〈IMU〉を「国際テロ組織」に指定した。

ラトビア

ロシア向け送電線爆破テロ

(1994.2〜3) スクルンダ

1994年2月スクルンダでロシア向け送電線の鉄塔が爆破された。ロシアとラトビア間のロシア軍撤退交渉をめぐって起きた事件で、反ロシア派の犯行とされた。3月にも別の鉄塔で時限爆弾装置が発見された。

ユーゴスラビア

韓国人拉致未遂

(1977.7) ザグレブ

1977年7月フランス在住の韓国人ピアニスト白建宇、元映画女優尹静姫夫妻と生後5カ月の娘を、韓国人画家夫妻と称する二人組がスイス人富豪の招待を理由にスイスに連れ出し、ユーゴスラビアのザグレブに連行した。白建宇らは拉致に気づき、ザグレブの米領事館に駆け込み、拉致は未遂に終わった。

ユーゴスラビア航空機ハイジャック

(1981.9)

1981年9月26日チトグラード発ドゥブロブニク経由、ベオグラード行きのユーゴスラビア航空機が犯人3人によってハイジャックされ、西ベルリン行きを要求されたが、ワルシャワに着陸し、犯人は逮捕された。

駐ユーゴスラビア・米大使館テロ

(1993.3) ベオグラード

1993年3月3日ベオグラードの駐ユーゴスラビア・米大使館で爆弾テロが起こった。

国際機関爆弾テロ

(1996.6) ズボルヌク

1996年6月27日ズボルヌクのセルビア共和国社会党、国際警察軍、全欧安全保障協力機構（OSCE）、欧州連合（EU）監視委員会の建物で爆弾テロが起きた。犯行声明はなかった。

アメリカ文化センター焼失テロ

(1999.3) ベオグラード

1999年3月26日セルビアのベオグラードのアメリカ文化センターがデモ隊に

よって焼失した。

1996年6月27日サラエボの全欧安全保障協力機構（OSCE）の建物で爆破テロに続き，8月5日再びOSCEの建物で爆破テロがあった。いずれも犯行声明はない。

ボスニア・ヘルツェゴビナ

マケドニア

クロアチア人政府要人暗殺

(1993.1) サラエボ

1993年1月7日，ボスニア・ヘルツェゴビナのクロアチア人ゴガラ国税長官が首都サラエボで暗殺された。

トライリッチ副首相暗殺

(1993.1) サラエボ

1993年1月8日トライリッチ副首相がサラエボ空港付近でセルビア人民兵に暗殺された。

ローマ教皇ヨハネ・パウロ2世暗殺未遂

(1997.4) サラエボ

1997年4月ボスニアのサラエボでローマ教皇ヨハネ・パウロ2世の暗殺計画が発覚した。教皇が通行予定だったチトー通りの橋の下から23個の遠隔操作の対戦車地雷が発見された。犯人は不明。

国際機関爆破テロ

(1996.6) サラエボ

駐マケドニア米大使館占拠

(1999.3) スコピエ

1999年3月25日約200人の抗議者がスコピエの駐マケドニア米大使館を占拠し，自動車の放火したが，内部には侵入でず，警察によって解散となった。

グリゴロフ大統領暗殺未遂

(1995.10) スコピエ

1995年10月3日，首都スコピエでグリゴロフ大統領の乗った公用車が爆弾テロに遭遇し，運転手が死亡したが，大統領は軽傷ですんだ。

迫撃砲発射

(2001.3) ユーゴ国境

2001年3月29日マケドニアからユーゴスラビア・セルビアのコソボ自治州の村に向けて迫撃砲が打ち込まれ，3人が死亡した。

アルバニア系武装組織テロ

(2001.5) ユーゴ国境

　2001年5月3日北部、ユーゴスラビアとの国境地帯の村でアルバニア系武装組織の襲撃で展開中の治安部隊兵士2人が死亡した。

ユダヤ人帰還者テロ

(1991.12)

　1991年12月28日、イスラエルへ帰還するユダヤ人の輸送バスで爆破事件が起こり、2人が死亡した。

ブルガリア

ルーマニア

ブルガリア航空機ハイジャック

(1975.6～1982.10)

　1975年6月28日バルナ発ソフィア行きのブルガリア航空An-24型機国内便をバルカン・ブルガリア人1人がハイジャックし、ギリシャのテッサロニキに着陸した。犯人は政治亡命し、人質は即日解放された。

　1982年10月14日ブルガリアのブルガス発ポーランドのワルシャワ行きのバルカン・ブルガリア航空機を男女2人がハイジャックした。犯人は西ドイツ行きを希望したが、ウィーンに着陸し、そこで投降した。

ルーマニア航空機ハイジャック

(1970.9～1980.7)

　1970年9月14日ブカレスト発チェコスロバキアのプラハ行きのルーマニア航空機をハンガリー人3人と子供2人がハイジャックして、西ドイツのミュンヘンに着陸した。

　1971年5月27日、ルーマニアのブカレストを離陸したルーマニアのタロム航空機が犯人6人にハイジャックされ、西ドイツのミュンヘン行きが要求されたが、ウィーンに着陸した。

　1978年5月19日ルーマニア赤十字の航空機が犯人2人にハイジャックされ、オーストリアに着陸した。犯人は政治亡命を求めた。

　1980年7月3日ルーマニアのアラド空港でルーマニア航空機がハイジャックされ、同機はオーストリアのフェルバッカハの農場に着陸した。ルーマニア人の女性を含む21人が亡命を求めた。

ハンガリー

駐ルーマニア・ベルギー大使誘拐未遂

(1971.4) ブカレスト

1971年4月11日ブカレストで北朝鮮大使館員が路上でベルギー大使J.アドリエセンを誘拐しようとしたが、失敗した。西ドイツ大使に対しても、同様の誘拐未遂事件が起きた。

駐ルーマニア・ヨルダン外交官暗殺

(1984.12) ブカレスト

1984年12月ブカレストで駐ルーマニア・ヨルダン外交官がパレスチナ・ゲリラ組織〈アブ・ニダル派（ANO）〉によって暗殺される事件が起きた。

ポーランド

ポーランド航空機ハイジャック

(1970.6～1987.5)

1970年6月5日ステッチンからグダニスク行きのポーランド航空機の国内便がポーランド人によってハイジャックされ、同機はデンマークのコペンハーゲンに着陸し、犯人は亡命した。

8月19日グダニスクからワルシャワ行きのポーランド航空機をポーランド人3人がハイジャックして、デンマークのボンホルム島に着陸し、犯人は亡命を求めた。

1978年8月30日グダニスクから東ベルリン行きのポーランド航空機が犯人2人にハイジャックされ、西ベルリンの米軍基地に着陸した。犯人は政治亡命を求め、乗客の東ドイツ人9人も亡命を求めた。

1981年8月以来、ハイジャックの未遂事件が続いていたが、9月18日、カトビチェ発ワルシャワ行きのポーランド航空機が男子9人、女子3人によってハイジャックされ、西ベルリンの米軍基地に着陸し、政治亡命を求めた。

1982年2月12日ワルシャワ発、ブロツワフ行きのポーランド機を機長ら8人がハイジャックして、西ベルリンの米軍基地に着陸した。

4月30日ブレスコウ発ワルシャワ行きのポーランド機が8人にハイジャックされ、西ベルリンの米軍基地に着陸し、犯人のほか乗客28人が亡命を要求した。

11月22日ブロツワフ発ワルシャワ行きの国内便を警備の保安要員がハイジャックし、西ベルリンの米軍基地に着陸した。

国営貯蓄銀行支店ビル爆弾テロ

(1979.2) ワルシャワ

1979年2月15日ワルシャワ中心部のポーランド国営貯蓄銀行の支店ビルで爆弾テロがあり、10人以上が死亡した。4月18日、クラクフ近郊のノバ・フークでレーニン像が爆破され、5人が負傷した。この事件で、警察は反体制派分子38人を逮捕した。

〈黒い九月〉創始者暗殺

(1981.8) ワルシャワ

パレスチナ・ゲリラ急進派〈黒い九月〉の創設者アブド・ダウドが、1981年8月1日ワルシャワのホテルで暗殺

された。犯人は不明。

ポピエウシコ神父殺害

(1984.10) ワルシャワ

1984年10月19日,自主管理労組〈連帯〉の支持者であるワルシャワの聖スタニスラフ・コシュトカ教会のイェルジ・ポピエウシコ神父が誘拐され,29日殺害死体が発見された。内務省は同省部長グジェゴシ・ピオトフスキ大尉と中尉2人を殺人の実行犯として,また同省のアダム・ビエルシカ大佐を殺人幇助容疑で逮捕し起訴した。この事件は体制内強硬派がヤルゼルスキ政権の穏健路線に反発した謀略的色彩もあるとみられた。11月に行われた神父の葬儀では市民25万人が参列し,事件後,連帯の活動家らは人権擁護監視委員会をワルシャワなど4都市に結成した。

ワルシャワ空港バス・ジャック

(1987.5) ワルシャワ

1987年5月15日ワルシャワ空港で,犯人1人が搭乗機に向かうバスを乗っとり,7人を人質にして西ベルリン行きを要求したが,5時間後に犯人は投降した。

外国企業テロ

(1996.4) ワルシャワ

1996年4月24日ワルシャワのシェル・ガソリン・ステーションで爆弾テロがあり,警官1人が死亡した。〈民族集団25(GN25)〉が犯行声明を出し,ロイヤル・ダッチ・シェルに対し200万ドルを要求,ポーランドへの投資に警告を発した。

チェコスロバキア

チェコスロバキア航空機ハイジャック

(1970.6〜1978.2)

1970年6月8日カーロビバリからプラハ行きのチェコスロバキア航空機がチェコ人2人によってハイジャックされ,同機は西ドイツのニュルンベルクに着陸し,犯人は亡命した。
1977年10月11日東ドイツからチェコスロバキアのプラハに向かったチェコスロバキア航空機を男女2人がハイジャックして,西ドイツのフランクフルトに着陸し,犯人は政治亡命した。
1978年2月6日に同じルートの同機が犯人1人にハイジャックされ,フランクフルトに着陸,犯人と東ドイツ人乗客3人が亡命し,機体はチェコスロバキアに返還された。

スロバキア

ウラン持ち込みテロ

(1995.4)

　1995年4月13日東部で，スロバキア内務省はウクライナから入国したハンガリー番号の自動車からウランとみられる物資17キロを押収し，21日までにスロバキア人4人，ハンガリー人3人，ウクライナ人2人を逮捕した。

アルバニア

民主党アゼム・ハイダリ暗殺

(1998.8)

　1998年8月12日民主党の指導者アゼム・ハイダリが暗殺された。これに対し武装した同党支持者約2000人が首相府を占拠し，警備している戦車を乗っ取り，国会・放送局も占拠した。

ヨーロッパ全体

イラン総領事館占拠

(1970.8)

　1970年8月ミュンヘンのイラン総領事館をイランの政治体制に反対するイラン人留学生が占拠し，抗議のハンストを行った。この事件は1970年12月に公表されたイラン国家治安情報機構（SAVAK）の元長官バクチアルの反政府事件への抗議に関係があった。英国，オーストリア，フィンランドでも同じ抗議があった。

駐オーストリア・イラン大使館乱入

(1970.12)ウィーン

　1970年12月，イランの政治体制に反対してイラン人留学生40人がウィーンのイラン大使館に乱入し，約2時間占拠した。この事件は1970年12月発表のバクチアル反政府事件に関係があった。ドイツ，英国，フィンランドでも同様の抗議行動が行われた。

アルジェリア大使館連続爆破

(1975.8)

　アルジェリアのファリ・ブーメディエン政権の独裁化とともに，その反政府活動が強まり，1975年8月18日〈アルジェリア政権に反対する兵士集団〉を名乗る組織がロンドン・ボン・ローマのアルジェリア大使館で時限爆弾による連続爆破テロを決行した。

リビア大使館占拠

(1979.9)

　1979年9月，ロンドン，パリ，ローマのリビア大使館が，リビア革命分子によって占拠された。

反ユダヤ爆弾テロ

(1980.10～1983)

1980年10月3日，パリのシナゴーグ（ユダヤ教礼拝所）で爆弾テロが起こり，4人が死亡した。引き続いて1981年にウィーンとアントワープのシナゴーグで，1983年ローマのシナゴーグで爆弾テロが起きたが，いずれもネオ・ナチ系右翼の仕業とされる。は，ドイツでも同時に発生した。

パリ・ローマ爆破反ユダヤテロ

(1982.8～10)

1982年8月，在仏ユダヤ人が利用するパリのレストランをパレスチナ・ゲリラ組織〈アブ・ニダル派（ANO）〉が攻撃し，死者6人，負傷者22人を出した。10月には，ローマのシナゴーグ（ユダヤ教礼拝所）を攻撃し，死者1人，負傷者10人が出た。

西ヨーロッパ6カ国同時テロ

(1993.6)

1993年6月24日にトルコ・クルド人の〈クルド労働党（PKK）〉が西ヨーロッパ6カ国30都市で同時テロに出た。さらに，11月4日には，西ヨーロッパのトルコ公館に対し同時爆弾テロを起こした。これに対し，ドイツとフランスはそれぞれ11月26日，30日に〈PKK〉の非合法化にふみきった。

ヨーロッパ各国大使館同時占拠

(1999.2)

1999年2月16日，トルコの〈クルド労働者党（KKK）〉指導者アブドラ・オジャランの逮捕の報に抗議して，16日～17日，トルコ・クルドがウィーンの駐オーストリア・ギリシャ大使館を占拠し，大使ら6人を人質にした。ドイツでは，彼らは，ボンの駐ドイツ・ギリシャ大使館，ライプチヒのギリシャ領事館，さらにボンの駐ドイツ・ケニア大使館，フランクフルトのケニア国家観光局，占拠した。イタリアでは，ミラノのギリシャ領事館，オランダでは，ハーグの駐オタンダ・ギリシャ大使公邸，スイスでは，ジュネーブの欧州国連本部，ベルンのギリシャ領事館，英国では駐英ギリシャ大使館がそれぞれ占拠された。17日彼らはベルリンのイスラエル領事館を占拠した。占拠はほぼ18日までに解決した。

駐英・駐ドイツ・イラン大使館乱入

(1992.4) ロンドン，ボン

1992年4月，イランの反政府組織〈モジャヘディン・ハルク（MKOイスラム人民戦士機構）〉がロンドンの駐英イラン大使館に投石し乱入した。この事件は，ドイツでも同時に発生した。

アフリカ

モロッコ/スーダン/リビア/アルジェリア/チュニジア/西サハラ/ニジェール/コートジボワール/ブルキナファソ/ベナン/ギニア/赤道ギニア/ギニアビサウ/リベリア/トーゴ/シエラレオネ/ガーナ/ナイジェリア/コンゴ共和国/コンゴ/中央アフリカ/チャド/ルワンダ/ブルンジ/カメルーン/エチオピア/エリトリア/ソマリア/アファール・イッサ/ケニア/ウガンダ/タンザニア/マダガスカル/コモロ/南アフリカ/ナミビア/ボツワナ/スワジランド/レソト/ローデシア/ジンバブエ/ザンビア/モザンビーク/アンゴラ

モロッコ

ハッサン・モロッコ国王搭乗機襲撃未遂

(1972.8)

1961年3月,ハッサン2世国王が即位し,翌62年12月に立憲王制の憲法が制定され,モロッコは近代国家体制を整えた。しかし,国民の不満は根強く,1970年7月31日には新憲法を公布したが,施行はされなかった。1971年7月の軍部右派のクーデタ未遂に続き,1972年8月にはモハメド・ウフキル国防相による国王搭乗機襲撃事件が起こった。これに関与したとして,モロッコはリビアと断交した。

マラケシの外国人テロ

(1994.8) マラケシュ

1994年8月,マラケシュのホテルでスペイン人観光客2人が殺害され,過激派組織〈武装イスラム集団(GIA)〉の9人が逮捕された。

イスラム武装勢力テロ

(1998.4) オウジャ

1998年4月,国境の町オウジャで,イスラム武装勢力がモロッコ人10人を殺害した。

スーダン

駐スーダン・サウジアラビア大使館攻撃テロ

(1973.3) ハルツーム

1973年3月,パレスチナ・ゲリラ組織〈黒い九月〉がヨルダンで投獄されたパレスチナ・ゲリラ主流組織〈ファタハ〉指導者の釈放を要求してハルツームのサウジアラビア大使館に攻撃をかけ,アメリカ人2人とベルギー人1人を殺害した。〈パレスチナ解放機構(PLO)〉の仲介で,ゲリラは投降した。この事件で,ムアマル・カダフィ・リビア革命評議会議長がスーダンを非難した。1974年6月,スーダン政府は犯人8人を減刑して身柄を〈PLO〉へ引渡したが,これに抗議して,米国は大使を引き揚げた。

国連援助機関職員の誘拐テロ

(1983.6)

ガファール・ニメイリ・スーダン大統領は,1982年6月に南部の反主流派部族出身のジョセフ・ラグ副大統領を登用して以来,南部の再分割政策を企図し,1983年6月5日,南部3州に南部地方政府の解体と3分割の大統領令を公布した。一方,1980年頃,南部解放

戦線の〈アニャニャⅡ〉が旧来の〈アニャニャ〉に代わって新たに登場した。そして、1983年5月に蜂起した南部駐留政府軍が合流して〈スーダン人民解放運動（SPLM）〉とその軍事部門〈スーダン人民解放軍（SPLA）〉を結成した。6月24日、国連援助機関の外国人職員5人が〈アニャニャⅡ〉に、さらに11月10日には運河建設のフランス人技術者ら11人がSPLAのゲリラにそれぞれ誘拐された。いずれも、政府軍がゲリラの拠点を急襲して救出された。スーダン政府は、これらの事件はリビアが支援していると非難した。

駐スーダン・米大使館襲撃テロ

(1986.4) ハルツーム

1986年4月15日にハルツームの米大使館を、アラブ・ゲリラ組織〈黒い九月〉の〈ファレス・アブダラ・ハッアス部隊〉が襲撃した。

ホテル爆弾テロ

(1988.5) ハルツーム

1988年5月15日、パレスチナ・ゲリラ〈アブ・ニダル派（ANO）〉テロリスト5人が首都ハルツームのアクロポール・ホテルを襲撃し、手投げ弾を投げ込み自動小銃を乱射した。この爆弾テロでイギリス人5人を含む7人が死亡した。

オムダーマンのモスクテロ

(1994.1) オムダーマン

オムダーマンのモスクで1994年1月4日、武装集団のテロが起き、19人が射殺された。

スーダン航空機ハイジャック

(1994.4～1996.1)

1994年4月6日、カルツーム発ドンゴラ行きのスーダン航空の国内便がハイジャックされ、エジプトのカイロ行きを要求された。エジプトがカイロ着陸を拒否したため、同機はエジプトのルクソールに着陸し、犯人は降伏した。

1995年1月4日、カルツーム発メロエラ行きのスーダン航空の国内便フォッカー機が男女2人によってハイジャックされた。犯人はエジプトのカイロ行きを要求したが、燃料不足でポートスーダンに着陸し、降伏した。

1996年1月4日、カルツーム発アンマン行きのスーダン航空機がイラク人7人によってハイジャックされ、キプロスのラルナカ空港に着陸した。給油後に、ロンドンのスタンスッチッド空港に着陸、犯人は在英イラク組織の代表の説得に応じて投降し、亡命を求めた。

〈スーダン人民解放軍〉の外国人誘拐テロ

(1996.11～2000.1)

1996年11月1日、〈スーダン人民解放軍（SPLA）〉が国際赤十字委員会（ICRC）の3人、アメリカ人1人、オーストラリア人1人、ケニア人1人を誘拐した。12月9日、ICRCは〈SPLA〉に備品の提供と〈SPLA〉キャンプでの健康調査を約束して、全員解放された。

1998年5月22日、〈SPLA〉は世界食糧計画の関係者を誘拐し、58000ドルと燃料ドラム缶125を要求した。人質は6月19日解放された。

1999年2月18日、〈SPLA〉は赤十字国際委員会職員7人、スイス人2人とスーダン人2人を誘拐し、3月12日スイス人2人を会したが、スーダン人5

人は4月1日処刑された。
2000年1月8日アルワダハ州で国際ケア機構（CARE）の自動車を〈スーダン人民解放軍〉が集撃し、事務所長と運転手を殺害し、2人を誘拐した。〈SPLA〉は関与を否定した。

リビア

カダフィ元首暗殺未遂

(1977.4～1998.5)

1977年4月24日、ミドル・イースト・ニュース誌は「リビア市民によるムアマル・カダフィ国家元首の暗殺未遂があり、犯人は拘束され、自殺した」と報じた。

1996年11月23日、首都トリポリ南方バラクでムアマル・カダフィ国家元首に対する暗殺未遂が発生し、1997年1月1日、〈武装イスラム集団〉の関係者が逮捕された。

1998年6月14日のアラブ紙アルハヤトは、東部を拠点としり反政府勢力〈イスラム殉教者運動（IMM）〉が5月31日、ベンガジの東約30キロのシディハリファでカダフィ大佐を襲撃した、と報じた。

リビア航空機ハイジャック

(1979.10～1983.8)

1979年10月16日、リビア国内線のリビア航空F-27型機がハイジャックされ、イタリアもしくはスイス行きを命じられたが、燃料不足でマルタに着陸した。犯人の青年はマルタで降伏した。

1983年2月20日、リビアのサブハ発ベンガジ行きのリビア航空B-727型機が反政府派軍人の中尉2人によってハイジャックされ、マルタ島のルカ空港に着陸した。当局は要求された食糧・水の提供を拒否した。23日、同機はリビアに戻らず、受け入れに同意したモロッコで犯人は投降した。犯人は1978年にリビアで不明となったシーア派の指導者ムサ・サドル師の釈放と調査を要求した。

8月22日、アテネ発トリポリ行きのリビア航空機がシーア派レバノン人2人にハイジャックされ、テヘラン行きを要求されたが、ローマの空軍基地に着陸した。給油の後、キプロスのラルナカ空港に着陸し、ここで犯人は投降した。

アルジェリア

アルジェリア航空機ハイジャック

(1970.8～1994.11)

1970年8月31日、アルジェリアのアンナバ発アルジアス行きのアルジェリア航空CV-640型機がハイジャックさ

れ，アルバニア行きを命じられた。アルバニアがこれを拒否したことから，ユーゴスラビアに着陸し，犯人3人はユーゴスラビアに亡命した。

1991年3月31日，ペシャワールから首都アルジェへ到着したアルジェリア航空のB-737型機がハイジャックされた。犯人は乗客50人を解放した後も，乗員を人質に機内に立て籠ったが，モハメド・モハメディ内相の説得で，数時間後に投降した。

1994年2月28日，西部のオランから東部のアンナバに向かったアルジェリア航空B-727型機が3人組にハイジャックされ，スペイン南部のアリカンチに着陸した。犯人はスペインに亡命した。

11月13日，アルジェリア平和愛好市民運動が政治犯の釈放を要求して，アルジェリア航空F-27型機の国内便をハイジャックし，スペインのマジョルカ島に着陸した。スペイン当局の説得で，犯人は降伏した。

イスラム過激派指導者殺害

(1987.1～1999.11) アルジェ

1987年1月3日，無期懲役で逃亡中のイスラム原理主義運動〈イスラム救国戦線（FIS）〉指導者ブヤリ・ムスタファが，アルジェで警官と衝突し，死亡した。

1999年11月22日，幹部，元議長代行アブデルカデル・ハシャがアルジェの自宅付近で，イスラム過激派に殺害された。彼は，ブーテアフリカ大統領の和解政策に応じてテロ終結を呼びかけていた。

〈武装イスラム集団〉テロ

(1990.1～1997.4)

1990年1月，首都アルジェの郊外50キロメートルの所にあるブリダの地方裁判所がイスラム原理主義者によって襲撃され，テロが再開された。1990年の地方選挙でイスラム原理主義者組織〈イスラム救国戦線（FIS）〉が55パーセントの議席を占め，デモ，ジハード（聖戦）を呼び掛け，1991年6月4日に2万人デモを起こした。それに対して政府は非常事態宣言を発したが，12月の総選挙ではFISが80パーセント以上の議席を獲得した。

1992年1月，政府は選挙の無効を宣言し，シャドリ・ベンジェディード大統領が辞任するとともに，〈FIS〉の弾圧に入った。以来，軍と〈FIS〉との衝突が続き，2月には全土に非常事態宣言が布告された。しかし事態は改善されず，6月以降，後継のモハメド・ブディアフ議長の暗殺テロなどが続いた。1994年の死者は1万人を超え，うち外国人は61人であった。そして外国人に対するテロのため，1993年9月以降，フランス人ら外国人の脱出が続いた。この暴動は，1995年以降，新しい形で続いた。

1995年2月21日，アルジェの刑務所でのイスラム原理主義者暴動に対する処置に対し，彼らは23日報復宣言を行い，3月10日，アルジェの爆弾テロで33人が負傷した。3月11日の政府発表によれば，1992年9月から95年3月までの2年半で，イスラム原理主義者により2万人が殺害され，その武装勢力は3000～4000人であった。治安部隊はイスラム原理主義ゲリラの掃討作戦を実施して，4月16日には政府からイスラム原理主義者に対する国軍優位宣言が出された。6月上旬に，1994年10月以来打ち切られていた〈イスラム救国戦線（FIS）〉との対話を再開し

た。しかし，1年半のテロ中断を経て1997年1月5日にイスラム原理主義者が住民38人を虐殺し，7日の爆弾テロで7人が，19日の爆弾テロで57人が死亡した。また7月29日～31日アルジェで，イスラム原理主義者によって住民100人が虐殺された。9月21日〈FIS〉軍事部門は10月1日の武装闘争停止を宣言したが，イスラム原理主義過激派〈武装イスラム集団（GIA）〉は「虐殺は神の業」として武装闘争継続を表明し，27日～28日には100人を虐殺した。

1997年4月25日，首都アルジェ郊外で列車爆破テロが起きた。イスラム過激派の仕業であった。

ブディアフ国家評議会議長暗殺

（1992.6）アルジェ

1992年1月の政府によるイスラム過激派〈イスラム救国戦線（FIS）〉の弾圧とともに，政府要人に対するテロが相次ぎ，6月29日，アルジェリア独立戦争の英雄，モハメド・ブディアフ国家評議会議長が暗殺された。10月に政府はテロ容疑者に対する特別犯罪裁判所を設けた。

ネザル国防相暗殺未遂

（1993.1）アルジェ

1993年1月13日，イスラム原理主義勢力ににによりカレド・ネザル国防相の暗殺未遂が起きた。引き続いて3月にはタルバ・ハムディ労働相，リアベス総合戦略研究所長がテロに倒れた。

メルバ元首相暗殺

（1992.8）アルジェ

1992年6月以降，イスラム原理主義者によるテロが続き，1993年8月22日にはアディス・メルバ元首相の殺害テロが起こった。

外国人殺害テロ

（1993.9～1994.12）

1993年9月，全土でイスラム原理主義者による外国人を標的としたテロが続発し，94年12月までに70人が殺害された。そのうち最大の犠牲者を出したフランス人は，1993年9月から1年間に約1万2000人がアルジェリアから脱出した。オランダは，アルジェリア大使館を一時閉鎖した。

フランス航空機ハイジャック

（1994.12）アルジェ

1994年12月24日，アルジェでフランス航空エアバスA300型機がイスラム原理主義者組織〈武装イスラム集団（GIA）〉にハイジャックされ，26日にフランス・マルセーユのマリニューヌ空港に着陸，フランス部隊が突入して人質を
解放した。その報復として，アルジェリア駐在フランス大使館員ら数人が〈GIA〉に殺害された。〈GIA〉はフランスのアルジェリア経済・軍事援助の停止を狙いとしていて，拘禁中の〈イスラム救国戦線（FIS）〉アッバス・マダニ議長とアリ・バルハジ副議長の釈放も要求したが，フランス政府はこれを拒絶した。

ベンハディド大統領候補者暗殺

（1995.9）

1995年11月16日の大統領選挙を前に9月17日大統領候補者アブデルマジード・ベンハディドが自宅前で暗殺され

た。〈武装イスラム集団（GIA）〉の犯行とみられた。

労働組合指導者ベン・ハムーダ暗殺

(1997.1) アルジェ

　1997年1月28日、アルジェリア労働者組合総連合（UGTA）議長のアブデルハック・ベン・ハムーダがイスラム原理主義組織〈武装イスラム集団（GIA）〉によって暗殺された。

ベルベル人射殺

(1998.6) ティジーウズー

　1998年6月25日、反政府・反イスラムのベルベル人歌手ルーネス・マトゥーブは東部ティジーウズー県で射殺された。これはアラビア語を唯一の公用語と定め、他言語の使用を禁じたアラブ化法の7月5日施行直前の事件であった。これに抗議してベルベル人は政府とイスラム勢力に対抗する〈武装ベルベル運動（MAB）〉を組織した。

〈武装イスラム集団〉のテロ

(2000.5～2001.6) アルジェ

　アルジェリア当局はイスラム原理主義勢力に対し、2000年1月31日までに投降すれば恩赦を与えると呼びかけ、政府の発表では、過激派の8割が投降した。しかし、最強硬派〈武装イスラム集団（GIA）〉はこれに応じなかった。
　5月3日、アルジェ南方でバスが襲撃され、45人が死傷した。11月27日のラマダーン入り後はさらにテロが激化し、12月17日アルジェ西部で観光バスが襲撃され、15人が死亡した。
　2001年1月27日夜半、首都アルジェ西方220キロのグエンタイビア村で武装集団が住民25人を虐殺した。〈武装イスラム集団〉の犯行とされた。
　2001年6月18日～19日拘留中のベルベル人少年の警官射殺事件でベルベル人の暴動となり、これに乗じて同18日〈イスラム集団（GIA）〉武装勢力の国軍攻撃テロが起こり、兵士13人が殺害された。19日北部カビリ地方で警官2人が射殺された。

チュニジア

ブルギバ・チュニジア大統領・ヌイラ首相誘拐未遂

(1976.3) チュニス

　1976年3月22日、大統領ハビブ・ブルギバとヘデ・ヌイラ首相の暗殺または誘拐未遂容疑で、リビア人4人が逮捕された。これに対し、チュニジアは23日リビア外交官を追放した。リビアも対抗措置をとった。4月23日国家治安当局は容疑者モハメッド・アリ・ナイルに死刑を宣告した。

〈パレスチナ解放機構〉幹部襲撃テロ

(1988.4) チュニス

　1988年4月16日〈パレスチナ解放機構（PLO）〉主流派〈ファタハ〉の軍事司令官アブ・ジハド（本名ハリル・アル・ワジル）のチュニス公邸を武装グ

ループ8人が襲撃し、ジハドを殺害した。〈PLO〉はイスラエル情報部機関(モサド)と米国の関与を非難した。このため、ガザと西岸でパレスチナ人の抗議デモが起こった。

過激派テロ

(1993.3) アルジェリア国境

1993年3月、チュニジアのアルジェリア国境近くで警官7人が〈チュニジア・イスラム戦線(FIT)〉によって殺害された。〈FIT〉はアルジェリア過激派組織〈武装イスラム集団(GIA)〉の下部組織としてアルジェリアのキャンプで武装訓練を受けていた。この事件で、〈FIT〉はチュニジア内でのテロを予告し、すべての外国人の退去勧告を発した。5月再び警官4人が殺害された。

オランダ航空機ハイジャック

(1993.8) チュニス

1993年8月15日、チュニス発アムステルダム行きのオランダ航空機がイスラム原理主義者1人によってハイジャックされ、ドイツのデュッセルドルフに着陸した。ドイツ治安隊が突入し、犯人を逮捕した。

フランス人誘拐テロ

(1977.10)

1977年10月〈ポリサリオ戦線(POLISARIO/サギエ・エル・ハムラとリオ・デ・オロの解放のための人民戦線)〉がフランス人を人質とした。12月人質は解放された。

ニジェール

フランスのユーティーエー航空機爆破テロ

(1989.9)

1989年9月、ニジェール上空でフランスのユーティーエー航空(UTA)機が爆発した。これはリビアが関与したテロで、1988年12月スコットランド上空のパンナム機爆破事件とともに、国際連合の制裁措置がとられた。

2000年10月20日パリ控訴院弾劾部はリビア国家元首カダフィ大佐に対する殺人共同容疑で捜査に入り、大佐の義弟ら6人を被告人不在のまま起訴し、1993年3月10日全員に禁固刑が言い渡された。フランス外務省は7月16日リビアと遺族の補償交渉に入った。

西サハラ

コートジボワール

ブルキナファソ国家元首サンカラ暗殺未遂

(1985.2) アビジャン

　1985年2月、ブルキナファソ国家元首トマス・サンカラがコートジボワールを訪問中、宿泊予定のホテルで爆破テロが起きた。また1月から4月にかけて首都アビジャンで「政府は民主主義を脅かしている」との反政府ビラが大量に配付された。

ブルキナファソ

反政府テロ

(1985.6) ワガドゥグ

　1985年6月、ブルキナファソの首都ワガドゥグ近郊の軍弾薬庫で反政府分子による爆破テロが起きた。

ベナン

分離派テロ

(1996.9) コトヌ

　1996年9月、コトヌで北部の分離運動派によるテロが起きた。

ギニア

トゥレ大統領暗殺未遂

(1973.8～1975) コナクリ

　1973年8月、セクー・トゥレ大統領打倒の外国人侵略者グループがコナクリで逮捕され、相次いで政権打倒計画、大統領暗殺計画が摘発された。トゥレ大統領は、ゼダール・サンゴール・セネガル大統領やフェリクス・ウフエボワニ・コートジボワール大統領の関与を非難し、9月18日ギニアはセネガルと断交した。

　1975年にもトゥレ大統領暗殺未遂が起きた。

〈革命統一戦線〉誘拐テロ

(2000.9) コナクリ

　2000年9月7日コナクリで反政府勢力〈革命統一戦線（RUF）〉がアメリカ人1人、イタリア人聖職者2人、カトリック宣教師3人を誘拐した。12月初め、イタリア人聖職者は脱出した。

　9月17日正体不明の武装勢力が国連難民機関のトーゴ人を殺害し、コートジボアール人秘書を誘拐した。犯行声明はなかった。

赤道ギニア

赤道ギニアの攻撃テロ

(1998.1) マラボ

　1998年1月マラボの治安部隊に対する武装攻撃が起き、9人が死亡した。政府は非合法の〈ビオコ島自治運動（MAIB）〉の犯行として、3月ブビ人数人を逮捕し、その際、死亡者がでた。6月犯人15人に対し死刑判決がでた。これに対してスペイン、ガボン、アムネスティ・インターナショナルなどが減刑を求めた。9月死刑執行は延期された。

ギニアビサウ

独立指導者カブラル暗殺

(1973.9)

　ギニアビサウとカボベルデの民族運動〈ギニア・カボベルデ独立アフリカ党（PAIGC）〉を1956年に創設したアミルカル・カブラルは、1963年1月、武装闘争指導に着手するが、1973年9月のギニアビサウの独立宣言を前に、同年1月暗殺された。

リベリア

タブマン大統領暗殺計画

(1970.3) モンロビア

　1970年3月、ジョージ・ワシントン軍司令官が罷免され、後継のジョンソン軍司令官とアレン・ウィリアムズ国防相のウィリアム・タブマン大統領暗殺計画が発覚し、10月拘禁された。

ドエ国家元首暗殺

(1983.2～1990.9) モンロビア

1983年2月21日，サミュエル・K・ドエ国家元首の暗殺未遂があったことから，国境が閉鎖された。1989年12月，チャールズ・テーラー議長の反政府組織〈リベリア国民愛国戦線（NPFL）〉の反乱でリベリアは内戦状態となり，1990年9月10日，サミュエル・K・ドエ国家元首がNPFLの分派ジョンソン派によって殺害された。

難民虐殺

(1993.6)

1993年6月5日，リベリアの反政府組織〈リベリア国民愛国戦線（NPFL）〉がリベリアに滞在の難民約300人を虐殺した。

反政府勢力の誘拐テロ

(1999.4) モンロビア

1999年4月21日，ギニアから越境した〈リベリア民主解放統一運動（ULIMO-K）〉ガボウンジャマ町を訪問したオランダ大使，ノルウェー一等書記官，欧州連合の代表，援助機関職員17人を誘拐したが，同日人質は釈放された。

エヤデマ大統領暗殺未遂

(1977.10～1994.1) ロメ

1977年10月13日，シルバヌス・オリンピオ初代大統領の家族・支持者によるグナシンベ・エチエンヌ・エヤデマ大統領暗殺計画が発覚した。1979年8月，首謀者14人の公開裁判が開かれ，国外逃亡中の欠席裁判の8人を含む10人に死刑の判決が下された。この事件には，背後に外国人傭兵の関与があった。

1983年1月，オリンピオ初代大統領の息子によるグナシンベ・エチエンヌ・エヤデマ大統領暗殺計画が発覚した。1994年1月5日，首都ロメの軍事基地でグナシンベ・エチエンヌ・エヤデマ大統領暗殺を狙った武装勢力の銃撃テロが起こり，67人が死亡した。1月7日ガーナは，この事件への関与を否定した。国境地帯では，同日ガーナ警察がトーゴ警察に発砲する事件が起きた。

シエラレオネ

トーゴ

反政府勢力の誘拐テロ

(1995.1～1999.12)

1995年1月ヨーロッパ系企業社員6人，修道女7人が誘拐され，修道女は3月解放された，他は4月に解放され

た。外国人の退去を要求する〈革命連合戦線（RUF）〉の仕業であった。

1999年1月6日，内戦下のシエラレオネで，反政府勢力〈軍事革命評議会（AFRC）〉がイタリア人宣教師2人を誘拐した。人質は13日に政府の部隊によって救出された。

1月12日反政府勢力〈革命統一戦線（RUF）〉がザビエル修道会のスペイン人宣教師1人を誘拐した。西アフリカ諸国平和維持軍によって22日救出された。

1月25日〈RUF〉が日本人ビジネスマンを誘拐し，彼は29日釈放された。

8月4日〈AFRC〉が国連代表団33人（アメリカ人1人，英兵5人，カナダ人1人，ガーナ代表1人，ロシア軍将校1人，キルギスタン人職員1人，ザンビア人職員1人，マレーシア人職員1人，現地の司教1人，UNICEF職員2人，現地ジャーナリスト2人，シエラレオネ人16人）を誘拐した。8月10日までに順次解放された。

12月7日，ブエド付近で〈RUF〉が人道援助団体，国境なき医師団のドイツ人1人，ベルギー人1人を誘拐した。16日人質は解放された。

ガーナ

駐ガーナ米大使館脅迫テロ

(1973.9) アクラ

1973年9月21日アクラの米大使館に対する爆弾テロの脅迫があったが，捜査したところ，爆弾は見つからなかった。これは旧エンクルマ派の犯行とみられた。

ナイジェリア

バレワ首相殺害

(1966.1) ラゴス

ナイジェリアでは南北対立から，1966年1月，南部のキリスト教徒地域に住む東部イボ人の青年将校が，北部州のイスラム教徒ハウサ（フラニ）人のアルハジ・アブバカル・タファワ・バレワ首相，アルハジ・サー・アフマド・ベロ北部州首相，さらに，北部に迎合した西部州のサムエル・ラドケ・アキントラ首相を殺害し，国軍司令官アギイ・イロンシ少将が大統領に就任した。

イロンシ大統領殺害

(1966.7) ラゴス

1966年1月16日国軍司令官アギイ・イロンシ少将が大統領に就任し，イロンシ政権は単一国家構想を打ち出した。1月のイボ人の要人殺害に対する報復と北部の中央からの離反を狙って，5月ハ

ウサ人によるイボ人殺害が起き，7月にはハウサ人将校が反乱を起こした。このクーデタは失敗したが30日イロンシ大統領は殺害された。

モハメド国家元首暗殺

(1976.2) ラゴス

1975年7月成立のムルタラ・ラマト・モハメド政権は，1976年2月3日12州を19州に改編し，さらに連邦首都の移転を進め，内政改革にも強力に着手したが，外交面での左傾化と性急な改革に軍内部で分裂が生じ，2月13日B. S. ディムカ陸軍中佐を指導者とするクーデタ未遂が起こり，モハメド国家元首が暗殺された。このクーデタは鎮圧され，最高軍事評議会新議長にオルセグン・オバサンジョ軍参謀総長が就任した。

ナイジェリア航空機ハイジャック

(1993.10) ラゴス

1993年10月25日，ナイジェリア反政府分子がナイジェリア航空のA-310型機をラゴス離陸直後にハイジャックし，チャドのンジャメ空港への着陸を拒否され，ニジェールのニアメ空港に着陸した。そこで一部の人質を釈放したが28日ナイジェリア警察隊が突入し，乗員1人が死亡，犯人は負傷，逮捕され解決をみた。

アビオラ前大統領夫人殺害

(1996.6) ラゴス

1993年6月の大統領選挙でモシォド・アビオラが勝利したが，イブラヒム・ババンギダ大統領はこれを認めなかった。そしてアビオラは1994年6月，自宅で軟禁状態に置かれた。その後1996年6月に民主化運動の象徴とされたアビオラ夫人が武装集団に殺害された。

爆弾テロ

(1996.12) ラゴス

1996年12月ラゴスで爆弾テロが発生し，治安当局は1997年1月7日，民主化要求組織，国民民主連合（NADEO）の指導者，元財政相オル・ファラエを逮捕した。

石油施設テロ

(1999.6～2000.7)

1999年6月27日武装の若者5人がナイジェリアのポートハーコートのシェル石油施設を攻撃し，アメリカ人1人，ナイジェリア人1人，オーストラリア人1人が誘拐された。人質は奪取されたヘリコプターで運ばれ，7月16日人質は身代金と引き替えに解放された。〈エヌグ・イズ・エヌグ・イン・ザ・ニジェール河〉の犯行声明があった。7月20日シェルの石油施設が襲撃され，ナイジェリア人75人が拘束されたが，22日に解放された。

8月10日ニジェール・デルタ地区で米国所有の石油施設から技術者イギリス人3人が誘起され，11日解放された。2000年3月14日ラゴスのシェル石油ビルを武装青年が占拠し，ナイジェリア人従業員30人と警備員4人を人質にした。15日ナイジェリア軍によって解放された。犯行声明はなかった。

4月7日武装勢力がポート・ハーコートのエルファキテーヌ石油施設からイギリス人15人，フランス人15人，韓国人10人を誘拐した。それは不満を持つ地主の犯行であった。

7月31日，バエルサ州のシェル石油施設に武装住民約30人が仕事の提供と石油採掘に対する補償を要求して従業

員165人を，一時，人質にした。

米船・他のシージャック

(1999.11) デルタ州

1999年11月1日，ボニイ島付近で若者が米国船を奪取し，アメリカ人1人，ポーランド人1人，ナイジェリア人12人が誘拐された，3日全員が解放された。

11月8日，デルタ州スクラボス付近でベリーゼ所有の船が奪取され，アメリカ人1人，ナイジェリア人1人が誘拐された。人質は12日解放された。

コンゴ民主共和国

カビラ大統領暗殺

(2001.1) キンシャサ

2001年1月16日首都キンシャサでローラン・カビラ大統領が暗殺された。国軍は2月末，2月初めから行方不明の大統領護衛隊長カペドゥ大佐，他に1人を拘禁した。彼らは，カタンガ州西部のルンダ族の出身で，アンゴラと深い関係にあった。17日ローランの長男ジョゼフ・カビラ軍参謀長が新大統領に就任した。

国際機関襲撃テロ

(2001.4) ウガンダ国境

2001年4月27日北東部ウガンダ国境付近で赤十字国際委員会（ICRC）援助関係者6人が車2台で移動中，襲撃され死亡した。

難民キャンプ襲撃テロ

(2000.7) ルワンダ国境

2000年7月9日コンゴ民主共和国のルワンダ国境付近でルワンダの〈インタアームウェ〉が難民キャンプを襲撃し，30人を殺害し，4人を誘拐した。

コンゴ

エングアビ国家元首暗殺

(1977.3)

1969年1月マリアン・エングアビ軍司令官が大統領に就任し，12月コンゴ労働党（PCT）を結成し，独裁体制を樹立した。以後，一連のクーデタ未遂が摘発されてきたが，1977年3月18日，南部ラリ人出身の衛兵バルテルミー・キカディディ大尉ら4人が，エングアビ大統領を暗殺した。この事件で全権を掌握したコンゴ労働党軍事委員会は，同月，大統領暗殺容疑でアルフォンス・マサンバ・デバ元大統領を逮捕し，処刑した。

エール・アフリク機ハイジャック

(1987.7) ブラザビル

　1987年7月24日イスラム原理主義者組織〈ヒズボラ（神の党）〉分子がブラザビルからパリへ向かうエール・アフリク機をハイジャックし，フランス人1人を殺害した。

中央アフリカ

ボカサ大統領暗殺未遂

(1976.2) バンギ

　1965年12月にデービッド・ダッコ大統領を追放，1966年1月に大統領に就任し，1972年に黒人アフリカ社会革新運動の党大会で終身大統領に就任したジャン・ベデール・ボカサは，1976年2月，バンギ空港で手投げ弾による暗殺テロに遭ったが，未遂に終わった。ボカサは12月にみずから大統領兼首相となり，12月4日には国名を中央アフリカ帝国と改称し，みずから皇帝ボカサ1世に就任した。

チャド

トンバルバエ大統領暗殺

(1975.4)

　1975年4月13日フランソワ・ヌガルタ・トンバルバエ大統領は〈チャド進歩党（PPT）〉による9度目の襲撃で暗殺され，最高軍事評議会のもとでフェリクス・マルームが権力を掌握した。

反政府派の誘拐

(1998.2〜3)

　1998年2月3日反政府派にマンダ国立公園でフランス人4人が誘拐された。〈民主勢力連盟（UFD）〉の犯行声明があった。

　3月22日，チベスチ地区でフランス人6人とイタリア人2人が誘拐されたが，チャド軍によって釈放された。〈チャド再生民族戦線（ENTR）〉が犯行声明を出し，チャドからのフランス軍の引き揚げとチャド資源の搾取の停止が要求された。人質は27日に解放された。

ルワンダ

ルワンダとブルンジ大統領の殺害

(1994.4)キガリ

　1990年に始まったツチ人反乱で，1993年8月アルーシャでの和平協定が調印され，ジュブナール・ハビャリマナが

一方的に大統領の再任を宣言した。1994年4月6日，ハビャリマナ・ルワンダ大統領とシプリアン・ヌタリャミラ・ブルンジ大統領の搭乗した航空機がキガリ空港近くで撃墜され，両大統領は死亡した。この事件を契機にフツ人の政府軍とツチ人ゲリラ組織〈ルワンダ愛国戦線（RPF）〉の激しい内戦となり，国営ラジオはツチ人のせん滅を煽動し，ここに政府軍とフツ人民兵による組織的なツチ人の虐殺が始まった。

ユウィリンジイマナ首相暗殺

(1994.4)キガリ

1994年4月7日，アガテ・ユウィリンジイマナ首相が無政府状態の首都キガリで殺害され，ルワンダ内戦が広がった。前日6日に殺害されたフツ人ジュブナール・ハビャリマナ大統領の治安部隊の決行とみられた。

カナダ人神父射殺テロ

(1997.2)ルヘンゲリ

1997年2月2日，北部ルヘンゲリ郊外のカトリック教会でミサ中，カナダ人神父が殺害された。

ブルンジ

前国王暗殺

(1972.4)ウガンダ

1972年4月，追放されていた前ムワミ（ツチ人支配者／国王）ヌタレ5世がウガンダから入国したところを逮捕され，引き続き起こったフツ人によるクーデタ未遂事件に関連してヌタレは殺害された。このため，弾圧を恐れたフツ人8万5000人がタンザニアやザイールに流出する事態となった。この暴動で死者は1万人に達した。

フツ人弾圧テロ

(1988.8)

カトリック教会との対立で，1987年9月に追放されたジャン・バプティスト・バガザ大統領に代わって就任したピエール・ブヨヤ大統領もツチ人であったが，そうした部族支配図式（ツチ人のフツ人に対する優位）の空洞化で，1988年8月，フツ人がツチ人を攻撃する事件が起こり，これに対しツチ人民兵がフツ人住民を無差別殺害し，2万4000人以上のフツ人が殺害された。ベルギーとアフリカ統一機構（OAU）は直接解決を求めたが，このため，フツ人6万3000人がルワンダへ避難するところとなった（これら避難民は1989年5月までには5万2000人が帰国した）。1988年10月，国民統一のための国家諮問委員会が設立された。

カブジェメイエ天然資源・領土管理相暗殺

(1995.3)ブジュンブラ

1995年3月11日フツ人の天然資源・領土管理相エルネスト・カブジェメイエが首都ブジュンブラで殺害された。犯人は不明。

ブジュンブラ前市長誘拐・虐殺

(1995.3)

1995年3月フツ人天然資源・領土管理相カブジェメイエが射殺され，その報復として13日ツチ人前ブジュンブラ市長が誘拐され，15日虐殺死体で発見された。

国際機関襲撃テロ

(1999.10) ルラナ

1999年10月12日，ルワンダのフツ反政府勢力がブルンジのルラナの人道援助機関を襲撃し，UNICEF職員チリ人1人，世界食糧計画職員オランダ人1人，ブルンジ軍将校4人，ブルンジ人6人が死亡した。

サベナ航空機襲撃テロ

(2000. 12) ブジュンブラ

2000年12月15日首都ブジュンブラ空港に着陸したサベナ航空機が小火器の銃撃を受け，ベルギー人スチューワーデス1人，チュニジア人乗客1人が負傷した。犯行声明はなかった。

カメルーン

カメルーン航空機爆破テロ

(1984.8) ドアラ

1984年8月30日，ドアラ空港で北部の〈カメルーン人民同盟（UPC/現カメルーン愛国戦線）〉がカメルーン航空機を爆破した。

駐カメルーン・米大使銃撃テロ

(2000.3) ヤウンデ

2000年3月10日，首都ヤウンデで，駐カメルーン米大使が銃撃された。他の外交官の襲撃も続いたが，金品が目的であった。18日，ポール・ビャ・カメルーン大統領は治安関係の内閣改造を行った。

エチオピア

エチオピア航空機ハイジャック

(1970.1～2001. 4)

1970年1月22日バハルダルからゴンダルへ向かうエチオピア航空機がエリトリア解放戦線（ELF）分子4人によってハイジャックされ，スーダンのカルツームを経て，リビアのベンガジ，さらにトリポリに着陸し，犯人はリビアへ亡命した。

1972年12月8日アジスアベバ発パリ行きのエチオピア航空のB-720型機がハイジャックされたが，搭乗の警官と銃撃戦となり，犯人6人は射殺され，女性1人は逮捕，手投げ弾の爆発で乗員9人が負傷した。

1991年10月16日デブラマルコス発バイアダー行きのエチオピア航空機がハイジャックされ、ジブチに着陸した。犯人はジブチに収監され、機体はエチオピアに戻された。

11月25日アディスアベバ発デイレダワ行きのエチオピア航空機が武装2人組にハイジャックされ、ジブチに着陸し、犯人は3時間後に降伏、政治亡命を求めた。

1992年2月5日アディスアベバ発バイアダ行きのエチオピア国内便が2人にハイジャックされ、ケニア行きを要求したが、給油のためにジブチに着陸、犯人はここで降伏した。

8月28日に反体制派学生5人によってエチオピア航空の国内便B-727型機がハイジャックされ、イエメンのサムア行きを要求したが、ジブチに着陸した。人質を解放した後、アデンで給油しローマのチャンピーノ空港に着陸、犯人はそこで投降した。

9月4日ディレダワ発アディスアベバ行きの国内便が3人(うち女子1人)にハイジャックされ、ジブチに着陸し、犯人は投降した。

1993年3月12日ガンベラからアディスアベバ行きの国内便が男子3人、女子1人によってハイジャックされ、ジブチ行きを要求された。ディレダワで給油中に乗客15人が脱走し、犯人1人も逃亡した。18日警官隊が突入し、犯人2人を射殺、女性は逮捕された。7月25日ディレダワ発の国内便が兵士2人によってハイジャックされ、ジブチに到着、犯人は亡命した。

1994年1月23日セネガルの首都ダカールからマリの首都バマコに向かったエチオピア航空B-757型機が西アフリカ上空でエチオピア元軍人1人によってハイジャックされ、ローマのチャンピーノ空港に着陸した。犯人はイタリアへ亡命を申し出た。

1995年3月17日アディスアベバ発バハタール行きのエチオピア航空の国内便B-737型機が5人組にハイジャックされ、スーダンのエルベイドに着陸した。犯人はリビア行きを要求したが、結局、降伏した。

1996年11月23日エチオピア航空機がハイジャックされたが、インド洋に墜落した。

2001年4月26日北部バヒルダルからアジスアベバに向かったエチオピア軍用機が武装したエチオピア人学生6人にハイジャックされ、スーダンのハルツーム空港に着陸した。犯人は英米外交官との面会を要求し、スーダンへ亡命し、27日に解決した。4月アジシアベバで大規模な民主化を要求する学生デモで、学生約280人が死傷した事件の国際的アピールが狙いであった。

血の土曜日事件

(1974.11) アディスアベバ

エチオピア革命で、1974年11月23日、リジ・エンデルカチュー・マコンネン元首相が処刑された。

反政府テロ

(1975.10) アディスアベバ

1975年9月13日、封建制廃止の革命記念日のパレードで反政府デモが起こり、民政復帰と政治犯釈放が布告された。9月25日政府は非常事態宣言を発し、弾圧措置を強めたが、民衆のゼネストと労働者の職場放棄は続き、10月2日首都アディスアベバで爆破テロが起きた。

メンギスツ議長暗殺未遂

(1976.9) アディスアベバ

1976年9月23日, 国家元首メンギスツ・ハイレ・マリアム暗殺未遂事件が起きた。

ベンティ議長暗殺

(1977.2) アディスアベバ

1977年2月, メンギスツ・ハイレ・マリアムが臨時軍事行政評議会 (PMAC) 議長就任とともに, 独裁体制による恐怖政治が行われ, ラフェリ・ベンティ革命評議会議長 (PMC) の暗殺の他, 数十万人が粛清により殺害された。

サウジアラビア航空機ハイジャック

(1994.3) アディスアベバ

1994年3月8日ジェダ発アディスアベバ行きのサウジアラビア航空機がサウジアラビアから強制送還されるエチオピア人男女3人組によってハイジャックされ, ケニアのナイロビ空港に着陸した。犯人はローマ行きを要求したが, 治安部隊が突入し, 全員逮捕された。

ムバラク・エジプト大統領暗殺未遂

(1995.6) アディスアベバ

1995年6月26日, 首都アディスアベバでアフリカ統一機構 (OAU) 会議出席のため走行中のホスニ・ムバラク・エジプト大統領の乗用車が襲撃された。犯人2人は射殺され, 残りは逃走した。スーダンの関与による民族イスラム戦線の指示であることが判明した。26日エジプトのイスラム原理主義者組織〈イスラム集団〉が犯行声明を発した。

ソマリア人無差別テロ

(1996.7) アディスアベバ

1996年7月8日, アディスアベバの運輸通信省の建物内で2人のソマリア人が発砲し, 2人を殺害した。〈イスラム同盟〉が犯行声明を出した。

外国人誘拐テロ

(1998.2～1999.4)

1998年2月25日, ゴドからデナンへ旅行中のオーストリア人1人が誘拐され, ソマリア系の反政府勢力〈オガデン民族解放戦線 (OLF)〉が犯行声明を出した。

1999年4月3日, フランス人援助機関職員1人, エチオピア人補助要員2人, ソマリア人4人が武装集団に誘拐された。〈OLF〉は5月4日フランス人1人を解放した。

8月17日, エチオピア国防省は〈OLF〉指導者ボレダ・ビール司令官が戦死し, 組織が壊滅したと発表した。11月27日〈OLF〉はモガジシオ事務所を閉鎖し, ソマリアでの武装解除を完了した。

列車テロ

(1999.8) ディレダワ

1999年8月21日ディレダワで〈イティハード・イスラム〉がジブチ人400人が乗車した列車を地雷で爆発させ, エチオピア人車掌2人が重傷を負った。

エリトリア

アスマラのテロ

(1974.12〜1976.5) アスマラ

1962年エチオピア併合以来、エリトリアでは根強い民族抵抗闘争が続き、1974年12月にはアスマラでテロが続発した。

1975年7月14日、アスマラの米海軍基地でアメリカ人2人とエチオピア人4人が〈エリトリア解放戦線革命評議会派(ELF-RC)〉分子によって誘拐され、12月にはイタリア人1人と台湾人6人が誘拐された。このうちアメリカ人2人は1976年5月3日解放された。

駐エリトリア・イタリア副領事誘拐テロ

(1976.6) マッサワ

1976年6月11日マッサワでイタリア副領事テレサ・ピチオニが〈エリトリア解放戦線(ELF)〉に誘拐された。6月26日彼は解放された。

ソマリア

シェルマルケ大統領暗殺政変

(1969.10) ラスアノド

1969年10月15日アブディラシド・シェルマルケ大統領がラスアノドで暗殺され、その政情不安から、21日モハメド・シアド・バーレ少将によるクーデタが起こり、バーレを議長とした最高軍事評議会が成立した。

ヨーロッパ連合関係者誘拐テロ

(1997.11)

内戦の混乱で、1997年11月21日北部で救援活動に従事していた国際連合及びヨーロッパ連合(EU)関係者5人が誘拐された。

国際機関誘拐テロ

(1998.4〜2001.3) モガディシオ

1998年4月15日、モガディシオ北方で、この地方を支配しているアリ・マフディ・モハマド指揮下の勢力によって赤十字国際委員会の関係者9人、アメリカ人1人、ドイツ人1人、ベルギー人1人、フランス人1人、ノルウェー人1人、スイス人2人、ソマリー人1人、他1人が人質となった。24日に解放された。

2001年3月27日モガディシオで国際民間援助団体、国境なき医師団の事務所が武装分子に襲撃され、国連職員ら9人(イギリス人3人、フランス人1人、ベルギー人1人、スペイン人3人、他1人)が誘拐された。30日2人が解放された。

ソマリア航空機ハイジャック

(1990.5〜1991.6) モガディシオ

1990年5月29日モガディシオ発ハルゲイザ行きのソマリア航空の国内便が，ソマリア軍人2人によってハイジャックされ，ジブチに到着し，政治亡命を申し出た。

1991年6月30日ジブチ発モガディシオ行きのソマリア航空機が大統領反対派の保安要員によってハイジャックされ，ソマリア南部に着陸し，犯人はケニアに亡命した。

アファール・イッサ

独立テロ

(1975.2〜1977.11) ロコダ

1975年2月3日アファール・イッサの独立を要求するアファール人の〈ソマリー海岸解放戦線 (FLCS)〉ゲリラ6人がソマリア国境ロコダを占領し，さらに通学バスを襲撃，フランス政府との交渉を要求したが，人質救出作戦でゲリラは射殺された。この問題でソマリアとフランスはそれぞれ国際連合に提訴した。

1977年11月29日，フランス人学校の責任者と国民軍兵士が殺害された。

ケニア

ケニヤッタ大統領暗殺未遂

(1972.8)

1972年8月11日，ジョモ・ケニヤッタ大統領暗殺未遂事件が起きた。

ナイロビ空港襲撃未遂

(1976.1) ナイロビ

1976年1月〈パレスチナ解放人民戦線 (PFLP)〉分子がナイロビ空港でのエル・アル航空機の襲撃を企図したが，ケニア官憲により関係ゲリラ分子5人が逮捕され，イスラエル当局に引き渡された。これに抗議して，1980年12月31日ケニアのホテルで爆破テロが起きた。

アミン・ウガンダ大統領暗殺未遂

(1977.1) ナイロビ

1977年1月24日ナイロビの農業展覧館の開館式典でウガンダ人亡命者によるイディ・アミン・ダダ・ウガンダ大統領の暗殺未遂事件が起きた。

ホテル爆破テロ

(1980.12) ナイロビ

1980年12月31日ナイロビのノーフォーク・ホテルで爆破テロがあり，死傷者は100人以上に達した。ケニア

当局は翌81年1月7日〈パレスチナ解放人民戦線（PFLP）〉分子を容疑者として逮捕し，そのテロ行為を厳しく非難した。犯人カズラ・モハメド・アブデルハミドは，12月23日マルタの旅券でナイロビに入り，31日時限爆弾を設定して，その爆発8時間前にサウジアラビアのジッダに逃亡した。犯行の動機は1976年1月のエル・アル航空機のナイロビ撃墜事件をケニア官憲が事前に防止したことにあった。

オウコ外相暗殺

(1990.2)

1990年2月13日以来行方不明の外相ロバート・オウコが16日，他殺死体で発見された。これは政府によるテロであるとされ，その殺害処置の責任を問われて，3月2日大統領府国務相ジョンストン・マカウが解任され，30日情報相ワルウ・カンジも解任された。

人類学者リーキー襲撃テロ

(1995.6) ナクル

1995年6月20日，人類学者リチャード・リーキーが政党サフィーナを結成した。これに対し，ダニエル・アラプ・モイ大統領は植民地主義の策動であると非難し弾圧し，8月10日にはリーキーらサフィーナ幹部が中部ナクルで襲撃された。

駐ケニア・駐タンザニア米大使館爆破テロ

(1998.8) ナイロビ

1998年8月7日ナイロビの駐ケニア米大使館とダレスサラームの駐タンザニア米大使館で大規模な爆発テロが起きた。ナイロビでは，アメリカ人12人，関係者32人，ケニア人247人が死亡した。タンザニアでは，関係者7人，タンザニア人3人が死亡した。負傷者は双方で5000人以上に達した。このテロはオサマ・ビンラディンが関与していることが判明した。このため，8月20日，米国は報復措置としてビンラディンが居住しているアフガニスタンのホストやスーダンのカルツーム郊外の薬品工場を巡航ミサイルで攻撃した。米国のニューヨーク連邦地方裁判所大陪審は11月5日，ビンラディンを身柄不在のまま殺人罪などで起訴した。

この事件で2001年5月29日ニューヨーク地方裁判所はオサマ・ビンラディンら幹部4人に対し共同謀議による殺人，爆破，大量殺戮武器使用などで有罪評決を下した。

〈クルド労働者党〉オジャラン指導者逮捕

(1999.2)

1999年2月16日トルコの反政府武装組織〈クルド労働者党（PKK）〉のオジャラン党首がケニアに入国後，逮捕され，トルコへ連行された。

ウガンダ

オボテ大統領狙撃テロ

(1969.12)

1969年12月19日ミルトン・オボテ大統領が狙撃され負傷し，非常事態宣言が布告された。

部族対立テロ

(1974.3)

イディ・アミン・ダダ大統領の独裁化と経済的混乱から，反アミンの空気が高まり，1974年3月以降，アミン暗殺未遂が相次いで起きた。1975年7月，カンパラでのアフリカ統一機構（OAU）首脳会議の最中，一連の爆破テロが発生，8月アミン大統領は，反政府組織〈ウガンダ解放委員会〉というランゴ人とアチョリ人を母体とした旧オボテ派の地下活動の存在を認めた。

アミン大統領暗殺未遂

(1974.3～1976.6) エンテベ

1974年3月24日アルベ司令官を中心とするルグバラ人将兵によるクーデタ未遂，11月6日，イディ・アミン・ダダ大統領暗殺未遂，1975年1月，アミン大統領襲撃事件など一連のテロが起きた。1976年6月，イディ・アミン・ダダ大統領が首都カンパラで演説中，手榴弾が投げ込まれたが，アミン大統領は無事であった。

イスラエル軍のエンテベ作戦

(1976.6) エンテベ

パレスチナ・ゲリラが1976年6月ギリシャのアテネ空港を離陸したフランス航空機をハイジャックし，ウガンダのエンテベ空港でイスラエル人以外の乗客を解放した。イスラエル軍特殊部隊がエンテベ空港を奇襲し，イスラエル人乗客102人を救出した。このイスラエル軍の行動は国連安全保障理事会で討議されたが，イスラエル非難決議は成立しなかった。

英国国教会大主教らの粛清テロ

(1977.2)

1977年2月16日ウガンダ・ルワンダ・ブルンジ・ザイールの英国国教会大主教ヤナニ・ルーワムがウガンダ警察により逮捕された。17日ルーワム，地下資源相エレナヤ・オルエマ中佐，内相オボト・オフンビの交通事故による死亡が報道されたが，真相はアミン大統領の命令による殺害であった。

ウガンダ航空機ハイジャック

(1985.11) カンパラ

1985年11月10日カンパラ発アルワ行きのウガンダ航空の国内便F-27型機が反体制派2人によってハイジャックされ，反政府組織の解放区カセセに着陸した。航空機と乗員4人，乗客44人は1カ月後に解放された。

カイイラ・元エネルギー相暗殺テロ

(1986.9)

1986年9月2日，反政府クーデタ計画の発覚で逮捕されたカイイラ元エネルギー相が翌87年2月釈放されて，10日後に暗殺された。

反リビア・テロ

(1988.1) カンパラ

1988年1月11日，首都カンパラ市内のビルで手投げ弾が爆発，リビア外交官1人，フランス外交官1人，ウガンダ人3人が負傷した。〈連邦軍〉と名乗る組織の犯行声明が出され，ウガンダ

におけるリビアの影響力排除を主張していた。

〈神の抵抗軍〉テロ

(1997.10～2000.10) カンパラ

1997年10月首都カンパラのホテルで手榴弾テロにより外国人2人が負傷した。スーダン国境に接する北部のグル及びキトグムを拠点とする〈神の抵抗軍（LRA）〉の仕業であった。

2000年3月4日カンパラでイタリア人宣教師2人が誘拐され、数時間後に解放された。〈神の抵抗軍〉の犯行であった。

10月2日キトグムで〈神の抵抗軍〉が自動車で教会へ向かうイタリア人聖職者1人を射殺した。

反政府勢力テロ

(1998.4～1999.2)

1998年4月4日、首都カンパラの中心にあるレストラン2店で爆発事件があり、スウェーデン人1人、ルワンダ人1人を含む5人が死亡した。ウガンダ当局は〈連合民主勢力〉の犯行と断定した。

1998年11月27日、反政府勢力〈30ロード抵抗軍〉が世界食糧計画を攻撃し7人を殺害し、5人を誘拐した。

1999年2月11日、バーにパイプ爆弾が投げ込まれ、エチオピア人1人、ウガンダ人4人が死亡、エチオピア人1人、スイス人1人、パキスタン人1人、ウガンダ人27人、アメリカ人国際機関職員1人、他に3人が負傷した。反政府勢力〈民主勢力同盟（ADF）〉の犯行と判明した。

フツ反政府勢力の襲撃テロ

(1999.3)

1999年3月1日、150人の武装したフツ反政府勢力が3つの旅行者のキャンプを攻撃し、ウガンダ人4人を殺害、アメリカ人3人、イギリス人6人、ニュージーランド人3人、デンマーク人2人、オーストラリア人1人、カナダ人1人を誘拐した。2日アメリカ人2人、イギリス人4人、ニュージーランド人2人が殺害され、残りの人質は解放された。

カルト教団の集団自殺

(2000.3) カヌグ

2000年3月南西部カヌグの教会などでカルト集団〈神の十戒復古運動〉信者の集団焼身自殺と大量殺人が発生し、900人以上が死亡した。警察は殺人容疑で教団幹部6人の逮捕状をとったが、彼らの生死は不明。

タンザニア

カルメ副大統領暗殺テロ

(1972.4) ザンジバル

1964年1月アフロ・シラジ党（ASP）のクーデタで、アフロ・シラジ党首シェイク・アベイド・アマニ・カルメが大統領に就任し、ザンジバル人民共和国が樹立された。彼は1964年4月、タンガニーカとの合邦を実現し、タンザニア共和国副大統領に就任し、ザンジバルの自治を行使してきたが、1972

年4月7日アフリカ黒人3人とアラブ系1人によって暗殺された。

タンザニア航空機ハイジャック

(1982.2)

1982年2月26日〈タンザニア革命青年運動〉がタンザニア航空の国内便のB-727型機をハイジャックし、乗客約90人を乗せたままナイロビ、ジッダを経由して、ロンドンに到着した。犯人5人はタンザニア大統領ジュリウス・ニエレレの辞任を要求したが、英国当局の説得で、乗客全員を釈放し、投降した。犯人の説得には、1967年6月以来、ロンドンに亡命していた元タンガニーカ・アフリカ人民族同盟（TANU）議長カンボナが当たった。

マダガスカル

ラチマンドラバ国家元首暗殺テロ

(1975.2)

ガブリエル・ラマナンツォア軍総司令官国家元首が1975年1月辞任し、後継に内相リカード・ラチマンドラバ大佐が2月5日就任したが、ラチマンドラバはその発足6日後の2月11日、反乱軍の機動警察グループにより暗殺された。この反乱軍を鎮圧したギリス・アンドリアマハゾ国務相が軍事指導評議会を設立して事態を収拾した。そして

6月国家評議会は外相ディディエ・ラチラカ中佐を国家元首に選出した。

コモロ

アブダラ大統領暗殺

(1989.11) モロニ

1989年11月5日アーメド・アブダラ大統領は1990年満了の大統領任期を延長して1996年までとする憲法改正案を国民投票に付託し、92パーセントの支持により政権維持を図った。しかし軍内部には不満が深く、26日に傭兵参加のクーデタが起こり、アブダラ大統領は暗殺された。その後、市街戦が展開され、反クーデタは失敗した。憲法の規定に従い、サイド・モハメド・ジョハル最高裁判所長官が暫定大統領に就任、この事件で役割を果たした傭兵はフランスと南アフリカの圧力で、12月14日コモロから離れた。

ジョハル大統領暗殺未遂

(1994.3) モロニ

1993年12月12日と20日に総選挙が実施されたが、野党勢力はその投票を無効として反発した。そして1994年1月17日、野党勢力は国家回復フォーラムを設置し、民主人民運動（MDP）党首ジョスフを代表に選出した。政府は2月野党の放送局を閉鎖したが、3月サ

イド・モハメド・ジョハル大統領の暗殺未遂が起こり，野党指導者は弾圧された。

南アフリカ

駐南アフリカ・イスラエル総領事館襲撃テロ

(1975.4) ヨハネスブルク

1975年4月28日，パレスチナ・ゲリラがヨハネスブルクのイスラエル総領事館を襲撃し，館員を人質にして警官隊と銃撃戦となり，40人が負傷した。

スミット前IMF専務理事暗殺

(1977.11) スプリングス

1977年11月22日から23日にかけ，スプリングスの自宅で国際通貨基金 (IMF) 専務理事ロバート・スミットが暗殺された。政府関係者による政府資金流用のスキャンダルに関与した疑惑があった。

南アフリカ軍施設爆破テロ

(1978.7) ヨハネスブルク

1978年7月ヨハネスブルクの南アフリカ軍司令部前の路上で車に仕掛けられた爆弾が爆発し70人以上が負傷した。これは〈アフリカ人民族会議 (ANC)〉の仕業とされた。

反アパルトヘイト闘争白人活動家抗議自殺

(1982.2) ヨハネスブルク

カラード（混血）の抵抗闘争を支援してきた白人活動家ニール・アグートが1982年2月4日にヨハネスブルク刑務所で抗議の自殺をした。彼は1981年11月に反テロリズム法違反で逮捕されていた。白人活動家の自殺は初めて。黒人活動家の獄中での死亡は1960年以降，40人以上に達する。

核施設破壊テロ

(1982.12) ケープタウン

〈アフリカ人民族会議 (ANC)〉のテロ組織〈ウムコント・ウェ・シズウェ（民族の槍）〉が，1982年12月18日南アフリカ政府がケープタウン近郊に建設中の原子力発電所を攻撃し，破壊した。

南アフリカ空軍本部爆破テロ

(1983.5) プレトリア

1983年5月20日プレトリアの南アフリカ空軍本部で〈アフリカ人民族会議 (ANC)〉のテロ組織〈ウムコント・ウェ・シズウェ（民族の槍）〉が仕掛けた自動車爆弾が爆発し，死亡19人，負傷200人以上の犠牲者が出た。

〈アフリカ人民族会議〉のテロ闘争

(1982.12〜1988.7)

1982年12月の原子力施設の爆破テロ，1983年5月の南アフリカ空軍本部の爆破テロで始まった，〈アフリカ人民族会議 (ANC)〉のテロ闘争は，1984

年4月のダーバンでの自動車爆破，5月の製油所へのロケット攻撃，1985年12月のダーバンのショッピングセンター爆破，1986年6月のヨハネスブルクの自動車爆弾，1987年7月のヨハネスブルクの部隊司令部近くの自動車爆弾，1988年4月のプレトリアの爆発，6月のプレトリア美術館爆破，7月のヨハネスブルク・エリス公園の自動車爆破などの事件を起こした。その犠牲者は100人以上に達した。

白人右翼テロ

(1988.11～1995.4)

1986年に全土に布告された非常事態宣言は1989年6月さらに延長された。こうした混乱のなか右翼のテロ事件が目立った。

1988年11月，プレトリアで白人極右団体〈アフリカーナー抵抗運動（AWB）〉の元警官が，過激武装集団〈白い狼（WW）〉の一員として無差別自動小銃乱射事件を起こし，6人死亡，14人が負傷した。1991年5月11日に〈アフリカーナー抵抗運動〉のメンバーである白人農民約300人がヨハネスブルクの西約120キロメートルにある黒人農家を襲撃した。原因は政府による黒人への土地返還への反発にあった。警官が白人に発砲する事態となり，アドリアーン・フロック法・秩序相が現場で白人との交渉にあたった。警察と〈アフリカーナー抵抗運動〉の白人は8月9日にも衝突し，白人3人が死亡した。激化する政治導入に対し，1992年1月司令官コージン・テレブランシュ〈アフリカーナー抵抗運動〉議長が逮捕された。

1995年4月ヨハネスブルグのヤンスマッツ空港で選挙妨害を狙って車爆弾が爆発し，ロシア外交官2人，スイス航空パイロット1人を含む16人が負傷した。〈アフリカーナー抵抗運動〉の犯行であった。司令官テレブラシュは1997年6月殺人罪で有罪となった。

アフリカ人過激派テロ

(1991.11～1993.7)

1992年11月にアフリカ人過激派の白人襲撃が起きた。1993年5月にもアフリカ人のテロが続き，政府は首謀した〈パン・アフリカ人民機構（PAC）〉を捜査した。〈PAC〉は再び7月，ケープタウンの白人教会へ乱入した。これらのテロで白人30人以上が死亡した。

共産党書記長殺害

(1993.4) ヨハネスブルク

1993年4月10日にヨハネスブルク郊外で〈南アフリカ共産党〉書記長クルス・ハニ（〈アフリカ人民族会議（ANC）〉全国執行委員）が白人により銃撃され，死亡した。4月14日，ハニ追悼集会が開かれ，これが暴動化し，数百人が参加するストライキへ突入した。

ズールー王襲撃テロ

(1996.4) クワズールー

1996年4月25日，南アフリカ・ナタール州クワズールーでズールー族ズエッリチニ王の第2夫人ママセ王妃，ノンララ王女らが襲撃され，ノンララ王女は死亡した。インカタ自由党（IFP）支持のズエッリチニ王が〈アフリカ人民族会議（ANC）〉支持に変わった政治構図に事件の原因があった。

〈パガド〉無差別テロ

(1998.8) ケープタウン

1998年8月25日、ケープタウンで米系レストラン、プラネット・ハリウッドにパイプ爆弾が投げ込まれ、1人が死亡、25人が負傷した。8月20日のケニア・タンザニア米大使館同時爆破テロへの報復として米軍がアフガニスタンとスーダンのテロ関連施設を爆撃した直後の事件であった。〈世界的に抑圧に反対するイスラム教徒〉の名で声明が出された。スーダンのテロ施設への米ミサイル攻撃が非難された。当局は〈ギャング行為と麻薬に反対する人民(パガドPAGAD)〉の犯行とみた。1999年1月8日、南アフリカのケープタウンでケンタッキフライドチキンを正体不明の若者5人が襲撃、レストランへ焼夷弾を投げ込んだが、負傷者はなかった。犯行声明はなかった。

2000年10月19日ケープタウンで〈パガド〉がマクドナルド・レストランに投石した。

日本人拉致テロ

(2001.8) ヨハネスブルグ

2001年8月10日シエラレオネ軍の武器調達事件に関与した日本人がヨハネスブルグで犯行グループに拉致されたが、12日自力で脱出した。同様の事件でもう1人の日本人が拉致された。これは1990年代を通じて起きたナイジェリアに本拠をおく〈419事件〉の犯行であった。

ナミビア

〈SWAPO〉無差別テロ

(1978.10～1979.2) オバンボ

1978年10月、オバンボで〈南西アフリカ人民機構(SWAPO)〉が仕掛けた地雷でトラックなどが破壊され、多数の死者が出た。

〈SWAPO〉のテロは1979年2月にも起こった。

〈SWAPO〉米外交官テロ

(1984.4)

1984年4月15日、〈南西アフリカ人民機構(SWAPO)〉による爆破テロで、米国の外交官2人が死亡した。

ボツワナ

ジンバブエ・アフリカ人民族評議会本部爆破テロ

(1976.11) ガボローネ

1976年11月19日、ジンバブエ・アフリカ人民族評議会(ZANC)ヨスナ・エンコモ派のフランシスタウン本部で爆破テロが起きた。犯人2人はローデシアへ逃亡した。

スワジランド

ドラミニ首相暗殺未遂
(1987.5)

　1982年からの王室権力闘争が1983年9月終息し，1984年6月にソトシャ・ドラミニ元王室警察本部長が首相に就任し，1986年4月には国王ムスワティ3世が即位したが，1987年3月24日，ドラミニ首相の暗殺計画とクーデタ計画が発覚した。5月21日，前首相ベキンピ・ドラミニら王室関係者・政府高官が暗殺容疑と国家反逆罪で逮捕された。

反政府テロ
(1995.1～2000.12)

　1995年1月中旬〈インボコドボ国民運動（INM）〉による一党支配に反発する反政府分子が政府関連施設に襲撃を仕掛け，2月には議会や情報放送・観光相の自宅や大学も襲撃された。
　2000年2月政権の一党支配を非難したスワジランド国家進歩党のムドゥルリ党首が逮捕された。政府は，人民統一民主運動（PUDM）の関連組織，〈スワジランド青年会議（SWAYOCO）〉総会に外国人が招請されたと，介入した。
　12月18日東部の警察者で爆弾が爆発し，〈マクンドゥ会議〉が警察の介入に抗議するとの犯行声明を出した。

レソト

首相官邸襲撃テロ
(1982.7) マセル

　1982年7月29日首都マセルの首相官邸が国外にあったバソト会議党（BCP）の軍事部門〈レソト解放軍（LLA）〉分子によって襲撃された。

旧ジョナサン政権の閣僚殺害テロ
(1986.1) マセル

　1986年1月20日ジャスティン・レハンヤ少将のクーデタにより成立したレハンヤ政権下に，11月，元外相ビンセント・M・マヘレらクーデタで追放された旧リーブア・ジョナサン政権の閣僚2人が夫人とともに誘拐され，射殺死体で発見された。

バス・ジャック
(1988.9) マセル

　1988年9月13日首都マセルで〈レソト解放軍（LLA）〉がローマ教皇ヨハネ・パウロ2世のミサに出席する民衆が乗車したバスを乗っ取った。翌14日，南アフリカ警察特殊部隊が犯人4人を射殺，バスの乗客と運転手も合わせて6人が死亡，21人が負傷した。

バホロ副首相暗殺
(1994.4)

1994年4月14日セロメツイ・バホロ副首相が反乱軍によって射殺された。

ローデシア

アフリカ人の無差別テロ

(1976.7～1977.8) ソールズベリー

アフリカ人の独立要求をめぐるローデシア内戦のなか、その解決交渉が続けられたが、1976年7月、首都ソールズベリーでアフリカ人による爆弾テロが起こった。

1977年8月6日、首都ソールズベリーのウッドワースでTNT65ポンド相当の爆破テロが起きた。アフリカ人11人が死亡し、66人が負傷した。犯行声明はなかった。当局は10月28日に容疑者を逮捕した。

急進派のローデシア航空機撃墜

(1978.9) カリバ

1978年9月3日ローデシア軍機が北部ザンビアとの国境近くカリバ付近にあるアフリカ人急進派解放組織〈愛国戦線・ジンバブエ・アフリカ人民同盟派(PF-ZAPU派)〉〔1976年10月〈ジンバブエ・アフリカ人民同盟(ZAPU)〉と〈愛国戦線(PF)〉を結成したが別個に活動〕分子の基地を爆撃した。これに対し、8日〈愛国戦線(PF)〉が同じカリバ付近でローデシア航空の国内便を撃墜した。これは熱線ミサイル攻撃によるもので、乗員56人のうち48人が死亡した。犠牲者は大半がカリバ湖観光の白人で、うち女性・子供が10人であった。ヨスナ・ヌコモZAPU議長は、同機は武器・弾薬の輸送に当たっているために攻撃したと発表した。生存者はのち現地で射殺された。この事件で政府は10日、非常事態措置をとった。

反政府分子テロ

(1979.4～9)

1979年4月実施の初の黒人選挙で、25日アベル・テンデカイ・ムゾレワ統一アフリカ人民族評議会(UANC)政権が発足した、その与党集会で反政府の〈愛国戦線・ジンバブエ・アフリカ人民族同盟(PF-ZANU派)〉のゲリラ分子による爆破テロが起こり、9月には与党議員が同様に反政府ゲリラによって殺害され、また白人与党ローデシア戦線(RF)議員の乗用車にロケット弾が命中する事件が起きた。

白人誘拐テロ

(1982.7) マタベレランド

1982年7月マタベレランドで白人旅行者6人が誘拐され、1985年になって解放された。少数民族のンデベレ人地域で白人入植者住民に対する誘拐が1983年以降、続発した。ロバート・ガブリエル・ムガベ首相は〈ジンバブエ・アフリカ人民同盟(ZAPU)〉と妥協し、ンデベレ人との和解に努めた。

ジンバブエ　　　ザンビア

マラウイ閣僚暗殺
(1983.3〜5) ハラーレ

1983年3月ジンバブエの首都ハラーレで亡命抵抗組織〈マラウイ社会主義連盟（LESOMA）〉議長アタティ・ムカパティが殺害された。続いて，5月ディック・マテンジェ無任所相兼与党マラウイ会議党（MCP）書記と中央地区担当相アーロン・ガマダの交通事故死が発表された。マテンジェはヘスティング・カムズ・バンダ大統領の後継者の1人とされており，政治的暗殺とみられた。

白人農場占拠
(2000.4) ハラレ

1992年3月白人農地の接収が始まったが，国内の優良農地をほぼ独占する白人農園主に対する黒人農民の反発がいよいよ高まり，2000年以降，白人農場の黒人占拠が始まった。4月15日ハラレ近郊で白人農場主が襲撃され，1人が射殺された。ロバート・ムガベ大統領は総選挙で黒人標獲得を狙うべく「白人農園主は国家の敵」との主張に固執した。このために，民主変革運動（MDC）のメンバーに対する襲撃テロも起きた。

ジンバブエ民族主義者暗殺
(1975.3) ルサカ

1975年3月18日〈ジンバブエ・アフリカ人民族同盟（ZANU）〉初代議長で〈アフリカ民族評議会（ANC）〉ザンビア駐在代表ハーバート・チテボが，首都ルサカの自宅でガレージに仕掛けられた爆弾で死亡した。〈ANC〉スポークスマンは「スミス白人政権の犯行」と発表したが，ローデシア政府はこれを否定した。28日，ザンビア内相アーロン・ミルバーはこの事件で〈ZANU〉分子ら多数を逮捕し，取り調べ中と発表した。ザンビア政府は，4月7日に平和と秩序への脅威を理由にザンビア国内での〈ZANU〉，〈ジンバブエ・アフリカ人民同盟（ZAPU）〉，〈ジンバブエ解放戦線（FROLIZI）〉の3解放組織の事務所を閉鎖し，活動を禁止した。

新聞社爆破テロ
(1978.1) ルサカ

1978年1月14日統一民族独立党（UNIP）の新聞社タイムズ・オブ・ザンビアの建物爆破テロが起きたが，その背景は不明。

アンゴラの無差別テロ
(1999.2) ルサカ

1999年2月28日，首都ルサカの駐ザ

ンビア米大使館，送電線拠点，住宅地区などで16個の爆発テロが起きた。ザンビア当局はアンゴラの工作員によるものとした。

アンゴラ

モザンビーク

反アパルトヘイト闘争家の小包爆弾テロ

(1982.8) マプト

1940年代からの〈南アフリカ共産党〉や〈アフリカ人民族会議（ANC）〉の白人女性活動家として知られていたルス・ファーストが，1982年8月17日マプトで，南アフリカから送付されてきた小包爆弾で死亡した。

スワジ航空機ハイジャック

(1993.7) マプト

1993年7月4日首都マプト発スワジランドのマンジーニ行き，乗員4人，乗客3人のスワジ航空のF-28型機がハイジャックされ，オーストラリア行きを要求された。南アフリカのヨハネスブルクで給油後に，乗員2人を解放したが，深夜，警官が突入し，犯人を逮捕した。

〈カビンダ飛地解放戦線〉テロ

(1977.1) カビンダ

1977年1月15日，アンゴラの飛地カビンダの国境付近での鉄道工事現場を〈カビンダ飛地解放戦線（FLEC）〉分子が攻撃し，鉄橋を破壊した。コンゴ人7人を殺害し，フランス人技術者3人とコンゴ人労働者7人を誘拐した。フランス人は1月30日に解放された。

〈UNITA〉外国人誘拐テロ

(1983.3～2001.5)

1983年のアンゴラ内戦に至る状況下に，〈アンゴラ全面独立民族同盟（UNITA）〉はその勢力の顕示と国際宣伝のために人質戦術をとった。1983年3月中旬，チェコスロバキア人ら84人を人質にし，1984年6月までに解放した。

1983年12月8日には北東部で布教活動をしていた日本人カトリック修道女（フランシスコ修道会所属）中村寛子が〈UNITA〉ゲリラに誘拐され，1984年4月22日に解放された。

1984年2月23日，北東部のカフォ・ダイヤモンド採鉱場でフィリピン人・ポルトガル人ら77人が〈UNITA〉により誘拐された。63人は釈放され，他はアンゴラ退去を要求された。

2000年1月25日ソヨ近郊で〈UNITA〉が自動車を待ち伏せしてポルトガル人1人を殺害した。犯行声明はなかった。

5月3日ルアンダで世界食糧計画（WFP）の自動車隊を〈UNITA〉が襲撃し，1人を殺害し，トラックに放火した。

8月8日ルンダ・ノルト州で〈UNITA〉がダイタM9オンド鉱山を襲撃し，南アフリカ人1人を射殺し，アンゴラ人労働者7人を誘拐した。

2001年5月4日〜5日首都ルアンダ北方カシートの〈UNITA〉と政府軍の戦闘で〈UNITA〉に拉致されていた子供60人と教師2人が解放された。

カビンダ石油パイプライン爆破テロ

(1983.7) カビンダ

1983年7月13日〈アンゴラ全面独立民族同盟（UNITA）〉ゲリラがカビンダ油田のパイプラインを爆破し，22人が死亡，50人が負傷した。

ファンボ・テロ

(1988.4) ファンボ

1988年4月22日，ファンボでジープに積んだ爆弾が爆発するテロが発生，100人以上が死亡し，〈アンゴラ全面独立民族同盟（UNITA）〉が犯行声明を出した。

ソ連機ハイジャック未遂

(1989.5) ルアンダ

1989年5月24日，南アフリカの〈アフリカ人民族会議（ANC）〉ゲリラ174人が搭乗してルアンダからタンザニアのダルエスサラーム空港に向かう途中のアエロフロートⅡ-62型機が，南アフリカ白人2人によりハイジャックされたが，ソ連警乗員によって制圧され，無事着陸した。

国連機ハイジャック未遂

(1992..9) ロビト

1992年9月2日，ロビトから内陸のルエナに向かった国連食糧援助機がアンゴラ兵士60人によってハイジャックされ，首都ルアンダ行きを要求された。政府が別途，飛行便を用意すると約束して解決した。

ザイール人襲撃テロ

(1993.1) ルアンダ

1993年1月，首都ルアンダでザイール系住民に対する襲撃テロが起こり，62人が死亡した。

〈カビンダ飛地解放戦線〉誘拐テロ

(1998.3〜2000.5) カビンダ

1998年3月23日〈カビンダ飛地解放戦線―カビンダ武装軍（FLEC=FAC）〉がカビンダでポルトガルの建設会社，モタ会社従業員のポルトガル人2人を誘拐した。〈FLEC―FAC〉は50万ドルとポルトガルの介入，アンゴラからのポルトガルの撤退を要求した。6月24日人質は解放された。その支払いは不明。

1998年4月22日〈FLEC〉がポルトガルの建設会社，モタ会社の従業員，ポルトガル人1人とアンゴラ人9人を誘拐した。人質は6月24日解放された。

1999年3月10日，カビンダで石油会社の作業員，フランス人2人，ポルトガル人2人，アンゴラ人1人を誘拐したが，7月7日全員が釈放された。〈FLEC〉の犯行とみられた。

2000年5月24日カビンダで〈カビンダ飛地解放戦線（FLEC）〉がポルトガ

ル人1人を誘拐した。犯行声明はなかった。

〈UNITA〉のテロ

(1998.5〜1999.7)

1998年5月19日〈UNITA〉が国連車に攻撃を掛け、アンゴラ人1人が死亡、アンゴラ官吏ら3人が負傷した。
1998年11月8日、カナダ系のダイヤモンド鉱山を〈UNITA〉が攻撃し、ポルトガル人1人、イギリスジン2人、アンゴラ人3人は殺害され、南アフリカ人1人、イギリスジン1人、フィリピン人2人の計4人が人質となった。〈UNITA〉は人質の誘拐を否定した。
1999年1月6日、アンゴラでオーストラリア所有のクワンゴ鉱山で待ち伏せした〈UNITA〉の襲撃にあい、イギリス人1人、ブラジル人1人、アンゴラ人警備2人が殺害された。
2月11日、ダイヤモンド鉱山会社SDMの自動車が〈UNITA〉に襲撃され、アンゴラ人警備の5人が死亡した。
7月6日〈UNITA〉がドイツ援助団の食糧輸送の自動車を待ち伏せし攻撃して15人を殺害した。

国際機関機撃墜

(1999.1)

1999年1月2日アメリカ人1人、アンゴラ人4人、フィリピン人2人、ナミビア人1人が搭乗した国連機が撃墜された。アンゴラ当局は、反政府勢力〈アンゴラ全面独立民族同盟(UNITA)〉の犯行としたが〈UNITA〉は否定した。

〈UNITA〉のミサイル発射

(1999.5〜2000.10)

1999年5月13日〈アンゴラ全面独立民族同盟(UNITA)〉が私有飛行機に地対空ミサイルを発射し、ロシア人乗員3人、アンゴラ人3人が誘拐された。6月30日〈UNITA〉によってアンゴラ人所有の飛行機が打ち落とされ、乗員のロシア人5人のうち1人が死亡した。
1999年7月21日フアンボ空港で世界食糧計画と赤十字国際委員会の飛行機を迫撃砲と長距離砲で攻撃したが、被害はなかった。
2000年10月31日、サウリモ鉱山で旅客機が墜落し、乗客・乗員48人が死亡した事故で、〈UNITA〉は犯行声明を出し〈UNITA〉は〈UNITA〉支配地域は盗んだダイヤモンドを搭載していた飛行機を高射砲で撃墜した、と発表した。

中東

シリア / レバノン / ヨルダン / イラク / エジプト / パレスチナ / イスラエル / エルサレム / 南イエメン / イエメン / サウジアラビア / クウェート / バーレーン / オマーン / アラブ首長国連邦 / イラン / トルコ / ギリシャ / キプロス / 北キプロス

シリア

アサド大統領暗殺未遂

(1973.7～1996.5) ダマスカス

1973年7月10日ハーフェズ・アサド大統領の暗殺未遂事件が起きた。

1980年6月26日，ダマスカスでハーフェズ・アサド大統領の乗用車に爆弾が仕掛けられるという暗殺未遂テロが起こり，軍参謀長らスンナ派の高級将校6人が治安当局に逮捕された。早速，7月7日に国会はイスラム同胞団関係者を死刑とする法令を制定し，これにより300人を処刑する一方，大規模なイスラム同胞団壊滅作戦をとった。

1996年5月6日，ダマスカスでハーフェズ・アサド大統領を狙った爆破テロが起きたが，大統領は無事であった。

バース党亡命幹部暗殺

(1976.7) ダマスカス

1976年7月10日，シリア放送は，12カ月前にシリアに亡命してきたイラクのアラブ・バース党幹部アフマド・アザウィがダマスカスで殺害されたと報じた。

イスラム同胞団テロ

(1981.6～1996.12) ダマスカス

イラン革命の影響は，1980年6月26日のスンナ派の〈イスラム同胞団〉によるハーフェズ・アサド大統領の暗殺未遂で現れていたが，10月のシリア・イスラム戦線の結成および11月にはイスラム革命計画の準備がみられ，1981年6月1日にはイスラム同胞団によるアレッポ軍事基地の攻撃となり，8月ダマスカスの首相官邸での爆弾テロとともに〈イスラム同胞団〉によるジハード（聖戦）再開となった。10月にシリア高官の殺害テロ，11月にダマスカスの爆弾テロが起き，この暴動で1000人以上の犠牲者がでた。1981年12月にはアレッポでイスラム同胞団支援のゼネストが起きた。人民議会は，1980年7月〈イスラム同胞団〉の成員に対し自動的に死刑を課すとの大統領布告を制定し，軍・警察・バース党武装民兵・報道機関を動員した大掛かりなイスラム同胞団壊滅作戦を実施し，かなりの成果をあげた。この〈イスラム同胞団〉は，西ドイツに亡命しているイサム・アル・アタルを指導者とするアタル派など3派で構成され，ヨルダン，イラク，エジプト，トルコからの資金援助を得ており，根強い基盤をもっていた。1982年1月に1万人以上が犠牲となったハマの〈イスラム同胞団〉事件も同種のもので，この事件で〈シリア解放民族同盟〉が成立した。

1996年12月31日，ダマスカスで爆破テロが起こり，11人が死亡した。1997年1月9日にイスラム原理主義者組織〈変革のためのイスラム運動〉が犯行声明を出した。

イラク関与爆破テロ

(1986.3) ダマスカス

1986年3月13日，ダマスカスで爆破テロが起き，多数が死亡した。14日に逮捕されたレバノン人アハメド・ハッサン・エイドはイラクの関与を認め，死刑となった。4月16日，再びダマスカスで連続爆破テロが起き，140人が死亡，149人が負傷した。治安当局は数人を逮捕し，とり調べの結果，イラクの資金援助と訓練によるものであることが判明した。

シリア・ハダム副大統領暗殺未遂

(1986.4) ダマスカス

1986年4月29日ダマスカスで副大統領アブドル・ハリム・ハダムの搭乗していた自動車が爆破され，同行の護衛1人が死亡，3人が負傷したが，同副大統領は無事であった。4月16日以来の連続爆破事件へのイラクの関与に関連があると解された。

米国のテロ国家シリア対決
(ヒンダウィ事件)

(1986.4)

1986年4月のエル・アル（EL AL/イスラエル航空）機爆破未遂容疑のパレスチナ人ネザール・ヒンダウィが10月逮捕された。この事件に，シリアが関与していたとして，10月24日，米国はテロ指定国シリアから大使を引き揚げ，英国は英駐在シリア大使を国外追放としシリアと断交した。これとともに11月のヨーロッパ共同体（EC）外相理事会がシリアに対し制裁措置を決め，シリアをテロ国家として非難した。

レバノン

中東航空機ハイジャック

(1973.8～1978.3)

1973年8月16日リビアのベンガジからベイルートへ向かった中東航空のB-707型機が，キプロス上空でハイジャックされ，イスラエルのテルアビブ空港に着陸し，リビア国籍の犯人1人は逮捕された。

1979年1月16日ベイルート発アンマン行きの中東航空（MEA）B-707型機がシーア派武装組織〈アマル〉の6人によってハイジャックされ，ニコシアに向かったが，ベイルートに引き返した。犯人はリビアで不明となったレバノン・シーア派指導者ムサ・サドル師の釈放と調査を要求した。

1980年1月18日ベイルート発キプロス行きの中東航空（MEA）B-720型機がシーア派分子1人によってハイジャックされ，テヘラン行きを要求された。シリア上空で燃料不足となり，ベイルートに戻り，犯人は逮捕された。犯人は1978年にリビアで不明となったレバノン・シーア派指導者ムサ・サドル師の釈放と調査を要求した。

1月28日にもシーア派分子1人による中東航空（MEA）B-720型機のハイジャックが起きた。

3月10日アンマン発の中東航空（MEA）B-707型機がシーハ派分子1人

によってハイジャックされ,ベイルートに着陸した。

1985年6月12日スンナ派イスラム教徒1人によって中東航空機がハイジャックされ,前日11日にハイジャックされたヨルダン航空機の保安要員8人の釈放を要求した。ヨルダン当局によって全員の無事を聞き,犯人は投降した。

サウジアラビアパイプライン爆破テロ

(1974.5)

1974年5月1日〈パレスチナ解放アラブ民族主義青年団〉がレバノン南部のサウジアラビア石油パイプラインの爆破テロを決行した。

世界教会委員会ベイルート本部爆破テロ

(1975.1) ベイルート

1975年1月〈アルメニア解放アルメニア秘密軍(ASALA)〉が世界教会委員会ベイルート本部を,同教会がアルメニア人の国外移民を援助しているとの理由で爆破した。

米軍人誘拐テロ

(1975.6) ベイルート

1975年6月29日ベイルートで〈パレスチナ人民解放戦線・総司令部派(PFLP-GC)〉分子がタクシーに乗車していた米軍人アーネスト・R・モーガン大佐を誘拐した。7月〈パレスチナ解放機構(PLO)〉の仲介で解放された。

外交官誘拐テロ

(1975.10) ベイルート

1975年10月25日ベイルートのホテルでフランス,デンマーク,スウェーデンの3国外交官の誘拐テロが起きた。彼らは,パレスチナ・ゲリラ組織〈ファタハ〉と〈パレスチナ解放機構(PLO)〉の仲介で解放された。

駐レバノン・米大使暗殺

(1976.6) ベイルート

1976年6月16日ベイルートの駐レバノン・米大使フランシス・メロイが〈アラブ共産主義機関(AOC)〉分子によって誘拐され,暗殺された。

ドルーズ指導者暗殺

(1977.3)

1970年9月フセイン・ヨルダン国王によるパレスチナ・ゲリラの弾圧で,パレスチナ人がレバノンへ移り,難民キャンプが設立された。この移入で1975年5月から76年11月まで内戦となり,その局面は,レバノン・キリスト教徒右派とイスラム教徒左派の対立であった。10月,シリアがこれに介入し,シリア軍とパレスチナ分子の対立となった。こうしたなか,1977年3月16日イスラム教ドルーズ派指導者カマル・ジュンブラットが暗殺されるという事件が起きた。その報復として,キリスト教徒200人以上がイスラム教徒によって殺害された。

クウェート航空機ハイジャック

(1977.7～1982.2)

1977年7月8日ベイルート発クウェート行きのクウェート航空(KAC)機がパレスチナ・ゲリラ組織〈アブ・ニダル派(ANO)〉6人によってハイジャックされ,犯人は南イエメン行きを要求し,アラブ各国の刑務所にいる同志300人の釈放を要求した。10日シリア

のダマスカス空港に着陸し，降伏した。

1980年7月24日，ベイルート発クウェート行きのクウェート航空B-737型機が，ヨルダン人兄弟2人によってハイジャックされ，クウェートで100万ディナールを要求し，36人を釈放した。犯人は25日に投降した。

1982年2月24日，レバノン・シーア派指導者ムサ・サドル師の釈放を要求し〈ムサ・サーの息子たち〉の12人がベイルート空港でクウェート航空機をハイジャックした。翌25日，ゲリラは投降し，事態は解決した（ベイルート）。

駐レバノン・フランス大使館爆破テロ

(1978.1) ベイルート

1978年1月29日ベイルートの駐レバノン・フランス大使館でTNT火薬1キロ相当の爆破テロが起きた。犯人は不明。

国連軍将兵誘拐テロ

(1978.7) ベイルート

1978年7月〈パレスチナ解放戦線(PLF)〉が国連レバノン暫定監視軍(UNIFIL)将兵51人を拉致し，パレスチナ・ゲリラ組織〈ファタハ〉の仲介で数時間後に釈放した。

アラファト〈PLO〉議長暗殺未遂

(1978.8) ベイルート

1978年8月3日，カタール外交官車両とともにベイルートからシリアへ向かったヤセル・アラファト〈パレスチナ解放機構(PLO)〉議長の乗用車が銃撃された。

〈黒い九月〉指導者サラメ暗殺

(1979.1) ベイルート

1973年7月，イスラエル情報機関モサドがノルウェーのリレハンメルにいるパレスチナ・ゲリラ組織〈黒い九月〉指導者アリ・ハッサン・サラメを発見，暗殺を企てたが，未遂に終わった。しかし，1979年1月22日ベイルートの自動車爆破テロで，サラメ以下15人が死亡した。

イタリア航空機ハイジャック

(1979.9)

1979年9月7日，テヘラン発ローマ行きのアリタリア航空のDC-8型機がシーア派イスラム教徒レバノン人3人によってハイジャックされた。犯人は非同盟諸国首脳会議を開催中のキューバのハバナ行きを要求したが，ローマで乗客172人全員を解放して，テヘランで投降した。犯人の目的は，リビアで不明となったシーア派指導者ムサ・サドル師の釈放と調査の要求であった。

駐レバノン・ヨルダン代理大使誘拐テロ

(1981.2)

1981年2月6日，ベイルート駐在ヨルダン代理大使ヒック・ムハセンが公邸にいたところ，パレスチナ・ゲリラ，革命の鷲が襲撃し，同代理大使を誘拐した。4月に交渉の結果，彼はヨルダンに引き渡された。

ジェマイル次期大統領暗殺

(1982.9)

1982年8月20日，イスラエルと〈パレスチナ解放機構(PLO)〉はPLO分

レバノン 155

子のパレスチナ撤退を骨子とする和平提案に合意し,〈PLO〉はアラファト議長が16日にベイルート退去宣言を発し,30日アラファト議長の退去でレバノンの事態は解決した。一方,レバノン国会で,エリアス・サルキス大統領の任期満了に伴い,8月22日ファランヘ党指導者ジェマイルの次男,ファランヘ党民兵司令官バシールが次期大統領に選出された。しかし,9月14日同党支部ビルで爆破テロが起こり,彼は暗殺され,同時に約100人が死傷した。このため,ファランヘ党はバシールの実兄アミンを大統領候補に推し,アミンが21日の国会で選出され,23日大統領に就任した。

パレスチナ難民キャンプ大量虐殺

(1982.9) サブラ,シャチラ

1982年6月のイスラエル軍のレバノン侵攻後,9月16日〜18日イスラエル軍制圧下のベイルート南部のサブラとシャチラの難民キャンプで319人。〈パレスチナ解放機構(PLO)〉の発表では1800人以上)のパレスチナ武装難民(パレスチナ人以外はレバノン人45人,イラン人21人,パキスタン人13人,シリア人10人,エジプト人4人,アルジェリア人2人)が虐殺された。その軍事および政治面での責任の有無を追求していた特別司法調査委員会は,1983年2月8日最終報告を公表した。事件の責任者としてアリエル・シャロン国防相,ラファエル・エイタン参謀長,サギ軍情報部長の解任または辞任が要求され,事件の発生と事前に予期すべき出来事への関心が示されなかったことで,一定の責任があるとした。虐殺犯人は右派キリスト教徒ファランヘ党民兵と断定されたが,シャロン国防相らイスラエル軍首脳が事件を回避するための措置をとらずに責務違反であるとされた。メナヒム・ベギン首相は,調査委員会の勧告を受諾することを決定し,シャロンは国防相を解任されたが,無任所相として内閣に残った。この際,イスラエルでの10日間にわたるベギンの辞任を要求する反戦組織ピースナウ(今こそ平和を)のデモ隊に手投げ弾が投げ込まれ,1人が死亡した。

ドルーズ派指導者テロ

(1982.12) ベイルート

1982年12月1日,西ベイルートのアルメニア大学付近で乗用車爆破テロが起こり,左派ドルーズ派の指導者,進歩社会主義党首ワリット・ジュンブラットら38人が重傷を負った。

米施設,他テロ

(1983.4〜1984.9) ベイルート

1982年12月,レバノンからのイスラエル撤退交渉への米国の関与(1983年5月撤退協定成立)に反発して,1983年4月西ベイルートの米大使館に爆弾搭載のトラックが突入する爆破テロが起こり,63人が死亡した。10月にもベイルート郊外の米海兵隊とフランス軍駐留司令部にトラックが突入し,米軍241人,フランス軍58人が死亡した。さらに,11月南部タイレのイスラエル軍司令部にも爆弾車が突入し,61人が死亡した。いずれも,イランの最高指導者ホメイニ師を信奉するシーア派過激派〈イスラム聖戦機構〉によるものであった。さらに,米大使館攻撃事件は1984年9月にも起こった。

駐レバノン・リビア代表部爆破テロ

(1983.7) ベイルート

1983年5月以降生じた〈パレスチナ解放機構(PLO)〉の内紛で、リビアは一貫して反アラファト派を支持し、リビア革命以来初めてとなる6月サウジアラビア皇太子アブドラのリビア訪問直後、リビアの指導者ムアマル・カダフィはイスラエルとの対決方針堅持のアラブ拒否戦線の立場を固め、シリアおよび南イエメンと拒否戦線の形成に合意した。こうして、7月ベイルートのリビア代表部で爆破テロが起き、それはシーア派組織の犯行とされた。そして、9月のイスラエル軍の南部撤退で生じた軍事的空白をめぐって内戦が激化した。

バールベック・テロ

(1983.8) バールベック

1983年8月7日、東部ベカー高原のバールベックで自動車が爆破され、33人が死亡し、125人が重傷を負った。レバノン人組織〈レバノンを外国人から解放する戦線〉が犯行声明を出した

〈ヒズボラ〉テロ

(1983.10～1985)

1983年10月イランのイスラム教徒シーア派組織〈ヒズボラ(神の党)〉が、英・米・イスラエル軍に対しトラック爆弾攻撃を決行し、イスラエル軍は報復として彼らのナビ・チト基地を空爆した。また、ヒズボラは1984年10月にシーア派原理主義者の聖地訪問をサウジアラビアが拒否したことから、ベイルートのサウジアラビア大使館に放火した。1985年にも、ヒズボラのテロは続いた。

国連監視団攻撃テロ

(1983.10) ベイルート

レバノンへの米国の関与に抗議するシーア派分子による、1983年の米大使館に対するテロに続き、10月23日、再びシーア派分子はベイルート郊外の米海兵隊とフランス軍の国連ベイルート監視団(OGB)本部にトラックを突入させ、米軍241人、フランス軍58人が死亡した。

イスラエル駐留軍司令部爆破テロ

(1983.10) ナバチェ

1983年10月16日の南部ナバチェでのシーア派イスラム教徒約10万人暴動に続いて、11月4日にタイレのイスラエル駐留軍司令部に爆発物を満載した小型トラックが突入、大爆発となり、イスラエル兵29人と拘留中のアラブ人32人の計61人が死亡した。いずれもシーア派過激派〈イスラム聖戦機構〉の犯行声明が出された。このため、イスラエル空軍は、10月～11月に計6回の報復爆撃を実施した。

駐レバノン・ソ連大使館ロケット攻撃

(1984.7) ベイルート

1984年7月30日西ベイルートのイスラム教徒居住区にあるソ連大使館にロケット弾が命中した。イスラム左派組織〈鋭い剣機構〉が犯行声明を出した。

カラミ首相暗殺

(1984.6)

1984年3月5日、アミン・ジェマイル大統領のもと、イスラエル軍撤退協定の政府による破棄声明に続いて、シーア派、ドルーズ派民兵旅団はそれぞれ

レバノン

停戦を受諾し、シリア主導下にレバノン戦争は収拾された。4月ラシド・カラミ内閣が発足したが、引き続きシリア主導の政治改革を呼び掛けていたカラミ首相が6月1日休暇からヘリコプターで帰る途中、爆破テロで死亡した。同乗していたアル・ラッイ内相らは負傷した。〈レバノン秘密軍〉が犯行声明を出した。

無差別テロ

(1985.1〜1988.9)

1983年5月のイスラエル軍撤退協定調印後も内戦が続き、キリスト教徒地区での自動車爆破テロが続いた。

●主な事件

1985.1 西ベイルートで爆破テロ、3人死亡、27人負傷。

1985.8 東ベイルートのキリスト教徒地区で自動車爆破テロ、160人以上死傷。

1986.1 東ベイルートのキリスト教徒地区で自動車爆破テロ、20人死亡、100人以上負傷。

1986.7 南ベイルートのイスラム教徒地区で自動車爆破テロ、170人以上死傷。

1988.4 トリポリの野菜市場で爆破テロ、52人死亡、125人が負傷。

1988.4 トリポリの商店街で爆破テロ、66人死亡、120人以上が負傷。

1988.5 ベイルート中心部のキリスト教右派ファランへ党事務所で時限爆弾のテロ、15人死亡、60人以上が負傷。

1988.6 東ベイルートカランチナ地区で爆破テロ。

1988.9 東ベイルートドーラ地区で爆破テロ、5人死亡、130人以上が負傷。

CIA責任者暗殺テロ

(1985.3) ベイルート

1985年3月16日米中央情報局 (CIA) のベイルート責任者ウィリアム・バックレーがイスラム教徒によって誘拐され、10月4日バックレーの暗殺が報じられた。この暗殺はチュニジアの〈パレスチナ解放機構 (PLO)〉本部に対するイスラエル爆撃への報復として実施された。

駐レバノン・ソ連外交官誘拐テロ

(1985.9) ベイルート

1985年9月30日、西ベイルートでソ連外交官がスンナ派イスラム原理主義者組織〈イスラム統一運動〉の分子によって誘拐され、10月1日に1人は殺害されたが、2人は解放された。

〈サイカ〉自爆テロ

(1985.10)

1985年10月11日親シリア系のパレスチナ・ゲリラ組織〈サイカ〉の1人がレバノン南部検問所で自爆テロを起こし、イスラエル兵士12人が死亡した。

駐レバノン・イタリア大使館官車テロ

(1986.6) ベイルート

1986年6月、レバノン・ゲリラの〈レバノン武装革命分派 (LARF)〉が東ベイルートで駐レバノン・イタリア大使館付武官の車に対し攻撃を行った。

北朝鮮のレバノン人誘拐

(1986.8) ベイルート

1986年7月、ベイルートのYWCA秘書学院に、日本の日立製作所の名でアラビア語とフランス語が堪能な独身女性の応募があり、レバノン人女性5人

が採用された。彼女らは、8月に研修のために東京へ行くとの指示で、ベイルートを出発し、モスクワ、イルクーツクを経てピョンヤンに連行された。翌87年4月、5人のうち2人がベイルートへ連行され、「日本で就職して無事」との家族への電話を強制された。1989年7月、2人が再びベイルートを訪問した際、現地のクウェート大使館に保護を求めた。8月13日、彼女らはレバノンに帰国し、拉致が判明した。

ベイルート空港攻撃

(1987.1) ベイルート

1987年1月8日、ベイルート空港で〈進歩社会主義党（PSP）〉のドルーズ派民兵旅団がロケット弾10発を発し、中東航空機を炎上させた。

駐レバノン・フランス大使館攻撃テロ

(1987.7) ベイルート

1987年7月、トルコ植民地主義とシオニズムとの対決を目標とした〈アルメニア解放アルメニア秘密軍（ASALA）〉がベイルートのフランス大使館警備兵を狙撃し、2人を射殺し、負傷者1人を出した。拘禁中のアルメニア人の釈放が目的であった。

駐レバノン・サウジアラビア大使館員射殺

(1988.11) ベイルート

1988年4月26日、サウジアラビアのイラン断交に続いて、翌89年7月メッカ爆破事件が起こり、この事件を、イランは米国とサウジアラビアにより仕組まれた事件であると非難した。こうしたなか、イスラム教徒シーア派ゲリラ組織〈ヒズボラ（神の党）〉は9月にサウジアラビアに対する報復声明を発し、11月にベイルートでサウジアラビア大使館員を射殺、〈ヒズボラ〉傘下の〈イスラム聖戦機構〉が犯行声明を出した。

レバノン・ムアワド次期大統領暗殺

(1989.11) ベイルート

1989年10月22日、レバノン内戦収拾のためのタイフ会議が開催され、イスラム教徒、キリスト教徒の両派の平等を図る政治改革と駐留シリア軍の部分撤退を盛り込んだ国民和解憲章（タイフ合意）が採択された。しかし11月5日に大統領に選出されたキリスト教マロン派ルネ・ムアワドが22日暗殺された。24日後継大統領に選出されたマロン派のエリアス・ハラウィは1988年以降軍人内閣を率いていたマロン派のミシェル・アウン将軍を軍司令官から解任し、同将軍は抵抗したが、1990年10月降伏声明を発した。これとともに、ハラウィ大統領は、全民兵組織にベイルート退去を命じた。

レバノン・シャムーン元大統領暗殺

(1990.10) ベイルート

1990年10月21日、キリスト教マロン派の国民自由党党首カミル・ナイミル・シャムーン元大統領が武装グループに襲撃され、家族ともども暗殺された。シャムーンはミシェル・アウン将軍を支持していた。

マロン派施設テロ

(1994.2) ベイルート

1993年12月20日、ベイルートのキリスト教徒の〈ファランヘ党〉本部で爆発が起こり、2人が死亡した。1994年2月27日、ベイルート近郊のマロン派キリスト教徒教会が爆発し、11人が死

亡した。政府は，マロン派民兵組織レバノン軍団の一員を逮捕した。

駐レバノン・ヨルダン大使館員殺害
(1994.1) ベイルート

1994年1月29日，ベイルートでパレスチナ・ゲリラ組織〈ファタハ革命評議会〉によってヨルダン大使館員が殺害された。この事件で，4月21日レバノン政府は，〈ファタハ革命評議会〉の〈アブ・ニダル派〉基地を閉鎖した。

ローマ教皇暗殺未遂
(1997.5)

1997年5月10日～11日，ローマ教皇ヨハネ・パウロ2世がレバノンを訪問した。その際，9日イスラム原理主義者組織〈ハマス〉と〈神の軍〉によるローマ教皇襲撃計画が発覚し，事前に防止された。

〈ヒズボラ〉のイスラエル攻撃テロ
(1996.4)

1996年4月9日シーア派イスラム原理主義者組織ヒズボラ（神の党）が，イスラエル北部にロケット砲撃を行い，10日レバノンのイスラエル占領地でイスラエル軍哨所を襲撃し，犠牲者が発生した。これに対し，11日イスラエル軍はヒズボラの拠点を空爆し，ミサイル攻撃を行った。このためベイルート空港は閉鎖された。1982年におけるイスラエル軍のレバノン侵攻以来の空爆であった。12日もイスラエル軍の爆撃は続いた。同12日〈ヒズボラ〉はレバノン空爆の報復として3波にわたりイスラエル北部にロケット弾を打ち込んだ。13日イスラエル軍も報復攻撃を発動し，レバノン南部の住民10万人が避難した。14日以降も双方の戦闘が続き，18日には国際連合レバノン暫定軍（UNIFIL）もイスラエル軍の砲撃を受けた。17日アラブ連盟は緊急外相会議を開催し，イスラエル非難決議を採択した。米国とフランスが停戦交渉に入り，18日国連安全保障理事会は停戦要請決議を採択し，26日イスラエルと〈ヒズボラ〉は米国の調停による停戦に合意した。5月30日のヒズボラの爆弾テロでイスラエル兵士4人が死亡した。これに対し31日イスラエルはレバノンのヒズボラ拠点を空爆した。7月2日イスラエル軍はレバノン・ベッカー高原のパレスチナ・ゲリラ基地を空爆した。8月5日～7日の〈ヒズボラ〉攻撃で，8日イスラエル軍がレバノンの〈ヒズボラ〉基地を爆撃した。1996年後半〈ヒズボラ〉の活動は停まったが，1997年1月8日ヒズボラの攻撃が再開され，〈ヒズボラ〉は南部レバノンのイスラエル軍に対しロケット弾45発を発射した。〈ヒズボラ〉のイスラエル攻撃は8月19日まで続いた。

反シリア・テロ
(2001.8～9) シュタウラ

2001年8月から9月2日にかけ，シュタウラ東部でシリア人の殺害事件が3件起きた。これはシリア軍のレバノン駐留に反対するものであった。

ヨルダン

ヨルダン航空機ハイジャック

(1974.11〜1985.6)

　1974年11月3日、アンマン発アカバ行きのアリア航空(RJ/ALIA, ヨルダン航空)のカラベル50型機が自由将校団と名乗るヨルダン軍将校3人によってハイジャックされ、リビア行きを命令された。機長はベイルート着陸を求めたが、同空港は閉鎖され、リビアのベンガジ空港に着陸した。犯人は政治亡命を求めた。

　1985年6月11日、ベイルート発アンマン行きのヨルダンのアリア航空機がシーア派イスラム教徒5人によってハイジャックされ、犯人はチュニス行きおよびベイルートのパレスチナ・ゲリラの釈放を要求した。キプロス、イタリア経由で12日にベイルートに着陸し、保安要員を含む人質は解放されて、機体は爆破された。

〈黒い九月〉テロ

(1976.11〜1988.4) アンマン

　1976年11月17日、パレスチナ・ゲリラ過激派〈黒い九月〉分子が1973年3月に続いて、アンマンのインターコンチネンタル・ホテルを襲撃したが、ヨルダン当局が人質救出作戦に成功し、〈黒い九月〉分子は逮捕された。

　1988年4月、アンマン市役所の地下駐車場で〈黒い九月〉による爆弾テロが起きた。この事件で、ヨルダン当局はパレスチナ・ゲリラ、特にファタハを一斉に検挙した。また、自動車爆破テロでは〈パレスチナ解放人民戦線(PFLP)〉分子が検挙された。

過激派テロ

(1991.11)

　1991年11月、秘密ゲリラ組織〈預言者ムハンマドの軍〉が2つのスーパーマーケットに放火し、爆弾テロを繰り返した。同組織の8人が死刑となったが、フセイン国王は終身刑に減刑した。

フセイン国王暗殺計画

(1993.6)

　1993年4月、同年6月に予定のヨルダン士官学校の式典でのフセイン国王の暗殺計画が摘発された。イスラム原理主義秘密地下組織〈イスラム解放党〉の存在が判明した。その実体は〈ムハマドの兵隊〉の別働隊である。

駐ヨルダン・フランス大使館員テロ

(1995.2) アンマン

　1995年2月、フランス大使館員が〈イスラム変革運動〉によって襲撃され、関係者8人が逮捕された。この組織は外国資本を狙ったテロを画策していた。

イスラエル女生徒殺害

(1997.3) ナハライム

　1997年3月9日、イスラエルによる東エルサレム・ユダヤ人住宅建設構想に対して、フセイン・ビン・タラール国王がベンヤミン・ネタニヤフ・イスラエル首相に抗議の書簡を送付した。こうしたなか、13日にヨルダン軍兵士1人がイスラエルとの国境地帯ナハライムで自然観察中のイスラエル女子中学生の一団に発砲し、7人を殺害した。スペイン訪問中のフセイン国王は急遽帰国し、16日イスラエルを訪問し、遺族を弔問した。ヨルダン軍事法廷は7月19日、同兵士に殺人罪で終身刑の判決を下した。

駐ヨルダン・イスラエル外交官テロ

(2000.11〜12) アンマン

2000年11月19日,ヨルダン駐在イスラエル副領事が首都アンマンの自宅で銃撃された。12月5日にもアンマンでイスラエル大使館員が銃撃された。

イラク

クルド誘拐テロ

(1976.12〜1977.2)

1976年12月18日,クルド反乱分子が北東部でポーランド人農業技術者4人を誘拐し,クルド人拘禁者の釈放をイラク政府に要求した。1977年2月にはアルジェリア人とフランス人が誘拐された。〈クルド民主党〉は3月29日,ロンドンで7人すべてを解放したと声明し,イラク軍によるクルド人殺戮の中止を世界世論に求めた

フセイン大統領暗殺未遂

(1980.4〜1995.1)

1978年,イランで革命の波が高まると,イラクのシーア派教徒が治安関係やバース党の施設を襲撃し,公然とイラン革命支持に走った。これに対し,アラブ・バース党による弾圧は厳しさを増した。こうしたなか,イラン革命直後の1980年4月,サッダム・フセイン大統領の暗殺未遂が起きた。これにより指導的なシーア派ウラマー,バーゲル・サドル師とその妹が処刑され,さらに数百人のシーア派教徒が処刑され,数千人がイランへ追放された。

その5カ月後,1980年9月イラクは,革命イランに対して軍事侵攻を開始した。

1981年3月,北西部ザハレでフセイン大統領の暗殺未遂事件が起きた。さらに4月25日にもザハレで演説中,手投げ弾と銃の襲撃を受け,重傷を負った。

1982年,反フセイン派シーア派政治結社〈アッダワ(イスラムの叫び)党〉分子によるフセイン大統領暗殺未遂事件が起きた。

1993年9月,バグダッドでフセイン大統領の暗殺未遂事件が起きた。

1994年11月21日,フセイン大統領の暗殺未遂事件があり,反体制派将校ら1000人以上が政府転覆の容疑で逮捕された。

1995年1月7日に起きたフセイン大統領の暗殺未遂事件で,将校20人が逮捕され,2人が処刑された。

シーア派反政府テロ

(1981.5〜1982.7)

1981年5月,バグダッド空港近郊の弾薬庫がシーア派組織〈イスラム使命党〉によって爆破された。

1982年11月成立のイラク反体制派(シーア派)組織〈イラク・イスラム革命最高評議会(SAIRI)〉は総動員力80万人を誇り,1984年2月トルコ経由のイラク・パイプライン爆破,5月ニコシアのイラク航空事務所爆破,7月バグダッドの人民軍本部爆破など,テロ犯行を繰り返した。

爆弾無差別テロ

(1994.10～11) バグダッド

1994年10月9日、バクダッド北部の宗教省庁舎で爆発テロが起こり、数人が負傷した。

10月30日バグダッドで爆弾テロがあり、警官4人が死亡した。さらに、11月12日にもバグダッドの2カ所で爆弾テロが起こり、1人が死亡した。

外国人誘拐

(1985.4)

1985年4月7日、トルコ国境地域のクルド人地域で通信網整備プロジェクトに従事していた技術者26人（日本人2人、韓国人2人、ブルガリア人6人、中国人1人、イタリア人1人、ポーランド人4人、ルーマニア人10人）が、シリア支援の反イラク運動、〈クルド愛国同盟（PUK）〉によって誘拐され、今後は軍事関連プロジェクトは進めないとの約束を要求された。6月、関係5カ国がこれに応じたが、その要求を拒否した日本・韓国の人質は解放されなかった。日本人・韓国人の人質も9月、イラク政府によって解放された。

イラク航空機ハイジャック

(1986.12) バグダッド

1986年12月25日、バグダッド発アンマン行きのイラク航空（IA）B-737機がシーア派イスラム教徒過激派4人によってハイジャックされ、犯人と保安要員との銃撃戦となった。サウジアラビア北部のアルアル空港への緊急着陸に失敗し、爆発炎上した。乗客107人中65人が死亡した。

駐イラク・イラン外交官殺害

(1992.3) バグダッド

1992年3月20日、バグダッドで駐イラク・イラン大使館車輛に発砲があり、イラン人外交官2人が死亡した。

国連軍兵士殺害テロ

(1992.7～11) デーク、アルビル

1992年7月17日、デークで国連軍兵士が殺害され、さらに11月2日アルビルの国連軍本部で爆発テロが起き、1人が死亡した。

人道団体テロ

(1993.12) スレイマニア

1993年12月13日、スレイマニアのベルギー人道団体の救援センター付近で爆弾テロが起こり、1人が死亡した。

クルド・テロ

(1995.2) ザホ

1995年2月27日、北部のクルド人地域ザホで爆弾テロがあり、50人以上が死亡した。〈クルド愛国同盟（PUK）〉と〈クルド民主党（KDP）〉の対立があったが、原因は不明。

ウダイ暗殺未遂

(1996.12) バグダッド

1996年12月12日、首都バグダッドでイラク大統領サッダム・フセインの長男ウダイの暗殺未遂テロが起こり、13日シーア派反体制組織〈アッダワ党〉が犯行声明を出した。1998年8月3日、イラク治安当局はウダイ暗殺未遂の犯人2人を逮捕し、イランの犯行を示唆した。

シーア派幹部暗殺未遂

(1998.11) カルバラ

1998年11月23日、南部カルバラでイスラム教徒シーア派組織のイザド〈イスラム革命評議会 (RCC)〉副議長の暗殺未遂が起きた。

イラン反政府派テロ

(1999.6) バグダッド

1999年6月9日、バグダッドでイラン反体制運動、ムジャヒディン・ハルク (MEK) のメンバーを乗せたバスの隣で自動車爆弾が爆発し、7人が死亡した。民間のイラク人15人を含む23人が負傷した。

ズバイディ副首相暗殺未遂

(1999.8) バグダッド

1999年8月18日、首都バグダッド近郊でズバイディ副首相が〈イラク・イスラム革命最高評議会 (SCIRI)〉軍事部門〈イスラム抵抗運動〉に襲撃され、病院に運ばれたと発表した。イラク当局は否定した。

FAO事務所襲撃

(2000.6) バグダッド

2000年6月28日、首都バグダッドの国連食糧農業機関 (FAO) をイラク人2人が襲撃し、職員2人を査察した。逮捕された犯人は国連の対イラク制裁解除を要求するのが目的だったと供述した。

反政府テロ

(2001.3) バグダッド

2001年3月16日バグダッドで大規模な反体制派の爆発テロが起こり、イラク人2人が死亡し、多数の負傷者がでた。

エジプト

エジプト・サダト大統領暗殺未遂

(1974.4) カイロ

1974年4月18日、アンワール・サダト大統領の脱ナセル化路線に反発して極左分子〈イスラム解放機構〉の約20人が武器の確保を目的にカイロの技術士官学校を襲撃した。死傷者120人を出して失敗したが、その背後にはリビアの関与があり、アンワール・サダト大統領暗殺をも予定していた。

リビア関与テロ

(1976.8) アレクサンドリア

1976年8月14日、アレクサンドリアで爆弾テロがあり、8人が死亡し、66人が負傷した。9月6日、エジプト警察はエジプト人3人、リビア人1人を逮捕し、リビア情報機関の仕業と判明した。10月21日、アレキサンドリア軍事法廷はエジプト人2人を死刑とし、エジプト大統領アンワール・サダトはこの件でリビアのテロ工作を非難した。

エジプト航空機ハイジャック未遂

(1976.8)

1976年8月23日, ナセル派グループがエジプト航空機をハイジャックしたが, エジプト軍によって犯人のリビア人3人が逮捕された。

エジプト・サダト大統領暗殺

(1981.10) カイロ

1981年10月6日, カイロ郊外のナスル市で実施された第4次中東戦争の勝利を記念する第8回軍事パレードを観閲中のアンワール・サダト大統領が, パレードに参加した一団によって手榴弾と自動小銃の襲撃を受けて死亡した。暗殺の直後,〈エジプト革命団(ジハード団)〉,〈アラブ・エジプト解放のための拒否戦線〉が暗殺の決行を表明し, それは, 元エジプト国軍総参謀長ムハマド・フサイン・シャズリ中将の指導にあることが判明した。この事件を調査した国防省は, 暗殺の直接の実行者はイスラム主義者組織〈タクフィール・ワル・ヒジュラ(悔恨と聖遷)〉に属する陸軍歩兵中尉ハリド・シャウキ・イスランブリで, 外国との関係はないとした。そのクーデタ計画の首謀者は, タクフィール・ワル・ヒジュラ陸軍中佐アブド・エル・ゾモルで, 彼はクーデタの行使と暴動を呼びかけたが, ナイル河の都市アシュートでの過激派反乱を指導したのみであった。この事件で, 関係者300人が軍から追放された。このサダト事件は, エジプト・イスラエル対話で中東情勢を大きく変えたサダトへの反発に発していた。

エジプト・ムバラク大統領暗殺未遂

(1982.4～1999.9) ポートサイド

1981年10月, イスラム原理主義者によるサダト大統領の暗殺に続き, 翌82年4月25日サダトを後継したムハマド・ホスニ・ムバラク大統領に対する暗殺未遂事件が起きた。これにより, 140人が逮捕された。

1999年9月6日, ポートサイドで鋭利な刃物をもった男がムハマド・ホスニ・ムバラク大統領は乗っていた車に接近し襲ったが, 彼は警備員に射殺された。ムバラク大統領は軽傷を負った。政治的背景はなかった。

反イスラエル・テロ

(1984.6～1986.3)

1984年6月イスラム原理主義者組織〈エジプト革命団(ジハード団)〉がイスラエル人に対する狙撃事件を起こした。

1985年8月にも,〈エジプト革命団〉が駐エジプト・イスラエル大使館員の狙撃事件を起こした。同年8月20日駐カイロ・イスラエル大使館書記官アルバート・アトラクチがカイロ郊外で射殺され,〈エジプト革命団(ジハード団)〉が犯行声明を出した。同8月カイロ市内で駐エジプト・イスラエル外交官アルバート・アトラクチが銃撃された事件に続いて, 10月シナイ半島でイスラエル人観光客9人がエジプト警官の発砲で死傷した。同警官は終身刑の判決後, 1986年1月自殺した。

1986年3月ナセルのカイロ国際見本市会場でイスラエル関係者が乗車した車が銃撃され, 4人が死傷した。イスラエル空軍機によるチュニス爆撃の直後だけに, イスラエルは意図的なテロと解し, エジプト・イスラエル関係は冷却化した。

リビア暗殺団事件

(1984.11) カイロ

1984年11月16日リビア通信JANAは、カイロに亡命中のアブドル・ハミド・バクーシュ元リビア首相が12日処刑されたと報じた。17日エジプト内相アハマド・ラシュディは同首相とともに記者会見し、イギリス人2人、マルタ人2人からなる〈リビア暗殺団〉を未然に摘発し、暗殺団を囮捜査で逮捕した、と発表した。

トランスワールド航空機(米国)ハイジャック

(1985.6)

1985年6月14日カイロからローマに向かうトランスワールド航空(TWA) B-727型機が途中、アテネ空港を離陸後に、シーア派過激派〈イスラム・ジハード〉にハイジャックされた。犯人はイスラエルに抑留されているシーア派イスラム教徒600人以上の釈放を要求した。同機は、アルジェとベイルート間を往復し、シリアの仲介で7月3日ハイジャック機のアメリカ人乗客39人が解放され、解決をみた。

アキレ・ラウロ号事件

(1985.10) ポートサイド沖

1985年10月7日、イタリア客船アキレ・ラウロ号がポートサイド沖の地中海でパレスチナ・ゲリラ組織〈パレスチナ解放戦線(PLF)〉4人に乗っ取られ、エジプト政府は、ゲリラの出国を条件に投降を説得し、事件は9日解決した。しかし船客のユダヤ系米国人が殺害されたことが判明し、米国・イスラエルが犯人の引き渡しを要求した。ホスニ・ムバラク・エジプト大統領は、10日、4人は9日昼に出国したと言明したが、実際は、10日夜エジプト航空の特別機で〈パレスチナ解放機構(PLO)〉議長ヤセル・アラファトとともにカイロからチュニスに向け飛び立った。これを察知したロナルド・レーガン米大統領は、米海軍に迎撃を命令し、米第6艦隊が特別機を発見して、シチリア島に強制着陸させ、犯人4人はイタリア当局が逮捕した。ムバラク大統領はこの強制着陸は海賊行為だと非難して、米国に謝罪を要求した。レーガン米大統領は15日これを拒否し、カイロでは連日学生らによる反米デモが繰り返された。レーガン大統領特使のジョン・ホワイトヘッド国務副長官がカイロ入りし、20日ムバラク大統領と会談し、この強制着陸事件は決着をみた。11月4日アラファトPLO議長がエジプトを訪問し、和解した。

元内相ら連続襲撃テロ

(1987.5〜8) カイロ

1987年5月5日、元内相ハッサン・アブ・パシャがカイロで過激派組織により襲撃され、重傷を負った。6月3日政府系月刊誌アルムサワルの編集局長アハマドが銃撃を受けた。8月13日ナバイ・イスマイル元内相が銃撃されたが、それはイスラム原理主義者組織〈地獄からの救済組織〉8人の犯行であった。

駐エジプト米外交官襲撃テロ

(1987.5) カイロ

1987年5月26日、カイロ駐在の駐エジプト・米大使館員がイスラム原理主義者組織〈エジプト革命団(ジハード団)〉によって銃撃された。

〈イスラム原理主義者〉テロ

(1988.12〜1997.11)

1985年以来、イスラム原理主義者のテ

ロが活発化してきた。原理主義者グループは1988年12月8日カイロ郊外のアインシャムスで警官隊と衝突し,警官1人が死亡し,200人以上が逮捕された。19日再び警官隊との銃撃戦となり,イスラム原理主義者3人が死亡した。ザキ・ムスタファ・バドル内相は,1989年ラマダーン緊急法を公布し,イスラム原理主義者2000人以上を逮捕した。

1989年9月アンワール・サダト元大統領の暗殺分子に死刑の決定が下り,反政府組織〈地獄からの救済組織〉はムハマド・ホスニ・ムバラク政権に対するジハード（聖戦）を宣言した。

1990年10月イスラム協会分子がリファト・エル・マフグーブ人民議会議長を暗殺した。

1992年初めから,イスラム原理主義者による外国人観光客らを狙ったテロが頻発した。政府は同年7月反テロ法を制定し,12月には〈イスラム同胞団〉の成員500人を拘束した。

1993年に入ってカイロ市内でも事件が続発し,次第に無差別テロの様相をみせた。政府は,治安当局を総動員して過激派一掃作戦を展開し,過激派分子を大量に拘束した。この年のテロの特徴は,3月治安警察将校の射殺,4月シャリフ情報相の暗殺未遂,8月ハッサン・エル・アルフィ内相の爆弾テロ,11月アテフ・シドキ首相の暗殺未遂など政府高官へのテロが頻発したことにあった。これは同年1月～11月に軍事裁判所が下した死刑判決が38人にのぼった事実があり,それに反発した形で政府高官へのテロが強まったのではないかと考えられた。一般的にも,11月までに市民・警官・過激派ら230人が死亡した。これらのテロの総合的な背景は,貧富の格差の拡大,ムバラク政権の長期支配への貧困層の根強い不満があった。イスラム原理主義者の支持層はカイロの貧民地区に100万人いるといわれている。その運動の精神的指導者はオマル・アブデル・ラーマン師で,彼は米国に在住し,1993年2月ニューヨークの世界貿易センタービル爆破テロに関与したとして,8月ニューヨーク地方裁判所の大陪審に起訴された。

1994年10月14日ノーベル賞作家ナギーブ・マフラーズが反イスラム的であると非難され,過激派によって襲われて重傷を負った。1994年後半には,当局の取り締まり強化で,テロは下火になった。

1995年1月2日イスラム過激派によるテロで,警官と市民11人が死亡した。11月7日南部でイスラム原理主義者組織,イスラム集団による列車襲撃があり,乗客のエジプト人12人が負傷し,外国人のエジプト訪問に警告を発した。

1996年4月18日カイロでイスラム過激派による銃乱射テロが発生し,ギリシャ人ら18人が死亡したが,それはユダヤ人を狙ったものであった。

1997年9月18日カイロの博物館前で観光バス襲撃があり,10人が死亡した。犯人はイスラム原理主義者組織〈エジプト革命団（ジハード団）〉の思想に影響を受けた者で,ユダヤ人殺害を目的としていた。

11月17日ルクソールで外国人観光客に対するイスラム過激派〈イスラム集団〉の乱射事件で,日本人10人を含む62人が死亡した。

バドル内相暗殺未遂

(1988.12)

イスラム原理主義運動が台頭するなか，1988年12月16日にその弾圧を進めていたザキ・ムスタファ・バドル内相の暗殺未遂が起きた。

シャリフ情報相暗殺
(1993.4) カイロ

1993年4月20日，カイロでエジプト情報相サファト・シャリフが彼のボディーガードとともに殺害された。イスラム原理主義者組織〈カマル・イスラミヤ〉が犯行声明を出した。

シドキ首相自動車爆破テロ
(1993.11)

1993年11月25日，アテフ・シドキ首相を狙った自動車爆破テロが起こった。首相は無事であったが，女子学生1人が死亡した。イスラム原理主義者組織，〈エジプト革命団（ジハード団）〉の犯行声明が出された。

キヒア・リビア元外相誘拐
(1993.12) カイロ

1993年12月11日，リビアの反政府分子で人権活動家の元外相マンスール・キヒアがカイロ開催の人権会議のために訪問していたホテルから誘拐され，行方不明となった。

コプト正統教徒連続殺害テロ
(1994.2) アシュート

1994年2月，イスラム教徒の警察幹部がコプト正統教徒の2人を射殺した。3月，アシュートでコプト修道院の外にいた少年1人，司祭2人，通行人2人がイスラム過激派によって殺害された。直後，アシュートでコプト正統教徒1人が殺害された。これは，1992年の13人の虐殺に続く事件であった。

エジプト航空機ハイジャック
(1996.3)

1996年3月27日，ルクソールからカイロに向かったエジプト航空A-320型機が3人組にハイジャックされ，リビアのマルトバ基地に着陸した。犯人は，リビアのカダフィ大佐，エジプトのムバラク大統領，米国のビル・クリントン大統領の会見を要求した。カダフィ大佐が安全を保証して投降した。

〈イスラム集団〉テロ計画
(2001. 9)

2001年10月12日エジプト誌アル・ムサッワルは，9月下旬，エジプト国内の米国関連施設に対する大規模テロ計画が発覚し，〈アル・カイダ〉傘下の〈イスラム集団(IG)〉の数十人が逮捕された，と報じた。

パレスチナ

パレスチナ人のゲリラ闘争
(1968.3〜)

パレスチナのゲリラ解放闘争は，1964年5月〜6月に〈パレスチナ解放機構(PLO)〉が発足した後，1967年1月の〈パレスチナ解放運動（ファタハ）〉に

よるゲリラ組織化工作を経て，1968年1月カイロでその組織会議を開催し，3月カラメの戦いでイスラエルに対決できることを証明した。1969年4月，〈パレスチナ解放軍（PLA）〉，〈サイカ〉（1966年にシリアのバース党が組織）および〈パレスチナ解放人民民主戦線（PDFLP）〉がパレスチナ武装闘争司令部を設立して，ゲリラ戦闘を遂行した。しかし，それは目的達成に結び付かなかった。以来，反主流の〈パレスチナ解放人民戦線（PFLP）〉などにより中東和平を拒否した一連のハイジャック作戦が遂行された。

連続ハイジャック

(1970.2～9)

1970年2月10日，ミュンヘン空港でアラブ・ゲリラがイスラエル航空（EL AL，エル・アル）機を攻撃し，犯人は逮捕されたが，これは同年7月22日のオリンピック航空機のハイジャック事件での犯人の要求で釈放された。

同年2月21日チューリヒ発テルアビブ行きのスイス航空機が空中爆発し，〈パレスチナ解放人民戦線（PFLP）〉が犯行声明を発した。

同年7月22日，ベイルート発アテネ行きのオリンピック航空機をアラブ・ゲリラ6人がハイジャックし，アテネ空港に強制着陸し，ゲリラ側はギリシャに抑留中のアラブ・ゲリラ7人の釈放を要求し，ギリシャ政府はこれに応じた。

9月6日エル・アル機，トランス・ワールド航空機（TWA），パンアメリカン航空機，スイス航空機が〈PFLP〉にハイジャックされ，エル・アル機は犯人を射殺してヒースロー空港に緊急着陸し，パンアメリカン航空機は7日カイロ空港で爆破され，トランス・ワールド航空機とスイス航空機は12日アンマン空港で爆破された。

9月9日ボンベイからベイルート経由でロンドンに向かう英国航空（BOAC）機が〈PFLP〉にハイジャックされ，アンマン空港に強制着陸させられた。12日英国政府は人質との交換で女性ゲリラのライラ・カリドを釈放した。

イスラエル機ハイジャック未遂

(1971.7)

1971年7月28日，パレスチナ・ゲリラ〈パレスチナ人民解放戦線総司令部派（PFLP-GC）〉のオランダ人女性がローマ―テルアビブ間のエル・アル（EL AL／イスラエル航空）機に持ち込んだスーツケース爆弾が機内で爆発したが，ハイジャックは未遂に終わった。

ヨルダン航空機ハイジャック

(1971.9)

1971年9月8日，〈パレスチナ人民解放戦線（PFLP）〉のヨーロッパ一斉ハイジャック1周年を記念して，パレスチナ解放組織〈ファタハ〉の1人がレバノンのベイルートからヨルダンのアンマンに向かったアリア航空（RJA／ALIA）機をハイジャックし，リビアに着陸し，機体は爆破された。犯人は逮捕されたが，数日で釈放された。

西ドイツ航空機ハイジャック

(1972.10)

1972年10月29日ベイルートからミュンヘンに向かうルフトハンザ航空 B-727型機がパレスチナ・ゲリラ組織〈黒い九月〉によりハイジャックされ，同年

9月のミュンヘン・オリンピック選手村襲撃事件で逮捕, 抑留されている3人の仲間の釈放を要求した。西ドイツ政府は要求を受け入れ, 乗客20人の人質はトリポリ空港で30日解放された。

ベルギー航空機ハイジャック

(1972.5)

1972年5月8日ウィーン空港を離陸後, サベナ・ベルギー航空 (SAB) B-707機がパレスチナ・ゲリラ組織〈黒い九月〉の男子2人, 女子2人によってハイジャックされテルアビブのロッド航空に着陸, 同志の捕虜100人の釈放が要求され, 9日ロッド空港で国際赤十字が仲介したが, イスラエル特殊部隊が突入して男子2人を殺害し解決した。

ナブルス市長暗殺

(1985.3) ナブルス

1985年2月11日フセイン・ヨルダン国王と〈パレスチナ解放機構 (PLO)〉ヤセル・アラファト議長が共同行動の枠組みで合意し, 国連決議242 (1967) に基づく和平達成に応じたが, 翌86年2月19日にフセイン国王がその合意を破棄したことから, ヨルダンは〈PLO〉との訣別となり, 西岸の処理の展望が流れた。この工作への加担で, 3月2日ナブルス市長アル・マスリが登庁の途中〈パレスチナ人民解放戦線 (PFLF)〉によって暗殺された。

〈ハマス〉の爆弾テロ

(1993.6) ガザ

1993年6月8日, ガザでイスラム原理主義者組織〈ハマス〉による爆弾テロが起こり, エジプト人2人が死亡し, イギリス人旅行者6人, エジプト人9人, シリア人3人, 他に3人が負傷した。

アラファト〈パレスチナ解放機構〉議長暗殺計画

(1993.9)

1993年9月, 中東和平の前進に反対する〈パレスチナ解放人民戦線 (PFLP)〉が, アラファト〈パレスチナ解放機構 (PLO)〉議長の暗殺計画を企図したが, 未遂に終わった。これは9月13日にアラファト議長とイツハク・ラビン・イスラエル首相との間でテロ放棄が相互承認されたことに〈PFLP〉が反発したことが原因であった。

ヘブロン事件

(1994.2) ヘブロン

1994年2月25日イスラエル占領地西岸ヘブロンで, 極右ユダヤ人入植者が礼拝中のパレスチナ人に向かって銃を乱射し, 39人が死亡し, 100人以上が負傷した。犯人は1990年にニューヨークで暗殺されたメイア・カハネが創設した反アラブ組織〈カハ〉のメンバーとされている。この事件後, ヘブロンでは, 事件に抗議するパレスチナ人とイスラエル軍部隊が衝突し, 外出禁止令となった。〈パレスチナ解放機構 (PLO)〉は, 虐殺事件の発生で, イスラエルとの暫定自治交渉の中止を決めた。イツハク・ラビン・イスラエル首相も, この虐殺事件を非難し, ユダヤ人入植者の極右組織への武装解除, 800〜1000人規模のパレスチナ囚人の即時釈放を打ち出した。この解決のため, 5月にノルウェー, デンマーク, イ

タリアで構成される国際監視団をヘブロンに派遣した。

〈イスラム聖戦〉西岸テロ
(1995.3〜11)

1995年3月19日〈パレスチナ人武装集団〉が西岸のユダヤ人入植地キリヤアルバ付近でバスに発砲し、イスラエル人2人を殺害した。4月22日、イスラム原理主義者組織〈イスラム聖戦〉が逮捕者釈放などの条件付きでテロ中止の用意を表明した。10月29日〈イスラム聖戦〉の指導者ファティ・シュカキがマルタ島で殺害された事件をイスラエル情報機関モサドの犯行とみて、パレスチナの各派はイスラエルへの報復攻撃を宣言した。11月2日、ガザで連続の自爆テロが起こり、イスラエル人11人が負傷した。

〈ハマス〉幹部暗殺
(1996.1)

1996年1月5日、イスラム原理主義者組織〈ハマス〉の地下武装組織〈カッサム隊〉のヤヒヤ・アヤシュ隊長が、イスラエル秘密情報機関シンベトと〈パレスチナ解放機構（PLO）〉との連繫作戦によって爆殺された。1997年3月、イスラエルは米国に拘束中のイスラム原理主義者組織〈ハマス〉の政治部門幹部ムーサ・アブ・マズルークのイスラエル引き渡し要求を取り下げ、マズルークはヨルダンへの強制退去となった。それに対し〈ハマス〉のヨルダン支部政治代表ハレジオ・メシャルは、イスラエルのモサド秘密工作員2人に毒物を耳に注入され、この工作員はメシャルの警護官とヨルダン当局に逮捕された。この事態に、ヨルダンはベンヤミン・ネタニヤフ・イスラエル首相に対し解毒剤の引き渡しを要求した。しかし、イスラエルが拒否したことで、ハッサン・ヨルダン皇太子が訪米し、ウィリアム・クリントン米大統領と会見した。解毒剤が米国から届き、メシャルは一命をとりとめた。29日、ネタニヤフ首相は極秘にヨルダンを訪問したが、フセイン国王は会談を拒否した。

自爆テロ・パレスチナ
(1998.10〜2000.11) ガザ

1998年10月29日、ガザ地区でイスラエル軍車両に爆発物を積み込んだイスラム過激派の車が衝突して爆発し、自爆犯とイスラエル兵士1人が死亡した。

2000年11月20日、ガザのユダヤ人入植地で通学バスが爆発し、2人が死亡し、児童ら10人が負傷した。

パレスチナ自治区テロ
(2000.12〜2001.6)

2000年12月30日ラマラ北部のユダヤ人入植地で家族7人が乗った車が銃撃され、夫婦が死亡、子供は負傷した。死亡した入植者ベンヤミン・カナハは西岸を拠点としたユダヤ人入植者武装組織の指導者で、彼の父、元国会議員のラビ（ユダヤ教導師）は米国で1990年に暗殺された。

2001年1月17日ガザでパレスチナ放送協会のメキ会長が殺害され、パレスチナ過激派〈アルアクサの殉教者旅団〉が行声明を出した。

2001年6月21日に西岸地区とガザで実施されたパレスチナ世論調査では、民衆の蜂起（インティファーダ）継続を79パーセントが支持した（不支持14.8パーセント）。アラファット

〈PLO〉議長の停戦受け入れ支持は52.3パーセント，反対44.2パーセントであった。

10月8日ガザでオサマ・ビンラディン支持のデモ隊の抗議テロで騒乱状態となり，100人が死傷した。このデモは〈ハマス〉が計画し，ハマス系のイスラム大学が中心であった。

イスラエルの反テロ作戦

(2000. 12～2001. 4) 西岸, ガザ

2000年12月30日西岸トゥルカムで〈パレスチナ解放機構（PLO）〉主流派〈ファタハ〉幹部が自宅前で殺害された。

2001年2月4日，イスラエル軍はガザへの突入を企てた〈イスラム聖戦機構〉活動家を逮捕し，爆弾テロを事前に防止した。5日パレスチナ人の発砲でイスラエル軍との銃撃戦となった。

2001年2月13日ガザ北部でイスラエル軍はパレスチナ治安幹部の乗用車に向けてミサイルを発射し，治安幹部は暗殺された。イスラエル軍は，反テロ作戦の一部としてこれを認めた。

2月21日イスラエル軍はナブルスで〈ハマス〉の軍事部門〈カッサム隊〉幹部マフムード・マダニを射殺した。イスラエルは彼を2000年11月ハデラ・テロ，1月1日ネタニヤ・テロの容疑者とみていた。

4月30日西岸・ガザで爆発テロや襲撃事件が相次ぎ，〈ハマス〉の活動家らパレスチナ人7人が死亡した。5月1日〈ハマス〉はこれをイスラエルの暗殺作戦とみ，報復テロとしてユダヤ人入植者1人を殺害した。2日イスラエル軍が自治区に軍事侵攻した。

過激派の迫撃砲発射

(2001.2) ガザ

2001年2月23日パレスチナ自治区ガザから北部のイスラエル人入植地に向けて迫撃砲2発が発射された。3月18日ガザから隣接するイスラエルのキブツに向けて迫撃砲が打ち込まれた。

4月9日夜半，ガザからイスラエルに向けて迫撃砲が打ち込まれた。10日イスラエル軍がミサイルで報復攻撃をした。イスラエル軍は4月16日ガザ地区に大規模軍事作戦を行い，18日未明までに撤退した。

4月28日ガザのユダヤ人入植地に迫撃砲が撃ち込まれ，5人が負傷した。〈パレスチナ解放機構（PLO）〉主流派〈ファタハ〉が犯行声明を出した。

自爆テロ・パレスチナ

(2001.5)

2000年5月29日ガザの入植地付近でパレスチナ人の自爆テロが起きた。6月22日ガザで自爆テロが起き，イスラエル兵士3人が死亡した。9月9日西岸で2件の自爆テロが起き，7人が死亡した。同日イスラエル軍は〈パレスチナ解放機構（PLO）〉主流派〈ファタハ〉拠点を報復空爆した。

〈パレスチナ解放人民戦線〉議長タファ殺害

(2001. 8) ラマラ

2001年8月27日〈パレスチナ解放人民戦線（PFLP）〉議長アブ・アリ・ムスタファがイスラエル軍の侵攻でパレスチナ自治区ラマラに対するミサイル攻撃で殺害された。その報復として，同日パレスチナ自治区ナブルスでユダ

ヤ人入植者1人を殺害した。28日ムスタファの葬列が続くなか、イスラエル軍はアラファト〈パレスチナ解放機構（PLO）〉議長親衛隊員を拉致した。9月1日パレスチナ自治政府情報機関局長タイシール・ハッタープが自宅で爆死したが、イスラエルは関与を否定した。2日～3日PFLPの報復テロがエルサレム周辺やユダヤ人地区で続き、5人が負傷した。PFLPの〈アブ・アリ・ムスタファ連隊〉が犯行声明を出した。

唯一の合法的代表と認められるなど、イスラエルは国際的孤立を深める情勢にあった。他方、パレスチナ・ゲリラによるイスラエル攻撃も激化した。4月11日〈パレスチナ解放人民戦線総司令部派（PFLP-GC）〉の奇襲隊がレバノン国境のキリヤトシモーネを襲撃し、死者18人を出した。さらに、建国記念日の15日〈パレスチナ解放人民戦線（PFLP）〉のゲリラ3人がマーロット村の小学校を襲撃し、人質となった生徒16人が死亡し、70人が負傷した。イスラエルはこの事件直後、レバノンのパレスチナ難民キャンプを報復爆撃し、難民300人が死傷した。その後も、イスラエルはゲリラ攻撃を阻止するために報復爆撃と砲撃を繰り返し交戦が続いた。

イスラエル

〈日本赤軍〉のロッド空港テロ

(1972.5) テルアビブ

1972年5月サベナ・ベルギー航空（SAB）機事件に続き、30日〈日本赤軍〉の岡本公三ら3人がテルアビブのロッド空港で小銃を乱射し、巡礼のプエルトリコ人ら28人が死亡し、82人が負傷した。3人のうち岡本は逮捕され、2人は自爆した。

マーロット村殺戮テロ

(1974.4) キリヤトシモーネ, マーロット

1974年は10月のアラブ首脳会議でイスラエルが殺人集団と見なす〈パレスチナ解放機構（PLO）〉がパレスチナ人

テルアビブ爆破テロ

(1974.12) テルアビブ

1974年12月、〈パレスチナ解放人民戦線（PFLP）〉がテルアビブの劇場に手榴弾を投げ込み、死者3人、負傷者54人を出す事件が起きた。

イスラエル上陸事件

(1975.3～1981.3)

1975年3月5日、パレスチナ・ゲリラ組織〈ファタハ〉の〈フォース17〉が海上からテルアビブ海岸に上陸して、サボイ・ホテルを占領した。

1979年4月、〈パレスチナ解放戦線（PLF）〉のテロリストがナハリヤに上陸し、イスラエル人3人を殺害したが、イスラエル当局はテロリスト2人を射殺し、残り2人を逮捕した。

8月再びロシュ・ハニキラ付近からイスラエルへの海路侵入を企てたが、イスラエル当局は1人を射殺し、3人を

逮捕した。
1980年7月熱気球でイスラエル空路侵入を企てたが，事故でテロリスト1人が死亡した。
1981年3月1人乗りのグライダー2機でイスラエル潜入を企て，2人が逮捕された。4月再び熱気球で空路潜入を企て撃墜されて，テロリスト2人が死亡した。携帯の文書から，このテロ工作は，人質獲得による人質交換を狙ったものと判明した。

イスラエル航空機空中爆破未遂

(1980.4)

1980年4月21日，チューリヒ―テルアビブ間のエル・アル（EL AL/イスラエル航空）機にドイツ人青年によりスーツケース爆弾が持ち込まれたが，イスラエル警備員に探知され，同機の空中爆破計画は未遂に終わった。犯行は，パレスチナ・ゲリラ〈ワハディ・ハダド派〉の仕業であった。

定期バス・テロ

(1982.12～1984.3)

1982年6月4日～5日のイスラエル軍によるレバノンへの報復爆撃，6日～11日に本格的なレバノン侵攻作戦「ガリラヤ平和作戦」が実施され，8月末にイスラエル軍は撤退した。こうした事態のなかで，今度は，12月6日テルアビブでパレスチナ・ゲリラが定期バスを爆破し，51人が死傷する事件を起こした。西岸のパレスチナ・ゲリラによる仕業とみられたが，西岸の親〈PLO〉系のパレスチナ指導者がテロ行為の非難声明を出した。
1984年3月〈パレスチナ解放人民戦線（PFLP）〉がアシュドッドでバスをのっとり，乗客3人を殺害した。11月，エルサレム旧市街ではイスラエル人学生1人を殺害する事件を起こした。

イスラエル国境警備隊司令部の自爆テロ

(1983.11) イスラエル国境

1983年11月4日パレスチナ・ゲリラ〈ヒズボラ〉の指導者イマッド・ムーニエの命で，テュロスのイスラエル国境警備隊司令部に爆弾を抱えて侵入して自爆する攻撃テロがあった。それは〈ムーニエ〉が工作し，シーア派の〈イスラム聖戦機構〉の共同作戦として実施された。

イスラエル海軍の海上テロ掃討作戦

(1985.5～1987.7)

1985年5月8日地中海沿岸テュロスでイスラエル海軍は〈ファタハ〉のテロ部隊が乗船した発動機船アタバリウス号との戦闘となり，同船を撃沈した。7月10日イスラエルの哨戒艇は領海に侵入してきたテロリスト船との間で攻撃となり，〈パレスチナ解放人民戦線（PFLP）〉所属のテロリスト4人は射殺された。テロリスト船は海上からのロケット攻撃を予定していた。この事件は，ヨルダンと〈パレスチナ解放機構（PLO）〉の対立によるファタハの事務所20カ所の閉鎖に関連があった。イスラエルは，これに対しシドン付近のファタハ海上基地に報復爆撃をかけた。さらに，8月13日イスラエル海軍は再びフォース17のヨット，ガンダ号を拿捕した。これにはコマンド5人が乗船しており，イスラエルでバスを襲撃する企図であったことが判明した。8月24日イスラエルの艦艇が領海に侵入してきた豪華ヨット，カッセラーダイト号に停船を命じた。〈ファタハ〉分

子2人，アメリカ人1人，オーストラリア人1人のテロ部隊が乗船しており，それの〈フォース17〉傘下にあることが判明した。これに対し，10月1日イスラエルは〈フォース17〉の海上浸透テロとラルナカのイスラエル人災害に報復するべく，空軍の報復爆撃を実施した。

同年5月，イスラエル軍は侵攻してきたパレスチナ・ゲリラ組織〈ファタハ〉分子の発動機船アタバリウス号を撃沈させ，テロリスト20人を殺害し，8人を逮捕した。1987年7月，パレスチナ・ゲリラ組織〈サイカ〉分子が海路イスラエルへの侵入を企てたが，テロリスト2人はイスラエル当局に殺害され，1人は逮捕されて，失敗した。

〈アブ・ムーサ派〉テロ

(1986.2～1987.7)

1986年2月パレスチナ・ゲリラ組織〈アブ・ムーサ派(AMO)〉17部隊がバスを爆破し，イスラエル人6人を負傷させた。6月，17部隊はエルサレムに爆弾を仕掛け，死亡1人が出た。9月，17部隊はガザの市場でイスラエル人1人を殺害した。翌87年7月，17部隊はバス爆破テロを起こし，負傷者2人を出し，同時に17部隊はロンドンで反〈ファタハ〉のパレスチナ人漫画家を殺害した。8月ガザでの銃撃事件で声明を出しており，死者1人，負傷者2人の犠牲が出た。

ペレス首相暗殺未遂

(1986.7)

1986年7月，ジェリコでモロッコから帰国したシモン・ペレス・イスラエル首相に対し，〈パレスチナ解放人民戦線(PFLP)〉分子が手榴弾を投げる事件があり，観光客17人が負傷した。

〈ハマス〉テロ

(1992.12～1996.6)

1992年12月以来，イスラム原理主義者組織〈ハマス〉はイスラエルに挑戦し，特に1993年9月のパレスチナの暫定自治合意以来，パレスチナ和平合意に反対し，一連の暴動・殺害テロを決行した。1994年4月6日，イスラエル北部のアフラ市中心部のバス停付近で，駐車していた車が爆発し，8人が死亡した。13日にも中心部のハデラで路線バスが爆発し，6人が死亡した。この2つの事件とも，〈ハマス〉の犯行声明があった。1994年7月，〈ハマス〉は和平合意への抵抗戦争を呼び掛け，イスラエル兵士の誘拐作戦を実施する一方，10月19日にはテルアビブの繁華街で路線バスが爆発し，23人が死亡，42人が負傷した。この事件も，〈ハマス〉分子の自爆攻撃と断定された。20日，イスラエル政府は占領地区の無期限封鎖を決め，イスラエルへの労働力供給不足に対処してイスラエルでの外国人労働者の在留許可を1年延長した。封鎖措置は11月1日以降，段階的に緩和された。同自治政府は11月11日に〈ハマス〉との対決宣言を打ち出し，〈ハマス〉分子ら120人を逮捕し，イスラエル軍は〈ハマス〉の弾圧作戦を遂行した。23日〈ハマス〉は，テロ闘争継続を表明し，テロは続いた。

1995年1月22日，中部ネタニヤのバス停付近で爆破テロがあり，18人が死亡した。8月21日，エルサレム北部の路線バスが爆破され，死傷者は100人を超え，〈ハマス〉が犯行声明を出した。1996年2月25日，南部アシュケロンとエルサレムで爆破テロが発生

し，27人が死亡し，〈ハマス〉が犯行声明を出した。この事件で〈ハマス〉の90人が逮捕された。26日再び〈ハマス〉が自爆テロを決行した。〈ハマス〉は29日イスラエルに対し「すべてのパレスチナ人政治犯の釈放などを条件にテロを中止する」と申し出たが，イスラエルはこれを拒否した。3月3日〈ハマス〉の爆弾テロが発生し，バスの乗客ら19人が死亡した。4日の爆弾テロでは，15人が死亡した。この事件で，〈パレスチナ解放機構（PLO）〉議長ヤセル・アラファトは〈ハマス〉の軍事部門を非合法化し，イスラエル自治区を封鎖した。4日，国連安全保障理事会議長はテロ非難の声明を発した。5日までにイスラエル治安当局は，〈ハマス〉活動家102人を逮捕した。イスラエル軍は，この一連の事件に〈ハマス〉が関与しているとして，対応処置の検討に入った。

3月21日，テルアビブの自爆テロで3人が死亡し，47人が負傷，〈ハマス〉が犯行声明を出した。6月30日，エルサレムで〈ハマス〉による爆破テロが起こり，14人が死亡し，イスラエルはパレスチナ自治区西岸からのイスラエル軍撤退を凍結した。パレスチナ警察は7月8日イスラム過激派35人を逮捕した。

駐イスラエル・フランス大使館爆破テロ

(1993.10) テルアビブ

1993年10月24日，ヤセル・アラファト〈パレスチナ解放機構（PLO）〉議長のフランス訪問に抗議して，テルアビブの駐イスラエル・フランス大使館で爆弾テロが起きた。

イスラエル・ラビン首相暗殺

(1995.11) テルアビブ

1995年11月4日，テルアビブでイツハク・ラビン首相が，西岸は神がユダヤ人に与えた約束の地と見なすユダヤ過激派イスラエル人学生によって射殺された。この暗殺は，西岸とガザのパレスチナ自治に対するイスラエル国民の根強い反対を見せつけた。

過激派テロ

(1998.10〜2001.10)

1998年10月20日南部ベエルシェバのバス発着所にイスラム過激派が手榴弾を投擲し64人が負傷した。

2000年11月22日北部のハデラで路線バス付近で爆弾テロがあり，2人が死亡，60人以上が負傷した。エルサレム中心部のハネエフダ市場で自動車爆弾が爆発，2人が死亡した。パレスチナのイスラム原理主義者組織〈イスラム聖戦〉が犯行声明を出した。

2000年12月28日テルアビブで路線バスの爆破テロが起こり，警官1人が死亡し，乗客13人が負傷した。イスラエルは西岸・ガザ地区封鎖を強化し，翌2001年1月イスラエル治安当局は不法滞在のヨルダン人容疑者を逮捕したが，彼はパレスチナ自治政府の情報機関に犯行を指示されたと自白した。

2001年1月1日北部ネタニタで駐車中の車の爆弾テロで50人が負傷した。2月14日テルアビブのバス停でイスラエル軍兵士の列にバスが突込み，兵士7人，民間人1人の計8人が死亡した。犯人のパレスチナ人が勤務していたバス会社は，パレスチナ自治区からイスラエルへの出稼ぎ労働者を輸送する業務をしていた。イスラエルのパレスチナ人に対する残酷な措置への抗議であ

ると，パレスチナ自治当局は声明した。イスラエルは自治区の閉鎖命令を出した。

3月1日北部で大型タクシーが爆発し，1人死亡，9人が負傷した。犯行声明はなかったが，イスラエル当局は〈ハマス〉の仕業と断定した。

7月2日中部イェフドで車2台に仕掛けられた爆弾テロで6人が負傷した。〈パレスチナ解放人民戦線（PFLP）〉が犯行声明を出した。7月17日イスラエル軍はパレスチナ自治区ベツレヘムにミサイルを打ち込み〈ハマス〉幹部2人を殺害した。

10月4日北部アフーラで武装パレスチナ人1人がバスに向けて銃を乱射し，3人が死亡した。5日〈ファタハ〉の武装組織〈アル・アクサの殉教者〉が犯行声明を出した。

〈ハマス〉・〈イスラム聖戦〉の自爆テロ

(2000.3～)

2000年3月5日ネタニタの中央バス・ターミナル付近でパレスチナ人の自爆テロで当事者を含む4人が死亡した。〈ハマス〉の事前声明があった。

3月28日北部で〈ハマス〉の自爆テロで3人が死亡した。〈ハマス〉が犯行声明を出した。29日イスラエル軍はパレスチナを空爆した。4月3日イスラエル軍はガザのパレスチナ治安施設をミサイルで報復攻撃した。

2001年4月22日テルアビブ北方クファルサバのバスターミナルで〈ハマス〉の自爆テロで2人が死亡した。

5月18日中西部ネタニヤのショッピングセンターで〈ハマス〉の自爆テロがあり，6人が死亡し，100人以上が負傷した。これに対し，20日イスラエル軍はパレスチナ自治区ラマラのパレスチナ保安警察長官ジブル・ラジューブの自宅を砲撃したが，ラジューブは被害を逃れた。5月25日北西部ハデラで車を使用した自爆テロで50人が負傷した。

6月1日テルアビブで自爆テロが起こり，17人が死亡し，80人以上の負傷者が出た。6月2日アラファト〈パレスチナ解放戦線（PLO）〉議長は自爆テロの続発でテロ抑止宣言を発した。同2日イスラエルは自治区を封鎖し，人・物の移動を禁止した。6月14日部分的解除措置をとった。

7月16日北部ビンヤミナ付近で自爆テロがり，イスラエル兵男女2人が死亡した。〈イスラム聖戦〉が犯行声明を出した。

8月12日ハイファで自爆テロがあり，20人が負傷した。14日イスラエル軍は自治区ジェニンの警察施設を攻撃した。

〈パレスチナゲリラ〉の武器密輸

(2001.5)

2001年5月8日イスラエル当局はハイファ沖で〈パレスチナ解放人民戦線総司令部派（PFLP-GC）〉がガザに武器密輸のレンバン人4人が乗船していた船を拿捕し，大量の武器を押収した。背後にシリアの関与が指摘された。

レバノン機抗議侵入事件

(2001.5) テルアビブ

2001年5月24日レバノンからイスラエルに突入した1人乗りの軽飛行機をテルアブ上空でイスラエル軍が撃墜し，操縦していた1人は死亡した。イスラエル軍のレバノン撤退1周年の抗議事件であった。

エルサレム

自爆テロ・エルサレム

(1998.11)

1998年11月6日,エルサレム中心部のマハネエフダ市場に車が突っこみ,自爆犯2人が死亡,28人が負傷した。

エルサレム衝突

(2000.9) エルサレム

2000年9月28日,イスラエルの野党,リクードの党首シャロンがエルサレムのイスラム聖地,神殿の丘の訪問を強行した。これによるパレスチナ人の抵抗闘争となり,イスラエル治安部隊との衝突が3カ月以上続いた。パレスチナ人の死者は340人以上に達した。

過激派テロ

(2001.2〜10)

2001年2月8日エルサレムで超正統派のユダヤ教徒が居住する地域で自動車に仕掛けられた爆弾が爆破し,2人が負傷した。〈サブラ・シャティラ殉教者グループ〉が犯行声明を出した。3月27日エルサレムで自爆テロが起きた。8月9日エルサレムで自爆テロが起き,100人以上が死傷した。イスラエル軍は〈パレスチナ解放機構(PLO)〉本部オリエント・ハウスを占領した。9月4日エルサレム中心部でパレスチナ人の自爆テロが起き,15人が負傷した。10月1日エルサレムで爆弾テロがあり,2人が負傷した。

ゼエビ観光相暗殺テロ

(2001.10) エルサレム

2001年10月17日イスラエルの急進派,観光相レハバム・ゼエビがエルサレムのホテルで至近距離からの銃で殺害された。〈パレスチナ解放人民戦線(PFLP)〉は犯行声明で同年8月27日ムスタファ議長の暗殺報復と宣言を出した。18日イスラエル軍は戦車でパレスチナ自治区に攻撃をかけ,自治政府の存続も問題となった。

南イエメン

南アラビア連邦の解放闘争指導者暗殺テロ

(1967.2)

1967年2月26日〈占領下南イエメン解放戦線(FLOSY)〉指導者ムハマド・ハッサンが暗殺され,9月29日〈民族解放戦線(NLF)〉がアデン地区で権力を掌握した。〈FLOSY〉は後退し,英国政府と〈NLF〉との交渉で11月28〜29日独立の合意をみた。

南イエメン航空機ハイジャック

(1972.8〜1983.1)

1972年8月22日、ベイルート発カイロ行きの南イエメン航空のDC-6B型機が反政府組織〈南イエメン統一機構〉の男女3人によってハイジャックされ、ニコシアを経てリビアのベンガジ空港に着陸した。

1983年1月20日アデン発クウェート行きのアリムダ・エア・イエメンのB-707型機が南イエメン人3人によってハイジャックされ、ジブチに着陸した。機内の銃撃戦で乗客2人が負傷し、犯人は降伏、同年11月懲役6カ月を宣告された。

対外分子破壊テロ

(1982.2〜4) アデン

社会主義国である南イエメンに対しては、サウジアラビアが南イエメン工作による南・北イエメン統合に強い警戒を深めていた。1981年4月、親サウジアラビア派のモハマド・サレハ・ムティア外相が処刑され、1982年2月サウジアラビアから侵入した分子によるアデン精油所破壊未遂事件の摘発があった。レーガン米政権は、南イエメンをテロリスト支援国として対決姿勢を強めていたが、4月アデンで米中央情報局(CIA)の関与による爆破テロが起きた。

イエメン

イエメン航空機ハイジャック

(1973.8〜1983.1)

1973年8月25日、イエメンのタイズからエチオピアのアスマラへ向かったイエメン航空のDC-6B型機がハイジャックされ、ジブチで給油の後、クウェート空港に着陸し、クウェート政府は犯人1人の亡命を認めた。

ハマディ議長暗殺

(1977.10) サヌア

1977年10月11日イブラヒム・ビン・ムハマド・アル・ハマディ軍事評議会議長が実弟ムハマド・アル・ハマディ中佐とともに暗殺された。犯人は不明で、南・北イエメンの接近に伴う北イエメンの左傾化を恐れたサウジアラビアと南イエメンの対立がその背景にあった。後継の軍事評議会議長に親サウジアラビアで王党派のアフマド・ビン・フセイン・アル・ガシュミ国軍副司令官が就任した。

ガシュミ議長暗殺未遂

(1977.10) サヌア

1977年10月11日イブラヒム・ビン・ムハマド・アル・ハマディ軍事評議会議長が暗殺され、国軍副司令官のアフマド・ビン・フセイン・アル・ガシュミ中佐が議長に就任したが、20日ガシュミ新議長に対する暗殺未遂事件が起き、首謀者カブシ少佐は同日処刑された。

ガシュミ大統領暗殺

(1978.6) サヌア

1978年6月24日、南イエメン大統領特使がサリム・アリ・ルバイ南イエメン大統領の書簡をアフマド・ビン・フ

セイン・アル・ガシュミ大統領に渡すためにカバンを開けたところ爆発し，ガシュミは死亡した。この事件に関連して，ルバイ南イエメン大統領もクーデタに失敗して6月26日に処刑された。

外国公館テロ

(1991.1〜10) サヌア

1991年1月31日サヌアのトルコと日本の大使館公邸および米大使館に爆弾投げ込み事件が起きた。10月にもサヌアで，暴動から，米大使館，ドイツ大使館が襲撃を受けた。これはボイコット運動の一部として混乱を引き起こし，統一を阻止することにあった。

駐イエメン・サウジアラビア大使館侵入テロ

(1992.4) サヌア

1992年4月19日，サヌアのサウジアラビア大使館に武装分子が侵入し，サウジアラビア大使ら2人を人質にし，100万ドルの身代金を要求した。20日，イエメン治安軍が同大使館に突入し，武装分子を逮捕し，人質を救出した。この武装分子の要求は，1934年タイフ条約の改訂交渉における国境地帯アシール地方の領有権主張をしたものであった。5月サウジアラビア政府は，イエメンの要請でこの国境地帯で石油開発を行っている米・英企業に対し作業の中止を求める警告を発した。

過激派テロ

(1992.12〜1998.8) アデン

1992年12月29日アデンのゴールド・ミホル・ホテルでテロが発生した。この事件は，イスラム過激派者がソマリア作戦に参加する米軍兵士100人を狙ったものであった。

1998年12月，南部でイスラム過激派武装組織〈アデン・アビヤン・イスラム軍〉が観光客16人を誘拐し，治安当局のアジト急襲でイギリス人ら4人が死亡した。イスラム法に基づくイエメン統治とイラク制裁解除のために英国・米国に圧力をかける狙いがあった。1999年5月被告3人に死刑判決がでた。これに対し〈アデン・アビヤン・イスラム軍〉はすべての外国人を殺害すると声明した。

6月アデンで，8月サヌアで2回の爆発テロがあった。

駐イエメン・フランス外交官誘拐テロ

(1996.10) サヌア

1996年10月20日駐イエメン・フランス外交官がサヌア市内を自動車で走行中，誘拐された。地方部族の要求を政府が受け入れて，外交官は11月1日に解放された。

外国人誘拐テロ

(1998.1〜2000.1)

1998年1月5日，武装した部族民が駐イエメン・韓国大使館一等書記官を含む韓国人3人を誘拐した。人質は9日解放された。

4月17日武装した部族民がサヌアからアデンに向かっていた英官吏と家族の3人を誘拐した。人質は5月3日解放された。

1999年1月17日武装した部族民がと獄中の部族民の釈放を要求してオランダ援助機関のオランダ人2人，その子供2人，英国援助機関のイギリス人2人を誘拐した。2月2日全員が無事釈放された。同1月17日武装した部族民

が駐イエメン米大使館に向かう外交官2人の誘拐を試みたが失敗した。1月27日、部族民がドイツ人3人、イエメン人5人を誘拐した。犯人は28日イエメン人5人を解放したが、ドイツ人は解放されなかった。ドイツはイエメン当局にドイツ人の救出作戦を強く要求した。

8月22日マリブ県で自動車が停車した際、武装した部族民に乗車していたフランス外交官夫妻が誘拐されたが、9月2日解放された。

9月6日武装した部落民がマーリブ地区でスーダン人教師3人を誘拐したが、17日無事解放された。

2000年1月18日武装した部落民がフランス人2人とイエメン人ガイド2人を誘拐した。犯人は同日、いったん人質を解放したが、当局が犯人を逮捕しようとしたことで、再度人質を拘禁し、人質は19日解放された。

1月26日マーリブで武装した部落民がハリバートン社のアメリカ人社員1人を誘拐した。2月10日解放された。

11月14日サヌアで武装した部族が地元の発電所のスウェーデン人従業員1人を誘拐した。30日人質は解放された。

モスク・テロ

(1998.4) サヌア

1998年4月24日サヌアのカイル・モスクで爆発テロがあり、2人が死亡、アメリカ人1人、カナダ人1人、リビア人1人、ソマリー人数人を含む26人が負傷した。

駐イエメン・ドイツ大使館テロ

(1998.11) サヌア

1998年11月24日首都サヌアの駐イエメン・ドイツ大使館付近で爆発テロが起きた。2人が死亡した。

駐イエメン・ポーランド大使誘拐テロ

(2000.3) サヌア

2000年3月2日サヌアで武装した部族民が駐イエメン・ポーランド大使を誘拐した。4日大使は解放された。

アデンの米艦爆破テロ

(2000.10) アデン港

2000年10月12日イエメンのアデン港に停泊の米駆逐艦コールに爆弾を満載した小型船が突入し、米兵士17人が死亡し、35人が負傷した。過激派組織〈イスラム抑止軍〉など2組織が犯行声明を出したが、エジプトの〈イスラム聖戦〉とオサマ・ビンラディンの〈アル・カイダ〉の関与が指摘された。

駐イエメン・英大使館テロ

(2000.10) サヌア

2000年10月13日サヌアの駐イエメン・英大使館構内で小型の爆弾が爆発した。負傷者はいなかった。

サウジアラビア

サウジアラビア航空機ハイジャック

(1970.11～2000.10)

1970年11月10日，ヨルダンの首都アンマン発サウジアラビアの首都リヤド行きのサウジアラビア航空のDC-3型機が犯人1人によってハイジャックされ，シリアのダマスカス空港に着陸した。

1984年4月5日，ジッダ発シリアのダマスカス行きのサウジアラビア航空のL-1011型機が犯人1人によってハイジャックされ，トルコのイスタンブールに着陸した。サウジアラビア国王ファハド・ビン・アブドル・アジズはトルグト・オザル・トルコ首相に離陸の阻止を要請し，特殊部隊が突入して，犯人は逮捕された。

2000年10月14日，ジッダ発，ロンドン行きのサウジアラビア機がエジプト上空で犯人2人にハイジャックされ，バグダッド空港に着陸した。犯人は反体制派のサウジアラビア人で，王制の廃止，指導部の退陣などを訴え，イラク当局に逮捕された。イラクはサウジアラビアの犯人引き渡し要求を拒否し，政治亡命を認めた。機体はサウジアラニアに返還された。

ファイサル国王殺害

(1975.3)

1975年3月25日，ファイサル・ビン・アブドル・アジズ国王が甥のファイサル・イブン・ムサイド皇太子によって暗殺された。犯行動機は不明であるが，1965年に兄の皇太子ハリド・イブン・ムサイドがファイサル国王の進めるテレビ導入に反対し，テレビ局を襲撃した際，警官隊に射殺された事件があった。ファイサル王は第3次中東戦争で奪われたアラブ領土の奪回とパレスチナ人の権利回復というアラブの大義を掲げて，アンワール・サダト・エジプト大統領と連繋してカイロ-リヤド枢軸を確立し，1973年の第4次中東戦争では石油戦略を発動した。ハリド・ビン・アブドル・アジズが後継し，3月25日即位した。

リヤド・テロ

(1985.5) リヤド

1985年5月18日，リヤドで同時爆破テロが起こり，イスラム原理主義者組織〈イスラム聖戦機構〉が犯行声明を出した。同18日イランを訪問したサウジアラビア外相サウド・ファイサル皇太子はイランに対し警告を発した。

聖地メッカ事件

(1987.7～1989.7) メッカ

1987年7月31日，聖地メッカで数千人のイラン人巡礼団が反米デモを行い，警官隊と衝突し，402人が死亡し，669人が負傷した。アル・ハラーム大モスクへ通ずる道でイラン人巡礼団がデモ行進を行って通行を妨害し，これを阻止しようとした他の巡礼団ともみ合いになって起きた。警官隊が介入，イラン巡礼団は投石で対抗，多数の圧死者が出た。ファハド・ビン・アブドル・アジズ国王はこの行為を厳しく非難し，「イラン革命防衛隊によって実行された破壊活動」とする非難声明が出された。これに対応して，テヘランの駐イラン・サウジアラビア大使館への乱入事件が起こり，外交官1人が死亡した。この事件で，イランは，1988年はメッカ巡礼者を送らないことになった。

1989年7月10日，聖地メッカで爆発が2回発生し，1人が死亡，10数人が負傷した。〈怒れるアラブ世代〉と称するグループによるサウジアラビアの王

族支配への非難声明が出され，容疑者としてクウェート人29人が逮捕された。クウェート政府の助命嘆願を退け，政府は9月に16人を処刑した。9月16日この処刑に抗議して，クウェートで反サウジアラビア・デモが起きた。

エチオピア航空機ハイジャック
(1994.4)

1994年4月25日，サウジアラビアのジッダからエチオピアのアジスアベバに向かったエチオピア航空B-757型機がエチオピアの元軍人1人によってハイジャックされ，ジブチ行きを命令されたが，ジブチが拒否し，イエメンのサヌア空港に着陸した。犯人はイエメンへ亡命を申し出た。

国家警護隊リヤド施設爆破テロ
(1995.11) リヤド

1995年11月13日，リヤドの国家警護隊訓練施設で爆破テロが発生，アメリカ人ら6人が死亡した。13日イスラム原理主義者組織〈ガルフ・タイガー（湾岸の虎）〉が犯行声明を出した。

イスラム原理主義者暴動
(1996.6)

1996年6月25日サウジアラビアの米軍基地で自動車爆弾テロが起こり，23人が死亡し，340人が負傷した。これは，5月末に行われたイスラム原理主義者4人の処刑に対する報復とされたが，6月27日〈アブドラ・アル・フザイフィ殉教者軍団〉がドバイで犯行声明を発し，〈ヒズボラ・ガルフ〉も犯行声明を行った。26日，国連安全保障理事会議長（エジプト国連大使）はテロ行為を非難する声明を発した。米国は8月2日に米国防長官ウィリアム・ペリーがイランの関与を指摘した。これには，オサマ・ビンラディンの〈アル・カイダ〉が関与していた。

外国軍隊駐留反対テロ
(2000.11～12)

イスラム原理主義勢力指導者オサマ・ビンラディンは，1994年に国際テロ活動でサウジアラビア国籍を剥奪され〈タリバン〉の客人としてアフガニスタンのジャララバード郊外に移り，彼は1998年8月20日ケニアとタンザニアの米大使館爆破テロの関与し，これに対し米国はパキスタン国境に近いホストなどを巡航ミサイルで攻撃した。サウジアラビアはビンラディンの滞在を許す〈タリバン〉に対し，9月リヤド駐在〈タリバン〉代表の国外退去を決定し，アフガニスタン首都カブールのサウジアラビア大使館を閉鎖した。ビンラデンは聖地サウジアラビアに湾岸戦争で駐留している米軍などの外国軍隊を認めないとしており，2000年11月17日リヤドで自動車爆弾が爆発し，乗車していたイギリス人が死亡した。22日リヤドで2回目の爆弾テロがありイギリス人2人が死亡した。当局は12月アメリカ人容疑者を逮捕したが，詳細は不明。12月15日，東部油田地帯のアルハバルで自動車爆弾のテロがあった。当局はザウジアラビアに駐留する外国軍に反対する過激派の犯行とみた。

ビンラディンのテロ関与未遂
(2001.5～10)

2001年10月9日ニューヨーク・タイムズは，ここ数カ月，オサマ・ビンラ

ディンがサウジアラビア王室の追放を狙ってテロ攻撃を計画していたと報じた。

反外国人テロ

(2001．10) ダーラン, リヤド

2001年10月6日東部ダーラン近郊アルホバルのシュッピング街で自爆テロが起きた。アメリカ人ら2人が死亡した。当局はサウジアラビア国内のイスラム教徒の不満の事件とみた。6日東部アル・ホバルで爆弾テロがあり、アメリカ人ら外国人6人が死傷した。9日リヤドでドイツ人の乗用車に対する投石・放火があった。

クウェート

タクリチ・イラク元副大統領暗殺

(1970.10) クウェート

1970年10月、イラク副大統領を解任されたハルダン・タクリチが、1971年3月30日クウェートで殺害された。

在クウェート日本大使館占拠

(1974.2) クウェート

1974年2月6日〈日本赤軍〉・〈パレスチナ解放人民戦線（PFLP）〉がクウェートの日本大使館を占拠したが、9日に事件は解決をみた。

駐クウェート・アラブ首長国連邦外交官テロ

(1982.8)

1982年8月、パレスチナ・ゲリラ組織〈アブ・ニダル派（ANO）〉が、ボンベイ駐在アラブ首長国連邦外交官の狙撃と同時期に、クウェート駐在アラブ首長国連邦外交官を狙撃した。いずれの事件も命はとりとめた。

同時爆破テロ

(1981.6～1985.7) クウェート

1981年6月、クウェートの5カ所で同時爆破テロが起こり、続いて1982年2月英字紙アルワタンの事務所爆破テロが起きた。

1983年12月、レバノンのシーア派組織〈イスラム聖戦機構〉が米・フランス大使館、空港管制施設、石油施設など6カ所で爆破テロを起こした。この件で、イラクの反政府シーア派組織〈アッダワ（イスラムの叫び）党〉のレバノン人17人が逮捕された。1983年12月、25人が起訴され、1984年3月死刑6人、懲役刑12人の判決が下った。その裁判で〈イスラム聖戦機構〉は人質解放の条件の1つとして同事件の服役者の釈放を要求した。クウェート政府はこれを拒否した。

1985年7月11日、クウェート市で2件の酒場爆破テロが起き、100人以上が死亡した。〈アラブ革命機構（ALO）〉が犯行声明を出した。

クウェート航空機ハイジャック

(1984.12～1988.4)

1984年12月4日、レバノンのシーア派イスラム教徒4人がアラブ首長国連邦のドバイからパキスタンのカラチへ

向かうクウェート航空のA-300型機をハイジャックし、乗客1人を射殺した。9日イラン治安部隊がテヘラン空港で事件を解決した。

1988年4月5日、タイのバンコク発、クウェート行きクウェート航空のB-747型機がバンコクを離陸直後、ハイジャックされ、イラン東部マジャドに緊急着陸した。イラン系レバノン人の犯人グループは、1983年12月のクウェート大使館爆破テロでクウェートに逮捕されている親イラン系シーア派過激派17人の釈放を要求した。クウェート機はベイルート、ダマスカスへの着陸を拒否され、カブール行きを要求したが、給油のためキプロスのラルナカ空港を経て、キプロス・アルジェ上空で保安要員が犯人2人を射撃し、アルジェ空港に着陸した。クウェート政府は〈パレスチナ解放機構（PLO）〉と犯人の説得に当たったが、交渉は成立しなかった。犯人グループは20日、アルジェリア当局の説得で人質を解放し、当局が犯人を拘束しないとの約束で、投降した。

ジャビル首長暗殺未遂

(1985.5) クウェート

1985年5月25日、シェイク・ジャビル・アフマド・サバハ首長の暗殺を狙って、レバノンのシーア派イスラム原理主義者組織〈イスラム聖戦機構〉が爆破テロを起こした。警護者3人が死亡し、12人が負傷した。

石油基地爆破テロ

(1986.6)

1986年6月17日、アハマディの原油備蓄基地とマクワ油田パイプラインの連続爆破事件が起こり、その損害額は100万ジナールに達した。犯人は不明。

ブッシュ元米大統領暗殺未遂

(1993.4) クウェート

1993年4月14日に、湾岸戦争でクウェートを解放した元米大統領ジョージ・ブッシュの自動車爆弾暗殺未遂があり、26日政府はイラクから越境してきた秘密工作員を逮捕した。5月12日イラク政府は、事件への関与を否定する報道官談話を発表した。6月5日、クウェート国家治安裁判所は、グループ17人のうち起訴されたイラク人11人とクウェート人3人の計14人の公判を開き、イラク人被告1人が起訴事実を認めたのみで残りは無罪を主張した。米国は、独自の調査でイラク当局の関与の確証を得たとして、6月26日イラク情報機関本部をミサイル攻撃した。

反外国人テロ

(2001.10) クウェート

2001年10月10日クウェートで散歩中のカナダ人1人が銃撃され、死亡した。

バーレーン

爆弾テロ

(1996.2) マナーマ

1996年2月11日，マナーマのディプロマット・ホテルの爆弾テロで3人が死亡した。ロンドンに本部をおく〈バーレーン解放イスラム戦線 (IFLB)〉が犯行声明を出した。9月14日にはインド人の商店が銃撃され，店主は死亡した。12月31日にもアジア系を狙った銃撃テロが起きた。

〈バハレーン・ヒズボラ〉テロ

(1997．6) マナーマ

1997年6月バハレーンでインド系商店が放火され，従業員4人が殺害され，翌日内務省前で自動車爆弾が爆発した。〈バハーレーン・ヒズボラ〉の犯行とされた。

オマーン

英官吏殺害テロ

(1978.5)

1978年5月15日，南部で〈オマーン解放人民戦線 (PFLO)〉が英官吏を攻撃し，殺害した。

アラブ首長国連邦

アブダビ首長暗殺未遂

(1970.7) アブツグビ

1970年7月，アブダビ首長ザイド・ビン・スルタン・アル・ナヤンの暗殺未遂があった。

西ドイツ航空機ハイジャック

(1972.2)

1972年2月22日，ニューデリーからアテネに向かったルフトハンザ航空のB-747型機が反ユダヤ組織〈シオニストの迫害に抵抗する組織 (VOZO)〉のアラブ・ゲリラ5人にハイジャックされた。VOZOは西ドイツのイスラエルに対する多額の財政援助に報復したと声明した。23日犯人はアデン空港で投降し，西ドイツが取引に応じ，人質は無事であった。

イギリス航空機ハイジャック

(1974.11) ドバイ

1974年11月22日，パレスチナ・ゲリラ3人がドバイ空港で英国航空(BOAC) VC-10型機をハイジャックし，人質の西ドイツ人1人を射殺し，オランダとエジプトで逮捕されているゲリラ5人の釈放を要求した。ゲリラは，25日チュニスで投降し，〈パレス

チナ解放機構〔PLO〕〉に引き渡された。

シリア外相暗殺未遂
(1977.10) アブダビ

1977年10月アブダビ空港でアブデル・ハリム・ハダム・シリア外相の暗殺未遂があり、シリアはイラクのテロ関与を非難した。同外相は無事で、見送りに来たサイド・コバシュ・アラブ首長国連邦国防相が死亡した。

イラン

イラン航空機ハイジャック
(1970.6～19959)

1970年6月21日テヘラン発アバダン行きのイラン国営航空のB-727型機が犯人3人によってハイジャックされ、イラクのバグダッドに着陸し、犯人3人はイラク当局に逮捕された。

10月10日、テヘラン発アバダン行きのイラン航空機が反政府分子3人によってハイジャックされ、イラクのバグダッドに着陸した。政治犯21人の釈放を企図したが、犯人3人は、イラク当局に逮捕された。

1983年5月トゥーデ党の弾圧が進むなか、1984年9月12日共産系の反ホメイニ派4人がイラン航空の国内便A-300型機をハイジャックし、イスファハンに緊急着陸し、犯人は逮捕された。

7月6日、シラーズ発テヘラン行きのイラン航空B-747型機が反体制派左翼分子6人によってハイジャックされ、クウェート空港に着陸した。乗客90人のうち女性と子供186人を解放し、7日パリに着陸した。ここで亡命中の〈モジャヘディン・ハルク(MKOイスラム人民戦士機構)〉の指導者と会談し、投降した。

1984年6月26日、イラン航空の国内便B-727型機が反体制派のサプール・バクチアル元首相の支持者2人によってハイジャックされ、カタール経由でエジプトのカイロに到着した。犯人はエジプトかイラクへの亡命を申請し、イラクが許可した。

8月7日シラーズ発のメッカ巡礼のA-300B型機が反ホメイニ体制派の少年2人によってハイジャックされ、バーレーンのマナマ、エジプトのカイロを経由し、ローマのチャンピノ基地へ到着し、ここで乗客130人を解放した。彼らはパリ行きを希望したが、ここで投降した。

8月28日イラン航空のA-300B型機が反ホメイニ派男女2人によってハイジャックされ、犯人はクウェート行きを要求したが、クウェートはこれを拒否した。イラク戦闘機が飛来し、シャットル基地に誘導され、ここで人質は解放され、犯人も投降した。9月8日にも同様のハイジャックが起きた。

1988年1月5日テヘラン空港で、マジャド行きのイラン航空機が反体制派イラン人によってハイジャックされたが、犯人手持ちの手榴弾の爆発で犯人は逮捕された。

1993年11月29日石油省がチャーターした家族7人搭乗のイラン機がハイ

ジャックされ，クウェート行きを要求された。クウェートは着陸許可を出さず，イラク南部のバスラに着陸し，犯人はイラクに亡命した。
1995年9月19日イラン航空機がテヘランを離陸してペルシャ湾のキシュ島に向かう途中，ハイジャックされ，イスラエル南部のオブダ空軍基地に着陸した。犯人5人はイランからの脱出が目的で，イスラエルに亡命した。機体は20日イランに返却された。

駐イラン・米大使館爆破テロ

(1972.1～1979.2) テヘラン

1972年1月17日テヘランの駐イラン・米大使館で爆破テロが起きた。同年5月30日～31日のニクソン米大統領のイラン訪問を前にしたテロであった。1979年2月14日，200人の〈人民フェダイン〉がテヘランの米大使館を攻撃し，2時間以上にわたりウィリアム・H.スリバン大使と大使館員70人を拘束し，国外脱出した前皇帝パハラビ・レザー・シャーの引き渡しを要求した。人質は1980年1月20日解放された。このため，2月20日タブリーズ，シラーズ，イスファハンの米領事館が一時閉鎖された。
ホメイニ師はこの左派ゲリラの行動を容認しなかった。続いて11月，米大使館人質事件が起きた。

駐シラーズ・米総領事館襲撃テロ

(1979.2) テヘラン

イスラム革命の成功で，1979年1月11日シラーズの米総領事館に向けてデモ隊が突入した。引き続き，2月14日学生デモ隊の〈人民フェダイン〉がテヘランの米大使館を占拠した。

イスラム革命防衛隊テロ

(1979.7)

1979年7月18日，イスラム革命防衛隊がイスラム革命期の1979年1月～2月に首相を務めたシャプール・バクチアルの住居を襲撃した。バクチアルは無事であった。

米国のイラン・テロ対決

(1979～)

イランはイスラム革命以来，米国を「大悪魔」と見なし，米国は1979年の米大使館人質事件で経済制裁を発動し，国交を断絶した。1980年9月イラン・イラク戦争の発生で，米国はイランに対し経済制裁を強化し，ペルシャ湾での船舶航行安全への関与を深めた。1983年以降，イランは西側諸国との関係改善に入り，8月米国の債務4億ドルを支払った。だが，1984年には，米国はイランを国際テロ支援国家に指定した。1995年5月には米国はイランに対し全面制裁を発動した。

駐イラン・米大使館占拠・人質事件

(1979.11) テヘラン

1979年4月1日のイスラム共和国樹立で米・イラン関係が悪化し，駐在外交施設のテロが続いた。11月4日，学生が米大使館を占拠し，米国に対し亡命した前皇帝パハラビ・レザー・シャーの引き渡しを要求した。11月12日米国の引き渡し拒否で，イランは米国への石油輸出を禁止し，米国も輸入禁止の対抗措置をとった。14日米国はさらに在米イラン資産の凍結措置をとった。この事態に国連事務総長クルト・ワルトハイムが現地訪問するも局面の打開には至らなかった。1980年4月7日米国はイランと断交し制裁措置を強

化し，欧州共同体（EC）9カ国と日本もこの措置に同調した。4月24日米国が実施した人質救出作戦が失敗したのを機に，指導者アヤトラ・ホメイニ師が人質解放の4条件を提示し，結局，1981年1月25日1年2カ月ぶりに人質は解放された。米国は，1989年11月7日凍結のイラン資産5億6700万ドルをイランに返還した。

モジャーディン・ハルク暗殺テロ

(1981.6～2001.1)

1981年6月28日テヘランのイスラム共和党本部で反政府分子による爆破テロが起こり，べへシュティ書記長，最高裁判所長官ら幹部79人が死亡した。引き続いて8月30日首相府でも爆破テロが発生し，モハマド・アリ・ラジャイ大統領，モハメド・アリ・バホナール首相（8月13日就任）ら要人6人が死亡し，23人が重傷を負った。最高指導者アヤトラ・ホメイニ師からモナフェキン（偽善者）と指摘された〈モジャヘディン・ハルク（MKOイスラム人民戦士機構）〉の国民抵抗評議会（NRC）の犯行声明が出された。〈モジャヘディン・ハルク〉側の犠牲者は，1981年6月～10月で2500人以上に及んだ。革命政府はさらに徹底した反革命運動の摘発・粛正に着手し，革命政府対〈モジャヘディン・ハルク〉（＝NRC）という対決の図式が明確になった。

1982年9月6日にもテヘラン中心部で爆破テロがあり，6人が死亡し，60人以上が重傷となった。さらに，10月1日イマーム広場でも爆破テロが起こり，700人以上が死亡した。

1986年8月16日，聖都コムで自動車爆弾テロが起こり，13人が死亡，約100人が負傷した。8月19日テヘラン中心部フェルドーシ広場で自動車爆弾テロで20人が死亡した。この2件の犯人として3人が逮捕され，9月26日公開処刑された。いずれも，〈モジャヘディン・ハルク〉の犯行であった。

1999年4月10日，イラン軍のシラジ統合参謀本部次長がテヘランの自宅前で銃撃され亜死亡した。〈モジャディン・ハルク〉が犯行声明を出した。

2000年5月14日ケマンシャーの文化センターで爆弾が爆発し，民間人2人が負傷した。〈モジャヒディン・ハルク〉が犯行声明を出した。

2001年1月21日テヘラン北東部の革命裁判所前で自動車に仕掛けられた爆弾4発が爆発した。〈モジャヒディン・ハルク〉の犯行声明があった。

フランス航空機ハイジャック

(1984.7)

1984年7月31日，フランクフルト発パリ行きのフランス航空のB-737型機がイスラム原理主義者3人によってハイジャックされ，ジュネーブに着陸した。犯人はテヘラン行きを要求，イランはこれを拒否したが，犯人はベイルート，キプロス経由でイランのテヘラン空港に着陸した。犯人はフランスのイラン人政治犯の釈放を要求した。人質は解放されたが，機体は爆破され，犯人は投降した。

前皇帝支持派テロ

(1984.8) テヘラン

1984年8月23日，テヘランの中央広場で爆破テロが起こり，13人が死亡，300人が重傷を負った。前皇帝パハラビ・レザー・シャー支持派の亡命者組織〈マリーア〉が犯行声明を出した。

イラン・ハタミ大統領暗殺未遂

(1999.11) テヘラン

　1999年11月25日，情報省はハタミ大統領ら指導部要人の暗殺を計画していたシーア派過激派〈マフダビアド〉を摘発した，と発表した。

駐イラン・サウジアラビア大使館乱入事件

(1987.7) テヘラン

　1987年7月31日，聖地メッカにおけるイラン人巡礼団による反米デモに連動して，テヘランの駐イラン・サウジアラビア大使館への乱入事件が起こり，外交官1人が死亡した。

駐イラン・クウェート大使館占拠

(1987.7) テヘラン

　1987年7月のメッカ事件の余波で，8月1日テヘランの駐イラン・クウェート大使館がデモ隊に占拠され，クウェート外交官2人が拘束された。引き続き9月にクウェート南部のアフマディ港に中国製ミサイル・シルクワームがイラン軍によって撃ち込まれた。これに対し，クウェートは，クウェート駐在イラン外交官6人を国外退去にした。

駐イラン・フランス大使館爆破テロ

(1993.11) テヘラン

　1993年11月8日，駐テヘラン・フランス大使館への爆弾投げ込みテロ，フランス航空事務所での爆破テロが起きた。〈ヒズボラ（神の党）〉委員会はフランス政府の〈モジャヘディン・ハルク（MKOイスラム人民戦士機構）〉支持への抗議による犯行だと非難声明を出した。

聖地マジャド・テロ

(1994.4〜6) テヘラン

　1994年4月19日，テヘランで爆弾テロが起こり，政府はイラクの関与としてイラクを非難した。イラクはこの非難声明を拒否した。こうした状況のなか，6月20日シーア派聖地マジャドのイマムレザー廟が破壊される無差別テロが起きた。

外国人誘拐

(1999.8) ケルマン

　1999年8月15日ケルマンでスペイン人3人，イタリア人1人の旅行者が誘拐され，31日人質1人を解放した。

失踪テロ

(2000.7〜2001.4) マシャド

　2000年7月以降，2001年4月にかけ，ホラサン州マシャドで売春婦や犯罪歴のある女性12人がヘジャブ（イスラムのスカーフ）で絞殺され失踪する事件が相次いだ。4月中旬，当局は関係者を逮捕したが，翌日も事件が起きた。

トルコ

エル・アル航空支店襲撃テロ

(1970.4) イスタンブール

　1970年4月24日，パレスチナ・ゲリ

ラ〈パレスチナ人民闘争戦線(PPSF)〉の2人がリビアの資金援助でイスタンブールのエル・アル(EL AL/イスラエル航空)支店に爆弾を投げ込んだ。

〈人民解放軍〉事件

(1971.3～1972.3)

1960年代後半以降、大学騒動、金融機関の爆破テロ、都市ゲリラ事件など、社会不安が高まり、1971年3月3日極左グループ〈トルコ人民解放軍(THKO)〉による米軍人4人の誘拐テロが起きた。米軍人は5日後に釈放されたが、5日、組織の拠点と目される中東工科大学に治安部隊が捜査に入ったところ激しい銃撃戦となり、兵士1人、学生1人が死亡した。この結果、軍は連日アンカラで首脳会議を開催し、3月12日メムドゥブ・ターマチ国軍参謀総長と3軍司令官は、チェブデト・スナイ大統領および上・下院議長に書簡を送り社会不安に対する軍部の懸念を表明するとともに、軍が政権を接収することもありうるとの最後通告を突き付けた。4月27日アンカラ、イスタンブールなど11県に戒厳令が布告され、すべての学生組織は解体された。これに対し〈THKO〉は5月17日イスタンブールの駐トルコ・イスラエル総領事を誘拐して、逮捕されている仲間の釈放を要求した。23日イスタンブールに24時間の外出禁止令が出された。イスラエル総領事は死体で発見された。さらに、30日領事を襲った極左分子2人が人質をとって立て籠もったことから、6月1日には治安部隊が実力行使に出た。

1972年3月27日に黒海沿岸の北大西洋条約機構(NATO)レーダー基地で基地要員3人が誘拐され、治安部隊との銃撃戦闘で極左分子7人が死亡した。

駐トルコ・エジプト大使館襲撃テロ

(1979.7)アンカラ

1979年7月13日、エジプト・イスラエル和平条約の拒否を要求して、アンカラの駐トルコ・エジプト大使館をパレスチナ・ゲリラ組織(パレスチナ革命の鷲)が襲撃し占領、3人が死亡した。〈パレスチナ解放機構(PLO)〉の仲介で人質20人は解放され、ゲリラは逮捕された。

イスタンブール軍事基地要員射殺テロ

(1979.12)イスタンブール

1979年12月14日〈トルコ人民解放軍(THKO)〉がイスタンブールでトルコ空軍基地で働くアメリカ人4人を射殺した。

トルコ・政治家暗殺テロ

(1980.7～9)チョルム

1980年7月4日、チョルム市で左右両派の対立事件が起こり、15人が死亡した。さらに、5日〈革命的左翼(デブ・ソブ)〉により共和人民党(RPP)議員がテロにより暗殺され、続いて19日元首相イスマイル・ニハト・エリムが暗殺された。1月から8月までのテロの犠牲者は2000人を超した。他方、9月6日国家救済党(MSP)の主催でイスラム復帰・世俗化反対のデモが起こり、それは暴動となった(コンヤ事件)。

エリム元首相暗殺

(1980.7)

1980年7月19日，元首相イスマイル・ニハト・エリムが左派反政府分子によって暗殺された。

トルコ航空機ハイジャック
(1980.10〜1981.5)

1980年10月13日，イスタンブール発アンカラ行きのトルコ航空機が，イスラム原理主義者4人によってハイジャックされた。テヘランかジッダ行きを要求されたが，東部のジャバキールで給油の後，婦女子55人を解放し，25日特殊部隊が突入し，乗客1人が死亡した。

1981年5月24日，イスタンブール発アンカラへ行きのトルコ航空のDC-9型機を〈革命的左翼（デブ・ソブ）〉の4人がハイジャックし，ブルガリアのブルガス空港に強制着陸し，乗客112人乗員6人のうち女性19人が解放され，残りは人質となった。犯人は，トルコ政府によって投獄中のテロリスト政治犯4人の釈放と50万ドルの身代金を要求した。翌25日ブルガリア治安当局は犯人を強制逮捕し，人質は全員解放された。

イスタンブール・テロ
(1983.6) イスタンブール

1983年6月，イスタンブールで，トルコ植民地主義とシオニズム帝国主義の断絶のための暴力革命を掲げる〈アルメニア解放アルメニア秘密軍（ASALA）〉による攻撃テロがあり，2人が死亡した。

駐トルコ・ヨルダン大使館員射殺
(1985.6) アンカラ

1985年2月11日，ヨルダンは〈パレスチナ解放機構（PLO）〉のアラファト派と和平の枠組みに合意したが，これに反対する〈反アラファト派〉が，6月7日，アンカラの駐トルコ・ヨルダン大使館員を射殺した。

イスタンブール・シナゴーグ襲撃テロ
(1986.9) イスタンブール

1986年9月6日，アラブ人特攻ゲリラ2人が手榴弾・自動小銃で武装してイスタンブールのシナゴーグ（ユダヤ教礼拝堂）を襲撃した。礼拝中のユダヤ人24人が死亡し，多くの負傷者が出た。レバノン南部に拠点を有するシーア派イスラム原理主義者組織〈イスラム抵抗〉など3グループが，事件後に犯行声明を出した。9月13日，アンカラ空港で爆発装置をもつイラン人3人が逮捕された。

ルフトハンザ航空機爆破
(1988.1) イスタンブール

1988年1月4日，クルド人過激派（クルド民族解放戦線）がイスタンブールで西ドイツのルフトハンザ航空機を爆破した。

オザール首相暗殺未遂
(1988.6) アンカラ

1988年6月18日，アンカラのアタチュルク・スタジアムで開催の祖国党（VP）大会で，演説中のトルグート・オザール首相が銃撃された。オザール首相は無事であったが，閣僚・国会議員ら20人が負傷した。犯人は不明。

〈デブ・ソル〉テロ
(1991.1〜5)

1991年を通じて，米国の影響力増大に

反発して，左派革命組織〈革命的左翼（デブ・ソル）〉のテロが続いた。1月トルグード・オザール大統領顧問の元トルコ軍人フルシ・サイン中将の自宅での銃撃テロ，2月南部アダナの米軍事基地でのアメリカ人射殺テロ，3月イスタンブールでのアメリカ人実業家射殺テロ，5月アダナでトルコ人将軍2人の射殺テロなどがあった。

反イスラエル・テロ

(1992.3) アンカラ

1992年3月7日，アンカラで自動車爆破テロがあり，駐トルコ・イスラエル大使館治安要員とトルコ人が死亡した。

バタム石油施設テロ

(1992.9)

1992年9月9日〈クルド労働党（PKK）〉がバタムの石油施設を攻撃し，数人を殺害した。

新聞記者暗殺テロ

(1993.1)

1993年1月，世俗主義新聞フリエトの編集長ウーウル・エムジェが暗殺された。〈イスラム運動機構〉による犯行で，イランが関与していた。

〈クルド労働党〉無差別テロ

(1993.7～1998.4) イスタンブール

1993年7月5日～10月4日〈クルド労働者党（PKK）〉テロ分子がヨーロッパ人旅行者19人を殺害し，7月25日にはイスタンブールで爆弾テロを行った。

1998年4月10日〈クルド労働者党（PKK）〉がイスタンブールの青いモスク近くで自爆車爆弾を爆発させた。インド人2人，ニュージーランド人1人，トルコ人4人，トルコ軍兵士2人が負傷した。12日当局は関係者2人を逮捕した。

イラン政治家殺害テロ

(1993.8) アンカラ

1993年8月28日，アンカラで，イラン反政府活動家ベラーム・アザドファが殺害された。

イスタンブール無差別テロ

(1994.12～1996.11) イスタンブール

1994年12月30日イスタンブールのホテルで爆発テロが起こり，1人が死亡した。31日アンカラ発イスタンブール行きのバスが襲撃され，2人が死亡した。

1995年8月27日，イスタンブールで4件の爆弾テロが発生し，42人が死傷した。クルドとイスラム系の過激派組織が犯行声明を出した。

1996年11月17日，イスタンブールのトーズベイ・ホテルで爆弾テロがあり，ウクライナ人17人が死亡し，40人以上が負傷した。22日〈トルコ・イスラム聖戦（TIJ）〉が犯行声明を出した。

クルド自爆テロ

(1996.6～10)

1996年6月30日東部トゥンジェリで軍のパレードにクルド人ゲリラの女性が乱入して自爆，9人が死亡し，30人が負傷した。10月25日と29日に東部で〈クルド労働党（PKK）〉の女性活動家による自爆テロが起こり，当事者のほか死者計9人の犠牲が出た。

チェチェンのトルコ船シージャック

(1995.1) 黒海

1995年1月9日，チェチェン・ゲリラは，ダゲスタン共和国で人質事件を起こしたが，これに連動して，18日黒海でトルコのフェリーをシージャックした。トルコ軍が出動し，チェチェン・ゲリラは19日投降した。

デミレル大統領暗殺未遂

(1996.5) イズミル

1996年5月19日，イズミルのショッピング・センターの開所式に出席したスレイマン・デミレル大統領が，イスラム原理主義者に銃撃され，大統領は無事であったが，護衛ら2人が負傷した。

クルド人実業家殺害テロ

(2000.1) イスタンブール

2000年1月19日イスタンブールの住宅の庭地下からクルド人実業家10人の死体が発見された。1980年代から活動するクルド系イスラム主義組織〈ヒズボラ〉の犯行であった。17日警察は大規模な捜索を展開し，南部コンヤやタルススで14人の死体を発見した。

イスタンブールの左派爆発テロ

(2000.12) イスタンブール

2000年12月19日，約20カ所の刑務所で，薬物所持の取り締まりから治安部隊と受刑者が衝突し，32人が死亡した。2001年1月3日，イスタンブールで爆弾テロが起きたが，それは刑務所暴動での死者発生に抗議する左翼過激派組織〈革命的人民解放党・戦線〉の行動であった。

チェチエン人の航空機ハイジャック

(2001.3) イスタンブール

2001年3月15日イスタンブール発モスクワ行きのロシア・プヌコボ航空のツポレフ154型旅客機が離陸直後にハイジャックされ，サウジアラビアのメディナ空港に着陸した。犯人はチェチェン人2人で，ロシアのチェチェン攻撃停止を要求した。サウジアラビア治安部隊が突入し，人質は解放され，3人死亡した。このハイジャックはハッターブ・チェチェン司令官の指示によるものと，ロシア当局は解した。

チェチェンの抗議テロ

(2001.4) イスタンブール

2001年4月22日トルコのイスタンブールの最高級ホテルを，ロシアのチェチェン政策に抗議してチェチェン人を名乗る武装集団が占拠し，約120人の人質を取った。武装集団は1996年1月トルコでフェリーをジャックしたチェチェン系トルコ人ムハンメド・トクジャンらの一派とみられた。12時間で解決した。

自爆テロ

(2001.9) イスタンブール

2001年9月10日イスタンブールで自爆テロがあり，警官2人を含めて3人が死亡した。犯行声明はない。

ギリシャ

エル・アルのアテネ航空支店攻撃テロ

(1970.2) アテネ

1970年2月10日、パレスチナ・ゲリラ〈パレスチナ人民闘争戦線(PPSF)〉の2人がリビアの資金提供で、アテネのエル・アル航空(EL AL, イスラエル航空)支店を攻撃した。負傷者14人が出た。

アテネ空港攻撃テロ

(1973.8) アテネ

1973年8月5日、アテネ空港でパレスチナ・ゲリラ〈黒い九月〉が発砲事件を起こした。

米施設攻撃テロ

(1975.4〜11)

1975年4月21日、極左分子による米大使館攻撃が起きた。彼らは、1974年7月までのギリシャ軍事政権を支援した米国に抗議すると声明した。1975年11月には、1973年に結成の〈革命大衆闘争組織(ELA)〉によって、アテネの米軍基地の売店に火炎瓶が投げ込まれた。

CIA責任者暗殺テロ

(1975.12) アテネ

1975年12月23日、米大使館員で米中央情報局(CIA)責任者リチャード・S.ウェルチがアテネ駅で3人によって銃撃された。1975年結成の極左テロ組織〈11月17日革命組織〉による犯行であった。

米空軍士官クラブ爆弾テロ

(1977.10) グリファダ

〈革命大衆闘争組織(ELA)〉は、アテネを中心にテロ活動によって革命を推進し、資本主義と帝国主義を駆逐して、ギリシャに共産国家を樹立することを目的に、ギリシャのNATO脱退の実現と、米軍基地の撤去を第一の闘争目標とした。1977年10月にグリファダの米空軍士官クラブで爆弾テロを実行した。

ソ連劇団公演爆弾テロ

(1978.3) アテネ

1978年3月12日、アテネの劇場でソ連劇団公演の際、爆弾テロが起きた。政府は関係の極右組織を非合法化した。

〈11月17日革命組織〉テロ

(1979.1〜1988.6)

極左テロ組織〈11月17日革命組織〉は、アテネに本部をおき、ギリシャへの内政干渉の主役米国に対するテロを続けた。1985年2月、保守系新聞編集者ニコス・モソフェラトスをファシスト的CIAの手先という理由で暗殺、88年6月の米駐在武官ウィリアム・ノーディン大佐の暗殺テロまで、トルコ大使館爆破テロを含む一連のテロ活動が続いた。

●主な事件

1979.1　ギリシャ警察幹部殺害。

1980.1　ギリシャ治安対処警察次長・運転手殺害。

1983.11　ジョージ・タンデス米海軍大佐・運転手殺害。

1984.4　自動車で文書を運搬中のロバート・ジェット米陸軍曹長を狙撃。

1985.2　ギリシャ保守系新聞編集員ニコス・モソフェラトス・運転手暗殺。

1986.4　工業専門家ドミトリオス・アンゲロポス殺害。

1986.10　政府施設4カ所爆破,ギリシャの現行税制を批判。
1987.2　富裕な内科医ザカリアス・カスパラキス襲撃。
1987.4　米・ギリシャ軍人輸送中のバクを爆破,18人負傷,うち米軍人16人
1987.8　パラオで米軍バスを爆破,米軍人10人負傷。
1988.1　アテネで米国防要員の暗殺未遂。
1988.5　トルコ大使館の車両2両爆破。
1988.6　自動車爆発,米駐在武官ウィリアム・ノーディン大佐殺害。

〈革命大衆闘争組織〉テロ

(1980.5～1982.6) アテネ

革命大衆闘争組織(ELA)は,アテネで1980年5月に外国人所有の自動車17台に放火する事件を起こし,1981年5月,1982年4月それぞれ米大使館員の自動車爆破テロを起こした。

1982年6月アテネで在欧州連合軍総司令官バーナード・ロジャース大佐のギリシャ訪問に抗議して,爆弾4発を破裂させた。

モロッコ航空機ハイジャック

(1982.5) アテネ

1982年5月27日,ダマスカス発,ベイルート・アテネ経由,カサブランカ行きのモロッコ航空(ロイヤル・エア・モロッコ)のB-727型機がアテネでハイジャックされた。チュニス行きを要求し,チュニスで乗客を解放し,犯人はここで降伏した。

駐ギリシャ・英外交官暗殺

(1984.3) アテネ

1984年3月,アテネでパレスチナ・ゲリラ組織〈アブ・ニダル派(ANO)〉によって駐ギリシャ・英外交官が射殺された。11月,同じく〈ANO〉によってボンベイで英外交官が射殺される事件があった。

キプロス支持派の米兵テロ

(1985.2) アテネ

1985年2月2日,アテネのバーで爆破テロが起こり,米兵78人が重軽傷を負った。キプロス支持組織〈国民戦線〉が犯行声明を出した。

トランスワールド航空機ハイジャック

(1985.6)

1985年6月14日,カイロからアテネへ向かうトランスワールド航空(TWA)のB-727型機がイスラム教徒シーア派ゲリラによってハイジャックされ,イスラエルに囚われている囚人800人(終身刑は30人)の釈放を要求した。ギリシャはゲリラの要求に応じ,テロリストをアルジェリアへ解放した。ゲリラは30日ベイルートで乗客30人を解放した。米兵士1人が射殺された。

米国務長官訪問抗議テロ

(1978.1～1986.3)アテネ

革命大衆闘争組織(ELA)は,1978年1月にサイラス・バンス米国務長官のギリシャ訪問に抗議してアテネの米広報局とアメリカン・エキスプレス社を爆破した。

1986年3月米国務長官の訪問に抗議して抗議テロが展開された。

〈アルメニア解放軍〉指導者暗殺

(1988.4)

1988年4月〈アルメニア解放アルメニア秘密軍（ASALA）〉の創設者パコブ・ハゴピアンがギリシャの自宅付近で2人組によって射殺された。

エーゲ海観光船襲撃テロ

(1988.7)エーゲ海

1988年7月11日エーゲ海観光船シティ・オブ・ポロス号がイスラム教徒シーア派ゲリラ〈イスラム聖戦機構〉によって襲撃され、11人が死亡し、98人が負傷した。7月3日の米海軍によるイラン機撃墜事件に対するアメリカ人への報復としてなされた。

左翼爆弾テロ

(1991.1〜4)

1991年1月の湾岸危機に伴い、左翼ゲリラによる欧米系施設を狙ったテロが、1991年1月〜4月に頻発し、米・英系銀行・証券会社・石油会社・米軍基地で爆弾テロが続発した。

駐ギリシャ・トルコ大使館員爆弾テロ

(1991.7〜1994.7) アテネ

1991年7月16日、アテネの駐ギリシャトルコ大使館要員が爆弾テロで死亡した。10月7日トルコ大使館広報官が殺害された。いずれも、極左テロ組織〈11月17日革命組織〉が犯行声明を出した。1994年7月5日、アテネのトルコ大使館参事官が射殺され、〈11月17日革命組織〉が犯行声明を出した。

極左派ロケット発射

(1994.4〜1996.2)

1994年4月、極左テロ組織〈11月17日革命組織〉がピレウス港に停泊中の英空母アークロイヤルに向けてロケットを発射したが、不発に終わった。1995年3月、地元テレビ局メガTVに2発のロケットを発射したが、被害は微小であった。

1996年2月15日、首都アテネで米大使館を狙ってロケット弾を発射、直撃させた。

最高裁判所判事暗殺

(1996.1)アテネ

1996年1月、極左テロ組織〈11月17日革命組織〉が最高裁判所判事を自宅で爆破テロで殺害した。

米系企業テロ

(1996.5) アテネ

1996年5月28日、アテネのIBMビルで爆弾テロが起こり、極左テロ組織〈11月17日革命組織〉が地方テレビに対し犯行声明を送った。

ギリシャ人海運王暗殺

(1997.5) アテネ

1997年5月、極左テロ組織〈11月17日革命組織〉がアテネの路上でギリシャ人海運王コンスタンチン・ベラティコスを射殺した。同組織による23人目の射殺事件となった。

反米テロ

(1998.2〜1999.4) アテネ

1998年2月3日首都アテネのマクドナルド・レストラン2店で爆発テロが起きた。拘禁中の〈戦うゲリラ組織（MAS）〉指導者の釈放が狙いであった。

1999年4月15日首都アテネのデトロイト・モーターズ販売会社で爆弾2発

ギリシャ 197

が爆発した。〈激怒したアナキスト〉グループの犯行声明があった。
4月30日アテネのインタコンチネンタル・ホテルで爆発テロがり，1人が死亡した。

駐モティニ・トルコ領事館テロ

(1999.2) コモティニ

1999年2月8日，コモティニのトルコ領事館で爆発テロが起きた。〈オラジャランへの支援─トラキアの鷹〉の犯行声明が出され，トルコ・クルドの犯行と分かった。

駐ギリシャ・英大使館占拠

(1999.3) アテネ

1999年3月26日，500人のギリシャ人・セルビア人がアテネの駐ギリシャ英大使公邸に侵入し，警備員3人が負傷した。

バス・ジャック

(2000.11)ペロポネソス半島

2000年11月4日ペロポネソス半島のエピダウロ付近で日本人が乗った観光バスがジャックされ，8時間後に解放された。ギリシャ人犯人1人が取調中に自殺した。

イスラエル航空機ハイジャック未遂

(1973.4) ニコシア

1973年4月9日，ニコシア空港でパレスチナ・ゲリラ組織〈ANYLP〉がイスラエルのチャーター便アルキア航空機のハイジャックを実行したが，未遂に終わった。

駐ギリシャ・イタリア大使館テロ

(2000.8)

2000年8月16日アテネでイタリア大使館の自動車が放火された。〈マルボ・アステリ（黒い星）〉の犯行声明があった。

抗議テロ

(2000.12) アテネ

2000年12月25日アテネのATMに仕掛けられた爆弾が爆発した。〈アナーキスト攻撃チーム〉がトルコで死亡した囚人への支持声明を出した。

キプロス

駐キプロス・米大使テロ

(1974.7)ニコシア

米中央情報局（CIA）も関与した1974年7月のマカリオス大統領追放作戦で，トルコ軍がキプロスに侵攻した。これに対し，キプロスでは反米暴動が起こり，駐キプロス米大使ロジャー・デイビスは負傷した。

オランダ航空機ハイジャック

(1976.9) ニコシア

1976年9月4日，ニースからアムステルダムに向かったオランダ航空のDC-9型機が離陸直後に〈パレスチナ人民解放戦線（PFLP）〉分子3人によってハイジャックされ，キプロスのニコシ

アで給油してテルアビブに向かったが、イスラエル空軍機によって阻止され、キプロスに引き返した。犯人は日本赤軍の岡本公三らの釈放を要求していたが、5日犯人は降伏した。

キプロス・キプリアノウ大統領長男誘拐テロ

(1976.12)ニコシア

1976年12月15日、ギリシャ系キプロス抗戦国民組織〈第二エオカ（EOKA-II）〉がスピロス・キプリアノウ・キプロス大統領長男アキレス・キプリアノウ少尉を誘拐し〈第二エオカ〉の政治犯の恩赦・釈放を要求した。12月18日、キプリアノウ少尉は釈放された。

セバイ事件

(1978.2) ニコシア

1978年2月18日、ニコシアで開催されたアジア・アフリカ人民連帯機構会議で、参加していたエジプト代表団長セバイ・アラブ社会主義連合（ASU）書記長が暗殺された。19日エジプト政府は犯人逮捕・人質救出のための特殊部隊をニコシアへ派遣したが、これに対しキプロス軍は阻止し、発砲した。サダト・エジプト大統領はキプリアノウ・キプロス大統領に抗議し、2月23日キプロスと断交した。

駐キプロス・イスラエル大使館テロ

(1984.10) ニコシア

1984年10月4日、ニコシアの駐キプロス・イスラエル大使館で自動車爆破テロが起こり、同年5月21日反アラファト連合として〈民族救済合同機構〉を組織した〈パレスチナ解放機構（PLO）〉の反アラファト派の指導者アブ・ムーサが犯行声明を発した。

イスラエル人テロ

(1985.9) ラナナカ・マリナ

1985年9月25日、ラナナカ・マリナでイスラエル旅行者3人がパレスチナ解放組織ファタハの〈フォース17〉により殺害された。9月26日キプロス当局は、テロリスト引き渡し要求を拒否し〈フォース17〉と〈パレスチナ解放機構（PLO）〉も拒否した。

平和の箱船爆破事件

(1988.2)キプロス

追放されたパレスチナ人を乗船させ、イスラエルに帰還させるべく、〈パレスチナ解放機構（PLO）〉が買収した、いわゆる平和の箱船が、1988年2月にキプロスで爆破された。これは、1960年代にイスラエルのカハネ国会議員を中心に結成されたユダヤ人過激派〈ユダヤ防衛連盟〉の犯行と声明され、その組織の存在が明らかとなった。

北キプロス

トルコ航空機ハイジャック

(1996.3)北キプロス

1996年3月8日、北キプロスのエウンジャ空港からイスタンブールに向かっ

たキプロス・トルコ航空の B-727 型機がハイジャックされ，ブルガリアのソフィアで給油後に，ドイツのミュンヘン空港に着陸した。犯人は 9 日投降し，チェチェンのイスラム同胞の実態を世界に知らしめることが使命と発表した。

アジア

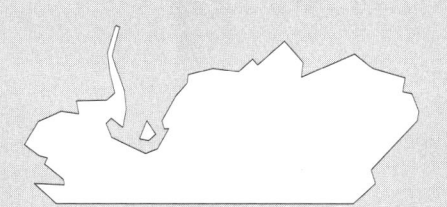

日本／韓国／北朝鮮／中国／ウイグル自治区／台湾／インドネシア／東ティモール／マレーシア／シンガポール／マラッカ海峡／ベトナム／カンボジア／ラオス／タイ／ミャンマー／ネパール／フィジー／インド／パキスタン／バングラデシュ／スリランカ／アフガニスタン／オーストラリア／ニュージーランド／パプアニューギニア／ソロモン諸島パラオ／ポリネシア／ニューカレドニア／マレーシア／ソロモン

日 本

よど号事件

(1970.3) 東京

　1970年3月31日東京発福岡行き日本航空機ボーイング727よど号（乗員7人・乗客122人）が〈共産主義者同盟赤軍派〉の田宮高麿ら9人によりハイジャックされ，北朝鮮行きを命じられ，日本初のハイジャック事件となった。同機は福岡空港で給油し，ここで女性・子供・病人など23人を解放した。その後，よど号は韓国ソウル・金浦空港に着陸したが，同空港は韓国政府，米軍の協力によりピョンヤン空港に擬装したことが発覚して犯人らは態度を硬化し，橋本登美三郎日本運輸大臣らの説得に応じず，結局，山村新治郎日本運輸政務次官が身代わりとなり，乗客全員とスチュワーデス4人を解放，4月3日北朝鮮へ到着した。〈日本赤軍派〉9人は亡命し，山村次官と乗員3人は4月5日よど号で帰国した。この事件を契機に，日本では6月1日，航空機の強取等の処罰に関する法律（ハイジャック処罰法）が公布された。

〈連合赤軍〉浅間山荘事件

(1972.2) 軽井沢

　1971年7月15日〈共産主義者同盟（ブント）赤軍派中央軍〉と〈日本共産党（革命左派，日本共産党とは別）神奈川県委員会人民革命軍（京浜安保共闘）〉が合体して〈統一赤軍〉が誕生した。この〈統一赤軍〉は「銃による殲滅戦」路線を掲げ，本格的武装闘争を目指したが，1971年9月以降，その合同軍事訓練の過程で内部対立が生じ粛清が行われた。12月頃より〈連合赤軍〉と名乗るようになった。1972年1月3日以降，銃による遊撃戦を掲げて新党組織工作に入り，その過程で森恒夫，永田洋子ら一部指導者が逮捕された。〈連合赤軍〉の残党が2月19日，河合楽器あさま山荘に籠城し，28日までの10日間，このアジトで日本左翼運動史上初の警官隊との銃撃戦となり，警官側に2人，一般人に1人の死者を出し，〈連合赤軍〉5人が逮捕された。その後の調査の結果，〈連合赤軍〉内のリンチによりメンバー14人が死亡していたことが明らかになり日本中に衝撃を与えた。事前に逮捕されていた指導部の森は1973年1月1日，自己批判の上申書を残し，東京拘置所で自殺した。浅間山荘事件，リンチ殺人事件により日本の新左翼運動は衰退の途を辿った。

アイヌ支援者テロ

(1972.10～1977)

　1972年10月23日の旭川市の風雪の群像と北大文学部アイヌ展示資料ケース同時爆破事件，白老町長死刑執行未遂事件，北海道アイヌ記念博物館破壊事件，1974年の北海道神宮焼き打ち事件，1975年の北海道警察本部爆破事件，1977年の梨木神社爆破事件などの

テロが相次いで起こった。

宮本日本共産党委員長暗殺未遂

(1973.5～1979.3) 熊本・東京

1973年5月13日、日本共産党委員長宮本顕治が熊本空港で包丁を持った右翼に襲われたが、暗殺未遂に終わった。

1979年3月右翼により東京の明治公園で宮本顕治がナイフで襲われたが、暗殺未遂に終わった。

金大中事件

(1973.8) 東京

韓国野党、新民党の元大統領候補金大中が、訪日中の1973年8月8日韓国中央情報部(KCIA)次長金致烈の指示を受けた在日韓国一等書記官金東雲らにより、横浜駐在韓国総領事劉永福所有の車で東京のホテル・グランドパレスから拉致され、韓国工作船龍金号で関西から韓国の釜山へ連行され、13日ソウルの自宅付近で解放された。この事件は、在日韓国公使金在権の責任により実行された。米中央情報局（CIA）もこれを確認し、金大中の生命の安全を要求し、保障していたとされる。9月在日関係者は帰国した。金大中は、当時、日本と米国を舞台に韓国の朴維新体制に対する反体制運動を行っていた。その後、この事件に対するKCIAの関与が判明し、日本政府は韓国大使館員の出頭を求めたが、彼らは帰国しており、捜査はできなかった。韓国政府はその関与を否定したが、日本では、日韓関係の癒着が野党・市民団体により糾弾された。日本政府はこの問題を純粋に刑事問題として処理する立場をとったが、韓国政府は、11月公権力の関与を否定しつつも、実際には関与した金東雲一等書記官を免職にし、金鐘泌首相の訪日陳謝の方針による解決を日本政府に提案し、11月2日金首相が訪日して政治決着となった。

〈東アジア反日武装戦線〉テロ

(1974.8～1976.3)

〈東アジア反日武装戦線〉の名は、1974年3月1日発行の都市ゲリラの戦術や爆弾製造マニュアルを記した『腹腹時計』で初めて登場した。1974年8月14日「天皇ヒロヒト処刑計画（虹作戦）」は遂行されなかったが、同グループは8月30日三菱重工業本社爆破に始まって、10月14日〈大地の牙〉による三井物産本社爆破、11月25日〈狼〉による帝人中央研究所爆破、12月10日〈大地の牙〉による大成建設本社爆破、13日〈さそり〉による鹿島建設内装センター爆破、翌75年2月28日3部隊合同による間組本社爆破、1976年3月2日北海道庁爆破など、おもに海外進出企業への爆破テロを続けた。5月19日、一斉捜査で主要メンバー8人が一斉逮捕され、同グループは壊滅したが、その名称は8人の逮捕後も使用された。メンバーは1979年11月12日東京地方裁判所で、死刑を含む実刑判決を受けた。8人のうち、佐々木規夫は〈日本赤軍〉のクアラルンプール事件により出獄し、〈日本赤軍〉に合流した。

Y・P体制・〈赤報隊〉抗議テロ

(1977.3) 東京,神戸,名古屋,静岡

1977年3月3日〈Y・P（ヤルタ・ポツダム）体制打倒青年同盟〉の野村秋介ら4人が日本経済団体連合会（経団連）会館に押し入り、経団連会長を人質に立てこもった（経団連事件）。以

来,ヤルタ・ポツダム体制打倒を掲げた右翼の活動が活発化した。1981年12月8日,ヤルタ・ポツダム体制打倒をめざす〈日本民族独立義勇軍〉が発足し,同組織を名乗り神戸の米領事館に放火,さらに翌1982年5月6日には横浜の米海軍人住宅に放火した。
1983年8月13日〈日本民族独立義勇軍〉は朝日新聞の「反日・排日報道」に抗議して東京本社・名古屋本社に時限爆弾装置を設置した。
1987年5月3日,〈赤報隊〉が朝日新聞阪神支局に,9月24日名古屋本社にそれぞれ乱入,神戸では記者1人が死亡した。
1988年3月5日〈Y・P体制打倒青年同盟〉の水野伸一ら2人が宣伝車で首相官邸に乗り込んだ。3月12日朝日新聞静岡支局で〈赤報隊〉による爆破テロが起きた。9月8日の朝日新聞甲府支局,10月18日の水戸支局のテロも同じ組織によるものとみなされた。

北朝鮮の日本人拉致

(1977.11～1978.8)

1977年11月15日午後6時,新潟市で下校途中の横田めぐみさん(13歳)が自宅の250メートル手前で,行方不明となった。北朝鮮による誘拐として被害者家族連絡会が調査を要求したが,北朝鮮側はこの疑惑を強く否定した。
1980年4月中旬,北朝鮮の工作員辛光洙が南浦を工作母船で出航し,宮崎県日向市に上陸した。これは1976年2月下旬の,朝鮮労働党書記金正日の日本人拉致指令による行動で,辛は過去に日本に潜伏しており,1976年9月脱出し,1977年1月～6月スパイの養成機関である金正日政治軍事大学での研修後,1978年1月から1980年2月までその実地訓練を積んだ。辛による拉致工作は1980年6月大阪で関係者4人によって決行され,別府を経て宮崎に赴き,そこから北朝鮮に向かった。この宮崎県青島海岸からの脱出で北朝鮮工作員が検挙された。辛は,1980年11月下旬,3度目の対日潜行工作に入り,1985年4月に逮捕されたが,その間,彼は工作のため17回韓国を訪問していた。
1985年4月にも,北朝鮮のボートが発見された。この事件は,韓国国家安全企画部のスパイ摘発捜査で摘発され,6月28日その捜査資料が公表された。8月21日,北朝鮮で関係者が処刑された。
1980年6月中旬,原敕晁(43歳)が宮崎市内から青島海岸に出て以降,行方不明となった。その後,北朝鮮の渡ったことが判明した。
1993年9月4日,北朝鮮のスパイ養成機関,金正日政治軍事大学出身の朝鮮労働党作戦部の安明進が南北軍事境界線を越えて韓国の歩哨所警備調査のために南下し,韓国に亡命した。安の発言から,1978年7月7日に福井県小浜市で,7月31日に新潟県柏崎市で,8月12日に鹿児島県日置郡で,8月15日富山県高岡市雨晴海岸でそれぞれ日本人男女の若いカップルが拉致または拉致未遂に遭っていたことが判明した。

1987年11月,アンダマン海域で大韓航空機858便の爆破事件が起こったが,その工作員も対南工作の要員として北朝鮮に誘拐されたものであることが判明した。

新左翼の新東京国際空港テロ

(1978.3) 三里塚

1978年3月26日,当日開港予定だっ

た新東京国際空港に抗議する〈三里塚・芝山連合空港反対同盟〉主催の集会中に,警官1万2000人の厳戒態勢を突破して新左翼系〈第四インター〉を中心とした活動家ゲリラ集団が火炎車2台で空港内に突入,管理棟を破壊した。このため新空港の機能が麻痺し,開港は延期された。逮捕者は115人に達した。

〈中核派〉ロケット攻撃テロ

(1984.9～1988.1)

1984年9月から1988年1月にかけて〈中核派〉(〈革命的共産主義者同盟全国委員会〉〈日本革命的共産主義者同盟(革共同)〉1957年12月1日結成)によるイスラエル大使館・警察科学技術研究所・皇居・迎賓館・空港などへのロケット弾他による攻撃が相次いだ。

新東京国際空港爆破テロ

(1985.6)

1985年6月23日,成田空港でカナディアン・パシフィック機の日本人乗客の荷物が爆発した。これは同日のアイルランド沖のインド航空機爆発事件と連動しており,シク過激派による工作と判明した。

国鉄同時多発テロ

(1985.11～1986.9)

1985年11月29日未明に東京,埼玉,千葉,神奈川,京都,大阪,岡山,広島の8都府県下の33カ所で,国鉄線の運行に直接関係している通信ケーブル,変電所,信号ボックスなどが切断,放火され,多数の電車が運休し,国鉄が麻痺した。同日,100人余の極左集団が総武線浅草駅を襲撃し,駅舎を火炎ビンで放火し炎上させた。国家公務員2人,地方公務員2人,国鉄職員2人を含む47人が逮捕された。〈中核派〉が犯行声明を出した。

1986年4月29日大阪3府県下の5カ所,9月24日東京など5都県下の22カ所で同様の同時多発テロが起きた。〈中核派〉の犯行声明で国鉄分割・民営化阻止が主張された。

オウム事件

(1989.2～1995.3)

1986年に設立された〈オウム(オウム真理教)〉は,1989年2月信者獲得工作でリンチ殺人事件を起こし,11月4日には教団への訴訟を準備していた坂本堤弁護士一家殺害事件(坂本弁護士事件)を決行した。この間,1989年3月宗教法人化を申請し,8月認証を受けた。さらに,主要教義である終末論「ハルマゲドン」を実施するべく,1994年6月27日に長野県松本市で猛毒のサリンを散布し,7人を殺害(松本サリン事件),1995年3月20日に霞ケ関,築地などの地下鉄車両,駅構内で再びサリン散布による大量殺傷事件(地下鉄サリン事件)を引き起こした。

警察庁長官狙撃テロ

(1995.3) 東京

1995年3月30日,警察庁長官国松孝次が自宅を出勤するところを25メートルの至近距離からピストルで狙撃され,重傷を負った。この事件直前に地下鉄サリン事件が発生し,オウム真理教の大規模捜査が始まっていた。現場には朝鮮人民軍バッジも落ちていた。これによって捜査は中断されず,これがテロ対策であったが,いまだ犯人は

見つかっていない。

ハッカー・テロ

(2001.8)

2001年8月14日中国のハッカー組織〈中国紅客大連盟〉が、小泉純一郎日本首相の靖国神社参拝に抗議して日本気象庁のホームページを書き換えた。

韓　国

北朝鮮の韓国人拉致

(1953.6～2000.12)

2001年3月1日韓国統一省は「20001年統一白書」で、1953年の朝鮮戦争の休戦以降、北朝鮮に拉致された韓国人の被害者は2000年12月末現在で487人に達すると公表した。

駐韓日本大使館襲撃テロ

(1969.10) ソウル

1969年10月20日ソウルの駐韓日本大使館が襲撃され、職員4人が負傷した。

韓国航空機ハイジャック

(1958.2～1971.1)

1958年2月16日北朝鮮の工作員奇徳永の指令を受けた金亨ら5人が大韓民国航空(KNA、大韓航空の前身)釜山発ソウル行きDC9旅客機をハイジャックし、北朝鮮に赴いた。同機には、国会議員1人、米軍将校3人のほか乗客27人が搭乗していた。

1969年12月11日北朝鮮の工作員が江陵発ソウル行きの大韓航空YS11旅客機をハイジャックし、北朝鮮に赴いた。

1971年1月23日北朝鮮工作員金相泰が大韓航空(KAL)国内便束草発ソウル行きF27旅客機をハイジャックし、機内の保安官と格闘となったが、乗員・乗客は無事であった。見習い操縦士1人が死亡し、乗客16人が負傷した。

文世光事件

(1974.8) ソウル

1971年4月朴正熙と金大中が直接大統領選挙を争い、朴正熙が3選した。そして1972年7月いわゆる7.4南北共同声明が発表されたが、10月の非常戒厳令を経て12月には第四共和制へ移行し、いわゆる維新体制が維持された。ここに金大中の拉致事件が起こり、1974年8月15日在日韓国人文世光による大統領狙撃事件となり、大統領夫人陸英修が殺された。

韓国・朴正熙大統領暗殺

(1979.5) ソウル

1979年5月30日金泳三が新民党総裁に就任し民主化闘争に入った。9月22日に金泳三議員の除名案が国会に提出されたのに対し、10月4日には新民党議員が国会を占拠し抵抗したが、強行採決によって金泳三は議員資格を失った。この新民党事件を契機に10月16日に釜山で学生・市民3000人の反政府暴動が起き、18日には釜山に非常戒厳

令が宣言された。同日馬山でも反政府暴動が起き，20日の衛戍令で事態は鎮静化した。しかし，民主化の要求は強く，政情は混乱していた。こうした事態のなか，10月26日に朴正煕大統領側近の金載圭中央情報部(KCIA)部長が夕食の席で大統領を射殺した。27日には全土に非常戒厳令が布かれ，米軍は非常警戒を発動した。この新事態で，野党は国会へ復帰した。ここに，12月8日の大統領緊急措置第9号の廃止で，維新体制は清算された。

アメリカ文化センター襲撃・放火テロ

(1980.12～1995.2) 光州，釜山，ソウル

1980年5月民主化要求の高まりのなか，北朝鮮人民軍との交戦事件も起き，17日全土に非常戒厳令が公布された。翌18日光州で民衆・学生・聖職者によるコンミューン樹立へと進み（光州事件），12月9日光州アメリカ文化センターの放火が起きた。

続いて1982年3月18日釜山アメリカ文化センターが放火された。

同82年4月17日学生デモを「甘ったれのガキ」と呼んだウォーカー駐韓国米大使の更迭要求が韓国教会社会宣教協議会で提起されたが，光州事件の鎮圧に米軍指揮下の韓国軍が投入されたことへの反米感情の深まりから，1985年5月23日ソウルのアメリカ文化センターが学生に占拠された。

1993年5月〈韓国大学校総学生連合（韓総連）〉傘下の〈全南・光州地域総学生連合（南総連）〉幹部が〈民族解放軍〉を組織して1980年の光州革命の精神を継承して「南朝鮮革命」の決死抗戦を遂行するなか，1995年2月22日を「反米の日」と決めて光州のアメリカ文化センターに奇襲をかけた。

大学生の抗議自爆テロ・韓国

(1986.4～5) ソウル

1980年春以降高まった学生の反米・反政府闘争の流れのなか，1986年4月26日ソウル大学校生の焼身抗議自殺が起きた。5月20日にも抗議自殺起きた。

駐釜山・日本総領事館に自動車突入

(1996.1) 釜山

1996年1月23日，日本は国連海洋法条約批准にあたり200カイリ排他的経済水域設定の方針を公表したが，これに抗議して翌24日，釜山日本総領事館に，韓国人の自動車が突入した。

北朝鮮

北朝鮮・全大統領暗殺計画

(1982.8)

1982年，北朝鮮の対外秘密工作は金正日の指揮下におかれ，8月，全斗煥韓国大統領のガボン訪問に際し暗殺が計画された。しかし，この暗殺は9月国連総会でのアフリカ諸国の北朝鮮支持を失う恐れがあるとの判断で中止となった。そして，翌83年にラングーン事件が起きた。このビルマ訪問では，大統領機に対する空中警戒管制機

AWCSの監視を徹底し，同機はベトナム・中国沿岸を離れて飛行した。この北朝鮮の工作には，全斗煥を殺害すれば1980年の光州事件暴動が再現され，南への武装介入が可能になるとの判断があった。

北朝鮮・金日成父子暗殺未遂

(1994.2) ピョンヤン

1994年2月ピョンヤン市順安地区の姜建総合軍士官学校学生による金日成・正日父子暗殺計画が発覚し，計画に参加した10人余は住民1000人の前で火炙りの刑となった。

金日成銅像破壊テロ

(1994.7～1997.3) ピョンヤン

金日成国家主席の急死直後の1994年7月10日前後，ピョンヤンで金日成銅像を破壊する計画が発覚した。1994年12月，新義州で金日成銅像に放火する事件が起きた。

1997年3月，新義州で金日成の銅像が切断される事件が起き，4月にも再度起きた。

北朝鮮・金正日暗殺未遂

(1995.1)

1995年1月金正日が訪問予定の江界国防大学で，金正日体制に反対する学生が武術の模範演技の披露の際に金正日を暗殺しようと計画したが，事前に国家保衛部に摘発され，首謀者は処刑された。

北朝鮮の韓国大学総長暗殺工作

(1994.7)

1994年7月中旬，韓国人元ドイツ留学生韓炳勲が，コペンハーゲン空港で北朝鮮工作員からソウルの西江大学校総長朴弘の暗殺命令を受けた。朴総長は，〈韓国大学校総学生会連合（韓総連）〉の学生の批判で知られる保守派の論客であった。9月3日韓炳勲は，朴総長にその事実を告白し，5日国家安全企画部（安企部）に自首し，23日記者会見でその事実が公表された。

中　国

中国・毛沢東暗殺未遂

(1966.11) 上海

1966年11月王洪文が上海労働者革命造反総司令部の主要責任者となり，12月28日，上海康平路武闘事件を起こし，91人が負傷した。1967年1月3日，上海一月革命が始まり，2月5日上海人民公社（コミューン）が成立したが，実権派の二月逆流が起こった。これに対し7月張春橋・王洪文が上海で武装化を指示，8月上海に「二四四スパイ」組織〈遊ぶ淤雪涛グループ〉が成立し，以来，1年余，スパイ活動が続いた。1970年10月，上海の戦闘的労働者林立果らが〈連合艦隊〉を結成し，張春橋が上海党第一書記に就任した。翌71年3月21～24日，林立果（林彪の息子）らが秘密の武装クーデター計画「五七一工程」紀要を起草し，31日の上海の三国四方会議で毛沢東ら指

導部の殺害計画を立てた。4月23日，周宇馳らはクーデターの繰り上げ実施を検討し，9月7日，林立果らは9月10日の毛沢東の上海入りに合わせ，〈連合艦隊〉に戦闘準備を命令した。だが，王洪文の密告があり，毛沢東は列車内に宿泊してそのまま11日北京へ向かい（12日帰着），その計画は失敗した。

爆弾テロ
(1997.3～)

国有企業の改革とともに大量の都市労働者の失業が起きたが，これを背景として，人民代表大会への抗議のバス爆破テロが，北京西単で1997年3月に起きた。1997年前半には，これを含めて4件の爆弾テロが起きた。

1997年3月，北京のバスへの爆弾テロが発生し，3人が死亡した。それは2月のウイグル人イニン（伊寧）暴動と関連があるとみられた。

中国民航空機ハイジャック
(1983.5～1994.2)

1983年5月5日，中国民航の瀋陽発上海行き旅客機が黄海上空でハイジャックされ，北朝鮮上空を経て，韓国北部の春川米軍基地へ着陸した。台湾大使館員の説得で乗客は解放され，犯人は韓国軍当局へ投降した。中国側は，日本の在中国大使館などを通じて機体・犯人・中国人乗客の引き渡しを要求し，韓国政府はハイジャック防止条約の精神に従い，これを受け入れた。10日，韓国は乗客を中国側に引き渡し，18日特別機で帰国させた。犯人卓長仁は6月1日ソウル裁判所に起訴され，8月18日判決が下り，高等裁判所への控訴は12月20日棄却された。犯人は12月台湾へ亡命した。

1984年3月22日，香港発北京行きの英国航空機（BOAC）が中国領に入った直後，犯人1人によってハイジャックされ，犯人は台湾行きを要求した。同機は台湾台北空港に着陸し，犯人は投降した。8月に犯人は懲役1年半，執行猶予3年の刑を受けた。

1988年5月12日，厦門発広州行き中国民航機が台湾海峡上空で元中国人民解放軍兵士2人によってハイジャックされ，台湾戦闘機に誘導されて高雄飛行場に着陸した。

1989年12月16日，北京から上海へ向かった中国民航機B-747機が，中国人張振海によりハイジャックされ，彼は韓国ソウル行きを要求したが，韓国は拒否し，日本の福岡空港に緊急着陸した。本人は逮捕され，日本への政治亡命を求めたが，東京地方裁判所はそれを認めず，中国への引き渡しとなった。

中国・台湾関係は，1987年11月2日台湾が住民の大陸への親族訪問を解禁し，1991年3月9日に海峡交流基金会，12月16日海峡両岸関係協会がそれぞれ台湾と中国に発足し，1993年4月29日には双方が共同協議書に調印するなどの歩みよりをみせた。こうした交流の進展にともなう台湾への関心から，中国の旅客機のハイジャック事件が続き，台湾行きを強行した。それは，1993年4月6日に始まり，6月24日，8月10日，9月30日，11月5日，8日，12日，12月8日，12日，28日と計10件続いた。台湾当局は，機体・乗客を直ちに送還した。両組織による実務協議が12月18日～22日台北で開催され，その措置を協議した。中国側は，台湾側の刑事処分の甘さを指摘し，犯人は大陸へ送還すべきであると要求し，台

湾側は，これまでこの密入国事件は続いているとし，その返還のための費用の支払いを要求，その反革命罪の扱いは台湾司法当局がすべきところであるとし，双方の意見は食い違った。

1993.4　中国南方航空 B757 機，
　　　　深圳—北京間でハイジャック
1993.6　厦門航空 B737 機，
　　　　北京—厦門間でハイジャック
1993.8　中国国際航空 B767 機，
　　　　北京—厦門間でハイジャック
1993.9　四川航空 TU154 機，
　　　　済南—広州間でハイジャック
1993.11　厦門航空 B737 機，
　　　　広州—厦門間でハイジャック
1993.11　浙江航空 OHC-B 機，
　　　　杭州—福州間でハイジャック
1993.11　北方航空 MD-82 機，
　　　　長春—福州間でハイジャック
1993.12　北方航空 MD-82 機，
　　　　青島—福州間でハイジャック
1993.12　厦門航空 B737 機，
　　　　ハルビン—厦門間でハイジャック
1993.12　台湾で中国・台湾ハイジャック協議
1993.12　ハイジャック

1994年2月18日，長沙発福建省福州行きの中国南西航空機がハイジャックされ，台湾台北空港に着陸した。台湾政府は，同行の養母，妻，息子2人の亡命を認めたが，他の乗客は犯行に加担せずとして，中国に送還された

マカオの警察幹部暗殺未遂

(1998.5)

1999年12月マカオの中国返還を前に，1998年5月司法警察幹部の暴力団〈14K〉による暗殺未遂事件が起きた。マカオ最大の暴力団〈14K〉は1996年以降，暴力団〈水房〉と対立しており，この事件で〈14K〉のボス尹駒容疑者が逮捕された。以後，刑務所の看守が狙撃されるなど，報復テロが続いた。

連続爆破テロ

(2000.9～2001.3) 石家荘

2000年9月河北省石家荘で4件の連続爆破テロが起きた。
2001年3月16日河北省石家荘で連続爆破テロが起き，108人が死亡した。中国当局は犯罪分子の犯行と断定した。

法輪功自爆テロ

(2001.1～6) 北京，ハルピン，南寧

2001年1月23日北京の天安門で非合法組織〈法輪功〉の女性4人，男性1人が抗議の焼身自殺をした。この事件は30日初めて報道された。
2月16日北京で法輪功の1人が抗議自殺した。
6月20日黒竜江ハルビン市の労働矯正所に収容されていた〈法輪功〉のメンバー16人が集団抗議自殺を図った。
7月1日広西チワン自治区南寧市で〈法輪功〉の専門学校生が中国共産党創設80周年記念日に抗議して焼身自殺を図った。

無差別テロ

(2001.8) 大同

2001年8月2日山西省大同のスーパーマーケットで爆発テロが起こり，3人以上が負傷した。

ウイグル自治区

台　湾

爆弾テロ

(1992.2～1997.2) ウルムチ, イニン

1992年2月1日，中国新疆ウイグル自治区ウルムチでイスラム教徒による爆弾テロがあり，6人が死亡した。

1993年6月中旬，カシュガル（喀什）市で市政府農業機械局ビルで爆弾テロが起き，11月半ばにも，12の県・市で相当規模の暴動が起きた。イリ（伊犂）のハザク自治州都伊寧（イニン・クルジャ）市では800人のウイグル人が州政府指導者を漢人からウイグル人に代えるよう要求し（イニン暴動），アクス市では市政府庁舎に押し掛け，指導者の追放を要求した。ボーラ市では，軍の市民誤射事件から200人が兵営を包囲し，突入しようとして30余人が死傷した。

1997年2月ウルムチで連続バス爆破が決行され，74人が負傷した。

同2月イニンで反政府暴動があり，200人が死亡した。〈東トルキスタン・イスラム党〉の仕業とされた。

ホテル爆破事件

(2001.6) 石河子

2001年6月11日ウィグル自治区の石河子市のホテルで爆破事件が起きた。現地は胡錦濤中国国家副主席が視察中であった。中国当局はテロの可能性を否定した。

中華航空機ハイジャック

(1973.3～1986.5)

1973年3月10日台湾の高雄発台北行き遠東航空機が元台湾紙記者によってハイジャックされ，アモイに着陸，彼は亡命し，機体は台北に戻った。

1978年3月9日台北発高雄経由香港行きの中華航空機が香港着陸直前にハイジャックされ，中国へ向かったが，警備官が犯人を射殺し，香港へ戻った。この間，機長が負傷した。

1986年5月3日シンガポール発バンコク経由香港行きの中華航空貨物専用機の機長が本土の父親に会うために中国広東省広州飛行場に着陸，亡命した。香港での中国・台湾交渉で機体と帰国希望の乗務員2人は，23日香港で台湾に引き渡された。

反原発抗議自爆テロ

(2001.1) 台北

2001年1月29日台北にある立法院の外で反原発を訴えて焼身自殺があった。周囲の人が消火して生命は取り止めた。

2000年10月27日行政院は原発建設中止を明らかにし，政界は混乱していたが，2001年1月30日立法院は原発建設継続決議を採択した。

フィリピン

〈フィリピン共産党〉総書記タルク暗殺

(1970)

1970年に〈フク団〉以来の指導者,〈フィリピン共産党〉総書記ペドロ・タルクが暗殺された。

選挙集会爆弾テロ

(1971.8) ミランダ

1971年8月21日マニラ・キアポ地区のミランダ広場の自由党選挙集会に爆弾が投げ込まれた。これは野党指導者ベニグノ・アキノ上院議員と自由党分子の暗殺を企図したもので,多くの者がマルコス大統領の関与によるものとみた。アキノは,不意の用事で現場に居合わせず,同僚の上院議員が負傷し,民衆が死傷した。マルコス大統領は,この事件を〈新人民軍(NPA)〉の犯行と断定した。

フィリピン・マルコス大統領暗殺未遂

(1971.12〜1972.9) マニラ

1971年12月から1972年9月までに計5回にわたる,マルコス大統領の暗殺計画があった。その中には,1972年9月23日戒厳令の施行以前に実施予定のいわゆるロケット弾使用計画があった。その犯人2人は11月25日逮捕され,右翼政治家や退役軍人の策謀と判明した。

9月25日にマラカニアン宮殿でマルコス大統領を狙撃する計画は,そのために用意された兵器・自動車が10月14日発見され,犯人が逮捕されたことで判明した。このような中で,9月23日,戒厳令が布告された。

フィリピン・エンリレ国防長官襲撃テロ

(1972.9) マニラ

1972年9月22日,エンリレ国防長官の車が待ち伏せテロに遭遇した。この事件で反マルコス派の1人ニノ・アキノをはじめ,多くの逮捕者が出た。翌23日,フェルディメント・マルコス大統領は戒厳令を布告した。この事件は,政敵の上院議員ベニグノ・アキノとの対決を伏線とした,軍部をも巻き込んだマルコス大統領自作自演の工作とされた。

フィリピン・イメルダ大統領夫人暗殺未遂

(1972.12) マニラ

1972年12月7日,マルコス大統領夫人イメルダの暗殺未遂事件が起き,要人を含む85人が逮捕された。

駐フィリピン・米軍人殺害テロ

(1974.4) スービック湾

1974年4月,スービック湾海軍基地近くで,米軍人3人が〈新人民軍(NPA)〉により殺害された。

日本船シージャック

(1975.9) ミンダナオ沖

1975年9月26日, 日本船末広丸がミンダナオ沖でイスラム教徒ゲリラに奪取された。9月29日, ゲリラは政府軍に降伏した。

フィリピン要人殺害テロ

(1978.9～2001.5)

1969年3月に結成された〈新人民軍(NPA)〉が, マルコス政権の打倒, 共産主義政権の樹立を目標に, 地方農民を基盤に民心の離反を図るべく, フィリピンにおける米国の存在に反対し, 米軍のフィリピン撤退を要求して, テロ闘争を展開した。1974年4月の米軍人の殺害もあったが, 1978年9月のカリンガ・アバヨ市長の暗殺, 1982年4月カルバヨン市長の殺害, 1983年11月ルバ市長の暗殺, 1984年5月クエソ市警察長官の暗殺, 11月以降, サンボアンガ市とサンタアナ市の市長, ラプセン市副市長の暗殺などテロを繰り返した。1987年10月には〈アレックス・ボンカヤ旅団(ARAB)〉と〈民族民主戦線(NDF)〉が米軍人, フィリピン軍人の殺害テロを起こした。

1987年5月30日, ルソン島北部のエスペリツの熊谷組現場事務所を反政府ゲリラ組織〈新人民軍(NPA)〉約350人が襲撃し, 現金約50万ペソを強奪し, フィリピン人事務所長代理と護衛2人を人質として連行した。

2001年5月14日フィリピンのルソン島ケソン州ティアオンで与党ラカス所属のマルシアル・プンザラン下院議員がリネット夫人の選挙キャンペーンで会場に入ったところ, 射殺された。共産ゲリラ〈新人民軍(NPA)〉が犯行声明を出した。

フィリピン航空機ハイジャック

(1971.3～1976.4)

1971年3月30日マニラからダバオへ向かうフィリピン航空(PA)BAC-111機がハイジャックされ, 香港を経て広州へ着陸した。犯人は中国側に投降し, 31日同機はマニラに戻った。犯人はミンダナオ大学の学生で, 旅客6人がフィリピンに戻ることを拒否した。1973年10月11日ダバオ発マニラ行きのフィリピン航空(PA)BAC-111機が左派分子によりハイジャックされ, フィリピン航空社長らと引き替えに人質を解放し, 香港に飛び, 7時間後に犯人は降伏した。フィリピンのゲリラ討伐に抗議しての行動であった。

1976年4月7日ミンダナオ島カガヤンデオロからダバオ行きのフィリピン航空(PA)BAC-111機がハイジャックされ, マニラに着陸した。犯人は同志の釈放と30万ドルを要求し, 8日マニラで乗客69人全員を解放し, 人質と30万ドルを受領し, バンコクへ向かった。バンコクでDC-8機に乗り換え, 人質10人を釈放し, リビアへ向かい, 13日ベンガジ空港で降伏し, 亡命した。犯人は〈モロ民族解放戦線(MNLF)〉の3人であった。

マニラ無差別テロ

(1980.8～1988.12) マニラ

1980年8月22日～10月19日, マニラ国際会議センターなどマニラ首都圏で一連の爆弾テロが起こり,〈4月6日解放運動〉が犯行声明を出した。マルコス政府は, 背後に政敵のベニグノ・アキノ上院議員がおり〈在米自由フィリピン運動(MFP)〉がその資金調達に関連していて,〈フィリピン民主社会人民党(NPDSP)〉の仕業とみて,

10月20日，アキノ上院議員を含む30人に逮捕状が出された。

1988年9月16日，17日，12月4日，マニラで爆弾テロが起きた。背景は不明。

2000年5月，フィリピンのマニラ首都圏のショッピングセンターで爆弾テロが相次ぎ，多くの死傷者がでた。

6月4日にはマニラ国際空港に爆弾が投げ込まれた。

12月30日，高架鉄道駅やバス停など首都圏の5カ所で同時爆発テロが起き、17人が死亡，102人が負傷した。捜査当局は〈モロ民族解放戦線（MNLF）〉のフィリピン政府との和平交渉（1996年9月合意成立）で，1978年に〈MNLF〉を脱退して組織された〈モロ・イスラム解放戦線（MILF）〉の犯行とみたが，MILFは関与を否定，政府の陰謀説もでた。

アリンガル神父殺害テロ

(1981.4) ダバオ

1981年4月，フィリピン・ダバオのブキドノン修道院でミサ中に爆弾が爆発，イエズス会士ゴドフレッド・アリンガル神父が殺害され，死者15人，負傷者16人を出した。同神父は軍の横暴や腐敗を厳しく批判しており，1980年1月の地方選挙後に，政府非難を慎むよう警告されていた。以後も神父の暗殺が続いていた。

フィリピン・アキノ暗殺テロ

(1983.8) マニラ

フェルディナンド・マルコス大統領の政敵，反体制指導者ベニグノ・アキノ元上院議員が，1983年8月21日マニラ国際空港に帰着したところを暗殺された。アキノは，1980年5月心臓病手術のため訪米していたが，民主野党連合（UNIDO）の要請で帰国したところを殺害された。この殺害は軍の関与であることが明らかとなった。

フィリピン・原発反対テロ

(1985.6) バターン州

1985年6月，バターン州の原子力発電反対デモに呼応して，28日〈新人民軍（NPA）〉が原子力発電所の送電線4基を破壊し，さらに7月4日には14基を破壊した。

フィリピン・バヤン指導者ら暗殺テロ

(1986.11～1989.6)

バヤン（Bayan／新民族同盟）は左翼的戦闘勢力を基盤に合法闘争を目指して1985年5月に結成された。それは1000以上に及ぶ社会部門別の大義のための組織で構成され，1986年2月の黄色い革命では一定の役割を果たした。バヤンは〈フィリピン共産党（CPP）〉と直接的な関係はないとされるが，目標を社会の抜本的改革におき，事実上，〈CPP〉と目標を同じくしている。1986年8月，議会闘争のためにバヤン党（人民党）を結成し，デモ・ゼネストなどによる圧力政治を展開した。1986年11月には〈5月1日運動（KMU）〉指導者バヤン議長オラリアが暗殺され，1987年9月には元フィリピン大学学生運動指導者のバヤン書記長アレハンドロも暗殺された。

1987年3月以降，反政府ゲリラ組織〈新人民軍（NPA）〉の誘拐テロが活発化し，これとともに，右派による左派攻撃テロも頻発した。1988年3月9日，ロンドンに本部を置く国際民間人権擁護団体アムネスティ・インターナショナルは，1987年後半以後，左派勢力に

対する政府軍および政府支援組織の大規模な残虐不法行為が続行しており，人権侵害が深刻化していると発表した。また，11月14日，政治囚救援会は，1989年1月〜6月に労働運動・農民運動活動家・学生運動家82人が行方不明で，うち15人はバヤン党（人民党）であると発表した。11月17日バヤン党は，アキノ政権発足から現在まで同組織の左派労働者215人が行方不明で，うち99人は1988年に入ってからの事件であると発表，これはマルコス政権下の1970年以来の行方不明事件が788件であったことからみても，異常な数字である。この状況に，市民的権利擁護全国運動（NMCL）は1988年2月25日集会を開催し（1万5000人が参加），デモを行った。

三井物産マニラ支店長若王子信行誘拐テロ

(1986.11) マニラ

フィリピンでは1986年以来，年間10件前後であった誘拐事件が，1991年には39件となり，1992年は57件となった。1986年11月，三井物産マニラ支店長若王子信行誘拐事件では，北朝鮮で訓練を受けた〈新人民軍（NPA）〉の関与が明らかとなった。

モロ・イスラム指導者テロ

(1984.11) ミンダナオ

ミンダナオ島で〈モロ民族解放戦線（MNLF）〉の闘争が続くなか，1984年11月14日，反マルコス派のミンダナオのサンボアンガ市長セザル・クリマコ（市民党党首）が射殺された。これに関連して，12月13日サンボアンガ市で，政府軍がサンボアンガ市警察を包囲し，地元警官と政府軍兵士の銃撃戦となり，兵士1人が死亡した。

1986年11月22日，マニラ市中心部でアキノ大統領支持派のイスラム教徒指導者ウルベルト・ウラマ・トグンがミンダナオ指導者会議を開催し，新憲法への支持を表明した直後，武装集団に襲撃され射殺された。この事件は〈モロ民族解放戦線（MNLF）〉の分裂によるものであった。

アキノ大統領暗殺未遂

(1987.3) バギオ

1987年3月18日，バギオのフィリピン陸軍士官学校でコラソン・アキノ大統領の殺害を目標とした時限爆弾が爆発し，将校ら4人が死亡，40人以上が重軽傷を負った。

自治長官暗殺未遂

(1990.9) ダバオ

1990年9月，ダバオの自宅でサントス自治長官が狙撃され，使用人2人が死傷したが，本人は難を逃れた。犯人は不明。

〈アブ・サヤフ〉テロ

(1993.11〜2001.8)

1993年11月14日，スールー諸島パングタラン島のサマー言語研究所で同島のサマー族2万人の言語研究に従事していたアメリカ人チャールス・ウォルトンが，イスラム過激派〈アブ・サヤフ（「神の子」の意）〉〈モロ民族解放戦線MNLF〉の離脱者250人で構成）に誘拐された。駐フィリピン・リビア大使の仲介もあり，12月7日マニラで釈放された。12月13日，マギンダナオ州でイスラム過激派〈アブ・サヤフ〉がバスを襲撃し，キリスト教徒だけを

選別して銃を乱射，8人が死亡。

12月24日には西ミサミス州ボニファシオ市内で爆弾テロ，5人が死亡。27日～28日にはダバオのイスラム寺院で爆破テロがあった。

1994年2月～6月にスールー島・ミンダナオ島で〈アブ・サヤフ〉がテロ闘争を展開し，フィリピン政府軍の掃討作戦にもかかわらず，多くのキリスト教徒が殺害された。

1995年4月4日，ミンダナオ島のサンボアンガ州で〈アブ・サヤフ〉と〈モロ民族解放戦線（MNLF）〉の混成武装集団が銀行・商店を襲撃し，市民100人以上が死亡した。4月7日過激派ゲリラと政府軍の衝突となった。

1998年9月9日，〈アブ・サヤフ〉がミンダナオで香港の実業家3人を誘拐した。12月23日人質は解放された。

1999年6月12日，サンボアンガで，〈アブ・サヤフ〉がベルギー人2人を誘拐し，23日までに解放された。

2001年5月20日北ダバオ州サマル島でリゾートが〈アブ・サヤフ〉に襲撃され，5人が死傷した。5月27日中部パラワン島アレンフィのビーチで〈アブ・サヤフ〉にアメリカ人3人を含む20人が拉致された。国軍は6月2日人質6人を救出した。人質解放交渉で6月13日市民3人の殺害が判明した。

6月2日〈アブ・サヤフ〉がパラワン島のリゾートで医師・神父・修道女ら約20人を誘拐した。

8月2日バシラン島で〈アブ・サヤフ〉が住民5人以上を拉致した。

8月25日バラシン島で〈アブ・サヤフ〉に乗り合い自動車が襲撃され，12人が死傷した。

都市ゲリラ・テロ

(1993.12)

1981年に〈フィリピン共産党（CPP）〉の分派として武装ゲリラ組織〈アレックス・ボンカヤ旅団（ARAB）〉が結成されていたが，1993年12月17日にARABは300人の殺害リストを公表し，都市ゲリラ活動に入った。

財界人誘拐テロ

(1994.8) マニラ

1994年に〈赤いさそり団〉は撲滅されたといわれたが，8月には財界人メネレオ・カルロスの誘拐が起きた。1992年10月に犯罪防止大統領委員会（PACC）が監視に着手して以来の身代金総計は1億8900万ペソに達した。

ローマ教皇暗殺未遂

(1995.1) マニラ

1995年1月17日，政府当局は，ローマ教皇のフィリピン訪問に際し，教皇ヨハネ・パウロ2世に対する暗殺計画を事前に防止した。これには，イスラム過激派〈アル・カイダ〉指導者オマル・ビンラディンが関与していた。

石油関係施設襲撃テロ

(2000.3) マニラ

2000年3月，石油価格の上昇に抗議して，都市テロ組織〈アレックス・ボンカヤオ旅団（ABB）〉がマニラのエネルギー省ビルに対してライフル流弾射撃，フィリピン中部のシェル石油事務所に対する機銃掃射を実行し，犯行声明を出した。

連続爆破テロ

(2000.12～2001.4) マニラ

2000年12月30日フィリピンのマニラ5カ所で連続爆弾テロが起き，14人が

死亡，90人以上が負傷した。2001年1月4日国家警察は反政府組織〈モロ・イスラム解放戦線（MILF）〉のハシム・サラマット議長ら容疑者18人を拘束した。6日MILF副議長は「イスラム教徒による偏見を利用した完全なぬれぎぬだ」と声明した。1月19日マニラ地方裁判所は，この事件の逮捕状請求を差し戻した。

2001年4月29日マニラ首都圏カロオカン市のショッピングセンターで連続爆破テロが起き，40人が負傷した。エストラダ前大統領逮捕に対する抗議集会の直中での事件であった。

インドネシア

ファフミ事件

(1976.10) ジャカルタ

1976年10月16日，3週間前に逮捕されたインドネシア大学医学部学生ファフミ・バシャがスハルト大統領の暗殺を企図していたことを自白した。

コマンド・ジハード事件

(1977.2〜1978.1)

1975年に組織された〈ダルル・イスラム運動〉の過激派組織〈コマンド・ジハード（イスラム聖戦司令部）〉の関係者350人がそのテロ活動を理由に1977年2月インドネシア政府によって逮捕された。さらに，5月には183人が逮捕された。1978年1月，メダン地方裁判所は〈コマンド・ジハード〉へのリビアの関与を認めた。

バンドン警察署襲撃テロ

(1981.3) バンドン

1980年6月13日のスハルト政権打倒計画の発覚に続き，10月20日，国軍は「イスラム国家建設を目指す地下運動を摘発した」と発表した。

翌1981年3月11日〈武装グループ15〉と称する組織がバンドン警察署を襲撃し，警官3人を射殺した。このイスラム過激派は，イスラム指導者やモハマド・ナシル元首相の暗殺を計画していた。

駐インドネシア・日本大使館・米大使館同時テロ

(1986.5) ジャカルタ

1986年5月14日〈日本赤軍〉がジャカルタの日本大使館および米国大使館に向け，手製迫撃砲弾を発射した。この事件で，〈反帝国主義国際旅団（AIIB）〉の犯行声明が出され，〈日本赤軍〉の関与が判明した。

駐インドネシア・米大使館テロ

(1991.1) ジャカルタ

1991年1月18日，ジャカルタ米大使館施設で爆破事件が起きた。イラクの工作と判明した。

〈パプア自由運動〉指導者暗殺テロ

(1991.8)

〈パプア自由運動（OPM）〉指導者メッキー・サロサが1991年8月殺害された。背景は不明。

ガルーダ航空機ハイジャック

(1981.3) ジャカルタ

1981年3月28日インドネシアガルーダ航空（GIA）のジャカルタ発メダン行きのD9機がイスラム過激派5人によりハイジャックされ、バンコクに着陸し、政治犯54人の釈放を要求した。31日インドネシア陸軍特別奇襲部隊がタイ軍の協力でD9機に突入し、指揮官を含む犯人4人を射殺し、1人を逮捕した。

〈自由パプア運動〉誘拐・殺害テロ

(1996.1～2001.6) イリアンジャヤ

1996年1月イリアンジャヤ州でヨーロッパ旅行者7人を〈自由パプア運動〉が誘拐した。

1997年4月には道路建設調査隊を襲撃し、2人を殺害した。

2001年1月16日南部メラウケ県で韓国系木材会社社員、韓国人ら12人が〈自由パプア運動〉によって人質となった。

6月11日イラガでベルギー人学者2人が〈自由パプア運動〉に誘拐された。

日本船シージャック

(1989.9～1999.10) スマトラ海域

1998年9月に日本の会社が所有するパナマ船籍の貨物船テンユウ（2660トン）がクアラタンジュン港を韓国に向けて出港後、海賊に乗っ取られ、約3カ月後に中国の港で発見された。アルミニウム塊約3000トンはなく、韓国人船長と中国人船員は行方不明のままである。

1999年10月22日インドネシアのスマトラ島クアラタンジュン港を、アルミニウム塊約7000トンを積み込んで出航した日本の会社が所有するパナマ船籍の大型貨物船アロンドラ・レインボー号（7762トン）が海賊に襲撃された。クアラルンプールの国際海事局（IMB）の海賊情報センターは28日通報を受け、本格的捜査に入った。池野功船長ら乗組員17人は救命ボートで漂流中、11月9日漁船に救助された。14日インド沿岸警備隊がインドのゴアでメガラマ号となっていた同船を発見、2日間追跡して停船を命じ、船上のインドネシア人15人を拘禁し、アルミニウム塊4000トンを押収した。

1999年に世界で起きた海賊事件は未遂を含めて285件で、1998年の202件を大きく上回った。海域別では、インドネシア海域が113件（1998年は60件）で、マレーシア沿岸海域18件（同10件）、シンガポール海峡13件（同1件）、バングラデシュ沿岸海域23件（同9件）となっている。

西ティモールのテロ

(2000.9) アタンブア

2000年7月、インドネシアの西ティモールで東ティモールから越境したインドネシア人民兵が国連平和維持軍と交戦し、ニュージーランド兵が犠牲となった。続いて8月ネパール兵が犠牲となった。この問題で、国連安全保障理事会は9月8日事件を非難する決議を採択した。

9月6日、東ティモールとの境界にある西ティモールの町アタンブアで、避難民キャンプの人道援助活動をしている国連難民高等弁務官事務所（UNHCR）の襲撃があり、放火され、クロアチア人など外国人職員3人が殺害された。このため、国連は西ティモールからの国連職員全員の撤退を決

めた。

ジャカルタの無差別テロ

(2000.9〜2001.9)ジャカルタ

2000年9月13日、ジャカルタ証券取引所ビルの地下駐車場で車に仕掛けられた爆発物が爆発し10人が死亡し、30人が負傷した。翌14日にはスハルト元大統領の第2回公判が予定されており、ワヒド大統領はスハルトの三男トミーらの逮捕を命令したが、トミーは事件の関与を否定した。10月5日、警察当局幅区はグループにアチェ特別州の独立派ゲリラ〈自由アチェ運動（GAM）〉が資金を提供したと発表した。

2001年9月23日首都ジャカルタのショッピングセンター駐車場で爆弾テロが起こった。車5台が破壊されたが、死傷者はなかった。

鉱山会社テロ

(2000.10)ロンボク

2000年10月13日ロンボクで強力な爆弾が爆発し、米国・日本・インドネシア共同所有の鉱山会社の事務所が破壊された。犯行声明はなかった。

教会爆破テロ

(2000.12)ジャカルタ,東ジャワ州

2000年12月24日9都市で連続教会爆破テロが発生し、当局は30日容疑者5人を逮捕した。2001年5月29日東ジャワ州北部パスルアンでワヒド大統領支持派約1000人のイスラム教徒が教会を焼き討ちし、約150人が治安部隊に逮捕された。

7月22日首都ジャカルタのカトリック教会で爆発テロが起こり、約60人が負傷した。

2001年8月1日ワヒド大統領の退陣決定で、ジャカルタのキリスト教会2カ所で爆破テロがあり、70人が負傷した。25日バスターミルナルで爆発物が発見された。31日中部ジャワのスラマンで教会へ向かう自動車に爆発物が投げ込まれ、2人が重傷を負った。

ダヤク人テロ

(2001.3)カリマンタン

2001年3月8日中部カリマンタン州都バランカラヤでワヒド大統領に対する現地人ダヤク人の投石事件が起きた。カリマンタンではダヤク人の襲撃テロが続き、2週間で移住者マドゥラ人5万人が脱出した。3月16日までに死者は1000人以上に達した。

アチェ暗殺テロ

(2001.5〜9)バンダアチェ

2001年5月10日スマトラ島アチェ特別州の州都バンダアチェでジョハン国民協議会議員、元副知事がモスクを出たところを暗殺された。〈自由アチェ運動（GAM）〉の仕業とみられた。

6月12日スマトラ島アチェ特別州で〈自由アチェ運動〉民兵によるテロで、中高生を含む14人が死体で発見された。国軍は〈自由アチェ運動〉との対話に失敗し、6月28日軍事作戦を展開し、387人が死亡した。

9月6日バンダアチェで、政府と〈自由アチェ運動〉との仲介交渉を進めていた地元の国立シャフクアラ大学学長ダヤン・ダウドが帰宅途中、オートバイに乗った2人組に射殺された。メガワティ大統領の8日アチェ訪問を前にして起きた。

9月12日アチェ特別州でジャワ島から

の移住者入植地が〈自由アチェ運動〉に襲撃され，8人が射殺された。

トミー殺害テロ

(2001.7) ジャカルタ

2001年7月26日インドネシアのジャカルタでスハルト元大統領三男トミーに対し土地交換不正事件で有罪判決を下した最高裁判所判事シャイフディン・カルタスミタが射殺された。トミーの関与が判明した。

駐マカッサル・日本総領事館テロ

(2001.10) マッカサル

2001年10月9日マカッサルの日本総領事館がイスラム過激派に襲撃された。学生は米国同時多発テロでの日本政府の米国への支援を止めるよう求めた。12日ジャカルタの米大使館前で大規模な反米抗議集会が開かれた。

た。

反政府テロ

(1997.5〜2000.9) ディリー

1997年5月29日の総選挙を前に，27日東ティモールで警官が襲撃され，2人が死亡し，4人が負傷した。翌28日，軍施設が襲撃され，18人が死亡した。5月31日，東部で警官車両が襲撃され，17人が死亡し，17人が負傷した。6月7日には州都ディリで反政府勢力により商店190軒の焼き打ち事件が起きた。

2000年9月ディリーの国連高等弁務官事務所（UNHCR）現地事務所が東チモール併合武装派に襲撃され，職員3人が殺害された。インドネシアの北ジャカルタ地方裁判所は2001年5月4日武装勢力6人に20〜10カ月の懲役刑の判決を下した。

東ティモール

マレーシア

ベロ司教暗殺未遂

(1996.12) ディリー

1996年12月24日，ディリーでカルロス・フィリペ・シメネス・ベロ司教の暗殺未遂事件があった。ミサの途中であったが支持者が気付き，防止され

マレーシア航空機ハイジャック

(1977.12)

1977年12月4日，ペナンからクアラルンプール経由でシンガポールへ向かうマレーシア航空機が，クアラルンプール着陸直前にハイジャックされ，シンガポールへ向かったが，マレー半島で墜落し，乗客・乗員100人が死亡

した。原因はハイジャック犯人による機長射殺と判明した。

〈モロ解放戦線〉のシージャック

(1979.10) サムポルナ

1979年10月23日，モロ民族解放戦線（MNLF）分子がマレーシアのサムポルナでマレーシア船をシージャックし，船客44人を殺害したが，フィリピン軍によって鎮圧された。

〈アブ・サヤフ〉誘拐テロ

(2000. 4) ブラウ・チガ

2000年4月23日，マレーシアのシパダン島から〈アブ・サヤフ〉がドイツ人・フランス人など外国人観光客21人（フランス人2人，ドイツ人3人，南アフリカ人2人，フィンランド人2人，フィリピン人2人，レバノン人1人マレーシア人9人，計21人）を誘拐，南部ホロ島に監禁した。以後も外国人記者らを誘拐し，人質は34人となった。フィリピン政府の交渉，マレーシアの別交渉，リビアの仲介交渉を重ね，9月上旬までに身代金10000ドルの身代金が払われ，20人が解放された。9月16日政府軍はゲリラ拠点の攻撃を開始し，10月25日までに残る人質19人のうち17人を救出した。

イスラム過激派テロ

(2000.7〜2001.8)

2000年7月イスラム系カルト集団〈アルマウナ〉が軍の基地を襲撃し，武器・弾薬を奪取した。2001年8月イスラム過激派10人が逮捕されたが，うち8人はアフガニスタンで〈アル・カイダ〉の指導で軍事訓練を受けていた。そのなかにはイスラム急進政党〈マレーシア・イスラム党〉の息子も含まれていた。

シンガポール

〈日本赤軍〉のシンガポール製油所テロ

(1974.1)

1974年1月，日本赤軍とパレスチナ・ゲリラは，シンガポール・シェル製油所の貯蔵タンクを攻撃し，フェリーボートで人質をとる作戦をたてたが，シンガポール警察に制圧された。この事件は，1974年1月のバンコク反日デモ，ジャカルタ反日暴動と連動していた。

シンガポール航空機ハイジャック

(1991.3) クアラルンプール

1991年3月26日，クアラルンプール発シンガポール行きのシンガポール航空機（SIA）がパキスタン人によってハイジャックされた。航空機はシンガポールのチャンギ空港に着陸したが，特殊部隊が突入して，解決した。

マラッカ海峡

日本タンカー・シージャック

(2000.2) マラッカ海峡

2000年2月23日パナマ船舶日本タンカー，グローバル・マーズ号（3739トン）がマラッカ海峡で行方不明となった。

ベトナム

ベトナム航空機ハイジャック

(1974.2〜1977.10)

1974年2月20日，南ベトナムサイゴン発ダナン行きのベトナム航空DC-4型機が離陸直後，手榴弾を隠し持った犯人によってハイジャックされ，犯人は北ベトナム行きを命令した。戦闘機が北上を阻止し，同航空機はユエ空港に着陸した。犯人は手榴弾で自殺した。乗客は2人が死亡し，15人が負傷した。

1977年10月28日，ベトナム航空DC-3型機が犯人4人によってハイジャックされ，タイのウタパオ経由でシンガポールのスレター基地へ向かった。この間，乗員2人が射殺され，1人が負傷した。シンガポール政府は亡命を認めず，4人は12月に懲役14年の判決を受けた。

カンボジア

〈ポル・ポト派〉のベトナム人虐殺

(1967.3〜1978.3)

1967年3月，カンボジア解放勢力〈ポル・ポト派〉の武装闘争が開始され，4月バッタンバンで農民が蜂起し，左派反乱となった。これに対して，1970年3月，右派のクーデタが起きた。これにより，〈ポル・ポト派〉のキュー・サムファンらは，シアヌークの民族統一戦線への支持を表明したが，これとともに4月9日，ベトナムによる干渉に反発する〈ポル・ポト派〉によるベトナム人虐殺が広がった。

〈ポル・ポト派〉政権は，1977年4月30日にベトナムのアンザン省タヤドゥック周辺に侵攻し，その際，ベトナム人農民242人を虐殺し，646人を負傷させ，人家1600軒を焼いた。

9月24日のタイニン省への攻撃では，住民634人を虐殺し，217人を負傷させ，6700軒を焼失させた。

翌78年3月14日のキエンザン省への攻撃は，ベトナム軍が14日〜16日に反撃したが，このポル・ポト軍の攻撃

で死者129人，行方不明24人の被害が出た。この1978年3月の虐殺を，本多勝一朝日新聞記者がハティエンの虐殺事件として報じた。

シアヌーク国家元首暗殺未遂

(1967.3) プノンペン

1962年以来，シアヌーク・カンボジア国家元首は〈人民党〉の活動に警戒を深めてきたが，66年2月，この〈人民党〉分子の逮捕事件があった。翌67年3月，シアヌークの暗殺計画が発覚した。これは，米中央情報局（CIA）の関与であると，カンボジア政府は解した。

カンボジア共産党幹部暗殺未遂

(1975.5)

1975年5月，カンボジア革命軍創設記念式典にベトナム共産党分子が出席し，〈カンボジア共産党〉〈ポル・ポト派〉幹部全員の暗殺を企図したが，銃の弾丸が抜き取られており，失敗した。9月再び東部で同様の暗殺未遂があった。さらに，1976年にも暗殺工作があったが，4月に〈ポル・ポト派〉政権が事前に防止した。

カンボジア指導者シアヌーク誘拐未遂

(1978.12) プノンペン

1978年12月，プノンペンの王宮にベトナム特別奇襲部隊が乱入し，監禁幽閉中のシアヌークを誘拐して解放区に連行し，国家元首として利用しようとした作戦があった。侵入した部隊は〈ポル・ポト派〉軍によって全滅した。（この誘拐未遂事件は1980年1月，オーストラリア人ジャーナリスト，ウィルフレッド・バーチェットが北ベトナム筋の話として，シアヌークに語った。）

〈ポル・ポト派〉列車テロ

(1980.6～1995.1)

1980年6月10日，〈ポル・ポト派〉ゲリラが列車を襲撃し，200人が死亡した。1990年10月17日，コンポンソム付近で〈ポル・ポト派〉による列車爆破テロが起きた。

1995年1月2日，コンポンチャム省サマキメンチェイで〈ポル・ポト派〉によって列車が襲撃され，8人が殺害され，36人が負傷した。

ベトナム人入植者テロ

(1992.6)

1991年10月23日パリ協定による武装解除問題で，1992年6月，〈ポル・ポト派〉がベトナム兵のカンボジア定着化工作を理由にその武装解除の履行を拒否した。10月，〈ポル・ポト派〉はベトナム人の残存を理由に選挙登録と参加をボイコットした。これを背景に，11月，カンボジア人によるベトナム人殺害事件がカンポト省とコーコン省で起きた。この協定履行の拒否に対し，国連安全保障理事会は11月30日〈ポル・ポト派〉に対する国連制裁を課した。

〈ポル・ポト派〉誘拐

(1996.6) カンポート

1996年6月27日，ポル・ポト派が南部カンポート省の製材所を襲撃し，カンボジア人70人を誘拐した。

カンボジア・ソン・セン元首相殺害

(1997.6)

1997年6月9日、ソン・セン元首相が〈ポル・ポト派〉によりスパイ容疑で殺害された。これにより、ポル・ポトは人民裁判を受けた。

無差別テロ

(2001.7) プノンペン

2001年7月4日首都プノンペンで2件の爆発があり、カンボジア人3人が死亡した。カンボジアでは、〈ポル・ポト派〉裁判を直前にしていた。

ラオス

銀行爆破テロ

(1975.10) ビエンチャン

1975年10月28日、ビエンチャン国立銀行で右派分子による爆破テロが起きた。これは、〈パテト・ラオ〉支配下の最高裁判所が9月4日に、右派指導者31人に対する死刑6人を含む全員有罪判決を下したことへの抗議であった。

駐ラオス・日本臨時代理大使殺害

(1977.12) ビエンチャン

1977年12月25日、ビエンチャンの自宅で杉江清一駐ラオス日本臨時代理大使夫妻が惨殺死体で発見された。ビエンチャン市人民裁判所は1978年8月、タイ人商人モスミットが解職させられたラオス人運転手カムポンスミットとともに実行したとの判断を下した。ラオス国営放送は米中央情報局（CIA）と国内右派分子の犯行で、日本・ラオス外交関係を混乱させるための策謀であったと報じた。香港誌ファーイースタン・エコノミック・レビューはバンコク特派員ジョン・マクベス記者の推理を報じたが、これは1977年末、日本人ブローカー、ラオス人木材業者、中国人バイヤーの共謀による約20トンの麻薬密輸計画を杉江が察知したことで口封じされたというものであった。同様な判断は名越健郎も『メコンのほとり』で述べた。当時、ラオス政府は膨大な債務を抱えており、商工省を通じて麻薬密売を行うことで債務削減を意図していた。それの密売に日本人Xが関与しており、彼は1978年12月突然ラオスを追放され、1981年1月不法滞在の容疑でタイ政府に逮捕されて、バンコクの刑務所に収容された。この日本人は元タイ麻薬王プリンシピと関係があったとされる。この殺害事件で、日本側の調査行為が発覚したことから、1978年8月、ラオス外務省は日本大使館員1人に48時間以内の国外退去を命じた。

モンのバス襲撃テロ

(1987.3)

1987年3月1日、ビエンチャン北方でモン（メオ族）によるバス襲撃テロが起こり、乗客20人が殺害された。12月25日、ビエンチャン―ルアンプラバン道路13号線で15台の輸送隊がモン族の反共ゲリラにより襲撃された。

ソ連文化センター爆破テロ

(1987.3) ビエンチャン

　1987年3月8日～10日、シェワルナゼ・ソ連外相のラオス・ビエンチャン訪問に合わせて、首都ビエンチャンのソ連文化センターで爆発テロが起こった。この事件で、ビエンチャン市人民裁判所は、3月27日米中央情報局（CIA）とタイ右翼反動派の手先のラオス人2人を反逆罪で15年～20年の禁固刑、タイ人1人をスパイ罪で15年の禁固刑とした。

三井物産事務所長浅尾吉昭誘拐テロ

(1989.3) ビエンチャン

　1989年3月1日午前2時、ビエンチャンの自宅で三井物産事務所長浅尾吉昭が4人組に誘拐された。ラオス警察とタイ警察の極秘調査で、8日、タイ領オーエイ県パクチョム郡のアジトにいるところを発見され、タイ救助隊によって浅尾は救出され、犯人3人は射殺された。タイ警察は身代金目当ての犯行と公式発表したが、ラオス国営放送はラオス反政府右派グループの犯行と報じた。

右派テロ

(1990.1)

　1990年1月7日シエンクワン州でミグ21戦闘機による右派兵士の爆撃などのゲリラ活動があった。4月5日ビエンチャンの市場で爆破テロ、続いて7日映画館前の路上で爆破テロが起き、多数の負傷者が出た。8日にも爆破テロ、12月29日にはソ連とタイの大使館付近で爆破テロがあった。いずれも反政府右派分子の犯行とされた。

反タイ・テロ

(2001.1) ビエンチャン

　2001年1月24日ビエンチャン郊外のタイ国境にある友好橋で爆発テロがあり、タイ人11人が負傷した。

タ　イ

ビラ航空機ハイジャック

(1970.9)

　1970年9月18日北部のチャーター会社のビラ航空機がアメリカ人1人にハイジャックされ、北ベトナムに着陸し、犯人は拘束された。1973年3月、犯人は捕虜交換で米国に引き渡された。

タイ・チェンライ県知事殺害テロ

(1970.9) チェンライ

　1970年9月20日〈タイ共産党（CPT）〉ゲリラによるチェンライ県知事殺害事件が起きた。

駐タイ・イスラエル大使館占拠

(1972.12) バンコク

　1972年12月18日パレスチナ・ゲリラ〈黒い九月〉がバンコクの駐タイ・イスラエル大使館を占拠し、3人を人質にして、テルアビブ空港の〈日本赤軍〉事件で逮捕されてイスラエルに抑留

中の 3 人の釈放を要求した。12 月 19 日，人質を解放して，カイロとロンドンへ出国することで，この事件は解決した。

タイ社会党書記長暗殺

(1976.2)

1976 年 2 月 28 日タイ社会党書記長プンサノン・プンヨータヤンが自宅で自殺にみせかけた形で暗殺された。この殺害は，右翼組織〈ナワポン〉グループや軍右派の私兵の存在の〈カチンデン（赤い野牛）〉(1974 年組織）の関与とされるが，国内安全保障陸軍作戦司令発令部 (ISDC) の関与も報じられた。

タイ国王テロ

(1977.2)

1977 年 2 月 16 日，ペッチャブーン県の政府陣地視察に向かったワチラロンコーン皇太子の搭乗した装甲兵員輸送車を，タイ共産党ゲリラが襲撃した。同日，スラートターニー県でウィパワット王女の搭乗したヘリコプターが撃墜され，王女は死亡した。1977年を通じ，ゲリラの襲撃事件は 10 件以上，死者は 70 人にのぼった。

9 月 22 日には南部ラヤ県で開催された郷土スカウト大会に列席したプミポン国王（ラーマ 9 世）夫妻を狙った爆破事件が発生し，タイ国民に大きな衝撃を与えた。

イスラム分離派テロ

(1977.6～1997.5)

1977 年 6 月 24 日バンコクのドムアン空港で時限爆弾の爆発があり，南部イスラム教徒解放組織〈パッターニ共和国反帝国主義グループ〉の犯行声明が出された。29 日南部タイのハジャイ駅でも時限爆弾の爆発があった。

1988 年 5 月 30 日ヤラー県で〈パッターニ統一解放機構 (PULO)〉のイスラム分離運動分子による爆弾テロが起き，6 月 10 日にはナラティワート県でパッターニ自治国の樹立をめざす分離主義者の学校 3 校に放火し警官 6 人・国防軍 2 人を殺害する事件があった。7 月 24 日，学校 9 校の焼き打ち，9 月 5 日，学校 3 校，警察署の襲撃などの事件が続いた。

1993 年 8 月 1 日南部で〈PULO〉による学校 33 校の放火，仏教寺院への爆弾投げ込みが続いた。8 月 17 日以降，急行列車への発砲が続いた。南部 3 県では，9 月 1 日から 20 日間の休校となった。

1994 年 1 月 3 日社会行動党員が爆弾テロに遭遇した。続いて 8 日，南部のハートヤイ駅でも爆弾テロがあり，同駅では 9 日に政府高官が爆弾テロに遭遇し，20 日にも列車が爆弾テロに遭遇した。

1997 年 5 月にイスラム分離派〈新パッターニ統一解放戦線 (NPULF)〉による鉄道爆破テロが南部で起きた。10 月爆弾テロで住民 7 人が殺害された。12 月 29 日にも爆弾テロで中国系住民 3 人が殺害された。

プレム首相暗殺未遂

(1982.7) ロップリー

1982 年 7 月 16 日，ロップリー県砲兵センターのピブン像除幕式に参列中のプレム首相に対する暗殺未遂が起きた。

1985 年 11 月 10 日には，プレム首相の経済政策失敗によりバンコク市内で

ラームカムヘーン大学生に殴られて負傷した。この事件で，政府は従来の財政再建中心の緊縮型経済政策の変更を余儀なくされた。

タイ人民党党首サマック邸爆破テロ

(1987.3)

1987年3月11日，タイ人民党党首サマック邸宅で爆破事件が発生した。

駐タイ・サウジアラビア大使館員殺害

(1989.1～1990.2) バンコク

1989年1月4日のバンコクの駐タイ・サウジアラビア大使館での書記官殺害テロに続いて，1990年2月1日にはサウジアラビア大使館で書記官が殺害された。1993年2月26日，タイ内務省特別委員会は，この事件はメッカ事件にともなうイスラム教国の対立に根ざした宗教テロと断定し，イランの関与を示唆した。

駐タイ・北朝鮮大使館員拉致

(1999.2)バンコク

1999年2月19日，バンコクの駐タイ北朝鮮大使館の洪淳京参事官が妻子とともに失踪した。3月9日洪参事官と妻は北朝鮮当局により拉致され，本国送還のため車で向かう途中，タイ当局が保護した。参事官は政治亡命を希望し，子供は23日解放された。この事件で，タイ政府は北朝鮮大使館員6人を追放した。

駐タイ・ミャンマー大使館襲撃テロ

(1999.10)バンコク

1999年10月1日，ミャンマーの反体制派〈ビルマ学生壮士団〉の活動家5人が首都バンコクの駐タイ・ミャンマー大使館を襲撃し，89人を人質にした。人質は，フランス人，カナダ人，マレーシア人，シンガポール人，タイ人であった。彼らはミャンマーで投獄されているすべての政治犯の釈放を要求した。10月2日人質は解放され，活動家はミャンマー国境で脱走させた。ミャンマー軍事政権はこの解決に不快感を示し，両国関係は緊張した。タイは11月武装グループの2人を逮捕した。この事件の共犯者ソー・ティン・ウは2000年5月18日東ヤンゴン裁判所で死刑判決を受けた。

〈神の軍〉テロ

(2000.1～12)東北部

2000年1月ラチャブリでカレン民族系武装組織〈神の軍〉のメンバーが病院を占拠した。25日タイ軍特殊部隊が突入し，全員を射殺した。

2000年12月31日スアン・プンで新年の祝祭中の食糧品店をミャンマーの〈神の軍〉が襲撃し，6人を殺害した。2001年1月〈神の軍〉の指導者の少年2人が投降した。

駐タイ・ベトナム大使館爆破テロ

(2001. 6) バンコク

2001年6月19日首都バンコクの駐タイ・ベトナム大使館に爆発物が投げ込まれたが，爆発物は撤去された。タイ警察がベトナム人反政府分子3人を逮捕した。

ミャンマー

北朝鮮・全斗煥韓国大統領爆殺テロ

(1983.10) ラングーン

　1983年10月9日ビルマ（現ミャンマー）訪問中の全斗煥韓国大統領が首都ラングーンの国立墓地アウン・サン廟を訪問した際，爆弾テロが発生し，韓国の閣僚4人を含む17人が死亡，李基白合同参謀本部議長ら14人が軽傷を負った。全大統領は，ASEAN訪問を中止して帰国した。ビルマ側は記者4人が死亡し，閣僚ら23人が負傷した。事件の直後，ビルマ国家評議会議長ネ・ウィンは，全大統領を訪ね，弔意と謝罪を表明した。ウ・サン・ユ大統領・国家評議会議長は10日，政府調査委員会を設ける一方，11日朝鮮人1人を射殺し，1人を逮捕し，12日には逃走中の1人を逮捕した。調査委員会は11月3日，この事件は北朝鮮工作員の犯行であると断定した。ビルマは4日，北朝鮮の承認を取消し，外交関係を断絶した。逮捕された北朝鮮工作員ジン・モ少佐とカン・ミンチョル大尉の裁判は11月22日特別法廷で開始され，12月9日，2人の死刑の判決が下され，控訴も却下され，1984年2月9日，死刑が確定した。

フランス人技師誘拐テロ

(1983.10) パアン

　1983年10月25日パアンのフランス援助によるセメント工場のフランス人技師を〈カレン民族同盟（KNU）〉が誘拐した。11月2日，ボ・ミヤKNU議長はフランスがビルマ（現ミャンマー）援助を即時停止しない限りフランス人技師を裁判に付すると声明した。11月25日，フランス人技師は釈放された。

アンダマン海域の大韓航空機爆破テロ

(1987.11) アンダマン海域

　1987年11月29日午後2時5分，ビルマ（現ミャンマー）のアンダマン海域上空で大韓航空（KAL）機858便が空中爆発した。捜査の結果，日本人に偽装した北朝鮮の対南工作員責任者金正日の同年10月7日命令で，11月29日，バーレーン空港で時限爆弾をセットしたものと判明した。この事件は，1988年9月開催のソウル・オリンピックを阻止するための混乱工作と見なされた。その後，関係者金賢姫が逮捕された。

タイ航空機ハイジャック

(1990.11)

　1990年11月10日バンコク発ヤンゴン行きのタイ国際航空（THA）A-320型機がハイジャックされた。犯人はカルカッタに向かい，軍事政権の早期政権返還とタイのミャンマー援助の中止，そして反政府活動家スー・チー女史の釈放を求める声明書を配布し，カルカッタで乗客192人を解放し，11日ヤンゴンで投降した。犯人はヤンゴン大学生2人で，インド政府は亡命を受け入れた。18日ミャンマー学生14人が逮捕されたが，いずれも国連難民高等弁務官（UNHCR）の証明書を保持していたため，タイはミャンマー難民への

援助を停止した。

寺院爆弾テロ

(1996.12) ヤンゴン

1996年12月首都ヤンゴン郊外の寺院で爆弾テロが発生した。ティン・ウ第二書記が立ち去った直後のことで、5人が死亡した。

外国小包送付テロ

(1997.4) ヤンゴン

1997年4月6日首都ヤンゴンのティン・ウ国家法秩序回復評議会第二書記宅へ日本から送付された小包爆弾が爆発し、家族の1人が死亡した。

ネパール

〈ネパール共産党の毛沢東派〉テロ

(1996〜2001.12)

1996年以来、山岳地帯を拠点に〈ネパール共産党毛沢東派〉の闘争が続き、テロ闘争を続け、警察との衝突で1999年1年間で882人が死亡した。4年間の死者は1500人以上とされる。
2000年2月13日人民戦争開始4周年で各地でテロを展開した。
2月19日ロルパ地区警察署を襲撃し、警官15人を殺害した。
2001年4月2日〈ネパール共産党毛沢東派〉が各地でテロ攻撃に出て警察署などを襲撃し、38人が死亡した。
6月30日首都カトマンズ西方200キロの村で〈ネパール共産党毛沢東派〉約200人が警官隊を襲撃し、銃撃戦となった。7月6日の襲撃テロでは、警官40人が殺害された。
12日〜17日の襲撃テロで警官3人が殺害された。21日カトマンズ西方400キロのロルパ地区で警官69人が拉致され、21日20数人が解放された。23日政府は〈ネパール共産党毛沢東派〉と停戦に合意した。

ネパール王室テロ

(2001.6) カトマンズ

2001年6月1日ネパール王室でビレンドラ国王夫妻が長男ディペンドラ皇太子に銃撃された。皇太子は自殺した。死者は8人であった。陰謀説が広がり、混乱した。

インド

インド航空機ハイジャック

(1971.1〜1999.12)

1971年1月30日カシミール地方の定期便であるインド航空F-27型機が〈ジャム・カシミール解放戦線〉の2人によりハイジャックされ、パキスタン

のラホールに着陸した。犯人はインドに収容の政治犯36人の釈放を要求した。要求は成功せず、2月2日乗員・乗客33人が解放され、機体は爆破された。この事件で、インドは2月4日パキスタン機のインド領空飛行禁止措置をとった。

1976年9月10日ニューデリー発ボンベイ行きインド航空B-737型機が犯人6人によってハイジャックされ、ハイジャック機はパキスタンのラホールに着陸し、乗客77人を解放した。サウジアラビア行きを要求していたが、11日犯人は降伏した。

1978年12月20日ニューデリー発カルカッタ行きのインド航空（IA B-737）機が大学生2人によってハイジャックされ、北部のウタル・プラデシュ州バラナシに着陸した。犯人はインディラ・ガンディー前首相の釈放を要求し、警官隊と睨み合ったが、21日降伏した。

1981年9月29日シク過激派〈ダル・カルサ〉のテロリスト7人がニューデリー発スリナガル行きインド航空B-737型機をハイジャックし、パキスタンのラホールに着陸し、逮捕されたシク分子の釈放と50万ドルを要求した。30日、ラホール空港でパキスタン兵士7人が突入して人質は解放され、犯人は投降した。

1982年8月4日シク過激派がインド航空機をハイジャックした。犯人はパキスタンのラホール行きを要求したが、ラホールは着陸を拒否し、シクの聖地アムリッツァルに着陸した。警官が機内に突入して犯人を逮し、事件は解決した。8月24日にもシク過激派のハイジャックが起きた。

1984年7月5日スリナガルからニューデリーへ向かうインド航空A-300型機がシク過激派8人によってハイジャックされた。犯人は、インド軍のゴールデン・テンプル侵犯事件）でのシク本山の復旧費2500万ドルと宝物の返還、同志の釈放を要求した。同機はパキスタンのラホールに着陸した。

1993年1月22日北部ラクノーからニューデリーに向かったインド航空(IAL)の国内便がヒンドゥー教徒によってハイジャックされラクノーへ戻った。犯人は1992年12月にイスラム寺院破壊で逮捕された同志の釈放を要求したが、降伏した。

1993年3月27日シク過激派分子によりインド航空（IAL）国内便がニューデリー空港を離陸した直後、ハイジャックされパキスタン行きを要求された。これはアヨーディヤ事件に抗議しての行動であった。同機はシクの聖地アムリッツァルの空港に着陸し、犯人はここで投降した。

4月22日イスラム過激分子がニューデリー発スリナガル行きインド機をハイジャックし、アフガニスタンのカブール行きを要求した後、パキスタンのラホールに行き先を変更した。パキスタン行きを拒否され、アムリッツァル空港に着陸したが、25日、特殊部隊が突入し、犯人1人を射殺した。

1999年12月24日乗客189人及び乗員11人搭乗のカトマンズ発、ニューデリー行きのインド航空機が重武装の5人にハイジャックされ、アムルッアルで補給の後、アラブ首長国連邦のドバイで人質27人と犯人が殺害した遺体1人を解放し、アフガニスタンのカンダハルへ向かい、タリバンの仲介で犯人はインドに投獄中の武装グループ36人の釈放を要求した。31日インド政府は人質の安全な解放と引き替えに武装グループ3人の釈放に合意し、日本人

1人を含む人質全員が解放され，解決した。釈放された過激派指導者マスード・アズハル師はパキスタン国内に移り，インドはこの事件にパキスタンが関与したと非難した。

鉄道相殺害テロ

(1975.1) ビハール州

1975年1月3日ビハール州サマスチプールでの鉄道開通式典で爆弾テロが起こり，汚職問題で非難されていたミシュラ鉄道相が死亡し，国会議員・同州政府要人ら23人が負傷した。テロによる閣僚の殺害はインド初めての事態で，各界は一斉にテロを非難した。ミシュラ鉄道相は1974年5月の鉄道ストライキを弾圧したこと，および1971年の対外貿易相当時の汚職で非難されていた。この事件で鉄道員ら25人が連行された。6日インディラ・ガンディー首相は「私に対する脅迫であるが，私は恐れない」と述べ，農村改革運動サルボダヤ運動の指導者ナラヤンの汚職撲滅運動との対決姿勢を明確にした。

〈アナンダ・マルグ〉事件

(1977.10～11)

1977年10月11日，インドのモラルジ・デサイ首相が乗車したボンベイ発の列車にヒンドゥー教徒の分派組織〈アナンダ・マルグ〉が爆弾を仕掛けたとの通報があった。

11月19日，クアラルンプール駐在インド高等弁務官に，〈普遍プロテスト革命連盟〉から〈アナンダ・マルグ〉の創設者P.R.サルカルを釈放しなければ，インド首相デサイを殺害するとの脅迫文が送付された。サルカルはパトナー刑務所に服役中で，1976年11月に死刑の宣告を受けていたが，1977年後半にはサルカル釈放運動が激化していた。

これに関連して，同77年8月～10月オーストラリア，11月8日香港，10日ロンドン，18日クアラルンプールで，それぞれインド外交官に対するテロ事件が起きた。同組織は信者400万人，45カ国に2000支部を置いた。

駐ボンベイ・アラブ首長国連邦外交官テロ

(1982.8) ボンベイ

1982年8月，パレスチナ・ゲリラ組織〈アブ・ニダル派（ANO）〉による駐ボンベイ・アラブ首長国連邦外交官の襲撃があった。これに連動して，クウェートでも同じ狙撃事件が起きた。

シク過激派テロ

(1983.3～1997.10)

1983年3月7日～12日，非同盟首脳会議が開催中のニューデリーで，8日爆破テロが起こり，7人が死亡した。〈全インド・シク学生連合（AISSF）〉が犯行声明を出した。

シク過激派〈ダシュメーシュ連隊〉は1982年に発足し，その正式名称は〈ダシュメーシュ第10連隊〉で，シク教徒第10代法王ゴビンド・シンに由来する。1984年3月以降，テロ闘争に入ったが，指導者ビンドランワレ師は1984年のゴールデン・テンプル事件でインド軍によって射殺された。これ以後，地下のテロ闘争に入った。

1987年7月31日シク過激派がバス襲撃を3回繰り返し，76人以上を殺害し，20人以上の負傷者を出した。以後もシク教徒のテロは続いた。1988年5月28日，宗教寺院の政治・軍事目的の利用禁止を定めた法律が制定された。1988年5月30日ゴールデン・テンプ

ル近郊で爆破テロが起こり，18人が死亡し，63人が負傷した。翌31日ディナガルの野菜卸市場での爆破テロで5人が死亡し，28人が負傷した。

6月20日ニューデリー西部のティラク・ナガルの青果卸市場で再び爆破テロが起こり，4人が死亡し，43人が負傷した。

翌21日アムリッツァルの繁華街で爆破テロが起こり，22人が死亡し，30人が負傷した。いずれも，シク過激派の犯行声明が出された。

1992年2月ヒンドゥー教徒を連行するなど，シク過激派〈シムランジット・シンアン派〉によるテロが激化した。シクは2月27日，反シクの中傷記事中止を要求，翌28日シク指導者シムランジット・シンアン，パンジャブ州から軍の引揚げを要求し対決を激化した。

1997年10月18日ニューデリーでシク過激派による連続爆弾テロが発生し，20人以上が死亡した。26日，30日にもニューデリーで連続爆弾テロが起こった。

駐インド・ヨルダン大使暗殺未遂

(1983.10)

パレスチナ・ゲリラ組織〈アブ・ニダル派（ANO）〉は1983年10月25日，駐イタリア・ヨルダン大使モハマド・アリ・クルメを狙撃し，同時にニューデリーで駐インド・ヨルダン大使の襲撃を企図したが，未遂に終わった。

インディラ・ガンジー首相暗殺

(1984.10)

1984年10月31日シーク教徒の警備兵2人がゴールデン・テンプル事件への報復としてインディラ・ガンジー首相を暗殺した。シク過激派が犯行声明を出した。

駐インド・英高等弁務官暗殺テロ

(1984.11) ボンベイ

1984年3月アテネで英外交官が，さらに11月ボンベイで英高等弁務官がそれぞれパレスチナ・ゲリラ組織〈アブ・ニダル派（ANO）〉によって射殺される事件が起きた。

青果市場爆破テロ

(1985.6) ニューデリー

1985年6月30日，ニューデリー西部の青果市場で爆破テロが起こり，4人死亡，43人が負傷し，シク教徒の犯行とされた。

8月20日，シク穏健派指導者〈アカリ・ダル党〉総裁ハルチャンド・シン・ロンゴワルをパンジャブ州でシク過激派〈ダシュメーシュ連隊〉4人が銃撃した。

1986年3月6日シク穏健派指導者カブル・シンの乗用車をパンジャブ州で，シク過激派6人が銃撃し，シンら6人が死亡，13人が負傷した。

インド軍元参謀総長暗殺

(1986.8) プーナ

1986年8月10日，シク過激派〈ダル・カルサ〉が，1984年と1986年のゴールデン・テンプル事件の報復として，インド軍元参謀総長アルン・S.パイディア将軍をプーナで暗殺した。

ラジブ・ガンジー首相の暗殺未遂

(1986.10)

1986年10月2日シク過激派〈ダシュメーシュ連隊〉がマハトマ・ガンジーの墓前でラジブ・ガンジー首相の暗殺

を企てたが，未遂に終わった。

急行列車爆破テロ

(1987.3) チルチラパーリ

1987年3月15日インド南部チルチラパーリ付近で急行列車の爆破テロが起こり，25人が死亡，150人以上が負傷した。スリランカのタミル過激派〈タミル・イーラムのトラ (LTTE)〉が犯行声明を出した。

クマール将軍暗殺

(1988.11)

1988年11月7日インド陸軍B.N.クマール少将がシク教徒によって機関銃で暗殺された。これはインディラ・ガンジー暗殺，アルン・パイディア退役参謀長暗殺に続く犯行であった。

ラジブ・ガンジー元首相暗殺

(1991.5)

1991年5月21日ラジブ・ガンジー元首相が総選挙の遊説中，タミル人女性によって暗殺された。1998年1月28日，マドラス特別法廷は，この事件で起訴されていた被告29人のうちスリランカのタミル過激派〈タミル・イーラムのトラ (LTTE)〉のメンバーらインド人10人を含む26人に殺人・テロの罪で死刑判決を下した。さらに，プラバカラン議長ら〈LTTE〉現役幹部に対しても，被告不在のまま有罪が宣告された。

ボド過激派テロ

(1992.11～1997.7) アッサム州,パンジャブ州

1992年11月21日インド・アッサム州で分離派ボド族の爆弾テロが起き，40人が死亡した。1993年3月の襲撃事件に続いて，1994年5月ボド過激派は他部族の村を襲撃し17人を殺害し，25人が負傷した。7月31日政府軍はボド過激派の殲滅作戦に着手した。しかし以後も，ボド過激派の他部族襲撃は続いた。

1995年1月23日アッサム州でボド族がベンガル人集落を攻撃し，9人を射殺した。これに対し，軍が警察とともに鎮圧に当たった。

1996年12月30日アッサム州でニューデリー行き特急列車が爆破され，33人が死亡した。少数民族ボド族過激派によるテロであった。

1997年7月8日パンジャブ州で列車爆破テロが発生し，100人以上の死傷者がでた。少数民族ボド族の仕業らしいとされた。

同時続爆破無差別テロ

(1993.3) ボンベイ

1993年3月12日，ボンベイ（現ムンバイ）の証券取引所や国鉄駅などで13件の同時爆破テロが起こり，250人が死亡し，1400人が負傷した。政府はパキスタンの関与を示唆した。

スリナガル公共施設テロ

(1995.1) スリナガル

1995年1月26日，スリナガルのスタジアムが爆破され，9月にはスリナガルのBBC（イギリス放送協会）支局が爆破された。これは，パキスタンの支援で1985年10月に〈イスラム3大組織〉，〈イスラム聖戦運動〉，〈ムジャヒディン運動〉，ジャム・カシミール解放運動が合体して結成された〈ハラカト・ウル・アンサル（勝者の運動）〉の仕業とされた。

インド 233

ジャム・カシミールのイスラム過激派テロ

(1995.1〜2001.10) ジャム・カシミール　ジャム・カシミールはイスラム教徒が多数を占め、1990年ごろからイスラム過激派の分離運動が激化してきた。

1995年1月26日ジャム・カシミール州で連続爆弾テロが起こり、8人が死亡、100人が負傷した。11月21日、ニューデリーで爆弾テロが発生し、〈ジャム・カシミール・イスラム戦線〉が犯行声明を出した。

1996年1月3日、ニューデリーで爆弾テロがあり、〈ジャム・カシミール・イスラム戦線〉が犯行声明を出した。

1995年9月9日〜1996年3月のジャム・カシミールでのイスラム・ゲリラ死亡は1311人に達した。

1997年1月3日ジャム・カシミールの州都スリナガルでの爆弾テロで4人が死亡した。いずれもイスラム原理主義者の犯行であった。

1998年6月19日5人のイスラム過激派がインド側ジャムスのヒンドゥー村落を襲撃し、少なくとも25人を殺害し、数人が負傷した。

1999年2月15日イスラム過激派者がインド・カシミール州スリナガルのケーブルテレビ運営者3人を銃撃し、負傷させた。彼らは西洋の放送中止を要求していた。

5月、ジャム・カシミール州カルギル地区などでパキスタンから侵入してきたイスラム教徒のテロ激化で、インド軍が激しい掃討作戦を展開した。2カ月半の戦闘で数百人が死亡した。カルギル紛争といわれた。以後、イスラム過激派はテロ闘争に移った。

7月23日、ジャム・カシミールで遠隔操縦の爆弾が爆発し、通行人2000人のうち35人が負傷した。

2000年1月3日ジャム・カシミールの州都スリナガルの青果市場で爆発、16人が死亡した。2月10日、ジャム・カシミールで列車が爆破され、5人が死亡した。3月20日シク教徒の住民35人が銃殺された。7月24日イスラム武装勢力〈ヒズブル・ムジャヒディン〉が3カ月の一方的停戦を発表し、28日インド軍も攻撃を停止した。しかしイスラム過激派の連合組織〈統一聖戦協議会〉は26日停戦を拒否し、〈ヒズブル・ムジャヒディン〉を除名した。8月1〜2日7件のテロで、ヒンドゥー教徒の住民28人が死亡、100人以上が犠牲となった。8月8日ヒズブル・ムジャヒディンは停戦を撤回した。

2000年6月2日スリナガルの宗教集会で爆弾が爆発し、12人が死亡した。〈ヒズブ・ウル・ムジャヒディン〉が犯行声明を出した。7月13日レーで武装勢力が仏教僧侶3人を殺害した。犯行声明はなかった。8月12日スリナガルの歴史的ナモスクで手榴弾が爆発し、ハンガリー人2人、インド人2人が負傷した。犯行声明はなかった。12月25日スリナガルの軍事基地正門で自動車爆弾が爆発し、軍人6人、民間人3人が死亡した。〈ジャイシュ・エ・モハメド〉と〈ジャミアト・ウル・ムジャヒディン〉が犯行声明を出した。

2001年1月16日スリナガル空港をイスラム過激派民兵が攻撃し、警官隊と銃撃戦となった。ラシュカレ・トバが犯行声明を出した。2月10日スリナガルの警察本部がイスラム過激派の民兵に襲撃され、10人が死亡した。10日から11日夜半かけて、山間部ラジュウリ地区サロヒ村の遊牧民村落を別の民兵グループが襲撃し、25人が死亡した。

2000年5月以降，テロ活動を激化させている武装組織〈ラジュカル・タイバ(清い護衛隊)〉の犯行声明があった。
8月7日ジャム駅構内でイスラム過激派は民兵による無差別テロが起こり，約50人が負傷した。15日イスラム過激派民兵の襲撃テロで18人が死亡した。
2001年7月21日スリナガルの南西100キロのヒンドゥー聖地アマルナート寺院で，イスラム過激派が仕掛けた爆弾2個が爆発した。同時にゲリラとの銃撃戦となり，巡礼の市民・警官ら12人が死亡した。
10月1日ジャム・カシミール州議会前で車に仕掛けられた爆弾が運転していた者と一緒に自爆するテロが起きた。その直後，2人組が州議会に突入し，警官隊と銃撃戦となった。31人が死亡した。過激派組織〈ジェイシェ・モハマド〉の犯行と報じられた。

ナガ・テロ

(1995.2) アッサム州

1995年2月25日，北部アッサム州でナガ族分離主義者が列車に爆弾を投げ，25人が死亡した。

ジャム・カシミールの外国人誘拐テロ

(1995.7) ジャム・カシミール

1995年7月4日以降，ジャム・カシミールで，イスラム原理主義者組織〈アル・ファラン〉の15人による外国人の誘拐が頻発し，9日までにアメリカ人2人，イギリス人2人，ドイツ人1人が誘拐された。インドに拘束中のカシミール過激派21人の釈放が要求されたが，インド政府は拒否し，21日救出作戦が実施された。人質5人中2人が負傷し，他に3人が死亡した。

パンジャブ州首相爆殺テロ

(1995.8) チャンデイガル

1995年8月31日北部のパンジャブの州都チャンデイガルのパンジャブ・ハリヤナ合同庁舎で爆弾テロが起こり，パンジャブ州首相ベナント・シンが爆死し，シク過激派〈バハル・カルサ・インターナショナル〉が犯行声明を出した。

ニューデリー爆弾テロ

(1995.9) ニューデリー

1995年9月25日，ニューデリー中心部で爆弾テロが起こり，シク過激派〈カリスタン解放戦線〉が犯行声明を出した。

〈ナクサライト〉テロ

(1996.9〜11) アンドラ・プレデシュ州

1996年9月〜11月アンドラ・プレデシュ州の各地で〈ナクサライト人民戦争集団〉が地元警察署を襲撃した。

イスラム過激派の鉄道テロ

(1997.12) タミルナド州

1997年12月6日南部タミルナド州とケララ州で列車爆破テロが起こり，10人以上が死亡した。1992年のアヨーディヤ事件で結成されたイスラム原理主義組織が犯行声明を出した。

アッサム・テロ

(1999.6〜2000.7)アッサム州

1999年6月〈アッサム統一解放戦線(ULPA)〉がアッサムのジャルパイギル駅で爆破事件を起こし，死者10人，負傷者80人が出た。
2000年7月31日，アッサム州ガウハティ郊外で列車が爆破され，12人が死

亡した。当局はボド防衛軍かULPAの犯行とみた。

インドの極左テロ

(2000.3) ビハール州

2000年3月11日ビハール州ガルワで極左勢力が地主勢力の民兵と対立し，警察や州当局を襲撃し，警察車両が爆破され，9人が即死した。
6月16日，ビハール州で地主の私兵が住民を襲撃し，34人を殺害した。

ビンラディンのテロ工作

(2001.6) デリー

2001年6月18日デリー警察当局はインドとバングラデシュの米大使館爆破容疑者，スーダン人アブデル・ハウォシュとこれを助けたインド人2人の計3人を逮捕した。彼らは，イスラム過激派〈アル・カイダ〉指導者オサマ・ビンラディンの指令でテロ計画を画策していた。ハウォシュは〈スーダン学生イスラム連盟〉の成員であった。

パキスタン

ラーマン・アワミ連盟委員長暗殺未遂

(1971.1) ダッカ

1971年1月7日東パキスタンの民族自決を担っていたシェイク・ムジブル・ラーマン・アワミ連盟委員長邸で，グラーム・ムスタファ青年がラーマンの暗殺を企図したが，事前に防止された。

ブット・パキスタン人民党党首暗殺未遂

(1971.11) ラホール

1971年11月11日，ラホールでズルフィカル・アリ・ブット・パキスタン人民党（PPP）党首に対する暗殺未遂事件が起きた。

ギリシャ船シージャック

(1974.2) カラチ

1974年2月2日，カラチ港でパレスチナ・ゲリラ〈黒い九月〉の3人がギリシャ貨物船ボリ号を乗っ取った。これは，1973年8月のアテネ空港襲撃事件の判決への報復であった。ヤセル・アラファト〈パレスチナ解放機構（PLO）〉議長はこの事件を非難した。

パキスタン航空機ハイジャック

(1981.3)

1981年2月6日，パキスタン人民党（PPP）など野党6党がカラチで民主主義回復と戒厳令の撤廃を求める組織，民主回復運動（MRD）を結成した。MRDの抗議の日に当たる3月2日に，カラチからペシャワールへ向かったパキスタン航空（PIA）B-720型機がハイジャックされ，アフガニスタンのカブール空港に着陸し，犯人は外交官を射殺，8日シリアのダマスカスへ向かい，仲間92人の釈放と5万ドルを要求した。14日パキスタン政府は54人を釈放してアレッポに送った。シリアは犯人とその関係者の亡命を認め，15日に解決し，人質103人も釈放された。このハイジャック事件では，故ズルフィカル・ブット・パキスタン首相の

実弟ムルタザ・ブットの下にあるハク政権打倒地下組織〈アル・ズルフィカル〉の犯行声明があった。

ラホール空港爆破テロ

(1982.8) ラホール

1982年8月2日, 反政府組織〈アル・ズルフィカル〉によるラホール空港爆破テロが起こり, 10日16人が逮捕された。

シーア派武装指導者射殺テロ

(1988.8) ペシャワル

1988年8月5日, イスラム教徒シーア派武装集団指導者の〈シーア法典協会運動 (TNFJ)〉党首アラマ・アリフ・フサイン・アル・フサイがペシャワルで身元不明の男によって射殺された。TNFJのシーア派支持者は人口の20パーセント, 2200万人に達し, スンナ派と分離したシーア派のための法典の制定を要求していた。この暗殺事件に抗議するデモがカラチ, クエッタ, ラホールで発生し, バスに放火するなどの騒ぎとなり, 警官が出動した。イランは, 6日の葬儀で1日の服喪を宣言した。同葬儀にはハク大統領, 連邦・州閣僚を含む1万人が参加し, 反米・反サウジアラビアのスローガンが叫ばれた。

無差別テロ

(1988.1～1996年.12)

1987年1月以降, これまでペシャワルなどに散発的に続いていた爆弾テロが, ラワルピンジやラホールに広がり, 1988年1月～6月の全土での爆弾テロは死者133人, そのうちカラチでは14件, 死者63人を数えた。こうしたテロは1989年9月まで続いた。
1990年も無差別爆破・発砲によるテロが続いた。1月11日, ハイデラバードで死者6人, 4月2日カラチとハイデラバードで死者8人, 3日ラホールで死者4人, 27日カラチとハイデラバードで死者27人, 5月13日バス襲撃により死者21人が出た。このため, カラチとハイデラバードの主要施設は5月13日～15日閉鎖された。また, 4月18日ラホールのバス爆破により死者1人, 8月30日パンジャブ州の列車爆破テロで21人が死亡した。政府はこの無差別テロ事件を, 10月の総選挙に向けたパキスタン人民党 (PPP) の破壊工作とみえ, 卑劣な行為としてこれを非難した。
1996年4月14日, ラホールの病院で爆弾テロがあり, 6人が死亡した。
12月2日, ラホール空港で爆弾テロがあり, 9人が死亡し, 30人が負傷した。政府は27日厳戒態勢をとった。

ムハジール民族運書記長暗殺

(1993.5) カラチ

ムハジール人とシンド人の対立が激化するなか, 1993年5月1日〈ムハジール民族運動 (MQM)〉書記長アルタフ・フセインが暗殺された。これによるムハジール人の暴動が強まり, シンド人とのカラチでの銃撃戦となった。

バス・ジャック

(1994.2) ペシャワル

1994年2月20日, ペシャワルでアフガニスタン人ゲリラにスクールバスが乗っ取られ, 教師・児童が人質となった。

ラホールのイスラム原理主義者テロ

(1994.4) ラホール

　1994年4月5日、ラホールでイスラムの冒涜罪で裁判中のキリスト教徒少年をイスラム原理主義者が殺害した。

カラチの反米テロ

(1995.3) カラチ

　1995年3月8日、カラチで反米組織の活動が活発化し、米外交官2人がイスラム原理主義者によって銃撃された。

ペシャワルの爆弾テロ

(1995.10～12) ペシャワル

　アフガニスタン国境の町ペシャワルで1995年10月から12月21日にかけ爆弾テロが続いた。このテロはパキスタンとの関係が悪化しているアフガニスタンのブルハヌディン・ラバニ大統領派が関与していた。パキスタン政府は、21日この事件でスパイ活動を理由にペシャワル駐在アフガニスタン領事らを国外追放とした。

駐パキスタン・エジプト大使館テロ

(1995.11) イスラマバード

　1995年11月19日、イスラマバードのエジプト大使館で爆弾テロが発生した。同日、エジプトのイスラム原理主義者組織〈ガマ・イスラミア〉と〈ジハド〉がそれぞれ犯行声明を出した。

アメリカ文化センター爆破テロ

(1996.4) ラホール

　1996年4月、ラホールのアメリカ文化センターがイスラム原理主義者によって爆破された。

バス爆破テロ

(1996.5) ラジャスタン

　1996年5月ラジャスタンのバス爆破テロで、40人が死亡した。〈ジャム・カシミル・イスラム戦線 (IKIF)〉が犯行声明を出した。

ブット首相実弟殺害テロ

(1996.9) スラジタウン

　1996年9月20日ベナジール・ブット首相の実弟ミル・ムルタザ・ブットがスラジタウンの大衆集会で演説をして帰宅途中、警察の車両により停止させられて銃撃戦となり、ムルタザは死亡した。ブット家は、ズルフィカル・ブット元首相の死刑、ブット首相の次弟シャー・ナワズ・ブット（1985年カンヌで変死）に次いで3人目の犠牲を出した。

イラン文化センター放火・爆発テロ

(1997.1～1998.2) ラホール, カラチ

　1997年1月19日、ラホールでイスラム教徒スンナ派過激派がイラン文化センターに放火し、全焼させた。前日の18日スンナ派幹部が殺害されたラホール裁判所前での爆弾テロは、シーア派の犯行とみられた。

　1998年2月21日、カラチのイラン文化センターで爆発があった。それは1997年2月20日ムルタンのイラン文化センターの攻撃記念日に際して決行された。

パキスタン・前首相ブット夫人暗殺未遂

(1997.2)

　1997年2月3日の総選挙のためベナ

ジール・ブット前首相の遊説中，1月27日に彼女の乗るヘリコプターが銃撃されたが，暗殺未遂に終わった。

過激派のアフガニスタン人殺害

(1999.1～3)ペシャワル

1999年1月12日，ペシャワルでアフガニスタンの穏健的な指導者アブドル・ハクの自宅に犯人が侵入し，ハクは不在で，就眠中の妻，子供，警備員の3人を殺害した。

3月27日ペシャワルで〈タリバン〉の反対者ハジ・カディルの秘書のアフガニスタン人モハメド・ジェハンゼビがイスラム原理主義者によって暗殺された。ハジ・カディルはアブドル・ハクの兄弟であった。

外国公館ロケット発射

(1999.11)

1999年11月12日，パキスタンの各地に駐車した3台の車両から，7発のロケットが発射され，米文化センター，国連事務所，米大使館が目標であった。

アフガニスタン州知事殺害テロ

(2000.4)パキスタン辺境地域

2000年4月4日パキスタンの辺境地域で武装勢力がアフガニスタンの自動車を襲撃し，〈タリバン〉が支配するアフガニスタン北部クンドルズ州知事と同行の民兵指揮官を殺害した。運転手と乗客1人は負傷した。犯行声明はなかった。

モスク爆破テロ

(2001.5)ヘラート

2001年5月4日西部ヘラートのモスク爆発テロで8人が死亡した。イランからアフガニスタンに亡命したスンナ派指導者を狙ったイラン関与の国家テロであった。

スンナ派テロ

(2001.10)カタリ

2001年10月4日カタリでシーア派寺院前で銃撃戦があり，6人が死亡した。イスラム教徒スンナ派の仕業であった。

反政府テロ

(2001.10)イスラマバード

2001年10月8日パキスタン当局によって自宅軟禁中の〈イスラム聖職者協会〉のファズド・ラフマン党首は，7日米国のアフガニスタン〈タリバン〉政権に対する攻撃を受けて聖戦を宣言した。10日米国との協力を受け入れたパキスタンの立場に関連してイスラマバードのパキスタン軍総司令部（GHQ）が火災で焼失した。反政府勢力の他の可能性が強い。

バングラデシュ

駐バングラデシュ・インド高等弁務官襲撃テロ

(1975.11)ダッカ

1975年11月26日，ダッカ駐在のサマル・セン・インド高等弁務官が武装集団に襲撃され，負傷した。インド政府

は，事件の調査と加害者の処罰を要求した。26日，ダッカ放送は犯人は〈民族社会党（JSD）〉の6人で，2人が逮捕された，と報じた。12月5日〜8日，バングラデシュ代表団のニューデリー訪問でインド・パキスタン関係は改善された。

日本航空機ハイジャック（ダッカ事件）
(1977.9〜1979.7) ダッカ

1977年9月〈日本赤軍〉がボンベイでパリ行き日本航空（JAL）DC-8型機をハイジャックした。同機がダッカに到着後，日本政府は超法規的措置をもって人質159人の解放を条件に身代金600万ドルとテロリストら9人（一般刑法犯2人を含む）の保釈に同意し，6人のみが出獄した。犯人は10月4日アルジェリアに入った。

バングラデシュ航空機ハイジャック
(1979.7)

1979年7月25日，ジエソールからダッカに向かうバングラデシュ航空F-27型機がハイジャックされ，インドのカルカッタに着陸した。犯人（1人）は，日本人1人を含む乗客43人の身代金100万ドルを要求したが，11時間後に降伏した。

ジア首相暗殺未遂
(1995.1) ダッカ

1995年1月24日，反政府運動の高まりのなか，カレダ・ジア首相の暗殺未遂事件が起きた。

過激派・テロ
(1999.1)

1999年1月18日バングラデシュの詩人でイスラム原理主義に反対しているサムスール・ラフマンがイスラム過激派2人によって襲撃されたが，助かった。警察はパキスタン人1人，南アフリカ人1人を逮捕し，オサマ・ビンラディンの関与が判明した。〈ハラカト〉の犯行とみ，警察はハラカトのメンバー47人を逮捕した。

2月西部クシュティアの反テロ集会で野党指導者6人が殺害され，3月には西部ジェソールで数千人が集まった屋外文化行事に爆弾が投げ込まれ，207人が死傷した。いずれも，イスラム過激派の犯行とみられた。

ビンラディンのバングラデシュ工作
(1999.1)

1999年1月，バングラデシュ警察は，イスラム過激派〈アル・カイダ〉指導者オサマ・ビンラディンがバングラデシュで軍事要員を募集するために2000万タカを投じていたと発表した。同月，インド警察は，ビンラディンがカルカッタの米領事館などの爆破計画に関与していたバングラデシュ人ら4人を逮捕した。

自爆テロ・バングラデシュ
(2001.4) ダッカ

2001年4月14日首都ダッカのコンサート会場で自爆テロがあり9人が死亡した。背景は不明。

スリランカ

スリランカ・ジャフナ市長暗殺

(1975.4) ジャフナ

　1972年5月22日のスリランカ共和国への移行により、スリランカ・ナショナリズムは新しい局面へ移った。そこで、これまでヒンドゥー教徒のタミル市民を二流市民に位置づけたことに抵抗したタミル・ナショナリズムを掲げて連邦制下のタミル人の地位平等を求めた闘争からタミル・イーラム国の独立抗争へ目標を移した。この過程で、1975年4月タミルはジャフナ市長を暗殺し、続いて1978年8月ジャフナ暴動を起こした。

コロンボ刑務所襲撃テロ

(1983.7) コロンボ

　1983年7月24日、コロンボ監獄に暴徒300人が侵入し、タミル囚人35人を虐殺し、コロンボ全市は放火・略奪の暴動と化した。

タミルの誘拐テロ

(1984.5〜1986.1) ジャフナ

　1984年5月、ジャフナ地区で開発事業に従事していたアメリカ人2人が、タミル分離主義者によって誘拐され、200万ドルの身代金とタミル人囚人20人の釈放が要求された。インド政府は、この事件でタミル人に圧力をかけ、数日後にアメリカ人は解放された。1986年1月〈イーラム学生革命機構（EROS）〉による誘拐が起きた。

エア・ランカ航空機爆破

(1986.5〜1998.9)

　1986年5月3日、コロンボのカトナヤケ空港で反政府ゲリラ〈タミル・イーラム解放のトラ（LTTE）〉ゲリラがエア・ランカ機を爆破した。
　1998年9月29日、ジャフナから首都スリジャワルデネプラコッテに向かった55人乗りの旅客機が行方不明となった。〈タミル・イーラムのトラ（LTTE）〉の犯行とされた。

シンハラ左派テロ計画

(1987.4) キャンディ

　1987年4月マルクス主義信奉のシンハラ人左派組織〈人民解放戦線（JVP）〉がキャンディ近郊の軍事基地で武器奪取を行い、この事件で、JVPが政府転覆、政府要人の暗殺を計画していたことが発覚し、5月5日ジュニアス・リチャード・ジャワルデネ大統領がその事実を国会で発表した。さらに9月8日全国駐在所襲撃計画が発覚し、全土で治安態勢の強化が要請された。

タミルのテロ

(1987.5) コロンボ

　1987年4月10日政府は10日間の一方的停戦を発表し〈タミル・イーラム解放のトラ（LTTE）〉も同停戦を尊重すると発表した。しかし4月17日、北東部トリンコマリー—ボロンナルワ両地区間のターミナル・バスなど5台が襲撃され、乗客のシンハラ人107人が射殺され、60人が負傷した。21日にはコロンボのバス中央ターミナルでの爆弾テロで115人が死亡し、200人が負傷した。このコロンボ・テロでタミル過激派〈イーラム革命学生機関（EROS）〉と〈LTTE〉のゲリラ2人が逮捕された。政府軍は22日政策を転換してジャフナを徹底的に爆撃し、5月26日ジャフナ解放作戦を発動した。

ジャワルデネ大統領暗殺未遂

(1987.8) スリジャナワルダナプラコッテ

1987年8月18日，首都スリジャナワルダナプラコッテの国会議事堂内で開催の与党統一国民党（UNP）会議で爆弾テロが起きた。同会議に出席していたジュリアス・リチャード・ジャワルデネ大統領は無事で，国会議員1人が死亡し，ラナシンハ・プレマダサ首相，ラリト・W・アトラトムダリ国防・国家治安相，ビンセント・ペレラ議会相ら閣僚7人を含む15人が重軽傷を負った。シンハラ人左派組織〈愛国人民運動（PPM）〉と〈人民解放戦線〉のテロ組織が犯行声明を出した。

統一国民党書記長暗殺

(1987.12)

1987年12月25日ハルシャ・アベイワルデナ統一国民党（UNP）書記長が殺害された。翌26日ロニー・メル財政相は議会でシンハラ人左派組織〈人民解放戦線（JVP）〉の暴力活動を終息させるための総選挙が原因であるとジュリアス・リチャード・ジャワルデネ大統領を非難したが，ジャワルデネ大統領も暗殺未遂に直面した。

インド軍人殺害

(1988.5) トリンコマリー

1987年7月の内戦終結のためのスリランカ和平協定でインド平和維持軍がタミル地区のトリンコマリーに進駐した。1988年5月〈タミル・イーラム解放のトラ（LTTE）〉によって仕掛けられた地雷2発によってインド平和維持軍の軍人7人が死亡した。

ドバイ船シージャック

(1998.8)

1998年8月14日，タミル・ゲリラ〈タミル・イーラム解放のトラ（LTTE）〉がドバイ所有の貨物船を奪取した。人質となったインド人17人は8月17日赤十字国際委員会が仲介して解放された。この貨物船の奪取は〈LTTE〉の物資補給が目的であった。

シンハラ左派指導者殺害

(1989.11)

マルクス主義信奉のシンハラ左派組織〈人民解放戦線（JVP）〉はこれまで多くの内乱・テロに関与してきた。1971年の反乱で非合法化されたが，1977年に合法化され，1983年5月再び非合法化された。1987年4月以降，シンハラ政府とタミルとの和平協定に反対して政府・与党，統一国民党（NUP）関係者の暗殺テロを激化させ，左派勢力の拡大を図ってきた。〈愛国人民運動（PPM）〉がそのテロ機関とされた。政府は1989年のスト・デモ闘争とともに強硬な討伐作戦を展開し，1989年11月13日党首ロハナ・ウィジェウィラ，書記長ウパティサ・ガマナヤケが死亡した。これにより〈JVP〉の活動は後退した感があったが，報復の反政府闘争があった。

ウィジェトンガ首相暗殺未遂

(1989.12) コロンボ

1989年12月26日コロンボ南方のモラトワで開催された与党統一国民党（UNP）大会に2つの手榴弾が投げ込まれ，ナンダ・マシュ青年相・スポーツ相と国務相1人を含む9人が負傷した。ディンギリ・バンダ・ウィジェト

ンガ首相・財政相は10分前に集会場を離れており難を免れた。警察はシンハラ人左派組織〈人民解放戦線（JVP）〉のテロ組織〈愛国人民運動（PPM）〉の犯行とみた。

タミル指導者暗殺

(1990.6) ジャフナ

1983年5月6日ジャフナでタミル統一解放戦線（TULF）書記長の乗用車が武装団に襲撃された。

1988年2月11日ジャフナのタミル・ゲリラ組織〈イーラム人民革命解放戦線（EPRLF）〉が初めて政党登録した。EPRLF書記長K.パトマナバが1990年6月19日にタミル・ゲリラ組織〈タミル・イーラム解放のトラ（LTTE）〉によって暗殺された。

1989年のインド軍の撤退合意というタミル・シンハラ人種紛争の新局面で、〈タミル統一解放戦線（TULF）〉書記長アパパイライ・アミルタリンガムは1989年2月15日の総選挙に議長ムルゲス・シバシタンパラムとともに出馬し落選したが、指名で議席を得た。同89年7月13日、アミルタリンラムら2人は暗殺された。犯人はタミル・ゲリラ組織〈タミル・イーラム解放のトラ（LTTE）〉（議長ベルラピイ・プラバガン）分子であった。彼ら〈LTTE〉分子は1983年以来、武装闘争を続けてきたが、1986年6月に政府と和解した。しかし、この和解に不満のマヘンドラジャが〈解放のトラ人民戦線（PELT）〉を結成し、北部ジャングルに潜伏、依然〈LTTE〉と政治抗争を続けた。

ウィジェラトネ産業相兼国防次官殺害

(1991.3) コロンボ

1991年3月2日コロンボで〈タミル・イーラム解放のトラ（LTTE）〉に対し強硬策をとっていたランジャン・ウィジェラトネ産業相兼国防次官の車列で自動車爆弾テロが起こり、同相を初め31人以上が死亡し、100人以上が負傷した。警察は7月4日〈LTTE〉の労働組合員の家に隠れていた犯人バタランを逮捕しようとしたが、彼は自殺した。

イスラム教徒襲撃

(1992.4) ポロンナルワ

1992年4月28日東部ポロンナルワ地区のイスラム教徒の村がタミル人ゲリラ組織〈タミル・イーラム解放のトラ（LTTE）〉によって襲撃され、村民115人が殺害された。10月15日にも、同地区のイスラム教徒の4村がLTTEによって襲撃され、村民166人が死亡したた。

アトラトムダリ元国家治安相暗殺

(1993.4) コロンボ

1993年4月23日、民主統一国民戦線（DUNF）議長のアトラトムダリ元国家治安相がコロンボ郊外で遊説中、狙撃され死亡した。彼らDUNF分子は、1991年8月ラナシンハ・プレマダサ大統領の政治路線に反発して統一国民党（UNP）を脱退し、野党陣営と共闘して職権乱用などを理由に大統領弾劾決議案を提出し、却下されていた。

プレマダサ大統領暗殺

(1993.5) コロンボ

1993年5月1日、コロンボでメーデー行進中のラナシンハ・プレマダサ大統領ら関係者24人が爆弾テロで死亡し

た。政府は〈タミル・イーラム解放の虎（LTTE）〉の犯行であると非難した。

ディサナヤケ大統領候補暗殺

(1994.10)

1994年5月1日プレマダサ大統領らの暗殺に伴い、11月に大統領選挙となり、10月24日統一国民党（UNP）大統領候補者ガミニ・ディサナヤケらが女性ゲリラの自爆テロで死亡した。当局は〈タミル・イーラム解放のトラ（LTTE）〉の犯行と断定した。ディサナヤケの暗殺で夫人のスリマ・ディサナヤケ女史が大統領選に出馬したが、11月9日の大統領選挙では、チャンドリカ・バンダラナイケ・クマラトンガ首相が当選した（得票率62.28パーセント、スリマ女史は35.91パーセント）。

自爆テロ・コロンボ

(1995.11〜2000.10)

シンハラ・タミルの内戦再開とともに〈タミル・イーラム解放のトラ（LTTE）〉のテロも続いた。1995年11月11日、〈LTTE〉によるコロンボの陸軍司令部への自爆テロで、20人が死亡した。

1996年1月31日、コロンボ中心部で国立中央銀行を狙った爆弾テロが発生し、150人以上が死亡し、1400人が負傷した。

7月4日ジャフナで、当地を視察中のデシバル住宅建設・公共機能相の車への〈LTTE〉女性の自爆テロで、21人が死亡し、70人以上が負傷した。

7月22日コロンボ近郊駅デヒワラで時限爆弾で列車が爆破され、70人が死亡した。ここに政府は26日タミル人2000人の逮捕に踏み切ったが、以後もテロは続いた。

1998年1月25日、スリランカの中部高原都市キャンディで多数の参加が予定されていた独立50周年式典のシンハラ人が神聖視する仏歯寺を狙った反政府ゲリラ〈タミル・イーラムのトラ（LTTE）〉による自爆テロが起き、16人が死亡した。当局は26日〈LTTE〉を非合法化した。

3月5日、コロンボの東の駅で小型バスに仕掛けられた爆弾が爆発、32人が死亡した。

5月17日、地方選挙で当選したばかりのイーラム人民民主党（EPDP）の女性ジャフナ市長が射殺された。

8月4日、当局は、全土に非常事態宣言を発し、LTTEの掃討作戦に入った。そうしたなか、9月11日、ジャフナ市庁舎で爆弾が爆発し、就任したばかりのシババラン市長ら軍・警察幹部20人が死亡した。

10月10日、議会の開会を前にして自爆テロで人民連合（PA）の候補者ら30人以上が死亡した。

2000年10月19日コロンボ市役所付近で自爆テロがあり、4人が死亡し、アメリカ人2人を含む23人が負傷した。LTTEの犯行であった。

クマトラトゥンガ大統領暗殺未遂

(1997.3)

1997年3月3日、チャンドリカ・バンダラナイケ・クマトラトゥンガ大統領の別荘近くで爆弾テロが起きたが、大統領は無事であった。当局は〈タミル・イーラム解放の虎（LTTE）〉の犯行と断定した。3月26日、政府はタミル人に一部権力の分有を認める憲法改正草案を公表した。

中国貨物船ジャック

(1997.9) プルモダイ沖

　1997年9月9日，過激派〈タミル・イーラム解放のトラ（LTTE）〉がプルモダイ沖で中国所有のパナマ船籍の貨物船を襲撃し，中国人9人を拉致し，政府軍の反撃で中国人乗組員ら33人が死亡し，17人が負傷した。ゲリラは25人が死亡した。

タミル・テロ

(2000.2〜2001.8)

　2000年2月8日コロンボで2カ所の同時爆弾テロで，3人が死亡した。3月10日コロンボで爆弾テロ，銃撃戦となり，27人死亡した。
　ジャフナをめぐり〈タミル・イーラム解放のトラ（LTTE）〉と政府軍との戦闘が2000年4月以降，激化し，これによって〈LTTE〉によるテロも相次いだ。8月21日東部アンバラ地区で〈LTTE〉が警察署を襲撃し，16人が死亡した。

スリランカ・グーネラトナ産業開発相暗殺

(2000.6)

　2000年6月7日，コロンボ郊外で自爆テロが起こり，グーネラトナ産業開発相ら22人が死亡した。

タミルの空港襲撃テロ

(2001.7) コロンボ

　2001年7月24日バンダラナイケ空港を〈タミル・イーラム解放のトラ（LTTE）〉が襲撃し，スリランカ航空エアバスA340機など3機が破壊された。12人が死亡した。

アフガニスタン

アフガニスタン・ダウド大統領殺害

(1978.4) カブール

　1973年7月のサルダル・モハマド・ダウドの共和革命は，経済政策の行き詰まりから，陸・空軍の若手将校の支持で決行され，これにより経済再建が進められた。1978年4月27日，アフガニスタン人民民主党（PDPA）によるクーデタ（4月革命）が決行され，ダウド大統領は殺害され，30日共和国から民主共和国へ移行した。この4月革命は250年におよぶパシュトゥーン人遊牧系ドウラニ支配を打ち破り，定着民ギルザイの支配を固めたもので，政権にはパシュトゥーン人のほか，タジク人，ウズベク人，ハザラ人が参加した。しかし，PDPA内では半遊牧民でギルザイ出身のヌル・モハメド・タラキのPDPAハルク派と1973年共和政変を担ったカルマル指導のギルザイの定着民のパルチャム派の内部対立があり，この政変で，パルチャム派はPDPA政権から追放され，政変で成立した政権の基盤はギルザイのPDPAハルク派支配にあり，ヌル・モハメド・タラキが革命評議会議長に就任した。

アフガニスタン・タラキ大統領暗殺

(1979.9) カブール

1979年9月のアフガニスタン人民民主党 (PDPA) の中央委員会総会でハルク派のヌル・モハメド・タラキ大統領が解任され，暗殺された。

アフガニスタン・アミン大統領暗殺

(1979.12) カブール

タラキ大統領の暗殺で大統領に就任したパルチャム派のハフィズラ・アミンは12月27日に暗殺され，バブラク・カルマルが大統領に就任した。これにより，ソ連はアフガニスタン内戦に介入し，同27日ソ連軍がアフガニスタンに進駐した。

無差別テロ

(1988.4) カブール

4月革命10周年の前日，1988年4月27日に，カブール市中心部でトラックに仕掛けられた爆弾テロで，6人が死亡し，49人が重傷を負った。

駐アフガニスタン・パキスタン大使館焼き打ちテロ

(1996.9) カブール

1996年9月6日カブールのパキスタン大使館が焼き打ちされた。そしてイスラム青年組織〈タリバン〉が首都カブールを制圧し，ブルハヌディン・ラバニ大統領は首都を脱出した。パキスタンはラバニ政権との関係を断絶した。このため，パキスタンは旧ムハマド・ラバニ政権と対立し，旧ラバニ政権の維持を図ったイランとも対立，1997年5月25日〈タリバン〉のムハマド・ラバニ政権を承認した。これは，アフガニスタン南部を通過する中央アジア・ルートの確保のためであり，パキスタンは1997年6月〈タリバン〉政権と通商協定に調印した。

ナジブラ前大統領処刑

(1996.9) カブール

アフガニスタン内戦で1996年9月27日タリバンが首都カブールを制圧した。その際，ブルハヌディン・ラバニ大統領のもとに拘禁中のナジブラ前大統領が彼らの手によって処刑された。

〈タリバン〉の駐アフガニスタン・イラン外交官殺害

(1998.8)マザリシャフ

1998年8月8日アフガニスタン内戦のマザリシャフ攻略で，駐マザリシャフ・イラン領事館の外交官9人が〈タリバン〉兵士に殺害され，9月10日遺体が発見された。イランは国境地帯に20万人の軍隊を配し武力行使の構えをみせたが〈タリバン〉を後押しするパキスタンとの関係，作戦の難しさもあって，結局，10月中旬，国連の仲介で解決した。

駐アフガニスタン・パキスタン大使館爆破テロ

(2000.7) カブール

2000年7月10日カブールの駐アフガニスタン・パキスタン大使館で爆弾が爆発した。犯行声明はなかった。

〈タリバン〉虐殺テロ

(2001.1) ヤカウラング

2001年1月20日アナン国連事務総長がアフガニスタンのイスラム原理主義勢力〈タリバン〉が住民100人以上を虐殺したと非難声明を出した。〈タリバン〉は，事実関係につき非難した。事件は，〈タリバン〉が1月上旬，中部ヤカウラングの町を反政府勢力かた奪取した際に，ハザラ人を殺害したこと

にあった。

国連人権当局は1997年5月から2001年6月まで,〈タリバン〉が拷問・レイプ・財産強奪で住民多数を虐殺し,2001年1～6月住民330人以上を虐殺し,家屋500以上に放火したと報告している。

マスード将軍暗殺テロ

(2001.9) コジャハディン

2001年9月9日北部コジャハディンで反〈タリバン〉の北部同盟指導者,反タリバン連合最高司令官マスードがアルジェリア人2人との会見中のカメラに仕掛けられた爆弾で至近距離から暗殺された。

オーストラリア

駐オーストラリア・フランス領事館爆破テロ

(1966.7) メルボルン

フランスは,1966年7月2日以来,フランス領ポリネシアのトゥアモトゥ諸島ムルロア環礁で核実験を繰り返してきたが,これに抗議して,1972年6月に〈人民解放軍〉の名でメルボルンのフランス領事館に対する爆破未遂テロが起きた。しかし,実験中止の要求は実現しなかった。

フセイン・マレーシア首相誘拐未遂

(1978.2) メルボルン

1978年2月19日マレーシア首相フセイン・ビン・オンがメルボルンのアジア・アフリカ人民連帯機構会議に出席の際,誘拐にあったが,未遂に終わった。

政治家暗殺

(1994.9) シドニー

1994年9月5日シドニーでオーストラリアで初めての政治家暗殺が起きた。

外国人移民爆弾テロ

(1995.2)

1995年2月4日と6日,東部で外国人移民を狙った爆弾テロが起こり,4日の事件ではロマ人(ジプシー)4人が死亡した。

日本人殺害

(1997.9) ケアンズ

1997年9月北東部のケアンズで日本人奥山美智子さんが殺害された。クイーンズランド州最高裁判所の陪審は1998年9月23日殺人罪を問われた少年に有罪判決を下し,同州最高裁判所は11月9日異例の終身刑を言い渡した。

ニュージーランド

フィジー

グリーンピース船爆破

(1985.7) オークランド

1985年7月10日オークランド港に停泊していた〈グリーンピース〉の核実験抗議船「虹の戦士号」がフランス対外治安総局（DGSE）の軍将校2人によって爆破され沈没し、乗員11人のうち1人が死亡した。同号はフランスの核実験場へ向かう予定であった。実行犯のフランス軍人は、ニュージーランド当局により逮捕され、殺人罪で懲役10年の判決を受けた。これに対し、国連事務総長の仲介もあって早期釈放となり、実行犯2人は南太平洋のフランス軍基地バオ島に移され、3年の勤務で免罪と決まったが、フランス政府はこの釈放決定を覆して、2人を1987年12月と1988年5月にパリへ戻し、ニュージーランド政府と対立した。このため、フランス首相ミシェル・ロカールはニュージーランドを訪問して、この事件について陳謝した。

ニュージーランド航空機ハイジャック

(1987.5) ナンディ

1987年5月19日、フィジーのナンディ空港で成田からオークランドへ向かう途中のニュージーランド航空（NAL）B-747型機がハイジャックされ、軟禁中のティモシ・ババンドラ・フィジー前首相らの釈放を要求する声明が出された。6時間後に犯人のインド系住民は逮捕された。

議会占拠

(2000.5) スバ

2000年5月19日首都スバで元実業家スペイトが率いる武装集団が先住民の権利拡大を要求して議会を占拠し、チョードリー首相らを監禁し、マラ大統領は全土に非常事態宣言を発した。29日国軍バイミマラマ司令官が全権を掌握し、全土に戒厳令を布告した。7月3日元銀行家ライセニア・ガラセを首相とする暫定政権が成立し、9日武装集団はその要求を満たされた合意文書に調印し、13日までにチョードリーらは解放された。8月検察当局はスペイトを反逆罪で起訴した。

要人テロ

(2001.7) スバ

2001年7月1日首都スバで赤十字社総裁ジョン・スコットが自宅で友人2人とともに殺害された。スコットは200年5月フィジー議会での首相ら監禁事件で首謀者の実業家スペイトとの仲介交渉に当たっていた。

パプアニューギニア

閣僚暗殺

(1989.6)マウント・ハーゲン

　1989年6月30日コーヒー産地のマウント・ハーゲン地方のハイランド出身のマリブ・バラカウ通信相が暗殺され，これが引き金となって同州で暴動が起きた。

ソロモン諸島

日本漁船シージャック

(2000.7)ソロモン海域

　2000年7月26日ソロモン海域で日系漁船ソロタイ68(100トン，船員34人，うち日本人2人)が海賊に乗っ取られた。27日犯人3人が逮捕された。

パラオ（ベラウ）

大統領府テロ

(1981.9)コロール

　1981年9月8日首都コロールの大統領府で爆破テロが起きた。

レメリク大統領暗殺

(1985.6)コロール

　1985年6月30日，ハルオ・レメリク大統領が暗殺され，オイテロン副大統領が昇格した。レメリクの政敵の1人，アライ州知事ロマン・トメトチェルの息子メルウォート・トメトチェルが3週間後に逮捕され，ほぼ30年の懲役刑を受けた。

サリー大統領暗殺

(1988.8)コロール

　1988年8月首都コロールでラザルス・サリー大統領が暗殺された。犯人不明。

ポリネシア

パペーテ・テロ

(1977.3)パペーテ

　1977年3月フランス領ポリネシア領域議会選挙の際，チャリー・チンが反仏独立を掲げて過激派〈テ・トト・トゥプナ（祖先擁護血盟団）〉を結成した。6月～8月にテ・トト・トゥプナはパペーテで爆破テロ，さらに8月27日フランス人暗殺事件を起こした。

フランス海外領土相スチルン暗殺

(1977.7)タヒチ

　1977年7月フランス領ポリネシアのタヒチを訪問したフランス海外領土相ス

チルンがテ・トト・トゥプナ（祖先擁護血盟団）によって暗殺された。1975年1月に暗殺未遂があった。

ニューカレドニア

〈カナカ〉人テロ
(1981.9)

1981年9月19日先住民カナカ人によって〈カレドニア同盟（UC）〉のフランス人書記長ピエル・ドクレルクが殺害された。

ベベア島テロ
(1988.4)ベベア島

カナカの過激派〈1878年グループ（G1878）〉は，1988年4月ベベア島のフランス憲兵隊基地を襲撃し，占領した。5月フランス首相シラクは，基地奪回作戦を命じ，この作戦でフランス兵1人が死亡した。

カナカ指導者暗殺
(1989.5)ベベア島

ニューカレドニアの解放闘争は，1988年6月フランス首相ロカールと〈カナカ社会主義民族解放戦線（FLNKS）〉の間で自治協定の合意をみた。これに対し即時独立を求める過激派〈1878グループ（G1878）〉が1989年5月4日ベベア島で〈FLNKS〉議長ジャン・アリエ・チバウら幹部2人を殺害した。

ソロモン

ガナルカルの武装叛乱
(1998～2000.6)ホニアラ

1998年末以来，ソロモンの首都ホニアラのあるガナルカル島で地元住民と北部のマラウタ島から移住した者との対立が激化した。治安の悪化で1999年6月16日ホニアラに非常事態宣言が出された。この土地使用権をめぐる対立から，2000年6月5日，マライタ島が武装蜂起し，政府機関を占拠し，ウルファラ首相を自宅軟禁し，銃撃戦で60人が死亡し，首相は辞任した。30日ソガバレ首相が選任され，10月に両武装集団はオーストラリアで高級和平協定に調印した。

全世界

〈ウェザー・アンダーグラウンド〉爆破テロ

(1975.1)

1975年1月29日，国務省でテロ組織〈ウェザーマン・アンダーグラウンド〉による爆破テロが起き，9月4日には米国のケネコット・コパー社はロンドン，プエルトリコ，スペイン，フィリピン，オランダの各地事務所で爆弾が仕掛けられるという騒動に直面した。いずれも〈ウェザー・アンダーグラウンド〉が犯行声明を出した。

アルメニア人の対トルコ・テロ闘争

(1975.10～1985.3)

トルコ人による1909年3月～4月のアルメニア人虐殺事件，続く1914年12月から1919年に及んだアルメニア人弾圧に対するアルメニア人の武力報復宣言が，1965年4月22日，ベイルート，ロンドン，パリで出された。そして〈アルメニア解放アルメニア秘密軍（ASALA）〉によるテロ闘争が展開されるところとなった。それは1973年1月，ロサンゼルスでアルメニア人によるトルコ外交官の殺害事件に始まり，以降1985年3月までの間に世界各地で頻発した。また，1975年1月にはベイルートの世界協会委員会本部が爆破された。

2001年1月18日アルメニア人30万人が居住するフランスの両院は，このアルメニア人虐殺を歴史的事実として認定する決議を採択した。そこでは，トルコに対する名指し非難こそなかったが，トルコは猛反発し，EUへの不信感を強めた。

● 〈ASALA〉の主な事件

1975.10 ウィーンで駐オーストリア・トルコ大使を殺害。

1975.10 パリで駐フランス・トルコ大使を殺害。

1976.2 ベイルート駐レバノン・トルコ大使館一等書記官を殺害。

1977.6 バチカンで駐バチカン・トルコ大使を殺害。

1978.6 マドリードで駐スペイン・トルコ大使夫人・元大使（夫人の父親）を殺害。

1979.10 ハーグで駐オランダ・トルコ大使子息を殺害。

1979.12 パリで駐フランス・トルコ大使館広報担当参事館。

1980.2 ベルンで駐スイス・トルコ大使殺害未遂。

1980.4 バチカンで駐バチカン・トルコ大使殺害未遂。

1980.7 アテネで駐ギリシャ・トルコ大使館理事官・同長女を殺害。

1980.12 シドニーで駐シドニー・トルコ総領事・警備官を殺害。

1981.3 パリで駐フランス・トルコ大使館労働担当参事官・労働担当参事官・宗教担当担当参事官（重傷）。

1981.6 ジュネーブで駐ジュネーブ総領事官現地職員（トルコ人）を殺害。

1981.10 ローマで駐イタリア・トルコ大使館一等書記官を殺害。

1982.1 ロサンゼルスで駐ロサンゼルス・トルコ総領事を殺害。

1982.4 オタワで駐カナダ・トルコ大使館商務担当参事官重傷。

1982.5 ボストンで駐ボストン名誉総領事（トルコ人）を殺害。

1982.6 リスボンで駐ポルトガル・トルコ大使館理事官夫妻殺害（重傷の夫人は1983年1月にトルコで死去）。

1983.7 ロッテルダムで駐ロッテルダム・トルコ総領事の暗殺未遂。

1983.8 オタワで駐カナダ・トルコ大

使館付武官を殺害。
1983.9　ブルガスで駐ブルガス（ブルガリア）・トルコ総領事館理事官を殺害。
1983.2　パリでトルコ観光事務所襲撃，フランス人職員1人死亡。
1983.3　ベオグラードで駐ユーゴスラビア・トルコ大使を襲撃（3.12 大使死亡），同大使運転手重傷。
1983.7　ブリュッセルで駐ベルギー・トルコ大使館電信官を殺害。
1983.7　リスボンで駐ポルトガル・トルコ臨時代理大使夫人を殺害。
1984.3　テヘランで駐イラン・トルコ大使付武官補を殺害，同書記負傷。
1984.6　ウィーンで駐オーストリア・トルコ大使館労働担当参事官を殺害。
1984.11　ウィーンで駐ウィーン国連職員（トルコ人）を殺害。
1985.3　オタワで駐カナダ・トルコ大使暗殺未遂。

イスラエル在外施設爆破テロ

(1981.5～1982.3)

〈パレスチナ人民解放戦線（PFLP）〉の〈ワハディ・ハダド派〉残党によって1979年に〈PFLP-SOG 5月15日組織〉と呼ばれる特別作戦グループが結成された。その存在は，1980年のロンドンのホテル爆破事件で知られ，1981年にローマとイスタンブールのエル・アル（EL AL/イスラエル航空）機事務所爆破事件，アテネとウィーンのイスラエル大使館爆破事件を起こした。

●主な事件

1981.5　イスラエル航空ローマ事務所爆破
1981.5　イスラエル航空イスタンブール事務所爆破
1981.8　イスラエル航空ローマ支店爆破
1981.8　ウィーンのイスラエル大使館爆破
1981.8　アテネのイスラエル大使館爆破
1981.10　イスラエル航空ローマ支店爆破
1982.1　イスラエル航空イスタンブール支店爆破
1982.3　イスラエル航空ローマ支店の襲撃

〈カリブ革命同盟（ARC）〉独立テロ

(1983.5～1985.7)

1983年5月〈カリブ革命同盟（ARC）〉が，パリ，フランス領ギアナなど各地で爆破テロを起こし，1984年4月には〈ARC〉の爆弾テロ，15件が発生した。1985年7月に獄中の〈ARC〉の一派，〈独立グアドループ民衆運動（MPGL）〉の活動家ジョルジョ・ファーザンの釈放を求めて暴動が起こり，フランスは本国からフランス軍200人を投入する一方，ファーザンを釈放し事態を終息させた。1987年に活動家ルク・レイネッテがセントビンセントで逮捕されたが，彼は1989年に釈放された。

駐イタリア・インド，ヨルダン大使暗殺未遂

(1983.10) ローマ・ニューデリー

1983年10月，ローマ駐在の駐イタリア・ヨルダン大使がパレスチナ・ゲリラ組織〈アブ・ニダル派（ANO）〉によって狙撃され，重傷を負った。同月ニューデリーの駐インド・ヨルダン大使が〈ANO〉によって襲撃されたが，暗殺は未遂に終わった。

ヨルダンのアリア航空支店同時攻撃テロ

(1985.3)

1985年3月，パレスチナ・ゲリラ組織〈アブ・ニダル派（ANO）〉によるアリア航空（RJA，ヨルダン航空）ローマ支店の襲撃と同時にアテネ支店，さらにニコシア支店にも襲撃があった。

『悪魔の詩』訳者襲撃テロ

(1991.7〜1993.10)

イランの最高指導者ホメイニ師はインド出身の英国作家の小説『悪魔の詩』著者サルマン・ラシュディに対して1989年2月に殺害指令を発したが，この著作に対して穏健な態度をとっていたブリュッセルのモスク院長アブドラー・アフダルとその部下サリム・バフリーがブリュッセルのモスク内で1989年3月29日に射殺された。

1991年7月3日，『悪魔の詩』のイタリア語版訳者エットーレ・カプリオーロがミラノの自宅で襲撃され，負傷した。

7月11日，その日本語訳者が殺害された。

1993年7月2日トルコのシバスで，『悪魔の詩』の一部をトルコ語訳した作家アジズ・ネシンが参加した集会が開かれたホテルが襲撃され，37人が死亡した。

1993年10月11日，オスロでサルマン・ラシュディの『悪魔の詩』の出版社編集者が銃撃され，重傷を負った。

太陽寺院事件

(1994.10〜1997.3)

1994年10月5日，スイスのフリブール州シェリーで，中世のテンプル騎士団の継承者を自認する〈太陽寺院〉集団自殺事件が起きた。続いて1995年12月23日フランスのベルコールで第二の事件が起き，16人が死亡した。さらに，1997年3月22日カナダで第三の事件が起き，5人が犠牲となった。

テロ組織

ア

アイマル秘密行動委員会
【特長】パキスタンの米国を標的としたイスラム原理主義組織。
【活動地域と支援】パキスタンで活動している。米国でのテロ活動にみるように，イスラム・ネットワークの参加し，関係は広い。

アイルランド共和国軍(IRA)
別称　暫定アイルランド共和国軍(PIRA)
【特長】1969年にアイルランドの再統一を目指す政治組織〈シン・フェイン党(RSP)〉の秘密軍事組織として結成。
【活動地域と支援】北アイルランド及びアイルランド共和国，ヨーロッパで広くで活動している。ニューヨークだけで250万人を基盤として〈北アイルランド支援委員会(NURAID)〉，〈アイルランド国民評議会〉などを通じて米国の支持者から支援・武器の援助を受けている。〈バスク祖国と自由(ETA)〉との関係も深い。リビアの支援を受けたこともある。

アイルランド民族解放軍(INLA)
【特長】1974年にIRA（PIRA）から分裂した過激派テロ組織。英軍とプロテスタント派だけでなく，カトリック穏健派も標的にした。殺人テロを狙いとして，30人程度で構成。創設者はシーマス・コステロで，彼は1977年射殺された。
【活動地域と支援】北アイルランド及びアイルランド共和国で活動している。1970〜80年代に〈ファタハ〉と共闘した。

アイルランド人民解放機構(IPLO)
【特長】1987年にIRA（PIRA）から分裂した過激派テロ組織。資金調達のための犯罪テロに走り，〈PIRA〉の懲罰班により主要メンバー10数人が殺害され，組織は壊滅した。
【活動地域と支援】北アイルランドで活動していた。

赤い旅団(BK)
【特長】1969年11月，イタリア共産党の議会制民主主義に反発したトレント大学の学生活動家レナー・クルチオと妻のマルゲリータ・カルゴが結成。1970年9月テロ活動に入り，1975年の銃撃戦でカルゴは死亡，1976年にクルトが逮捕され，マリオ・モレッチとパトリシオ・ベッチが後継し，テロ路線を強化した。1984年の内紛で〈赤い旅団―戦闘的共産党(BR-PCC)〉と〈赤い旅団―戦闘的共産主義者連合(BR-UCC)〉に分裂し，〈BR-PCC〉が過激路線を引き継いだ。
【活動地域と支援】活動はイタリア国内に限定された。対外的連携はない。

赤い手の防衛者(RHD)
【特長】アイルランド民族主義者との政治的決着阻止を狙いに成立したプロテスタント過激派のテロリスト集団。
【活動地域と支援】北アイルランドで活動している。対外的連携なし。

アレッウス・ボンカヤオ旅団ＡＢＢ

[特長]〈新人民軍〉から分離した都市暗殺部隊として1980年代に結成。約500人で構成，1997年3月別の武装集団〈革命プロレタリア軍〉と同盟した。

[活動地域及び支援]マニラ及びフィリピン中部で活動している。対外的連携は不明。

アクション・ディレクト(AD)

【特長】1968年のパリ5月革命のアナーキストとして1973年結成の〈国際武装革命集団(GARI)〉，毛沢東主義の過激派〈全民自治中核軍〉，1974年結成の〈国際旅団(BI)〉によって1979年に結成された小規模テロ集団。

【活動地域と支援】フランス国内で活動し，20～30人で構成され，1984～86年に多くが逮捕され，国内派と国際派に分裂した。国際派は1985年1月〈ドイツ赤軍〉との共闘に入り，テロを再開した。1987年2月壊滅の打撃を受けた。現在は〈反帝国主義者細胞〉に吸収されている。

アッサム統一解放戦線(ULFA)

【特長】学生運動から発展したインド・アッサム州の独立派ゲリラ組織，バングラデシュを活動拠点としている。1992年7月指導部がテロ放棄宣言を発したが，強硬派はテロを継続している。

【活動地域と支援】インド国内で活動している。対外的連携なし。

アブ・サヤフ

【特長】フィリピン南部で活動する最小の組織で最大過激なイスラム分離主義組織。1991年に〈モロ民族解放戦線(MNLF)〉から分離した。200人程度の戦闘員で構成。

【活動地域と支援】フィリピン南部周辺地域で活動している。中東及び南アジアのイスラム過激派から支援を受け，〈アル・カイダ〉との連携もあった。

アブ・ニダル組織(ANO)

別称　アブ・ニダル派
　　　ファタハ評議会
　　　アラブ革命評議会
　　　アラブ革命旅団
　　　黒い九月
　　　社会主義ムスリム革命組織

【特長】アブ・ニダル（サブリ・アル・バンナ）を指導者とする国際テロ組織。1974年に〈パレスチナ解放機構(PLO)〉より分離，1998年12月にイラクに移った。20カ国でテロ活動を行い，約900人以上を死亡させた。攻撃目標は，米国，英国，フランス，イスラエル，穏健派パレスチナ人，〈PLO〉，アラブ諸国。1980年代後期以降は，西洋諸国を目標として攻撃は行っていない。

【活動地域と支援】1980年以降，イラクからシリアへ本拠を移し，1987年から本拠をリビアへ移した。イラク，リビア，シリア（1987年まで）の訓練・庇護支援を受けた。

アフリカーナー抵抗運動(AWB)

【特長】南アフリカのオランダ系ボーア人移民の子孫であるアフリカーナーの白人至上主義者組織。アフリカ人政権以前の旧アパルトヘイト政権当時は軍・秘密警察の人脈に深く浸透しており，準軍事組織として武装テロを繰り返した。

【活動地域と支援】南アフリカ国内で活動した。対外的連携なし。

アラシュ・オダ
【特長】トルコ系民族の統合と大国家構想を掲げるパン・トルコ主義をとるカザフスタンのイスラム勢力。
【活動地域と支援】カザフスタン国内外で活動している。対外的連携は不明。

アル・カイダ
【特長】オサマ・ビンラディンが1984年アフガニスタンに入り，軍事組織〈アル・カイダ〉を1988年に設立した。彼はこれを母体にイスラム団などを統合して西洋人に対抗するイスラム原理主義組織〈ユダヤ人と十字軍に対する聖戦のための国際イスラム戦線〉を1998年2月に設立した。
【活動地域と支援】1998年ナイロビとダルエスサラームの米大使館爆破テロ，そして2001年9月の米国同時多発テロは，そのグローバルな展開を立証した。ビンラディンの個人資産3億ドルの運用によって財政基盤を固めている。

アル・フラク
別称　モスレム・オブ・アメリカ
　　　北アメリカ聖戦評議会
　　　ムハマドの戦士たち
　　　神の兵隊
【特長】1980年に米国のイスラム穏健派組織〈ダル・アル・イスラミ〉から分離してブラックリンで組織し，ニュージャーシ州ハンコックとパキスタンのラホールに本部をおく。指導者はパキスタン人サイド・ムラバク・ジラニ師。各組織は軍事訓練を優先している。
【活動地域と支援】米国のニューヨーク州，ペンシルバニア州，アリゾナ州，コロラド州，ワシントン州，カナダのトロント，カリブ諸国に100の支部を有し，黒人社会に浸透している。米国とパキスタンの連携が中心である。

アルゲティの娘
【特長】1995年4月チェチェン・ゲリラの犯行で名前が出た。すべてのチェチェン・ゲリラのテロ組織を包括したものかどうかは不明。
【活動地域と支援】チェチェン・ゲリラはチェチェンとトルコで活動している。対外的連携は不明。

アルスター防衛協会(UDA)
アルスター自由戦士(UFF)
【特長】いずれもアイルランドのプロテスタント派住民ロイヤリスト（英女王に忠誠を誓う人）で構成する過激派組織。カトリック教徒に対するテロを進める。ロイヤリストは過激組織〈ロイヤリスト義勇軍(LVP)〉も組織している。
【活動地域と支援】北アイルランド及びアイルランド共和国で活動している。英国の支持者から支援を受けている。

アルメニア解放秘密軍(ASALA)
別働隊　オルリー団
　　　　10月3日機構
　　　　グルケン・ヤニキアン部隊
【特長】1915年のトルコによるアルメニア人150万人大虐殺に復讐し，トルコ・アルメニアの独立を目標として1972年に極左の民族系過激派〈グルケン・

ヤニキアン部隊〉が結成され，それはレバノンのアルメニア人社会を基盤としていた。1975年9月に〈アルメニア解放秘密軍〉と改称。
【活動地域と支援】全世界のアルメニア人社会の支援を受けている。

アレックス・ボンカヤオ旅団ABB
【特長】〈フィリピン共産党〉の〈新人民軍（NPA）〉から分離した都市暗殺テロ部隊，1980年代中期に結成された。
【活動地域と支援】フィリピンのマニラで活動している。対外的連携は不明。

アンゴラ全面独立民族連盟（UNITA）
【特長】アンゴラ左派政権に対立する右派組織で，人口の40%を占めるオビブンド人で構成され，内戦に敗北し，武装解除を拒否して抵抗している。これに対し，1997年8月〈UNITA〉は国連制裁を受けた。
【活動地域と支援】アンゴラ国内のダイヤモンド利権をめぐり抵抗とテロを繰り返している。アンゴラ内戦時にはUNITAに中国や米国が関与したが，現在，対外的連携はない。

イ

イスラムの覚醒
【特長】神学生の反政府地下組織。
【活動地域と支援】アフガニスタンとパキスタンで活動している。

イスラム集団
【特長】1941年に英領インドでマウラナ・マウジュディが組織し，現在パキスタンを代表するイスラム教徒によるイスラム原理主義組織である。エジプトの〈イスラム集団〉とは別存在。1977年8月成立のジアウル・ハク政権（1988年8月事故で死亡）のもとイスラム化政策を推進した。ハク政権のもとで3000校のマドラサ（神学校）が創設され，30万人のイスラム神学生が育ち，それはアフガニスラン・ゲリラの訓練所ともなった。〈タリバン〉もパキスタンのマドラサ人脈を中核として発足している。ここは，現在，カシミールのゲリラ訓練所ともなっている。
【活動地域と支援】パキスタンとアフガニスタンで活動している。〈アル・カイダ〉の指導者ウサマ・ビンラディンとの関係は特に深い。

イスラム集団（IG）
【特長】〈イスラム同胞団〉を母体にカイロやアレキサンドリアで成長した。目標はエジプト政府の転覆とイスラム国家の樹立である。精神的指導者はオマル・アブドル・ラーマン師。
【活動地域と支援】エジプトのナイル上流地域に展開している。ボスニア，チェチェン，ジャム・カシミール，タジキスタンに展開している。ウサマ・ビンラディンの〈ユダヤ人と十字軍との聖戦のための国際イスラム戦線〉に参加し，アフガニスタンで軍事訓練を受けている。

イスラム復興運動
【特長】ロンドンに本拠をおくスンナ派組織。
【活動地域と支援】不明。

イスラム復興党

【特長】旧ソ連の中央アジア5カ国（カザフスタン，ウズベキスタン，タジキスタン，キルギスタン，トルクメニスタン）には5000万人を超すイスラム教徒が居住し，ペレストロイカ政策で1989年以降，4000以上のモスクやマドラサ（神学校）が建設された。特にタジキスタンでは，1990年9月の独立とともに，10月〈イスラム復興党〉が結成され，目標はイスラム国家の樹立にあった。指導者はサイド・アブドル・ヌリ師。

【活動地域と支援】中央アジア諸国とアフガニスタンで活動している。世界各地のイスラム義勇兵がこの組織に参加している。アフガニスタンの〈タリバン〉政権およびイスラム義勇兵と深い連携がある。資金援助はエジプトの〈イスラム同胞団〉とサウジアラビアのイスラム財団が行っている。

イスラム変革戦線

【特長】パキスタンのパンジャブ州を拠点としたイスラム原理主義組織で，アフガニスタン帰還兵が中心である。アメリカ人を標的としている。

【活動地域と支援】パキスタンとアフガニスタンで活動し，カシミールに参戦している。〈アル・カイダ〉のウサマ・ビンラディンとの関係は特に深い。

イスラム変革党

【特長】神学生の反政府地下組織。

【活動地域と支援】〈タリバン〉と連携してイスラム・ネットワークで活動している。

イティハード・イスラミ（イスラム連合）

【特長】エチオピア東部のオガデン地方はソマリー人が居住しており，1963年に〈西ソマリカ解放戦線（WSLF）〉が反エチオピア・ゲリラ闘争を進めた。代わってイスラム過激派〈イティハード・イスラミ〉が結成され，テロに入った。

【活動地域と支援】エチオピアとソマリアで活動している。対外的連携は不明。

ウ

ウズベキスタン・イスラム運動（IMU）

【特長】ウズベキスタンのイスラム・カリモフ政権に反対するウズベキスタンと中央アジア諸国のイスラム武装勢力で構成，目標はイスラム国家の樹立にある。反米の側面もある。タジキスタンに残存しているが，1999〜2000年当時はアフガニスタンにいた。

【活動地域と支援】活動地域はウズベキスタン，タジキスタン，キルギス，イラン，アフガニスタンである。イランとの関係が深い。中央アジアのイスラム過激派の支援を受ける。

エ

選ばれし導師
【特長】アフガスタン帰還兵幹部でパレスチナ系ヨルダン人ムハマド・マクディシが結成した地下組織。サウジアラビアの〈選ばれし導師〉と連携している
【活動地域と支援】パレスチナで活動しているが，活動状況は不明。〈アル・カイダ〉のウサマ・ビンラディンが関与している。

選ばれし導師(サウジアラビア)
【特長】シーア派組織で，レバノンとイランの〈ヒズボラ〉が支援。
【活動地域と支援】サウジアラビアで活動している。

なし。

オレンジ義勇兵ＯＶ
【特長】2000年9月の北アイルランド内戦の停戦宣言で，プロレスタント系ロイヤリストから分離したテロ集団。カトリック系民間人の権益を攻撃スルコトデ，アイルランド民族主義者との政治的決着を防止することを目標としている。爆弾テロ，放火，殴打，強盗などの能力があり，自らテロ戦術訓練を実施し，爆弾の製造に従事している。
【活動地域と支援】北アイルランドに限定され，国際的連携はない。

オ

カ

オウム
別称　オウム真理教
【特長】米国テロ白書にその名がある。1987麻原彰晃が設立し，1989年に宗教法人の認可を受けたが，1995年10月政府は認可を取り消した。2001年10月5日，地下鉄サリン事件に遭遇したアメリカ人サンミ・ミケヘール女史が米下院公聴会で「こうしたテロが起きることを誰もが心配しているのではないか」と証言した。
【活動地域と支援】日本のみで活動していて，ロシアの信者数は不明。日本人信者は500～2000人と推定。地下鉄サリン事件当時は日本に9000人，世界に4万人と自称していた。対外支援は

革命的細胞(RZ)
【特長】1970年に登場した〈西ドイツ赤軍〉の極左テロ組織。
【活動地域と支援】ドイツ国内で活動している。対外的連携は不明。

革命人民闘争(ELA)
別称　5月1日
【特長】1971年にギリシャ軍事政権下の左翼学生レジスタンスから生まれ，1973年の弾圧で政府施設を目標とした。帝国主義反対の路線に立つ。
【活動地域と支援】ギリシャでのみ活動している。外国支援はない。

革命的人民解放戦線(DHKP-C)

別称　革命的人民解放戦線(DHKP)

【特長】1978年に〈革命的左翼(デブ・ソル)〉として発足，1994年にマルクス主義を信奉して改称した。反米，反NATOの立場にあり，テロで資金を調達している。

【活動地域と支援】トルコ国内に活動は限定される。ヨーロッパでの資金調達が目立つ。

革命連合戦線(RUF)

【特長】シエラレオネの反欧米組織で，1995年以降，外国軍隊の撤退を要求して外国人誘拐を繰り返した。

【活動地域と支援】シエラレオネ国内で活動している。対外的連携はない。

カッサム旅団

【特長】〈ハマス〉の軍事部門で，完全秘密の地下組織。別動隊〈アブドラ・アザム部隊〉は，アフガニスタン帰還兵で構成される。

【活動地域と支援】本拠はガザとヘブロンである。アブドラ・アザムはヨルダン川北部を拠点としていた。イランや〈ヒズボラ〉と戦略的提携関係にある。

神の抵抗軍(LRA)

【特長】スーダン国境に接するウガンダ北部のグル，キトグム地区のキリスト教系カルト集団。

【活動地域と支援】ウガンダ北部で活動している。スーダンの支援を受ける。

カハ

後継組織　カハネ・ハイ

【特長】聖書にあるイスラエル国家の再建を目標とし，過激なユダヤ教イスラエル系アメリカ人メイア・カハネ師と彼の死後，息子のメイア・カハネによって創設された。1994年3月イスラエル国がテロ団体と宣言。

【活動地域と支援】イスラエルと西岸の入植地，特にヘブロンで活動している。米国とヨーロッパのシンパの支援を受ける。

カビンダ飛地解放戦線—カビンダ武装軍(FLEC-FAC)

【特長】アンゴラの油田地帯である飛地カビンダで1963年に結成。カビンダのアンゴラからの分離独立を主張している。1975年のアンゴラ独立で臨時政府を樹立したが，1978年4月消滅した。以後，地下活動に入った。外国企業に対し撤退しなければ，標的にすると脅迫している。

【活動地域と支援】カビンダのみで活動している。対外的連携なし。

カモッラ

【特長】1819年に結成のイタリアのマフィア組織。ナポリを根拠地に111家族で構成し，6700人を擁する。

【活動地域と支援】世界的なネットワークを維持している。

カレン民族同盟(LNU)

【特長】ミャンマーのカレン人独立組織，軍事部門は〈カレン民族解放軍(KLNA)〉で，チェチェンやボスニアと並んで外国人義勇兵が参加している。

【活動地域と支援】ミャンマーのカレン地帯を中心にタイ・中国との3国国境に広がる。「黄金の三角地帯」のヘロイン・ルートの麻薬ネットワークに参加している。

キ

ギブラとギャングと麻薬に反対する市民
別称　世界抑圧に反対するムスリム
　　　違法な指導者に反対するムスリム
【特長】イランのホメイニ主義を信奉する南アフリカのイスラム過激派集団、1980年に発足。1996年にケープタウンで麻薬犯罪と戦う地域の犯罪防止グループ〈ギャングと麻薬に反対する市民（PAGAD）〉として目立った存在となった。その処刑部隊は〈Gフォース〉は元アフガニスタン義勇兵である。
【活動地域と支援】南アフリカの観光地ケープタウンで活動している。南アフリカには、約60万人のイスラム教徒がいる。中東のイスラム過激派と関係が深い。特にパレスチナの〈ハマス〉及びレバノンの〈ヒズボラ〉と連携している。〈アル・カイダ〉のオサマ・ビンラディンと連携している。

ク

クケドリオニ
【特長】故ガムサフルディア最高会議議長系の旧グルジア体制派のテロ組織。ロシア在住のイゴール・ゲオルガゼ元保安局長が黒幕といわれる。
【活動地域と支援】グルジア国内で活動し、シュワルナゼの暗殺に2回失敗した。ロシアの関与がある。

クメール・ルージュ（KR）
別称　ポル・ポト派
【特長】1999年に〈クメール・ルージュ〉の共産主義反政府活動は収束した。2001年に米テロ団体には名前がなくなった。
【活動地域と支援】活動はカンボジアに限定されていた。支援は特になし。

クルド愛国同盟（PUK）
【特長】1975年、バルザニのラバルであるジャラル・タラバニが結成。タラバニはムスタファ・バルザニによってイランに追放された経緯がある。〈クルド民主党〉と〈クルド愛国同盟〉は湾岸戦争の終結で1991年4月、イスラム原理主義組織〈イスラム軍団（IFG）〉を結成し、1993年10月〈クルヂスタン・イラク・イスラム運動（IMIK）〉と改称。同年12月双方の対立で活動停止、〈IMIK〉はイランが関与している。
【活動地域と支援】〈クルド愛国連盟〉はシリアの本拠を置く。イラクとイラン国境にわたるクルド地帯で活動している。シリアとも、イランとも関係がある。

クルド民主党（KDP）
【特長】クルド人バルザニ家のムスタ・バルザニが創設し、クルド国家の樹立を目標としている。1979年のムスタハの死去で息子のマスード・バルザニが

後継した。トルコ系クルドと対立している。
【活動地域と支援】イラクとイラン国境にわたるクルド地帯で活動している。対外的連携は不明。

クルド労働者党(PKK)

【特長】1974年にトルコ系クルド人によってマルクス・レーニン主義版政府組織として結成，都市テロを展開する。トルコ南東部におけるクルド独立国の建設を目指す。
【活動地域と支援】トルコとヨーロッパ，中東，アジアで活動している。シリア(1998年10月まで)，イラク，イランを避難場所としている

ケ

継続アイルランド共和国軍CIRA

別称　継続軍事評議会（CAC）
　　　IRA—継続派

【特長】1994年9月，アイルランド共和国軍（IRA）の停戦宣言で，アイルランドの再統一を目指す政治組織〈シン・フェイン党（RSP）〉の秘密軍事部門として結成された。
【活動地域と支援】北アイルランドおよびアイルランド共和国で活動し，1996年2月テロ闘争に入った。米国の支持者から支援・武器の援助を受けている。

ゲリラス(ムジャヒディン)

【特長】1992年2月ボスニア紛争で，イスラム教徒に対するサウジアラビア・トルコの援助が増大し，ボスニア政府軍にアルジェリア人・エジプト人の義勇軍約300人が参加し〈ゲリラス〉と称された。中東諸国のイスラム教徒が参加した彼らは，戦闘に参加する一方，テロも進めた。
【活動地域と支援】イスラム・ネットワークが活動している。

コ

コーザ・ノストラ

【特長】1837年結成のイタリアのマフィア組織で，世界最大最強の犯罪組織として君臨している。パルレモを拠点に180家族，成員5000人で構成され，ニューヨーク，シカゴなど米国の大都市で圧倒的な力を有する。
【活動地域と支援】米国，カナダ，ドイツ，スイス，フランス，英国，さらにロシアに進出している。

コルシカ民族解放戦線(FLNC)

【特長】1975年5月にコルシカ独立派の穏健組織〈コルシカ人民同盟（UPC）〉に対抗して結成されたコルシカの分離独立運動の過激派。その政治部門はクンコルタ党である。1988年5月の停戦宣言で，1990年に〈コルシカ民族解放戦線―歴史派（FLNC—H）とコルシカ民族解放戦線―抵抗派（FLNC—R）に分裂した。
【活動地域と支援】コルシカに限定される。対外的連携はない。

コロンビア自警軍連合ＡＵＣ

別称　自警団

【特長】地域の経済権益を擁護し，反政府勢力と戦うことを任務として地方の民兵グループを結集して1997年4月成立した。反政府勢力に対する支援者と疑われる者の暗殺かrゲリラ戦闘部隊などその構成は様々である。2000年1～10月に暗殺804件，誘拐203件，計507人を殺害した虐殺75件を実行した。

【活動地域と支援】コロンビアに活動は限定され，8000人がいる。指導者カルロス・カストロは，2000年に活動経費は麻薬関係者の利益，残りは支援者からの寄付であると述べた。

コロンビア民族解放軍（ELN）

【特長】1965年の結成された反米ゲリラ集団である。農村・山岳地帯に3000～6000人が展開している。

【活動地域と支援】コロンビア・ベネズエラ国境を拠点に広範なテロ闘争を展開している。キューバの支援を受けている。

コロンビア革命武装軍（FARC）

【特長】1964年に〈コロンビア共産党〉の武装組織として発足，広範なテロ闘争を展開している。

【活動地域と支援】コロンビア，ベネズエラ，パナマ，エクアドル，ブラジルに活動範囲が広がっている。キューバの支援を受けている。

サウジ・ヒズボラ

【特長】シーア派組織で，活動は限定的である。

【活動地域と支援】サウジアラビアで活動している。レバノンとイランの〈ヒズボラ〉が支援している。

サイカ

【特長】〈パレスチナ解放機構（PLO）〉に参加しつつも，シリアの支援で独自のパレスチナ解放闘争を展開した。

【活動地域と支援】レバノンとシリアで活動した。１９９６年パレスチナ自治政府の樹立でその活動を停止している。シリアの資金援助を受けている。

三合会

【特長】香港を拠点とした黒社会の連合体。源流は17世紀，満州人の清朝支配に抵抗する漢民族の民族団体として発足した。その第三勢力が〈14K〉である。

【活動地域と支援】構成員は30万人，ニューヨーク，サンフランシスコ，ロンドン，アムステルダム，東南アジアの中国人移民社会に拠点をおく。海外では〈トライアド〉と呼ばれ，米国ではチャイニーズ・マフィアの中核となっている。「黄金の三角地帯」のヘロイン・ルートを支配している。

シ

サ

11月17日革命機構

【特長】1975年に訓練された左翼過激

派集団として誕生，1973年11月のギリシャ軍事政権の成立で反ギリシャ支配政権，反トルコ，反米，反NATOを主義として，米軍事基地の引き揚げ，トルコ軍のキプロス撤退，ギリシャのNATO脱退，欧州連合の関係断絶を主張している。1973年11月17日の学生蜂起鎮圧を記念してその名称が付けられた。

【活動地域と支援】アテネを中心のギリシャで活動している。活動人員は10～15人と推定される。対外連携は不明。

シク組織

【特長】以下の過激派組織が存在している。

ババル・カルサ　1978年創設。

ダル・カルサ　1978年4月創設。

サヒード・カルサ

カリスタン解放軍　カリスタンはシク独立の目指すシク国家の名称。

ビンドランワレのトラ　1984年6月シク総本山ゴールデン・テンプルのインド軍掃討作戦で死亡した指導者ビンドワンワレの名をとる。

全インド・シク学生連盟（AISSF）

ダシュメシュ　テロ組織として有名。

【活動地域と支援】いずれもシクの独立のために，インド内外で活動している。世界シク機構，国際シク青年連盟を通じてシク教徒から資金を調達している。

シバ・イ・シャハバ

【特長】パキスタンのパンジャブ州都ラホールを拠点としているスンナ派地下組織。シーア派住民に対するテロを遂行している。

【活動地域と支援】活動はパンジャブに限定される。特に対外的連携はない。

ジハード

別称　エジプト・イスラム・ジハード
　　　ジハード団
　　　イスラム・ジハード

【特長】1970年代後半以降活動しているエジプトのイスラム過激派，前身は〈イスラム解放党〉や〈ムハマドの息子たち〉。オサマ・ビンラディンの世界イスラム戦線に参加している。エジプト政権の転覆とイスラム国家の樹立という目標から米国の権益を標的にするようになった。〈イスラム集団〉に比し，テロ性が強い。〈ジハード団〉の別働隊が〈征服の前衛〉である。

【活動地域と支援】カイロ地域で活動し，アフガニスタン，パキスタン，スーダン，英国にネットワークをもつ。オサマ・ビンラディンの支援する，〈ユダヤ人と十字軍との聖戦のための国際イスラム戦線〉に参加している。

ジハード・フォーラム

【特長】〈ヒズブル・ムジャヒデン（ムジャヒディン党）〉，〈ハラカト・ウル・アンサル（勝者の運動）〉など8組織が，2001年9月26日パキスタンのペシャワルで統合組織〈ジハード・フォーラム〉の結成に合意した。米国の〈タリバン〉政権に対する軍事作戦に対して聖戦を訴えることを確認した。【活動地域と支援】活動はジャム・カシミル地方に限定され，サウジアラビアの関与もあったが，1998年2月ウサマ・ビンラディンの〈ユダヤ人と十字軍に対する聖戦のための国際イスラ

ム戦線〉に参加している。

自由アチェ運動（GAM）

【特長】スマトラ島のアチェ人地域へのジャワ人・スマトラの入植から，1976年12月4日〈アチェ・スマトラ民族解放戦線〉による「自由アチェ宣言」をみた。1988年シャー・クアラがリビアから帰国し，翌89年9月〈自由アチェ運動〉の国軍兵営攻撃となった。1991年3月シャ・クアラは逮捕され，自由アチェは壊滅したが，闘争は続く。

【活動地域と支援】インドネシアの弾圧で，一部はマレーシアへ逃れた。1992年ごろに，指導者ハッサン・ディロのもとスウェーデンに自由アチェ亡命政府が樹立されたが，実体は不明。リビアの支援の他は不明。

自由パプア機構（OPM）

別称：自由パプア運動

【特長】1963年インドネシア西イリアン州のジャヤプラで元デムタ区長アセル・デモカイがパプア・ニューギニア住民による〈パプア自由運動〉の独立派組織〈OPM〉を結成した。1965年7月28日〈OPM〉分子がインドネシア国軍を襲撃し，武器を奪取した。1969年の国軍による権威作戦で抵抗は封じられたが，テロ闘争は続く。

【活動地域と支援】西イリアン，現在のイリジャンジャ地域に活動は限定されるが，西欧諸国・日本の人民連帯がある。

ジャム・カシミール・イスラム戦線（JKIF）

【特長】イスラム過激派として〈ハラカト・ウル・アンサル〉とは別の存在として活動し，シクとの共闘関係も指摘される。

【活動地域と支援】アサド・カシミールとジャム・カシミールで活動している。パキスタン軍情報部と〈イスラム集団〉が全面支援している。

シャンティ・バヒニ

【特長】バングラデシュのミャンマー国境地区チンタゴンの仏教徒チャクマが，1970年代後半以降，分離独立を要求して武装闘争を行なってきた。1997年12月自治が達成され，1998年2月中核兵士700人は武装解除した。

【活動地域と支援】ミャンマーとバングラデシュに連なる地帯で活動した。対外的連携なし。

助言改革委員会

【特長】アフガニスタンの帰還兵で組織し，〈アル・カイダ〉のウサマ・ビンラディンが関与している。いずれも，サウジアラビアの反政府組織である。

【活動地域と支援】活動はサウジアラビアに限定され，オサマ・ビンラディンとの関係は不明。

新パタニ統一解放戦線（NPULF）

【特長】タイ南部のイスラム教徒地帯で活動し，マレーシア国境地帯の密林を本拠とするイスラム教徒組織，前身は〈パタニ統一解放戦線（PULF）〉。南部のイスラム地域の自決を目指す。

【活動地域と支援】活動はタイ南部に限定される。マレーシア，フィリピンのイスラム教徒との連携がある。

真のIRA（RIRA）

【特長】1997年9月に〈IRA〉から分裂し，北アイルランドから英軍の追放

を目指し，アイルランドの統一を目標とした政治圧力集団〈32州主権運動〉の秘密軍事組織として1998年2～3月に結成，テロ継続を宣言した。
【活動地域と支援】北アイルランド及びアイルランド共和国で活動している。米国の支持者から支援・武器の援助を受ける。

人民解放戦線（JVP）

【特長】スリランカのシンハラ人の親ソ派極左組織，1960年代に活動が始まった。〈タミル・イーラムのトラ（LTTE）〉とシンハリ人の与党，統一国民党（UNP）の議員と官僚を標的にしてテロ活動を行ってきた。
【活動地域と支援】活動はスリランカに限定される。対外連携はなし。

人民革命軍（EOR）

【特長】1996年6月メキシコ南東部ゲレロ州に発足し，蜂起した。
【活動地域と支援】メキシコのゲレロ州に限定されている。対外的連携はなし。

新人民軍（NPA）

【特長】1969年12月結成された毛沢東主義のグループで，フィリピン共産党の軍事組織。
【活動地域と支援】フィリピンのルソンの農村地帯，ビサヤ，ミンダナオの一部で活動している。6000～8000人程度の勢力。対外的連携は不明。

セ

世界イスラム革命運動機構

【特長】イランのイスラム共和党のイスラム宣伝局が設けられ，ムスタファザン財団が財政支援をした。その対外工作部門として〈世界イスラム革命運動機構〉が設立された。
【活動地域と支援】同機構を構成したのは以下の3つで，イランが支援し関与している。

〈ダワ〉イラクで活動するシーア派秘密組織。〈イラク・イスラム革命最高評議会（SCIRI）〉の傘下にある。

〈バハレーン・イスラム解放戦線〉 バハレーンのシーア派地下組織。

〈アラビア半島イスラム革命機構〉サウジアラビアのシーア派地下組織。

センデロ・ルミノソ（輝く道）

【特長】1960年代後半に大学教授アビマエル・グスマンが結成。宣言された目標はペルーの現社会制度の解体と農民中心の革命政権の樹立にあった。グスマンは1992年に逮捕された。
【活動地域と支援】ペルーの農村地域で活動している。対外的連携はない。

ソ

ソディロフ兄弟部隊

【特長】タジキスタン内戦で反政府の西部軍閥として活躍し，ソディロフ兄弟を指導者としているテロ組織。タジキスタンの駐留ロシア軍を標的にして

いる。1996年12月テロ部隊を組織した。

【活動地域と支援】タジキスタン国内で活動し、ドゥシャンベ東部のカライナフとアフガニスタン国境地帯を拠点としている。対外的連携なし。

タ

ダコイト

【特長】パキスタンの山岳地帯に活動する山賊団の総称、誘拐・強盗を手段としている。

【活動地域と支援】パキスタンに限定される。対外的連携なし。

タミル・イーラムのトラ(LTTE)

関連組織　世界タミル連盟（WTA）
　　　　　世界タミル運動（WTM）
　　　　　カナダ・タミル連合連盟（FACT）

【特長】1976年にスリランカのタミル人が結成、タミル独立国家の建設を目指し、1983年にスリランカ政府と武力闘争に突入し、激しいテロを繰り返している。前身は1970年結成の〈タミル学生組織〉の武装部門で、それは〈タミル統一戦線〉となった。その内部対立から〈LTTE〉、〈タミルの新しいトラたち（TNT）〉、〈タミル・イーラム解放機構（TELO）〉が生まれた。〈LTTE〉の特攻部隊は自爆テロの〈ブラック・タイガー〉といわれる。潜水部隊〈シー・タイガー〉も組織されている。

【活動地域と支援】スリランカの北部と東部の海岸地域を支配し、国内闘争をとってきた。本部はジャフナ半島にある。8000～10000人の武装勢力を有する。世界タミル協会（WTA）、カナダ・タミル協会連合（FACT）などを通じて北米、ヨーロッパ、アジアのタミル人社会の支援を受ける。インドの親タミル勢力〈ドラビダ組織〉の支援は強い。

タリバン

【特長】1994年8月パキスタンのアフガニスタン国境の町チャマンにムハマド・ウマルを中心とするイスラム神学生と〈イスラム変革運動〉〈イスラム党ハリス派〉の残党の仲間60人で〈タリバン（学生たち）〉が組織された。

【活動地域と支援】アフガニスタン南部のカンダハルを拠点に活動を広げ、1995年までにアフガニスタン全土30州のうち10州を制圧した。総司令官ムハマド・オマルはイスラム神学者で元〈イスラム変革運動〉幹部であった。

ダル・カルサ
ビンドランワラ・タイガー部隊
ババール・カルサ

【特長】いずれもカリスタン（清浄な地）のシク国家の樹立を目指している。

【活動地域と支援】インド北部、西ヨーロッパ、東南アジア、北米で活動している。世界のシク社会から資金を調達し、〈世界シク機構〉や〈国際シク青年連盟〉が多くの働きかけを行っている。

ツ

ツパマロス民族解放運動(MLNT)
【特長】1962年にウルグアイで活動に入った左翼ゲリラ組織，南米極左運動の先駆であった。1972～73年に2000人が投獄され，壊滅状態となった。
【活動地域と支援】そのネットワークは南米全域に広がった。

ト

ドイツ赤軍(RAF)
別称：西ドイツ赤軍
後継組織　反帝国主義者細胞（AIZ）
【特長】1968年に西ドイツの左翼運動の過激派を統合して極左地下組織として誕生。当初，指導者の名で〈バーダー・マインホフ集団〉といわれた。1970年6月〈ドイツ赤軍〉と称され，1960年代後半から1970年代初めにかけ世界最大のテロ組織として活動した。RAFの後継組織として〈反帝国主義者細胞（AIZ）〉が1990年代を通じて活動した。
【活動地域と支援】西ドイツを中心にテロ活動を展開したが，現在はフランスの〈アクション・ディレクト（AD）〉，ベルギーの〈戦闘的共産主義者細胞（CCC）〉と連携して存在し，1985年に共同軍事戦線の結成を発表した。パレスチナ・ゲリラの〈パレスチナ解放人民戦線（PFLP）〉，〈ファタハ〉と連携して武装闘争能力を獲得し，ソ連情報部や東ドイツ情報部の協力でテロ訓練を重ねた。

トゥパク・アマル革命運動MRTA
【特長】1983年に創設された伝統的マルクス・レーニン主義の革命運動組織，ペルーの〈革命左派運動〉の残党によって結成された。ペルーからのすべての帝国主義要素，米国および日本の影響力の排除とマルクス主義政権の樹立を目標としている。
【活動地域と支援】ペルーを中心にラテンアメリカ地域で広く活動している。対外的連携はない。

トゥパク・カタリ戦闘軍(EGTK)
【特長】ボリビアのペルーとの国境地帯に展開し，反米主義でモルモン教会を含む米国関連施設の襲撃を行った。
【活動地域と支援】展開地域はボリビアのペルー国境地帯に限定されている。対外的連携がない模様。

統一民族解放戦線(UNLF)
【特長】インド・マニプル州の分離独立派，州都インパールで無差別テロをしている。
【活動地域と支援】インド国内で活動している。対外的連携なし。

トリプラ民族義勇軍
【特長】インド・トリプラ州の分離独立を主張し，バングラデシュに拠点をおく。
【活動地域と支援】インド国内で活動

している。バングラデシュとの関係が深い。

東トルキスタン・イスラム党
【特長】イスラム原理主義のウィグル人の分離独立派組織。トルコのイスタンブールに本拠を置く。カザフスタンの首都アルマイトにある〈民族統一革命戦線(UNRF)〉はこれを母体にして活動している。
【活動地域と支援】1990年4月に中国新疆の各地で暴動を起こし,活動が表面化した。〈アル・カイダ〉との連携が強い。

ナガ民族評議会
【特長】インド・ナガランド州のナガ分離独立派,州都コヒマで無差別テロを行った。
【活動地域と支援】ナガランドに活動は限定されている。対外的連携なし。

ナクサライト人民戦争集団
【特長】インド中南部のアンドラ・プラデシュ州を拠点とした極左過激派。
【活動地域と支援】インドの麻薬地帯で地元有力者の民兵として活動している。対外的連携は不明。

ナ

ニ

ナイジェリア過激派
【特長】石油産業を支配するロイヤル・ダッチ・シェルなどに挑戦するナイジェリアの労働系過激派で,特に名称はない。
【活動地域と支援】ナイジェリア産油地帯で活動している。対外的連携はなし。

ナイル川西戦線(WNBP)
【特長】ウガンダの旧イシ・アミン派残党で構成される組織。
【活動地域と支援】スーダン・コンゴ国境近くの白ナイル西岸のウガンダ北西辺境で活動している。リビアとスーダンが支援している。

日本赤軍
別称　反帝国主義国際旅団(AIIB)
【特長】〈日本共産主義者同盟赤軍派〉から1970年に分裂して結成された国際テロ集団。日本の反戦民主戦線との関係が強く,マニラ,シンガポールに基地を建設し,パレスチナ・テロ集団と深い関係にあった。〈日本赤軍〉最高幹部重信房子の指示で,2001年4月14日東京で開催された支援者集会で「日本赤軍は解散する」との声明が代読された。2001年10月米国のテロ組織指定がはずされた。
【活動地域と支援】レバノンのシリア支配地域に本拠があった。中核メンバーは8人程度,シンパが多い。対外支援は不明。

ネ

ネーション・オブ・イスラム
【特長】1934年にアメリカのデトロイトに設立、黒人組織としてのネットが強く、1960年代にマルコム・Xが組織を発展させた。現在はマルコムの弟子ルイス・ファラカンで、〈アル・フラク〉と対立している。

【活動地域と支援】アメリカを中心に活動しているが、1996年1月ファラカン代表がリビアを訪問し、カザフィと会談して話題となった。リビアの人権賞のファラカン受賞を米国政府は認めなかった。国際的連携は世界的であるが、その深さは不明。

ハ

バスク祖国と自由(ETA)
別称　ベンハミンのための反帝国主義自由部隊

【特長】スペイン北部とフランス南西部でマルクス主義に基づく独立祖国の建設を目標、1959年に設立。前身は1936年の〈バスク民族党(PNV)〉で、最強硬派が分裂し、1966年に決定的に対立した。〈ETA－武闘派〉と〈ETA－政治武闘派〉に1974年に分裂し、さらに〈ETA－武闘派〉は国内テロ派と南米亡命政権派に分裂した。政治武闘派と南米亡命政権派はバスク議会で合法的活動をしている〈人民統一党(GB)〉と連携しているが、武闘派はテロ闘争を続けている。

【活動地域と支援】主としてスペイン北部のバスク自治地域とフランスの南西部で活動、フランスとスペインの権益に挑戦している。国内派はフランス国内の拠点を移動している。資金は高官・実業家らの革命税に依拠している。活動者は過去にリビア、レバノン、ニカラグアでの訓練を受けた。メンバーの一部はアルジェリア及びキューバにおり、ヨーロッパの極左ネットワークの崩壊で〈アイルランド共和国軍(IRA)〉との組織的連携が生まれた。南米亡命政権派はベネズエラのカラカスに本部をおき、キューバ、ドミニカ、ニカラグア、さらに世界の極左ネットワークと連携している。最近、イスラム原理主義反米ネットワークに参入したといわれる。

ババリア解放軍
【特長】1997年10月、オーストリア警察は、1993年以降、オーストリアとドイツにおける手紙爆弾テロを遂行してきた犯人を逮捕し、〈ババリア解放軍〉の存在が明確になった。

【活動地域と支援】オーストリアとドイツで活動した。結果的に単独犯の犯行と判明した。

ハマス(イスラム抵抗運動)
【特長】〈イスラム同胞団〉のパレスチナ支部の分派として1987年末に結成。イスラエルを打倒してパレスチ

ナ・イスラム国家の樹立のために，テロ手段をとる。〈カッサム旅団〉のイスラエルに対する自爆テロで注目された。1990年代初期にはパレスチナ人〈ファタハ〉も目標とした。指導者アハマド・ヤシン師は抵抗闘争インティファーダを指導した。

【活動地域と支援】主として，ガザと西岸のイスラエル占領地域で活動中。ヨルダンのアンマン事務所は1999年8月閉鎖，ヨルダンはその活動を禁止。外国に居住するパレスチナ人，イラン，さらにサウジアラビアなど穏健派アラブ諸国の個人的財政支援を受けている。

ハラカト・ウル・アンサル

【特長】1993年10月，パキスタンのイスラム・ゲリラ組織〈イスラム聖戦運動〉，〈ムジャヒディン運動〉，〈ジャム・カシミール解放戦線〉が連合し，〈ハラカト・ウル・アンサル（勝者の運動）〉が生まれた。パキスタンのアザド・カシミール州ムザハラバードに本拠をおく。アフガニスタンのパキスタン系ゲリラと共闘関係にある。内部のテロ組織として〈アル・ファラン〉の存在が知られる。

【活動地域と支援】パキスタンのアザド・カシミールとインドのジャム・カシミールで活動し，兵力は1万人に達する。〈タリバン〉やアフガニスタン義勇兵が参加している。パキスタン軍情報部と〈イスラム集団〉が全面支援している。サウジアラビアも支援している。その資金はタジキスタンとミャンマーに流れている。〈アル・カイダ〉のウサマ・ビンラディンとの関係も深く，〈ユダヤ人と十字軍との聖戦のための国際イスラム戦線〉に参加している。

ハラカト・ウル・ムジャヒデン

【特長】パキスタンに本拠をおくイスラム武装組織。1998年の米国および西欧の権益に対する攻撃テロのファトワに署名した。オサマ・ビンラディンの支配下にある。本拠はパキスタンのムザファラバードにおき，訓練基地はアフガニスタンとパキスタンにある。

【活動地域と支援】インドのジャム・カシミールで活動している。サウジアラビアなどガルフ諸国とイスラム諸国，パキスタン人，カシミール人の醸出で運営している。

パレスチナ・イスラム・ジハード（イスラム聖戦）

【特長】1970年代にガザ地区の戦闘的なパレスチナ人の間で生まれた。ジハード（聖戦）によるパレスチナ・イスラム国家の樹立を目指し，イスラエルの解体を目標とする。

【活動地域と支援】イスラエルとその占領地域，ヨルダン，レバノンで展開している，本部はシリアにある。イランとシリアの支援を受けている。

パレスチナ解放機構（PLO）

【特長】1964年ナセル・エジプト大統領の主導でアラブ首脳会議がカイロ開催され，〈パレスチナ解放機構〉の創設が決まり，初代議長に元サウジアラビア国連大使アハマド・シュケイリが就いた。1967年の六日戦争でナセルが敗北し，エジプト軍の一部であった〈PLO〉軍事部門〈パレスチナ解放軍〉も解体し，シュケイリも追放された。1986年ヨルダンを拠点にパレスチナ・ゲリラが勢力を拡大し，1969年ゲリラ

最大の勢力〈ファタハ〉指導者ヤセル・アラファットが〈PLO〉議長に就任した。1974年国連総会のアラファット演説で国際社会における〈PLO〉の認知を高め，構成勢力の独自の闘争がなされつつも，軍事組織として大きく成長した。1989年4月亡命政府ではないが，その組織を整え，イスラエルとのゲリラ戦争ではイスラエル打倒の目的を達成できなかったが，アラファットは，1993年9月イスラエルとの和解とテロ放棄宣言をし，1994年7月パレスチナの地に入り，1996年2月パレスチナ自治政府が樹立され，アラファットが議長に就任した。〈PLO〉は1970年ヨルダンを追放され，レバノンに移ったが，ここも1982年にレバノンを追放される。そのレバノンにおける最盛時の軍事力は以下の通りであった。〈ファタハ〉1万数千，〈パレスチナ人民解放機構（PFLP）〉3000，〈パレスチナ解放戦線（DFLP）〉1000，〈パレスチナ人民解放機構―総司令部派（PFLP-GC）〉1000，サイカ（シリア系）500，〈アラブ解放戦線（ALF）イラク系〉500，〈パレスチナ解放戦線（PLF）〉200，その他であった。

【活動地域と支援】その活動はパレスチナ，レバノンに限定されず，世界的に広がった。反イスラエルのアラブ諸国，反米共産陣営からの多大の財政的支援を受け，国際社会も彼らの闘争目標であるパレスチナ国家の樹立を無視できなかった。

パレスチナ解放戦線（PLF）

【特長】〈パレスチナ解放機構（PLO）〉に参加しつつも，イラクの支援でパレスチナ解放闘争を展開した。

【活動地域と支援】中東全域で活動した。1996年パレスチナ自治政府の樹立で司令官ムハマド・アッバスはイラクに戻った。イラクの資金援助を受ける。

パレスチナ解放人民戦線（PFLP）

【特長】1967年に〈パレスチナ解放機構（PLO）〉に参加したマルクス・レーニン主義団体であったが，1993年のパレスチナ暫定自治反対宣言に参加し，〈PLO〉から脱退した。1970年代に多くの国際テロを展開した。

【活動地域と支援】シリア，レバノン，イスラエルとその占領地域に展開している。シリアに避難場所を有していた。

パレスチナ解放人民戦線総司令部派（PFLP-GC）

【特長】1968年に〈パレスチナ解放人民戦線（CPFLP）〉から戦闘重視で分裂した。ダマスカスに本部をおいた。

【活動地域と支援】レバノンに基地をもつ。シリアから兵站支援，イランから財政支援を受けている。

パレスチナ民主解放戦線（GFLP）

【特長】1969年の<パレスチナ解放人民戦線（PFLP）>より分離。議長ナイフ・ハワトメのもと1980年代以降，現実路線に転向。

【活動地域と支援】南レバノンとベッカー高原を拠点とし，ダマスカスにも拠点をおく。国際テロには関与していない。シリアとリビアが支援している。

ヒ

東チモール独立革命戦線(FRETILIN)
【特長】ポルトガル支配下に左翼独立政党として発足し，1974年のポルトガルの撤退で，武装組織としての活動に入った。軍事部門に〈東チモール民族解放軍（FALANTIL）〉が結成され，爆弾テロの秘密部隊は〈黒い旅団〉といわれた。1991年12月政治部門〈チモール社会主義協会〉が設立された。
【活動地域と支援】東チモールで活動している。国際的支援は多面的である。

ヒズブル・ムジャヒディン
【特長】パキスタンの宗教政党，イスラム協会の武装組織で，1989年に創設された。活動家の多くはパキスタン人とアフガニスタン人である。成員は約4500人である。
【活動地域と支援】カシミールで活動している。

ヒズボラ
別称　イスラム聖戦
　　　革命正義機構
　　　パレスチナ解放イスラム聖戦
【特長】レバノンで結成されたイスラム・シーア派の過激集団で，レバノンにおけるイラン型イスラム国家の樹立とこの地域からのすべての非イスラム勢力の排除を目標とし，強い反イスラエル主義・反西洋主義を志向。シリアを拠点とした〈イスラム聖戦〉のシャカキ派に対して，穏健の〈イスラム聖戦〉であるアサド・バユード・タミミ派はヨルダンのアンマンを拠点として活動している。
【活動地域と支援】ベッカー高原，ベイルート南部で活動。ヨーロッパ，アフリカ，中米，南米，アジアに細胞組織を展開している。数千人の規模。イランとシリアの全面的支援を受けている。

フ

ファタハ蜂起派
【特長】1983年5月レバノンに駐留する〈ファタハ〉の一派が反アラファト反乱を起こした。アラファト〈パレスチナ解放機構（PLO）〉議長は，シリアとリビアの支援で，12月アラファトはその一派を国外に追放した。現在，その存在はない。
【活動地域と支援】駐留シリア軍のもとに，トリポリ，ベッカー高原，シリアの難民キャンプに展開した。シリアの支援で，〈サイカ〉に吸収された。

武装イスラム集団(GIA)
【特長】世俗的なアルジェリア現政権の打倒とイスラム国家の樹立を目標として1981年に結成されたイスラム過激派。1981年結成のアルジェリア・イスラム運動（MIA），1989年3月結成のイスラム救国戦線（FIS），〈FIS〉の非合法化で結成の〈イスラム救国軍（AIS）の活動が続いたあと，〈FIS〉の

最強硬派と〈MIA〉分子が結集して〈武装イスラム集団〉が生まれた。1991年12月総選挙での〈イスラム救国戦線(FIS)〉の勝利を政府が無視したために，1992年初めに暴力テロに走った。その中核はアフガニスタン帰還兵である。

【活動地域と支援】活動はアルジェリアに限定されているが，フランスの200万人以上のアルジェリア人社会が大きな基盤である。スペインにも細胞が浸透している。フランスの国内弾圧で一部がベルギーへ移った外国に居住するアルジェリア人や〈GIA〉のメンバーが財政・兵站支援を提供している。スーダン，イラン，リビアの支援を受ける。〈アル・カイダ〉のウサマ・ビンラディンも関与している。

フツ残党

【特長】ルワンダで1994年にフツ住民1000万人虐殺で残ったフツ人組織で，ツチ政権の成立で隣接のコンゴ（旧ザイール）に移り，ここを拠点に反ツチ・テロを展開している。

【活動地域と支援】ルワンダ・コンゴで活動している。対外的連携はない。

フラームス・ミリタンデ・オルテ (VMO)

【特長】北部オランダのフラマン人で構成される極右ネオ・ナチ系政治組織〈フラームス・ブロック(VB)〉の過激派下部組織。

【活動地域と支援】不明。

ホ

法的権利擁護委員会(CDLR)

【特長】ロンドンに本拠をおくスンナ派組織。

【活動地域と支援】不明

ボドランド民族民主戦線NDFB

【特長】インド・アッサム州のボド分離独立派の組織，1985年以降，活動している。

【活動地域と支援】インド国内で活動している。対外的連携なし。

マ

マヌエル・ロドリゲス愛国戦線 (EPMR)

【特長】1983年12月〈チリ共産党〉の軍事部門として発足，1980年代に分裂し，反主流の〈EPMR－異論派〉がテロを継続した。

【活動地域と支援】チリに限定される。対外的連携なし。

ミ

ミシガン・ミシリア

【特長】1994年にアメリカで結成。オクラホマ州連邦ビル爆破への関与で注目された。

【活動地域と支援】アメリカ全土に展開し，構成員は1万2000人。対外的連携はなし。

ミゾ民族戦線(MNF)
【特長】インド・ミゾラム州ノミゾ分離独立派の組織，ミャンマーとバングラデシュを拠点としている。
【活動地域と支援】インド国内で活動している。ミャンマーとバングラデシュとの関係が深い。

ミリシア
【特長】アメリカの白人至上主義組織，軍事マニア集団の性格が強い。反ユダヤ主義で妊娠中絶に反対している。
【活動地域と支援】全米で224団体があり，特に農村地帯に集中している。国際的連携は不明。

民主同盟軍(ADF)
【特長】ウガンダのルワンダ国境カバレ地区を本拠にある反政府組織。
【活動地域と支援】ウガンダのルワンダ国境で活動している。スーダンの傘下にある。

民族統一革命戦線(UNRF)
【特長】カザフスタンの首都に本拠をおくが，中国新疆ウィグル自治区の反政府独立イスラム・ゲリラで，イスラム原理主義勢力〈東トルキスタン・イスラム党〉の中核勢力である。
【活動地域と支援】活動は中国新疆地区に限定されるが，北京でテロを起こした。イスラム・ネットワークに参加している。オサマ・ビンラディンとの連携も強い。

ム

ムジャヒディン・ハルク(イスラム戦士機構)(MKO)
別称　イラン民族解放軍（NLA）
　　　民族抵抗評議会（NCR）
　　　イラン人民ムジャヒディン(PMOI)
　　　ムスリム・イラン学生協会
【特長】1960年代に大学教育を受けたイラン商人の子弟によって結成され，シャー政権の白色革命＝西洋的近代化に反対した。マルクス主義とイスラム性を併せ持つ反体制集団であったが，イラン・イスラム革命以後は，イラン聖職者政権の権益を攻撃するところとなった。〈イラン民族解放軍〉はその軍事部門。民族抵抗評議会はバニサドル元大統領が反体制派8組織を結集してパリで結成したが，現在，バニサドルが離脱し，〈MKO〉に統合している。
【活動地域と支援】1980年代にイラン治安部隊の弾圧で指導者はフランスへ逃れ，1987年までにイランに戻った。1990年代を通じてテロ闘争をとった。イラクの支援の他，海外のイラン人社会の支援を受けフロント組織が世界の各地にある。

ムジャヒディン党
【特長】アメリカを本拠においてパキスタンに浸透している〈アル・フクラ〉の別動隊といわれる。ヒンドゥー教徒に対する無差別テロを遂行し，最過激派といえる。

【活動地域と支援】パキスタンで活動している。アメリカからの資金を受けている。

ムハマドの兵隊
【特長】1991年にアフガニスタン帰還兵がヨルダンに結成した地下組織。1950年代以降，ヨルダンでエジプトを起源としたイスラム原理主義地下組織〈イスラム解放党〉として存在していたが，それは消滅し，現在は代わって別働隊〈ムハマドの兵隊〉となっている。

【活動地域と支援】パレスチナの〈ハマス〉ヨルダン支部と一体化して活動している模様。〈アル・カイダ〉のオサマ・ビンラディンが関与している。

モ

モハマッドの軍JEM
別称　ジャシェ・モハマド

【特長】パキスタンの本拠を置くイスラム原理主義集団。パキスタンのペシャワールとムザファラバードを拠点としている。指導者マスード・アザールは1999年12月ハイジャックされてアフガニスタンに到着したインド航空機の155人の人質と引き換えにインドで釈放された。

【活動地域と支援】インドのジャム・カシミール州スリナガルでの作戦に参加している。資金はハラカト・ウル・ジハード・アル・イスラムから得ており〈タリバン〉及びオサマ・ビンラディンの〈アル・カイダ〉の支援を受けている。

モロ・イスラム解放戦線（MILF）
【特長】1978年に〈モロ民族解放戦線（MNLF）〉から分離し，イスラム原理主義が強い。

【活動地域と支援】フィリピンのスールー諸島のバシラン島，ミンダナオ島コタバト地方を本拠とする。マレーシアとの連携がある。

モロ民族解放戦線MNLF
【特長】フィリピンの南部ミンダナオ島およびスールー島のイスラム教徒500～600万人を基盤に誕生，イスラム地区の自治を求めた武装ゲリラ組織。1969年にフィリピン大学の学生運動家ヌハルディン・ミスアリが組織したが，地元集団の連合体の性格が強い。1972年9月マルコス政権が戒厳令を布告したため，翌10月ホロ島で蜂起し，1972～1975年には難民200万人を生んだほどの内戦を展開，最大兵力は2～3万人であった。1976年12月和平協定を政府と締結した。和平協定は実をあげず，1977年に破棄され，以後，テロ戦術を展開した。1993年に始まった和平交渉が1996年2月合意され，9月ミンダナオ自治区が設立され，ミスアリは知事に就任した。

【活動地域と支援】活動はフィリピンに限定され，スールー諸島のホロ島，バシラン島，ミンダナオ島西部のコタバト周辺が拠点である。サウジアラビアの全面的支援のほか，シリア，サウジアラビア，マレーシアのイスラム勢力の支援を受けた。多くのメンバーはリビアとシリアで軍事訓練を受けた。

ヤ

ヤーディ
【特長】ジャマイカ移民のギャング組織。麻薬の密輸に関係している。
【活動地域と支援】ジャマイカで活動している。本拠地はマンチケスター，ロンドン，リバプール，バーミンガム，ブリストルなどジャマイカ移民の居住地域を基盤とする。銃はロシア・マフィアに仰いでいる。

ラ

ラーマン・サンギノフ部隊
【特長】タジキスタン内戦で反政府の西部軍閥として活躍し，その強硬派指導者ラーマン・サンギノフが組織したテロ組織。タジキスタンの駐留ロシア軍を標的にしている。
【活動地域と支援】タジキスタン国内で活動している。対外的連携なし。

ラウタロ青年運動(MJL)
別称　統一人民行動運動ラウタロ派
　　　　（MAPU-L）
　　　ラウタロ人民革命部隊（FRPL）
【特長】チリの首都サンチャゴを本拠とする極左都市ゲリラ。1980年代にテロを繰り返した。
【活動地域と支援】チリ都市部に活動は限定される。対外的連携はなし。

ラシュカレ・トイバ
【特長】パキスタン軍の支援で1987年に設立した。約300人が活動している。
【活動地域と支援】カシミールの限定されている。現在は縫製工場を経営して自己財源を確保している。

ラスカルーエータイバLT
【特長】1989年に結成のスンナ派反米電動組織で，パキスタンのラホールとムザファラバードに本拠を置く。パキスタン支配下のカシミールとアフガニスタンに移動訓練キャンプを設けている。
【活動地域と支援】1993年以降，カシミールで多くの作戦行動を行った。中核メンバーのほとんどが他地域からの者で，神学校出身者でアフガニスタン戦争を戦った勇士である。英国のパキスタン共同体，パキスタン人・カシミール人実業家からの寄付によって運営している。フィリピン，チェチェンを含むイスラム・ネットワークの連携にある。

リ

リビア救国民族戦線(NFSL)
リビア民主運動(LDM)

リビア民族同盟(LNA)
リビア・バース党(LBP)
イスラム解放機構(ILO)
ジハード
ヒズボラ

【特長】いずれも，リビアの反政府運動で，イスラム過激派のイデオロギーを担っている。

【活動地域と支援】活動はリビアに限定される。対外的連携は不明。

ル

ルワンダ解放軍ＡＬＩＲ

別称　インタアームウェ

前武装軍ＦＡＲ

【特長】前武装軍ＦＡＲは，1994年にツチ族及び政権反対派を50万人あるいはそれ以上殺戮したルワンダのフツ族政権の軍隊であった。〈インタアームウェ〉はその下で殺戮を行った軍隊であった。両グループは1994年にルワンダからザイール（現在，コンゴ民主共和国）へ追放されて合併し，現在は〈ルワンダ解放軍（ALIR）〉として知られ，それは〈ルワンダ解放党（PALIR）〉の軍事部門である。

【活動地域と支援】コンゴ民主共和国及びルワンダが活動地域であるが，少数がブルンジで活動している。コンゴ内戦では数千人がコンゴ正規軍として活動した。1998年のルワンダ侵攻から2001年1月ローラン・カビラ・コンゴ民主共和国大統領の死亡まで，カビラ政権の下で訓練，武器補給などを受けてきた。

ロ

ロイヤリスト義勇軍ＬＶＦ

【特長】主流派のプロレスタント系ロイヤリストの〈アルスター義勇軍（UVF）〉の分派として1996年に結成のテロ集団。アイルランド和平の拒否を目標とするＵＶＦの強硬派。150人程度の活動家で構成。

【活動地域と支援】北アイルランド及びアイルランドで限定され，対外的連携はない。

ワ

われらスウェーデン建国者

【特長】1997年にスウェーデンのオリンピック誘致に反対して活動したテロ組織。

【活動地域と支援】スウェーデン国内で活動している。対外的連携なし。

索　引

C

CIAによるカストロ・キューバ議長暗殺未遂 50
CIA責任者暗殺テロ 158, 195

F

FAO事務所襲撃 164
FPMRの反ピノチェト・テロ 51

M

M-19のコロンビア最高裁判所占拠 38
MRTAテロ 46
MRTAのコロンビア放送テロ 49

P

PKKオジャラン指導者逮捕 138

U

UNITAのテロ 150

Y

Y・P体制抗議事件 203

ア

アイマル秘密行動委員会 260
アイルランド・テロ 96
〈赤いゲリラ〉テロ 4
〈赤い旅団〉BK 256
アキレ・ラウロ号事件 166
『悪魔の詩』訳者襲撃テロ 254
アクラの駐ガーナ米大使館脅迫テロ 128
アサド大統領暗殺未遂 152
アスマラのテロ 136
アスンシオンの駐パラグアイ・ウルグアイ大使銃撃テロ 50
アッサム・テロ 235
アテネの駐ギリシャ・トルコ大使館員爆弾テロ 197
アテネの反米テロ 197
アトラトムダリ元国家治安相暗殺 243
アトランタ・オリンピック無差別テロ 9
〈アナンダ・マルグ〉事件 231
アビオラ前大統領夫人殺害 129
アブ・サヤフ 215, 257
アブ・ニダル機関 ANO 3, 5, 7, 8, 9, 10, 11, 12, 15, 18, 20, 21, 22, 24, 25, 28, 29, 30, 31, 32, 37, 38, 40, 41, 42, 43, 46, 48, 49, 51, 52, 53, 55, 57, 69, 71, 73, 75, 76, 78, 80, 81, 83, 84,

85, 87, 88, 91, 92, 93, 94, 95,
103, 113, 114, 115, 116, 118, 134,
139, 142, 150, 158, 163, 171, 172,
173, 175, 176, 177, 178, 179, 184,
186, 189, 190, 192, 193, 195, 196,
197, 198, 199, 205, 209, 211, 212,
220, 222, 225, 228, 233, 239, 240,
241, 242, 244, 245, 246, 247, 248,
249, 252, 253, 256, 257, 258, 259,
260, 261, 262, 263, 264, 265, 266,
267, 268, 269, 270, 271, 272, 273,
274, 275, 276, 277, 278, 279
アブダビのハダム・シリア外相暗殺未遂 187
アブダビ首長の暗殺未遂 186
アブドラ大統領暗殺 141
アフリカ人民族会議のテロ闘争 142
アフリカ人の無差別テロ 146
アフリカ人急進派の航空機撃墜 146
アマゾンの聖職者テロ 57
アマゾン日本人殺害テロ 50
アミン・ウガンダ大統領暗殺未遂 137
アミン大統領暗殺未遂 139
アメリカ人誘拐テロ 32
アメリカ文化センター爆破テロ 81
アラバマ州知事の暗殺未遂 3
アラブ・ゲリラのイスタンブールのシナゴーグ襲撃 192
アラブ・ゲリラの西ドイツ航空機ハイジャック 186
アラファトPLO議長暗殺未遂 155
アランブレ元臨時大統領暗殺 53
〈アルファ66〉のキューバ侵攻 27
アル・フラク 266
アルジェリアのイスラム指導者殺害 64
アルジェリア航空機ハイジャック 120
アルジェリア反政府指導者暗殺テロ 64
アルス大統領暗殺未遂 16
アルド・モロ元首相の誘拐・殺害事件 73
アルフォンシン大統領暗殺未遂 55
アルメニア解放軍の世界教会委員会ベイルート本部爆破 154
アルメニア解放軍指導者暗殺 197
アルメニア解放秘密軍（ASALA） 258
アルメニア人のトルコ国連代表部爆破テロ 6
アルメニア人の対トルコ・テロ闘争 252
アレリアのワイン貯蔵所を占拠 60
アンカラのイラン政治家テロ 193
アンカラの駐トルコ・ヨルダン大使館員射殺 192
アンカラの反イスラエル・テロ 193
アンゴラ全面独立民族連盟 UNITA 259
暗殺団テロ 35
アンダマン海域の大韓航空機爆破テロ 228
アンパン男爵誘拐テロ 61
アンマンの〈黒い九月〉テロ 161

イ

英軍基地人爆破テロ 69
イスタンブール・テロ 192
イスタンブールのエル・アル航空支店襲撃テロ 190, 191
イスタンブールの無差別テロ 193
イスラエル機ハイジャック未遂 169
イスラエル軍のエンテベ作戦 139
イスラエル航空ローマ支店爆弾テロ 74
イスラエル航空機テロ 76
イスラエル女生徒殺害事件 161
イスラエル総領事館襲撃テロ 142
イスラエル駐留軍司令部爆破テロ 157
イスラエル通商代表暗殺テロ 77
イスラマバードの駐パキスタン・エジプト大使館テロ 238
イスラム過激テロ 180
イスラム過激派のTWA機爆破テロ 9
イスラム過激派のイラク航空機ハイジャック 163
イスラム過激派のエール・アフリク機ハイジャック 130
イスラム過激派のフランス航空機ハイジャック 189
イスラム過激派のラホール空港爆破テロ 237
イスラム過激派の国連本部テロ未遂 8
イスラム過激派者テロ 123
イスラム革命防衛隊テロ 188

イスラム教徒による爆弾テロ 211
イスラム原理主義運動によるテロ 122
イスラム原理主義者テロ 152
イスラム原理主義者暴動 183
イスラム変革戦線 260
イスラム変革党 260
イタリアの連続誘拐テロ 73
イタリア大使館武官車攻撃テロ 158
イラク関与爆破テロ（1986.3）ダマスカス 152
イラン航空機ハイジャック 187
イラン航空事務所爆破テロ 76
イラン反政府指導者テロ 74
イラン反政府派テロ 164
イリアンジャの独立派事件 218
イロンシ大統領殺害 128
インド・イスラム過激派の鉄道テロ 235
インドネシア大使公邸占拠事件 78
インドの急行列車爆破テロ 232
インドの極左テロ 235
インドの鉄道相殺害テロ 230
インド軍元参謀総長暗殺テロ 232
インド軍人殺害 242
インド航空機ハイジャック 229

ウ

ウィジェトンガ首相暗殺未遂 242
ウィジェラトネ産業相兼国防次官殺害 243
ウィルス・テロ 9
〈ウェザー・アンダーグラウンド〉爆破テロ 252
ウダイ暗殺未遂 163
右派テロ 9, 16

エ

エーゲ海観光船襲撃事件 197
英外交官誘拐 41
英官吏テロ 186
英軍人殺害テロ 79
英国航空マドリード支店の爆破テロ 83

英国国教会大主教らの粛清テロ 139
エオカの大統領長男誘拐テロ 199
エクアドルのコロンビア革命武装軍誘拐 44
エジプト機ハイジャック未遂 164
エチオピア航空機ハイジャック 183
エヤデマ大統領暗殺未遂 127
選ばれし導師 261, 265
エリム元首相暗殺 191, 192
エングアビ国家元首暗殺 130

オ

オウコ外相暗殺 138
オウム 276
オウム事件 205
オクラホマシティ爆破テロ 8
オザール首相暗殺未遂 192
オスマ財政相暗殺未遂 40
オバンボ・テロ 144
オボテ大統領狙撃テロ 138
オムダーマンのモスクテロ 119
オランダ・フランス大使館占拠 79
オランダ・英大使暗殺 79
オランダの反核闘争 79
オランダ航空機ハイジャック 79, 124
オリオール王室評議会議長誘拐 80
オルリー空港攻撃テロ 60

カ

カーブルの駐アフガニスタン・パキスタン大使館焼き打 246
海運王殺害テロ 197
外交官誘拐 154
外国軍隊駐留反対テロ 183
外国公館占拠 20
外国高官誘拐 56
外国人移民爆弾テロ 247
外国人誘拐 20, 40, 135, 148, 163, 180, 190, 191
解放人民軍テロ 35

カイロのキヒア・リビア元外相誘拐 168
核施設破壊テロ 142
革命テロ闘争 195
革命勢力テロ 43
〈革命大衆闘争組織〉テロ 196
〈革命統一戦線〉誘拐テロ 126
革命武装軍テロ 32
革命連合戦線 RUF 262
閣僚暗殺 249
過激派テロ 124, 143, 166
ガシュミ議長暗殺未遂 179
ガシュミ大統領暗殺 179
カダフィ元首暗殺未遂 120
カナカ指導者暗殺 250
カナダ人神父射殺テロ 132
ガナルカルの武装叛乱
　　　　　202, 204, 205, 206, 207, 208, 210,
　　　　　211, 216, 218, 219, 220, 221, 223,
　　　　　224, 225, 226, 227, 229, 231, 232,
　　　　　233, 235, 236, 238, 239, 240, 245,
　　　　　246, 247, 248, 250
カビンダ・テロ 148
カビンダの反政府勢力誘拐 149
カビンダ石油パイプライン爆破テロ 149
カブールの無差別テロ 246
カブジェメイエ天然資源・領土管理相暗殺 132
〈神の抵抗軍〉テロ 140
カラチの反米テロ 238
ガラン大統領候補暗殺 39
ガリシアの銀行爆破テロ 85
カルゲーゼ休息地の攻撃事件 60
カルト教団集団自殺 140
カルロス国王暗殺未遂 86
環境運動家メンデスの殺害 57
観光客を拒否する観光客戦争 81
韓国の朴正熙大統領暗殺 206
カンボジアのベトナム人入植者テロ 223

キ

議会テロ 7
企業テロ 4, 22

北アイルランドのテロ暴動 96
北キプロス・トルコ航空機ハイジャック
　　　　　152, 154, 155, 156, 157, 159,
　　　　　160, 161, 163, 164, 166, 168,
　　　　　169, 170, 171, 172, 173, 174,
　　　　　175, 176, 178, 181, 183, 184,
　　　　　185, 186, 190, 191, 194, 195,
　　　　　196, 198, 199
北朝鮮の韓国大学総長暗殺工作 208
北朝鮮の全斗煥韓国大統領爆殺テロ 227
北朝鮮レバノン人誘拐 158
キッシンジャー誘拐計画 8
キトの駐エクアドル英大使館占拠 44
ギニア領事襲撃テロ 61
キプロス支持派の米兵テロ 196
キューバ向け機ハイジャック 25
キューバ施設爆破テロ 29
キューバ人のユーゴ国連代表部爆破テロ 2
急進派のローデシア航空機撃墜 146
旧リーブア・ジョナサン政権の閣僚殺害テロ
　　　145
教皇ヨハネス・パウルス 2 世暗殺未遂 76
教皇庁中華民国大使館爆破テロ 75
共産テロ 12, 14
共産党書記長殺害 143
極左テロ 191
極左派のロケット発射 197
銀行連続爆破テロ 82
金大中事件 203

ク

グアテマラシティの駐グアテマラ・エルサルバ
　　ドル大使 14
グアテマラシティの駐グアテマラ・西ドイツ大
　　使誘拐・14
グアテマラシティの駐グアテマラ米大使殺害
　　14
グアテマラの司教暗殺 16
ククデリオニ 269
クマトラトウンガ大統領暗殺未遂 244
グリーンズボロ発砲事件 6

グリーンピース船爆破事件 248
クルド〈ヒズボラ〉テロ 163, 194
クルドの石油施設テロ 193
クルドの無差別テロ 193
クルド愛国同盟 PUK 263
クルド過激派の西ドイツ機爆破 192
クルド民主党代表殺害テロ 65
クルド誘拐テロ 162
クルド労働者党のイスタンブール・テロ 193
クロアチア解放運動のユーゴ国連代表部占拠 5
クロアチア人のシカゴ西ドイツ領事館襲撃 6
クロアチア人の航空機ハイジャック 5
軍人誘拐 42
軍のフェブレス大統領拘禁 43
軍用パイプライン爆破テロ 83

ケ

ケープタウンの無差別テロ 143
ケアンズの日本人殺害 247
警告テロ 30
ケニアとタンザニアの米大使館爆破テロ 138
ケニヤッタ大統領暗殺未遂 137
ケベックの誘拐テロ 2
検察官マリオ・ロッシの拉致 72
原子力発電所爆破テロ 81

コ

コーザ・ノストラ 262
航空機ハイジャック
　　3, 18, 22, 42, 120, 133, 136,
　　139, 141, 168, 179, 181, 192,
　　236, 248
航空機爆破テロ 133
高速ミサイル艇をシージャック 82
国際機関襲撃テロ 130, 133
国内旅客機ハイジャック 31
国民党議員を標的にテロ 85
国連援助機関職員の誘拐 118
国連軍本部ロケット発射 18

国連監視団・米大使館攻撃テロ 157
国連関係者誘拐 136
国連機ハイジャック未遂 149
国連軍将兵拉致 155
国連軍兵士殺害テロ 163
コソボ指導者暗殺テロ 78
国家警護隊リヤド施設爆破テロ 183
コプト殺害テロ 168
コマンド・ジハード事件 217
ゴメス元大統領候補誘拐 38
コモティニ・トルコ領事館テロ 198
コルシカ 70 カ所で爆弾テロ 63
コロラドの銃乱射テロ 9
（コロンビア）民族解放軍 ELN 265
コロンビア人のコスタリカ最高裁判所襲撃テロ 23
ゴンザレス憲法裁判所長官暗殺 16

サ

ザイール人襲撃テロ 149
サイカ自爆テロ 158
最高軍事法廷主席拉致事件 80
最高裁判所判事殺害テロ 197
在ベルギー英軍人殺害 77
財政省・銀行など 7 カ所で爆破テロ 61
サウジアラビアパイプライン爆破テロ 154
サウジアラビア機ハイジャック 135
サウジアラビア皇太子襲撃未遂事件 83
サウジアラビア大使館攻撃事件 118
サウジアラビア大使館占拠 60
サクラメントのフォード米大統領暗殺未遂 4
サダト大統領暗殺 165
サダト大統領暗殺未遂 164
左派テロ 193
左派の駐コスタリカ・ニカラグア大使館占拠 23
サベナ航空機襲撃テロ 133
左右衝突 42
左翼テロ 19, 51, 52, 197
左翼武装闘争 31
サリー大統領暗殺 249

サンサルバドルのガリ国連事務総長暗殺未遂 22
ザンジバルのカルメ・タンザニア副大統領暗殺テロ 140
サンタフェデボゴタ・テロ 39
サンタフェデボゴタの駐コロンビア・ドミニカ共和国大 37

シ

シーア派ゲリラの米航空機ハイジャック 196
シーア派反政府テロ 162
シアヌーク暗殺未遂 222
治安警察本部の隣のカフェ爆破テロ 80
ジア首相暗殺未遂 240
ジェマイル次期大統領暗殺 155
シェルマルケ大統領暗殺政変 136
シクのインド・パンジャブ州首相爆殺テロ 235
シク組織 266
ジスカールデスタン大統領暗殺未遂 63
シチリアのマフィア報復テロ 74
実業家誘拐テロ 30
シドキ首相暗殺未遂 168
シドニーの政治家暗殺 247
シナゴーグ放火事件 71
ジハード 272
シャーブルズ英総督暗殺 30
ジャカルタのテロ 219
ジャクソン師暗殺未遂 7
ジャビル首長暗殺未遂 185
ジャマ・カシミール・イスラム戦線 JKIF 267
ジャマイカ労働党（JLP）と人民民族党のテロ 29
ジャム・カシミールのイスラム過激派テロ 233
ジャム・カシミールの外国人誘拐テロ 235
シャリフ情報相暗殺 168
ジャワルデネ大統領暗殺未遂 242
シャンティ・バヒニ 267
自由将校団のヨルダン機ハイジャック 160
首相官邸ロケット攻撃 81
首相官邸襲撃テロ 145
少女誘拐テロ
　　61, 63, 64, 65, 66, 69, 70, 71, 75, 76, 78
助言改革委員会 267
ジョハル大統領暗殺未遂 141
シラーズの米総領事館襲撃テロ 188
〈シンチョネロス人民解放運動〉テロ 16
シンガポール航空機ハイジャック 221
新左翼の新東京国際空港テロ 204
新人民軍 NPA 264
新人民軍の原発反対テロ 214
新人民軍の殺害テロ 213
新人民軍の米軍人テロ 212
新東京国際空港爆破テロ 205
ジンバブエ・アフリカ人民族評議会爆破テロ 144
ジンバブエ民族主義者暗殺 147
シンハラ左派テロ計画 241
シンハラ左派指導者殺害 242
新聞王ハーストの孫娘誘拐テロ 4
新聞記者暗殺テロ 193
新聞社爆破テロ 147
人民寺院事件 6
人類学者リーキー襲撃テロ 138

ス

スーダンのアクロポール・ホテル爆弾テロ 119
スーダン航空機ハイジャック 119
ズールー王襲撃テロ 143
ズバイディ副首相暗殺未遂 164
スパダフォラ保健相暗殺 23
スペイン・エジプト大使館占拠 80
スペイン・ペルー領事館占拠 86
スペインのクウェート外交官暗殺 82
スペイン国防省ロケット攻撃テロ 83
スペイン最高裁判所判事射殺 86
スペイン中央銀行を占拠
　　82, 87, 88, 90, 91, 92, 93, 94, 95, 96, 97, 98, 99, 100, 101, 102, 103, 105, 106, 107, 108, 109, 110, 111, 112, 113, 114, 115, 116

スペイン領事館爆破テロ 66
スミット前IMF専務理事暗殺 142
スリナム 58
スリランカのタミル自爆テロ 244
スリランカのタミル要人殺害 65
スレイマニア・テロ 163
スワジ機ハイジャック 148

セ

青果市場で爆破テロ 232
政治家暗殺 40
聖地マジャド・テロ 190
赤十字テロ 136
石油企業襲撃テロ 16
石油基地爆破テロ 185
セバイ事件 199
選挙集会に爆弾テロ 212
前国王暗殺 132
先住民カナカ人のテロ 250
のテロ
〈センデロ・ルミノソ（輝く道）〉 44, 261
〈戦闘共産主義細胞CCC〉テロ 77
前バルセロナ市長暗殺 81

ソ

送電線鉄塔爆破テロ 44
ソディロフ兄弟部隊 269
ソマリア人無差別テロ 135
ソ連機ハイジャック未遂 149
ソ連劇団公演爆弾テロ 195
ソ連船爆破テロ 24
ソ連大使館公用車が爆破テロ 62
ソ連文化センター爆破テロ 224

タ

大韓民国航空機ハイジャック 206
大統領府テロ 249
第2次マフィア戦争 74

タイのカレンの病院占拠 227
タイのプレム首相暗殺未遂 226
タイの北朝鮮大使館員拉致 227
太陽寺院事件 254
タイラノール事件 6
台湾航空機のハイジャック 208
タイ航空機ハイジャック 225
タイ国王テロ 226
タイ国際航空機ハイジャック 228
タイ社会党書記長暗殺 225
タイ人民党党首サマック邸爆破テロ 226
ダウド大統領殺害 245
タクリチ・イラク元副大統領暗殺 184
ダッカの駐バングラデシュ・インド高等弁務官
　　襲撃テロ 239
ダバオのアリンガル神父殺害テロ 214
タヒチのフランス海外領土相スチルン暗殺 250
タブマン大統領暗殺計画 126
タミルのイスラム教徒襲撃 243
タミルのシージャック 242
タミルのスリランカ機爆破 241
タミルのテロ 241
タミルの企業誘拐テロ 241
タミルの中国貨物船ジャック 245
タミル過激派の無差別テロ 244
タミル指導者暗殺 243
タラキ大統領暗殺 246
タリバンの駐アフガニスタン・イラン外交官殺
　　害 246

チ

チェチェン・ゲリラのトルコ船シージャック
　　194
地下鉄サン・ミッシェル駅で爆弾テロ 64
チャーター機ハイジャック 38
チューリヒ空港でイスラエル航空機攻撃 76
駐アイルランド英大使暗殺 96
駐イエメン・サウジアラビア大使館侵入事件
　　180
駐イエメン・ドイツ大使館テロ 181
駐イエメン・フランス外交官誘拐 180

駐イラン・サウジアラビア大使館乱入事件 190
駐インド・ヨルダン大使暗殺未遂 232
駐インドネシア米大使館爆破テロ 217
駐インド英高等弁務官暗殺テロ 232
駐エリトリア・イタリア副領事誘拐 136
駐ギリシャ英大使館占拠 198
駐クロリンダ・パラグアイ領事館爆破テロ 54
中国の爆弾テロ 209
駐スーダン・米大使館襲撃テロ 119
中絶病院爆発テロ 9
中東航空機ハイジャック 153
駐米大使館占拠・人質事件 188
駐ボンベイ・アラブ首長国連邦外交官テロ 231
駐ヨルダン・フランス大使館員襲撃テロ 161
駐ラオス・日本臨時代理大使殺害テロ 224
駐レバノン・ソ連外交官誘拐テロ 158
駐レバノン・ソ連大使館ロケット攻撃 157
駐レバノン・フランス大使館爆破テロ 155
駐レバノン・ヨルダン代理大使誘拐テロ 155
駐レバノン・ヨルダン大使館員殺害 160
駐レバノン・リビア代表部爆破テロ 156
駐レバノン・米大使暗殺 154

テ

ディサナヤケ大統領候補暗殺 244
手紙爆弾テロ 86
デトロイトのブッシュ米大統領暗殺未遂 7
テヘランの駐イラン・クウェート大使館占拠 190
テヘランの駐イラン・フランス大使館爆破テロ 190
テヘランの駐米大使館爆破テロ 188
テルアビブ・ヤフォの駐イスラエル・フランス大使館爆 176
テロ対決宣言 7

ト

ドイツ赤軍（RAF）の主な事件 67
ドイツの極右テロ 71

ドイツ社会民主党施設占拠 71
統一国民党書記長暗殺 242
同時爆破テロ 184
トゥパマロスの爆破テロ 55
トゥレ大統領暗殺未遂 125
ドエ国家元首暗殺 126
独立テロ 137, 253
独立指導者カブラル暗殺 126
ドラミニ首相暗殺未遂 145
ドルーズのベイルート空港攻撃 159
ドルーズ指導者暗殺 154
〈トルコ人民解放軍〉のイスタンブール軍事基地要員射 191
トルコの〈人民解放軍〉事件 191
トルコのデミレル大統領暗殺未遂 194
トルコ銀行とトルコ領事館爆破テロ 76
トルコ航空機ハイジャック 192
トンバルバエ大統領暗殺 131

ナ

ナイジェリア航空機ハイジャック 129
内紛テロ 54
ナクサライト人民戦争集団 271
ナポリ大学人類学研究所所長射殺事件 73
難民キャンプ襲撃テロ 130
難民虐殺事件 127

ニ

ニカラグア元大統領ソモサ暗殺 50
ニカラグア航空機ハイジャック 22
ニクソン米大統領の暗殺計画 4
ニコシアの駐キプロス・イスラエル大使館爆破テロ 199
ニコシアの駐キプロス米大使テロ 198
西チモールのテロ 218
西ドイツの銀行家の娘が誘拐 68
西ベルリンの銀行テロ 66
西ベルリンの刑務所を襲撃 68
日本人誘拐テロ 13

日本人拉致テロ 144
日本赤軍・パレスチナ・ゲリラの在クウェート
　　　日本大使 184
日本赤軍の駐インドネシア・日・米大使館同時
　　　攻撃テロ 217
〈日本赤軍〉のロッド空港テロ 170
ニューデリー中心部で爆弾テロ 235
ニューヨークのロシア語新聞社爆破テロ 6
ニューヨークの台湾行政院長蒋経国狙撃テロ 2
ニューヨーク世界貿易センター・テロ 8

ネ

ネザル国防相暗殺未遂 122
ネット取引乱射テロ 10
ネブラスカの右派テロ 3

ノ

農民の駐グアテマラ・ブラジル大使館占拠 15
農民占拠 58

ハ

バールベック・テロ 157
ハイネケン社長の誘拐テロ 79
パキスタンのイラン人殺害テロ 238
パキスタンのロケット発射 239
白人右翼テロ 143
白人農場占拠 147
白人誘拐テロ 146
爆弾テロ 186
バクチアル・イラン元首相暗殺 62
バス・ジャック 198, 237
ハダム副大統領暗殺未遂 153
ハッサン・モロッコ国王搭乗機襲撃未遂 118
バドル内相暗殺未遂 167
パナマのヘリコプター・ジャック 24
パナマの大統領官邸占拠 23
ハバナの無差別テロ 29
パプア解放闘争指導者暗殺テロ 217
パペーテ・テロ 249
バホロ副首相暗殺 145
〈ハマス〉ローマ教皇暗殺未遂 160
ハマディ議長暗殺 179
バランキラの駐コロンビア・レバノン領事暗殺
　　　32
パリのシャネル本店を攻撃 62
パリ連続爆破テロ 61
パレスチナ・ゲリラの
　　　イスラエル海上テロ作戦 170
　　　イスラエル機ナイロビ空港襲撃未 137
　　　イスラエル機空中爆破未遂 174
　　　オランダ航空機ハイジャック
　　　198, 199
　　　ニコシア・イスラエル機ハイジャ 198
　　　バス・テロ 174
　　　ベルギー機ハイジャック 170
　　　マーロット村殺戮テロ 173
　　　メイヤー・イスラエル首相暗殺未 3
　　　ヨルダン機ハイジャック 169
　　　ヨルダン航空同時店攻撃テロ 199
　　　駐ギリシャ英外交官暗殺 196
　　　駐トルコ・エジプト大使館襲撃 191
　　　無差別テロ 21
パレスチナ解放機構幹部襲撃事件 123
パレスチナ解放機構代表暗殺 87
パレスチナ人のゲリラ闘争 168
パレスチナ民主解放戦線 GFLP 275
バレワ首相殺害 128
反アパルトヘイト闘争家小包爆弾テロ 148
反イスラエル・テロ 165
反英闘争指導者コステロ暗殺テロ 96
バンコクの駐タイ・ミヤンマー大使館襲撃テロ
　　　227
反政府テロ 37, 53, 125, 134, 145, 189
反政府のゲリラ分子によるテロ 146
反政府勢力のニカラグア誘拐 18
反政府派のキューバ国連代表部爆破テロ 2
反政府派の駐米フィリピン大使館籠城事件 4
反政府勢力のウガンダ・テロ 140
反政府勢力のリベリア誘拐 127
反政府勢力の誘拐テロ 127, 131
バンドンのインドネシア警察署襲撃テロ 217

反米人民テロ闘争 13
反リビア・テロ 139

ヒ

東アジア反日武装戦線テロ 203
〈ヒズボラ〉のパナマ上空航空機爆破テロ 23
〈ヒズボラ〉157, 273
ヒズボラの駐レバノン・サウジアラビア大使館員射殺 159
ビタル・シリア元首相暗殺 62
ピノチェト大統領暗殺未遂 52

フ

ファイサル国王殺害 182
ファタハのイスラエル人テロ 199
ファタハ蜂起派 274
ファフミ事件 217
ファンボ・テロ 149
フィジーの議会占拠 248
フィリピンの
 アキノ暗殺 214
 アキノ大統領暗殺未遂 215
 バヤン指導者暗殺 214
 モロ・イスラム指導者テロ 215
 共産党総書記タルク暗殺 212
 自治長官暗殺未遂 215
 都市ゲリラ事件 216
フィリピン航空機ハイジャック 213
ブエノスアイレスの
 イスラエル大使館爆破テロ 55
 ウルグアイ人亡命者暗殺 54
 ゴンザレス前ボリビア大統領暗殺 54
 ユダヤ教会テロ 55
 駐米大使公邸爆弾テロ 55
復員兵士の国会占拠 22
ブジュンブラ前市長誘拐・虐殺 133
フセイン国王暗殺計画 161
フセイン大統領暗殺未遂 162
〈武装イスラム集団〉テロ 121

部族対立テロ 139
ブッシュ元米大統領暗殺未遂 185
ブット・パキスタン人民党党首暗殺未遂 236
ブット首相実弟殺害テロ 238
ブット夫人前首相暗殺未遂 238
フツ人弾圧テロ 132
フツ反政府勢力のウガンダ襲撃テロ 140
ブディアフ国家評議会議長暗殺 122
ブランコ首相暗殺 79
フランス航空機ハイジャック 63, 122
フランス新幹線爆破事件 64
フランス人技師誘拐テロ 228
フランス大使館爆破テロ 69
ブランチ・デビディアン事件 8
ブルターニュのテロ 61, 65, 70
プレトリアの空軍本部爆破テロ 142
プレマダサ大統領暗殺 243
文世光事件 206
分離派テロ 125

ヘ

米・英公館攻撃テロ 74
米外交・軍事施設爆破テロ 69
米外交官テロ 144
米系企業テロ 197
ヘイグNATO軍司令官暗殺未遂 77
米空軍司令部爆破テロ 68
米軍基地攻撃 16
米軍人誘拐テロ 154
米軍人利用のディスコ・爆弾テロ 69
米系企業テロ 82, 197
米国のキューバ細菌破壊工作 28
米航空機攻撃テロ 72
米国のイラン・テロ対決 188
米国のテロ国家シリア対決 153
米国務長官訪問抗議テロ 195, 196
米使節団員誘拐テロ 54
米施設テロ 156
米施設攻撃テロ 195
米軍車輌攻撃テロ 23
米大使館に爆破テロ 69

米大使館攻撃 88
米代理大使暗殺未遂 63
米ブンカセンター向けロケット発射テロ 49
米兵の車を狙った爆弾テロ 69
平和の箱船爆破事件 199
ペシャワルのシーア派武装指導者射殺テロ 237
ペシャワルの爆弾テロ 238
ベタンクール元大統領暗殺未遂 31
ベトナム航空機ハイジャック 222
ベネズエラのコロンビア革命軍農場主誘拐 42
ベネズエラのコロンビア革命勢力テロ 41
ヘブロン事件 175
ベベア島事件 250
ヘリコプター撃墜 42
ベルギーのボイナンツ元首相誘拐テロ 77
ベルギー英総領事館爆破 77
ベルベル人射殺 123
ペレス内相狙撃テロ 50
弁護士事務所を襲撃テロ 80
ベンティ議長暗殺 135

ホ

ポーランド大使館占拠 76
ボカサ大統領暗殺未遂 131
ホテル爆破テロ 137
＜ボド過激派＞テロ 233
ボドランド民族民主戦線 NDFB 278
ポリサリオのフランス人誘拐 124
ボリビアのメディナ元企画相誘拐 49
ボリビア元秘密警察長官暗殺 65
ポル・ポト軍のベトナム人虐殺 222
ポル・ポト派の誘拐テロ 223
ポル・ポト派の列車テロ 223
ポルトープランスのマイヤー将軍狙撃テロ 25
ボローニャ駅で爆破事件 74

マ

マイクロソフト社のハッカー攻撃 10
マウントバッテン伯の暗殺 97

マドリードのカフェ爆破テロ 81
マドリード空港爆破テロ 81
マニラの無差別テロ 213
麻薬テロ 39
マラウイ閣僚暗殺 147
マルコス大統領暗殺未遂 212
マレーシア航空機ハイジャック 220
マロン派施設テロ 159

ミ

ミサイル暴発テロ 42
三井物産マニラ支店長若王子信行誘拐事件 215
南アラビア連邦の解放闘争指導者暗殺 178
南イエメンの対外分子破壊テロ 180
南イエメン航空機ハイジャック 178
南チロルの鉄道爆破テロ 75
宮本日本共産党委員長暗殺未遂 203
ミャンマーの外国小包送付事件 229
ミュンヘン・ビール祭りで爆弾テロ 68
ミュンヘンオリンピック選手村テロ 65
民族自決テロ 87
民族統一革命戦線 UNRF 258
ミンダナオ沖の日本船シージャック 212

ム

ムアワド次期大統領暗殺 159
無差別テロ 18, 49, 162, 237
ムハジール民族運動書記長暗殺 237
ムバラク・エジプト大統領暗殺未遂 135
ムバラク大統領暗殺未遂 165

メ

メキシコシティの駐メキシコ・キューバ大使乗
　用車銃撃 12
メキシコシティの駐メキシコ・ソ連大使館爆破
　テロ 12
メキシコのコロシオ大統領候補暗殺 12
メッカ事件 182

メヒア大統領襲撃未遂 15
メルバ元首相暗殺 122
メルボルンのフセイン・マレーシア首相誘拐未遂 247
メルボルンの駐オーストラリア・フランス領事館爆破テ 247
メンギスツ議長暗殺未遂 135

モ

モーリタニア大使暗殺未遂 60
モスク・テロ 181
モハメド国家元首暗殺 129
モロ・イスラム解放戦線 MILF 264
〈モロ解放戦線〉のマレーシア船ジャック 218
モロッコ航空機ハイジャック 196
モンデビデオの駐ウルグアイ・チリ大使館乱入事件 56
モンテビデオの駐ウルグアイ・ベネズエラ大使館乱入事 56
モンテビデオの駐ウルグアイ英大使誘拐 56
モントリオールの無差別テロ 2

ヤ

ヤーディ 280
ヤウンデの駐カメルーン米大使銃撃テロ 133
ヤノマミ族虐殺 58

ユ

ユーゴ副領事暗殺テロ 66
ユウィリンジイマナ首相暗殺 132
誘拐テロ 15, 46, 48
ユダヤセンターを襲撃 68
ユダヤ地区で自動車の爆破テロ 77
ユナボマー事件 5

ヨ

要人テロ 28, 50, 53, 86, 189
よど号事件 202
ヨルダン人のクウェート航空機ハイジャック 161

ラ

ラーゴ将軍暗殺テロ 82
ラーマン・アワミ連盟委員長暗殺未遂 236
ラウタロ青年運動 MJL 265, 266, 267, 278, 279, 280
ラジコ航空機ハイジャック 50
ラジブ・ガンジー元首相暗殺 233
ラジブ・ガンジー首相の暗殺未遂事件 232
ラチマンドラバ国家元首暗殺テロ 141
ラフォンテーヌ副党首刺傷テロ 70
ラホールのアメリカ情報文化センター爆破テロ 238
ラホールのイスラム原理主義者テロ 237
ラホールのイラン文化センター・テロ 238

リ

リスボン連続テロ 88
リビアのブルギバ・チュニジア大統領・ヌイラ首相暗殺 123
リビアの要人暗殺計画 6
リビア暗殺団事件 165
リビア救国民族戦線 (NFSL) リビア民主運動 (LDM) リ 279, 280
リマの駐ペルー日本大使館占拠 49
リヤド・テロ 182

ル

ルサカの無差別テロ 147
ルフトハンザ航空機ハイジャック 68
ルワンダとブルンジ大統領の殺害 131

レ

レイナ大統領暗殺未遂 18
レソト解放軍のバス・ジャック 145
列車テロ 135
レメリク大統領暗殺 249
連合赤軍浅間山荘事件 202
連続誘拐テロ 75

ロ

労働運動指導者ヒメネス暗殺 51
労働者同盟党首暗殺 58
労働組合指導者ベン・ハムーダ暗殺 123
ロケット発射 24
ロサンゼルスの〈キューバ行動コマンド〉爆破テロ 4
ロッテルダム石油施設爆破テロ 78
ロメロ大司教暗殺 21
ロルドス大統領暗殺 43
〈ロレンソ・セラヤ人民革命軍〉の対外公館テロ 17
ロンドノ元外相ら誘拐 32

ワ

ワシントンのレーガン米大統領暗殺未遂 6
ワシントンの駐米イスラエル大使館武官補暗殺 4
われらスウェーデン建国者 279

<編著者紹介>

浦野　起央（うらの　たつお）

日本大学法学部教授　政治学博士

<関係著作>

『資料体系アジア・アフリカ国際関係政治社会史』『現代における革命と自決』（パピルス出版）、『現代紛争論』『新世紀アジアの選択　日・韓・中とユーラシア』（南窓社）、『現代国際関係理論史』『朝鮮統一の構図と北東アジア』（勁草書房）、『20世紀世界紛争事典』（三省堂）、『南海諸島国際紛争史』（刀水書房）、他多数

<関係訳書>

ダグラス・パイク『ベトコン』（鹿島研究所出版会）、ハッサン・イン・タラール『パレスチナの自決』、張聿法・他『第二次世界大戦後　戦争全史』（刀水書房）、他多数

世界テロ事典

2001年　11月　20日　　第1版第1刷発行

編著者　　浦野　起央
© 2001 Urano Tatuo

発行者　　高橋　考

発行所　　三和書籍

〒112-0013　東京都文京区音羽2-2-2
TEL 03-5395-4630　FAX 03-5395-4632
sanwa@sanwa-co.com
http://www.sanwa-co.com/

印刷/製本　　株式会社　シナノ

乱丁、落丁本はお取り替えいたします。
価格はカバーに表示してあります。

三和書籍

好評図書

180年間戦争をしてこなかった国

＜スウェーデン人の暮らしと考え＞　　　日本図書館協会選定図書

早川潤一著　四六判　178頁　1,400円

●なぜスウェーデンが福祉大国になりえたか、その理由を180年間の平和に見い出した著者の分析は論理的で明解だ。
●日常レベルの視点から、スウェーデンのそしてスウェーデン人の実際の姿が細かくていねいに描かれている。

フランス心理学の巨匠たち

フランソワーズ・パロ／マルク・リシェル監修　**16人の自伝にみる心理学史**

寺内　礼監訳　四六判　640頁　3980円

今世紀のフランス心理学の発展に貢献した、世界的にも著名な心理学者たちの珠玉の自伝集。フランス心理学のモザイク模様が明らかにされ、どのようにしてその歴史が織り成されていったかが描き出されている。

意味の論理 ―意味の論理学の構築について―

ジャン・ピアジェ／ローランド・ガルシア著
芳賀　純・能田　伸彦監訳　A5　234頁　3000円

本書は新しい角度から、今世紀の心理学の創造者ジャン・ピアジェの業績を解き明かす鋭いそして豊かな試論を示すとともに、現代思想のいくつかの重大な関心事に邂逅している。

心の時代を考える ――カウンセリングの視点から――

寺内　礼編著　B6　318頁　1600円

「心の育成」が叫ばれる現代、カウンセリングや生活指導にかかわる著者らが、少年期、青年期、成人期、もしくは病院等における臨床体験を通して、カウンセリングの具体的事例を語る。

住宅と健康　健康で機能的な建物のための基本知識

スウェーデン国立住宅・建築計画委員会／スウェーデン建築研究評議会
早川潤一訳　A5　280頁　2800円

●室内のあらゆる問題を図解で解説するスウェーデンの先駆的実践書。
●シックハウスに対する環境先進国での知識・経験を取り入れ、わかりやすく紹介。